组/织/效/能/丛/书

NEW ORGANIZATION DEVELOPMENT

THE UNDERLYING LOGIC AND SYSTEMS APPROACH TO ORGANIZATIONAL CAPABILITY REENGINEERING

新组织发展

组织能力再造的底层逻辑与系统方法

王云霞◎著

经济管理出版社
ECONOMY & MANAGEMENT PUBLISHING HOUSE

图书在版编目（CIP）数据

新组织发展：组织能力再造的底层逻辑与系统方法/王云霞著．—北京：经济管理出版社，2022.10

ISBN 978-7-5096-8772-7

Ⅰ.①新… Ⅱ.①王… Ⅲ.①人力资源管理—研究 Ⅳ.①F243

中国版本图书馆 CIP 数据核字(2022)第 187265 号

组稿编辑：何 蒂
责任编辑：郭 飞
责任印制：黄章平
责任校对：张晓燕

出版发行：经济管理出版社
（北京市海淀区北蜂窝 8 号中雅大厦 A 座 11 层 100038）
网 址：www.E-mp.com.cn
电 话：(010) 51915602
印 刷：北京晨旭印刷厂
经 销：新华书店
开 本：787mm×1092mm/16
印 张：30.5
字 数：547 千字
版 次：2022 年 11 月第 1 版 2022 年 11 月第 1 次印刷
书 号：ISBN 978-7-5096-8772-7
定 价：98.00 元

推荐序一

时代在发生着巨大的变化，企业的管理也要与时俱进，一向富有进取精神的中国企业要实现有针对性的发展，努力适应时代前进的节奏，就必须不断地变革企业内部的管理模式，积极调整自己的组织流程和组织架构，更好地执行和推进企业战略，适应和引领时代发展的要求。组织管理的出发点是要以提升企业价值和企业竞争力为核心，全面优化企业管理效能和管理协同，实现企业组织管理和企业目标的高度融合，解决员工的工作动力、阻力和生命力的现实问题，形成社会、客户、企业、员工的同频发展。王云霞老师著的《新组织发展——组织能力再造的底层逻辑与系统方法》就是为组织能力的再造提供底层逻辑与系统方法，从业务出发，以客户为中心，搭建战略人力资源管理体系，为组织赋能，提出了组织能力的诊断分析框架，介绍了很多对应的操作工具。该书对有志于提升组织能力、打造长青基业的企业管理人员具有很好的借鉴意义。

孙炯光

鑫光正集团

2022 年 8 月 23 日

推荐序二

现代信息技术和经济全球化正在以异乎寻常的方式改变着现代企业的经营理念、战略选择和管理模式。在复杂多变和激烈竞争的市场环境中，企业只有在适应环境变化的过程中保持不断创新才能获得竞争优势。企业提升适应环境变化的能力、提升创新能力、获得竞争优势的关键是人力资源管理。人力资源管理是指在企业战略指引下对人力资源价值进行开发、规划、控制和提升，以实现企业战略目标的管理过程与管理行为。在当今市场竞争中，在企业塑造核心能力和可持续发展能力的过程中，越来越凸显了人力资源管理的核心地位。管理实战专家王云霞撰写的《新组织发展——组织能力再造的底层逻辑与系统方法》一书，从理论与实践相结合的角度全面系统地研究和阐述了人力资源管理的各项职能，并从人力资源管理过程与管理行为出发，探究组织能力再造的底层逻辑与系统方法，是一部面向新组织发展能力提升而深入研究人力资源管理理论与方法的力作。

在企业组织发展中，人力资源具有很高程度的稀缺性、专用性和不可替代性，处于企业战略安排与战略系统中的重要岗位与关键部位，对于推动企业战略目标的实现具有重要价值并发挥特殊功能。人力资源管理是一个系统，包括人力资源规划、招聘与配置、培训与开发、绩效管理、薪酬设计与激励、员工关系管理等。在人力资源管理系统中，通过人力资源的心理、观念与技能的不断转化与提升，培育和造就了企业特有的研发能力、生产能力、运营能力、管理能力、应变能力、创新能力、文化能力、市场开发能力、营销服务能力和外部关系处理能力等，由此形成和构建推动企业持续发展的能力体系。企业的各种资源、各种能力，归根结底需要企业人力资源进行整合和优化。在现代企业组织中，人力资源通过整合和运营企业内部和外部的各种资源，使企业资源上升为企业发展的各种能力。在企业能力体系中，战略导向、系统化的人力资源管理，不断提高管理者和员工的整体素质与技能，不断培育和提升企业的创新能力，由此塑造并形成企业组织的核心能力与可持续发展能力。

《新组织发展——组织能力再造的底层逻辑与系统方法》一书，内容包括人力资源战略规划、组织构成与组织体系设计、工作分析与岗位价值评估、人力资源招聘与甄选、人力资源培训体系、绩效管理、薪酬激励与员工福利、任职资格管理与职业发展、劳动关系管理、员工满意度体系、企业文化体系、人力资源管理制度、人力资源管理流程等，这些内容构建起一个完整的人力资源管理系统和管理体系。该书内容丰富、体系完整，具有很强的操作性、实践性和应用性，值得广大企业经营管理者和经济管理类专业的学习者、研究者阅读。

山东省管理学会会长
青岛市职业经理人协会会长
中国海洋大学管理学院名誉院长
权锡鉴
2022 年 10 月 1 日

推荐序三

王云霞老师说她写的一本书要出版了，希望我给作个序。我虽常读书，但没有给书写过序，也不知道怎么写、写什么！那就简单谈一下我的理解和感受吧。

两年前，我的企业和王云霞老师有过咨询合作的经历，她具有习惯调查分析、能够直面管理问题、敢于挑战现实矛盾的性格，而且逻辑性强、观点新鲜。《新组织发展——组织能力再造的底层逻辑与系统方法》重点阐述的应该是“新”，但也不缺失发展的长久积淀。从人力资源发展演变到当前管理需求，从宏观顶层设计到具体实践操作，从传统管理到现代创新，书中观点抓住了当前人力资源管理的核心，视角广阔，强调了问题解决的迫切性，能够体会到也只有经过较深的企业实践、学术探索、有见地的思考后才能将其系统地表达出来。

本书具有较高的理论性和较强的实用性，可以作为新环境新形势下企业人力资源管理工具书，同时也是一本人力资源爱好者、工作者理论学习的“教科书”。我认为，作为一个喜欢思考、善于分析、勇敢尝试的资深人力资源管理专家，她的“声音”值得也应该让更多人力资源工作者和管理者听到。

王安俭

青岛海佳机械集团

2022 年 8 月 28 日

前 言

近几年，随着经济转型、疫情反复与互联网浪潮的冲击，各行业都面临着越发激烈的市场竞争，企业人力资源管理也面临全新的挑战和全新的思维，概括起来主要有八个新思维、新趋势。

一、人力资本价值管理时代

人力资源管理经过人事行政管理阶段、人力资源专业职能管理阶段、战略人力资源管理阶段的发展，现在正迈入人力资本价值管理阶段，进入人力资本价值管理时代。

在人力资本价值管理时代，人力资源管理的核心目标是关注人的价值创造，使每个员工成为价值创造者，使每个员工有价值地工作，实现人力资本价值的增值。从机制体制来讲，要建立共创、共享、共治机制，使人力资本和货币资本共同创造价值、共享剩余价值、共同治理企业。从管理技术方法来看，信息的对称与互联互通，使人力资本的价值衡量与人力资本计量管理成为可能。如引入会计核算体系计量团队与个人的价值贡献，以及用业务结果衡量人力资源（HR）的价值。

二、人力资源效能管理

与人力资本价值管理相适应的是，人力资源效能管理成为人力资源管理的核心任务。人力资源效能管理包含效率、效益和价值增值等内容，在操作层面上我们提出“两条路径”和“十项举措”。

两条路径：一是提高人力资源效率、人均劳动生产率及人力资本单位产出；二是提升人力资源价值创造能力、人力资源价值创造能量及人力资本增加值。

十项举措包括：量化人力资源价值创造，驱动员工自主经营与自主管理；回归科学管理与职业化，剔除人力资源浪费，让员工有价值地工作；建立标准职位与胜任力管理系统，实现职位管理与能力管理系统的动态精准配置；对碎片时间进行有效集成管理，挖掘其人力资源价值创造能量；建立全面认可激励体系，激发员工内在价值创造潜能；构建基于信息化的知识共享与协同系统，放大人力资源效能；构建人力资源效能对标管理体系，加速人力资源效能提升；建立人力资源共享服务平台，完善外包服务体系；构建全面人才发展系统，打造人才供应链与能力发展链，为组织提供源源不断的价值创造源泉；建立人力资源效能评价指标体系，提升人力资源效能管理绩效。

三、以价值创造者为本

企业究竟以谁为本？笔者认为应该以客户价值为本，而客户价值来源于人的价值创造，因而企业同时也要以价值创造者为本。

以人为本，并不是简单地以人性为本、以人权为本。企业是一个功利组织，不能养懒人、庸人、不创造价值的人，这是企业生存的基本法则。以人为本，必须是以价值创造者为本。以价值创造者为本就是要尊重人的价值创造，让价值创造者、持续贡献者获得回报；通过竞争淘汰机制让价值创造者有尊严、有成就感，让懒人、庸人、不创造价值的人有羞耻感，甚至被淘汰；机会和资源要向价值创造者倾斜，激发价值创造活力，提升价值创造能力。

四、HR业务驱动与三支柱模型

在新的商业环境下，人力资源管理要推动企业的战略落地和业务发展，成为企业业务发展的内在驱动力。在业务驱动导向下，人力资源管理部门的职能需要重构。现在许多世界级企业普遍应用的是三支柱模型，即把人力资源部门划分为业务伙伴（HRBP）、专家中心（COE）、共享服务中心（SSC）三大中心。基于三支柱模型，人力资源管理服务于战略、业务与员工的三大核心职责就变得比较清晰了。一是人力资源产品研发设计，人力资源专家根据战略和业务发展需要，依据员工需求，进行人力资源产品与服务的设计以及人力资源解决方案设计；二是业务伙伴，企业的人才管理流程要和业务流程管理融为一体，要把经营人才当作一项业务，把专家中心设计出来的产品和服务交付给业务部门，并推动其实施；三是建立共享服务中心，平台化集中处理常规的人力资源事务性工作，如薪酬、福利、保险等，提高人力管理效率，进一步释放出人力资源的专业能量去支撑业务发展。

五、去中心化与员工自主经营与管理

互联网改变了人与组织的关系，改变了人与组织的力量对比。CEO只是一个象征的存在，犹如蜂巢中的蜂王，每一个成员都高度自治、自主经营。组织不再界定核心员工，每一个员工都可以在自己的岗位上发挥关键作用。正如张瑞敏在海尔所倡导的“企业无边界、管理无领导、供应链无尺度、员工自主经营”，就是基于互联网的组织管理思维。同时，组织的话语权在互联网时代是分散的，谁最接近客户，谁最接近企业价值最终变现的环节，谁就拥有话语权，谁就可能成为组织的核心。微软放弃员工分级制，认为任何层级的人将来都可以变成组织运行的中心，都可以变成组织的资源调配中心；华为倡导让听得见炮声的人做决策；小米科技提出合伙人组织、扁平化管理、去KPI驱动，强调员工自主责任驱动；海尔提出人单合一的自主经营模式。这些就是所谓的去中心化与员工自主化经营的具体体现。

六、全面认可激励与积分制管理

全面认可激励是指全面、及时承认员工对组织的价值贡献及工作努力，通过积分的方式及时给予特别关注、认可或奖赏，从而激励员工开发潜能、创造高绩效。一方面，随着新生代员工日益成为人力资源主体，传统的薪酬激励方式难以满足员工的期望要求，难以激发员工的内在潜能及价值创造能量；另一方面，激发人才的创新创业能量的需要，构建一个契合员工需求的、牵引员工发展的全面认可激励体系。让评价无时不在、无处不在，使员工在企业所做的一切有利于工作、有利于业务和有利于个人成长的行为都能得到认可和奖励。全面认可激励给组织带来良好的组织氛围、更高的绩效产出，提高员工对组织的满意度，为员工提供优秀的企业社交网络平台，实现激励措施的多元化与长期化，提升员工的自我管理能力和参与互动精神，给企业带来更多的协作、关爱和共享，维护员工工作与生活的平衡，有利于企业文化和制度的落实与推进。

七、劳动合规守法成本

劳资关系的和谐与否，决定一个企业人力资源投入的效能。劳资关系紧张势必导致企业劳动力成本增加，影响劳动者内在的积极性，尤其是大量罢工、群体事件的出现，会带来人力资本价值损耗以及资方财产损失。因此，未来企业在劳资关系方面，一是要从股东价值优先策略（把劳动者当作成本）转向股东价值和人力资本价值平衡的人力资源管理策略；二是从钻法律空子的思路转变为合规守法，减少企业的违法成本。对于企业而言，在严格遵守《劳动法》的前提下，要建立工会、集体协商、职工代表大会等劳动关系制度，并建立相应的预警机制。

八、人力资源管理迭代创新

迭代是重复反馈的活动，让客户参与到产品的设计与完善之中，不断反馈和完善，使产品和服务逐渐逼近客户需求。在移动互联时代，新生代员工登上职业舞台，新思维、新方法、新需求涌现，这就要求人力资源管理者走出“闭门造车”的管理现状，到员工中去、到客户中去，不断挖掘员工需求，根据需求创新并提供相应的人力资源产品或服务。同时，在产品和服务的基础上，不断整合员工诉求，不断优化、提高、完善、迭代更新，满足新形势、新群体、新需求。

建立基础性、整体性、结构性、专业性、实用性的新组织发展——人力资源管理体系，是解决组织管理问题的有效途径。

新组织发展——人力资源管理体系的设计需遵循五个理念：

第一，万丈高楼平地起。既有远大的目标，又有坚定、持续的动作；脚踏实地，不急于求成，打好基础，长期主义，动态迭代和提升。

第二，结构产生能量。应将人力资源体系的各个模块和部分结构化地组成整体，使之产生系统功能。

第三，既见森林，又见树木。既有整体的框架，又有关键问题的解决方法。

第四，让一切流动起来。人力资源体系内部的结构、流程并不固化，而是开放和弹性的；各部分、各模块可以灵活组合以及多方面连接。

第五，消灭复杂性。不能将体系和复杂联系在一起。在某种程度上体系的构建恰恰是为了减少组织内部复杂性，简化管理关系，廓清低效行为，使组织运行更加顺畅、快捷。好的体系可以让管理者更轻松，可以提增组织能量且使之作用于外部市场。

目 录

第一章　人力资源管理导论

第一节　人力资源管理的核心是什么

中国经济已由高速增长阶段转向高质量发展阶段。未来中国的宏观经济政策、结构政策、改革政策、社会政策都将围绕这个总要求展开。高质量发展的主要内涵，就是从总量扩张向结构优化转变，就是从“有没有”向“好不好”转变。科技引领的变革令世人瞩目，几乎每家企业都在谈变革、思变革。世界著名管理大师彼得·德鲁克提出：“我们无法左右变革，我们只能走在变革的前面。”企业变革是由于企业经营环境发生了较大的变化，管理者必须不断地变革管理才能保证企业生存和发展。而企业面临的两大核心管理创新命题是：组织变革和人才机制创新。

为什么说组织变革和人才机制创新是中国企业所面临的核心管理创新命题？因为组织的变革与人才机制创新主要受两大基础因素的影响：

第一是人的因素，包括消费者需求的变化、人的需求的变化。消费者和人才需求的变化倒逼组织变革与创新，使组织真正做到以客户为中心，持续激活组织，去释放人的价值创造的活力与创造力。

第二是技术因素，包括技术革命和所面对的数字化、大连接、智能化时代。技术革命和数字化、大连接、智能化重构了组织与人的连接关系，为组织模式的创新提供了技术基础平台。

新组织发展过程呈现不断向前发展的姿态，是一个数据收集、诊断、行为规划、干预和评价的系统过程。它致力于增强组织结构、进程、战略、人员和文化之间的一致性，开发新的、有创造性的组织问题解决方法以及发展组织的自我更新能力。

新组织发展的本质是关于管理变化变革的，强调个人、团队、组织以及社会等层面变革的重要性。只要这种变革是以提升生产率或者经济效益、改善工作环境与条件、实现员工福祉为目的的，都是组织发展中的主要内容。总之，作为一门新兴学科，新组织发展是覆盖面非常广的一种企业变革发展专业，大致包含以下几项内容：①组织评估与诊断；②行动计划与干预；③个体干预设计；④团队干预设计；⑤流程干预设计；⑥组织干预设计；⑦过程与结果评价；⑧职业道德与价值观。

这些专业在传统的人力资源模块中较少涉及，是专项解决问题的项目管理，新组织发展——人力资源管理体系设计实战辅导，能够对企业的机制问题提供较为系统的解决方案。新组织发展独立于管理学，是人力资源管理中的高阶内容。

一、企业、人与管理的逻辑关系

人与组织是两个独立的价值主体，每个主体都有自己的目标与使命，而两者之间的价值关系决定了组织管理的基本逻辑与方式方法。

人与组织之间的价值关系随着工业时代的发展而不断变化，在不同的组织形态中，人与组织的价值关系有不同的表现，这就导致了在不同企业形态中，管理的逻辑与模式会有所不同。因此，在工业时代，无法用一种价值关系理解组织管理的全部逻辑。

中国传统企业走到今天也遇到了这个问题，人与组织的价值关系正在发生根本性的转变，但管理者依然习惯用经验指导组织变革、沿用传统的管理逻辑。这已经严重阻碍了企业的进一步发展，企业管理需要重新格式化。是时候构建一套全新的管理系统了，这一版本将更加“高级”，不仅能够“兼容低版本”，而且能提高组织系统性能。

理解企业、人与管理的逻辑关系还需要分别从三者的基本使命谈起。

（一）工业时代企业的使命

企业到底是什么？企业是工业时代最主要的价值创造组织。

在人类发展过程中，不同的经济系统中存在着不同形式的价值创造组织。企业伴随工业经济的到来而出现，是工业经济生态中专门从事价值创造活动的经济组织，其基本使命就是满足工业社会中的人类需求。这是企业作为一个经济组织存在的基本意义，除此之外没有其他任何含义，如果加入了其他含义，企业的价值创造活动则必然会受这种因素的影响。随着人类需求不断变化，价值创造组织以四种不同形态进行规律性演变，直到工业时代结束，其使命终结。

在农业社会中，主要的价值创造组织是作坊，最大的特点是手工制造，体现了农业时代的生产力水平。作坊也经历了不同的组织形态演变，当手工作坊发展到手工工厂时，农业经济就开始向工业经济转变——企业由手工工厂进化而来，如图 1-1 所示。最初的企业经历了业主制、合伙制、工厂制等形式，然后发展到了公司制，今天，多数企业都已是公司制企业。作坊与企业是不同经济生态中的价值创造组织，都是为了满足人类需求的价值创造活动主体。同样，当人类从工业社会发展到知识社会时，又将出现一个新的价值创造组织，满足人类在知识时代的需求是这个组织的基本使命，至于叫什么，我们现在还不得而知。

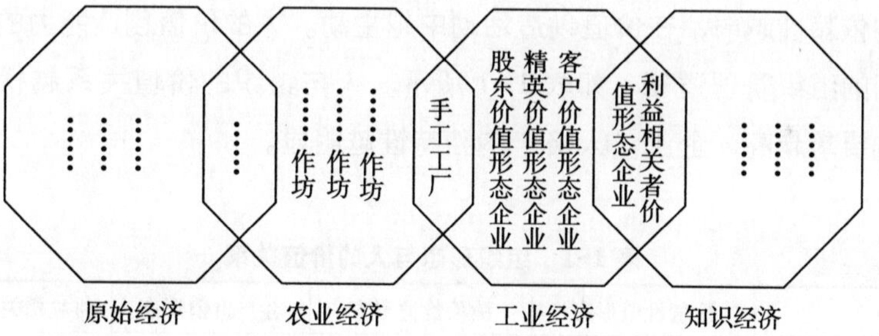

图 1-1　工业时代价值创造组织的演变

企业广泛分布在产业价值链上，处于不同位置的企业因定位不同，在产业活动中扮演着不同的角色。低级组织形态处于产业价值链的上游位置，从事低端的价值创造活动，高级组织形态处于产业价值链的下游位置，从事高端的价值创造活动。产业价值链创造出的价值从上游流向下游，只有下游的企业才能推动产业链的发展与延伸，因为它们才是先进生产力的代表。

从企业的基本使命中可以看到，企业的价值创造活动并不受空间限制，服务于人类的无差别需求，因此全球化是企业发展的必然方向，而且最终每个企业都将具备独特的“人格”，体现为拥有自身特征的稳定思维方式及行为风格，它们基于对人类需求的深刻理解而形成，不受任何外在系统的影响——这是成为全球化企业的基本条件。“人格独立”是企业进入成熟阶段的象征，而并非规模越大越成熟，“人格”不独立的企业，其价值创造活动必然具有局限性。

（二）工业时代人的使命

虽然人在市场经济系统中是一般价值创造者，但还不是最基本的价值创造主体——人需要通过经济组织创造价值，因此在工业时代，企业才是市场最基本的价值创造主体。但从工业时代发展的轨迹看，由于生产力逐步提高，人独立创造价值的能力越来越强，与组织的价值关系也越来越松散，最终必然脱离组织、独立开展价值创造活动，只不过需要经历从有形组织到无形组织的演变过程。进入新商业时代以来，自由职业者的不断增多充分说明了这一点。这种变化表示，人与组织的价值关系不是一成不变的，而是处于一种持续的动态变化中。从企业形态进化规律中可以看到，在越低级的组织形态中，个体独立创造价值的能力越弱、对组织的依赖性越强；在越高级的组织形态中，个体独立创造价值的能力越强、对组织的依赖性越弱。对组织的依赖性越强，在价值创造活动中越被动，而对组织的依赖性越弱，在价值创造活动中越主动。人的价值创造能力的变化，带来了不同的组织管理逻辑，如表 1-1 所示。人与组织的价值关系越松散，对企业文化的要求越高，企业“人格”的独特性越明显。

表 1-1　组织形态与人的价值关系

	股东价值形态	精英价值形态	客户价值形态	利益相关者价值形态
工业时代	1.0 时代	2.0 时代	3.0 时代	4.0 时代
对组织的依赖性	很强	较强	较弱	很弱
个体的独立性	很弱	较弱	较强	很强
封闭与开放性	很封闭	较封闭	较开放	很开放
价值创造能力	很弱	较弱	较强	很强
人与组织的价值关系	依赖	依靠	对等	松散
人的创造活动	很被动	较被动	较主动	很主动

中国经济正处于由工业 2.0 时代迈向工业 3.0 时代之际，人的价值创造能力有了明显提升，需求动机也发生了明显改变，人对组织的依赖性大幅度降低——这一点从职场新人身上可以充分感受到，这些变化导致人在价值创造活动中开始从被动转向主动，将对企业转型产生巨大影响。进入新商业时代之后，自管理组织的出现也可以充分说明了这一点。

在整个工业时代，人的基本活动就是通过企业创造价值，从而满足自身的价值需求，除此之外没有其他内容。

（三）管理的基本使命

有组织就会有管理，管理能解决组织的什么问题？

一个组织至少由两个人组成，两个人都是独立的价值主体，每个人都有自己的目标与使命，但却能够在一起共同完成价值创造活动，满足市场需求，这就是管理要解决的一系列问题——如何将人的价值创造能力投入组织活动？如何有效转化组织中人的价值创造能力？如何共同分享产出的价值成果？这三个问题分别体现了投入、转化、产出这一价值创造的基本流程中不同节点上的问题，也是组织管理活动的基本内容。其实，所有的管理功能都将服务于这三个基本问题，如果没有，就说明这项功能没有存在的必要。

可以看出，管理的使命是在组织与人之间建立一种“最佳”的价值关系，发挥人的价值创造能力、共同进行价值创造，最终实现价值最大化。因此，管理的本质是管理人性，由于人性不断变化，因此组织管理始终都是动态的，这一使命深刻反映出了上面三个问题，是所有管理活动的核心。

何谓“最佳”价值关系？无论市场、企业、人如何变化，管理始终都能让三者处于一种价值平衡状态，平衡状态就是价值关系的“最佳”状态，在这种状态下，三者都能实现价值最大化。可以看出，这是一种动态的价值关系，管理也将依据这种动态的“最佳”价值关系开展一系列活动。

工业时代，随着企业形态不断进化，“最佳”价值关系的表现形式不断进化，管理的内涵也跟着不断进化。汉语中，“管”有约束、教导、干涉的含义，“理”有顺畅、整齐的含义；前者强调被动性，有计划、控制、推动等特征，体现了“有形之手”的作用，而后者则强调主动性，具有因势利导、顺势而为等特征，体现了“无形之手”的作用。“管理”在不同的组织形态中有不同的侧重点，“管”的特点主要出现在低级组织形态中，而“理”的特点则多出现在高级组织形态中，“管理”一词恰好生动地体现了这种变化规律。

组织的管理者也是管理使命的主要承担者，应该清醒地意识到企业进化规律的特点，及时采取有效的变革措施，促使组织与人形成“最佳”价值关系，推动企业不断向前发展。人力资源管理在塑造企业与人之间的价值关系过程中发挥了重要作用，因此成了一项关键管理功能，在市场、企业、人性发生改变后，人力资源管理更应该及时进行变革，否则将严重阻碍企业的发展。

二、人力资源管理的基本使命

厘清了管理的基本使命，就可以思考人力资源管理的使命了。人力资源管理是组织管理功能的必要组成部分，只要存在组织管理活动，就存在人力资源管理，而且这项功能必须服务于组织管理的使命。

“人力资源管理”是工业 2.0 时代的管理理念，因为“人力资源”的概念在工业 2.0 时代才被戴维·尤里奇（Dave Ulrich）提出，此前都叫人事管理。人力资源管理既然是时代的产物，就既有时代的进步性，也有局限性，无论这项重要功能叫什么，它的使命应该始终不变，只不过随着企业形态不断演变，表现形式会有差异。理解人力资源的基本使命及其不同的表现形式有助于指导现阶段的企业人力资源管理变革，推动企业顺利实现转型。

（一）人是一种资源吗？

人是资源吗？从工业社会发展的历程来看，人应该是资源，因为人力即劳动力，是一个社会中具有劳动能力的人的总和，人的劳动能够变现为财富，具有资源的属性，所以才被称为人力资源。

人成为一种资源，标志着社会的极大进步，因为在工业 2.0 时代之前，人仅是简单的劳动力而已，而从“劳动力”这一概念中根本看不出其价值属性，甚至绝大部分时候其价值还不如自然物或被改造后的自然物。直到工业 2.0 时代，“资源”才被赋予更广泛的意义，成为物力、财力、人力等各种物质要素的总称。资源可以划分为自然资源和社会资源两大类，前者如阳光、空气、水、土地、森林、草原、动物、矿藏等，后者如人力资源、信息资源以及经过劳动创造的各种物质财富。

资源有产生价值的可能性，但无法直接产生价值，只有在经过开发、利用之后才能产生价值，也就是在与人的创造能力结合后才能产生价值。如果把人视作资源，就说明人还无法直接产生价值，依然处于待开发状态中，而人力资源管理则让这一资源得以被开发、呈现价值。然而，人一旦被当成一种资源，就被赋予了一种被动性，其价值需要被开发才能体现——事实上所有的资源都具有这种特点。

人力资源的这种被动性直接决定了组织管理的基本逻辑与方式方法，整个管理系统也将围绕着这一属性设计与构建：企业会更强调计划、控制、推动等手段的使用。“人力资源”这一概念其实是低级组织形态中的管理理念，与之相对应的是管理中的“管”。在20世纪，戴维·尤里奇提出这一理念时，它的确有一定的先进性，体现为企业终于以“资源”为基础构建了一套完整的人力资源管理系统。但工业时代的脚步没有停歇，新商业时代到来后，其局限性开始显现，“资源”也为企业转型带来了一定的阻力。新商业时代，人不应该再被看成一种资源。那么，人应该是什么？

（二）人应该是什么？

很多传统企业开始把“人力资源”改称“人力资本”，“人力资源部”也变成了“人力资本部”，认为人力具有资本的属性。且不论这种看法是否恰当，但我们的确需要重新认知“人”的意义，如同工业2.0时代时把人看作一种资源一样，未来新组织的人力资源管理同样需要建立在一种新的认知基础上。

人如果不是资源的话，那会是什么？回答这个问题需要回归人性的特征。人的价值创造力并无主动或被动之说，之所以有了这种表现，是由于市场、组织、人三者之间的价值关系持续变化。从马斯洛需求动机层次理论中可以看到，缺失需求本身带有被动性，而成长需求本身带有主动性，但并非想主动就能主动，组织管理要做的就是依据人性的特征，采取不同的管理逻辑与方法，达到最佳效果。主动和被动并不代表人力资源管理的对与错，被动说也仅仅是因为我们站在了今天的时间节点上看，再往前追溯，在西方管理学当中还出现过“工具人”一词，显然更加无法让今天的人们接受。从“价值人”的角度看，人对价值的追求将会越来越明显，意味着人的被动性必然逐步转为主动性，而组织管理也必将随之改变。

进入工业3.0时代，人到底是什么？笔者认为，人对企业而言应该是一种资产。人是企业所拥有的、在过去的经营活动中逐步形成的、未来会带来价值增量的资产。与“资源”相比，“资产”本身就具有价值，有不需要被开发的特点。当然，这种价值需要由市场和企业给出合理评估，即人必须通过自身的价值创造能力及成果证明自己的价值，因此人具有了一定的主动性。除了主动性以外，“资产”还具有动态性，因为其价值是一种波动价值，企业必须用心经营才能实现价值增长的预期，否则这种资产不但不会增值，还会贬值，企业需要用战略思维管理这项资产。是“资产”就有可能“变现”，人什么时候能变现？理想状态是在其价值处于最高值时进行变现。人通常在这时取得了事业上的成功，实现了阶段性目标，这个时候无论对企业还是个人都能实现价值最大化，是最佳变现时间点。再往后，人的价值就很可能开始弱化，“资产”逐渐贬值，原因是内外部环境发生了改变。因此，新商业时代希望每个员工都能够尽快取得成功，而成功之后继续留在企业中的意义反而并不大，人要么回归生活，要么进入更适合的企业继续奋斗，总之，人在这家企业的使命已经结束。这就是人作为“资产”的基本属性。人成了“资产”，将改变新组织管理的基本逻辑与方式方法，整个管理系统将围绕着这些基本特征设计与构建，人力资源管理的目标、功能也将随之发生改变。

（三）人力资源管理的使命

对于一个组织而言，无论处于什么时代、什么形态，对人的管理始终都会存在，因为这是组织管理的基本内容。在工业时代，企业是市场经济中最基本的价值创造组织，其使命是创造人类所需要的价值，一个企业的所有功能都将服务于这一使命，否则就没有存在的价值。对人的管理功能是重中之重，如果说人力资源管理不重要，也只能说这一功能还没有被充分发挥出来而已。

现在应该能够看到人力资源管理的使命，是通过提高人的价值创造能力，提升企业的价值创造能力，更好地满足人类社会的需求。任何偏离这一使命的内容，都是辅助性的或是无用的内容。

其实不仅是对人的管理，对财物的管理、对信息的管理、对风险的管理、对产品的管理等也都是围绕这一使命展开的，可以说，所有的管理功能最终都指向这里。

在提升人的价值创造能力这一过程中，有很多工作可以做，也可以很多的形式呈现出来。如传统企业把人视作一种“资源”就是一种表现形式，在这种表现形式中，人的价值创造能力需要被开发、被利用，才能呈现出来。在支付薪酬时，企业根据人所任的职位价值付薪，并非人本身，这也说明“资源”并不是处于这阶段的企业创造力的直接来源，而是一种潜在的可能，企业虽然认同人力资源的重要性，却并没有看到其直接价值。把人视作一种“资产”也是一种表现形式，在这种表现形式中，人的价值创造能力可以直接使用，在支付薪酬时，企业根据人的能力付薪，即人自身的特点。从薪酬的支付依据上可以看出两者的差别，显然“资产”比“资源”更能直接体现价值，人力资源管理功能也将体现得更高级。

决定企业形态特征的 DNA 是价值创造能力，而人力资源管理功能之所以重要，也是因为它直接影响了企业的 DNA 特征。有什么样的企业形态，就必须有什么样的人力资源管理与之匹配，四种最佳组织形态下存在着四种“最佳”人力资源管理形式，每一种都有其特定目标，这是理解组织管理的重要内容。

三、人力资源管理体系内容架构及工作分工

（一）人力资源管理体系内容架构

本书综合传统人事管理、劳动人事管理、基于能力的人力资源管理、战略性人力资源管理、人力资本管理、人力资源流程外包及人力资源“三支柱”相关体系与方法论，将现代企业人力资源管理体系分为16个模块。

1. 人力资源战略

人力资源战略是企业发展战略的重要组成部分，在人力资源战略中需要重点解决在既定的企业整体发展战略下，人力资源管理的使命、终极目标，以及如何实现这些战略目标的基本措施。

人力资源战略包括人力资源结构战略、人力资源选聘战略、人力资源开发战略、人力资源使用战略、人力资源激励战略等。

2. 人力资源规划体系

人力资源规划体系是在人力资源战略基础上，通过对企业内部、外部人力资源供给状况和满足企业战略发展的人力资源需求状况的对比分析，满足战略发展需要。企业可以通过人力资源的规划、政策及管理实践达到获得竞争优势的人力资源配置的目的，强调人力资源与组织战略的匹配，强调通过人力资源管理活动实现组织战略的灵活性，强调人力资源管理活动的目的，实现组织目标。

企业人力资源规划主要包括人力资源现状盘点、人力资源配置规划、人力资源素质提升规划、人力资源开发规划、人力资源政策规划等。

3. 组织体系

企业内部需要解决分工与协作的问题，其中分工分为横向分工、纵向分工两个维度，横向分工需要组织体系来解决，而纵向分工则需要职位体系来解决，企业可以通过组织体系设计满足战略需要和流程快速实现。组织体系包括公司一级结构设计、二级结构设计、管理幅度和管理层级设计、部门使命定位和职能描述等。

4. 职位体系

职位体系包括公司职位族的划分、部门内部岗位设置、工作分析、工作饱和度分析、人员编制确定、岗位说明书等。职位体系需要重点解决的是如何将部门的职能分解到每个岗位，最终实现人人有事做。

5. 任职资格与员工发展

任职资格体系是驱动员工产生优秀工作绩效的各种显性和隐性特征的集合，它反映的是员工以不同方式所表现出来的知识、技能、经验、职业素养等。任职资格测评是对员工目前的实际能力和工作态度进行评估，以期发现员工目前的实际能力、态度与优秀绩效之间的差距。

任职资格体系包括企业能力素质模型的建立、能力素质项目的定义与分级、岗位任职资格体系建设、员工胜任力测评等环节。

6. 甄选与招聘体系

为了保证把合适的人在合适的时间安排到合适的岗位，使其发挥最大的潜力，为公司创造价值，企业需要建立完善的招聘与甄选体系。招聘与甄选体系主要包含员工年度招聘计划、内部招聘、外部招聘、招聘试题库建立、招聘人才库建立、基于任职资格体系的员工招聘面试评价、基于任职资格体系的员工试用评估等。

7. 培训与教育体系

培训与教育体系的起点是员工培训需求识别，同时培训组织、培训效果评估、培训跟踪、内部培训讲师队伍建设、培训档案管理、培训结果应用、企业大学建设等是非常重要的。培训的目的在于最大限度地缩小员工与岗位任职条件之间的差距，实现人尽其能。

8. 目标绩效管理

人力资源的核心功能在很大程度上都是依靠目标绩效管理体系来实现的，在绩效管理体系中，既包含了企业战略目标的分解，也包含了战略目标实现的过程控制和结果管理，保证企业战略目标能够顺利达成。

企业需要建立三层级或四层级的绩效管理体系，即将集团绩效或企业绩效、部门绩效、员工绩效综合起来考虑。目标绩效管理体系包括企业战略地图的构建、平衡计分卡的编制、各个层级（企业级、部门级、岗位级）绩效指标建立、绩效目标分解、绩效计划制订、绩效辅导、绩效考核与评价、绩效沟通等多个环节。

9. 薪酬激励与员工福利

无论是对企业还是对员工，薪酬福利体系都至关重要。对企业而言，完善的薪酬福利体系既可以调动员工的工作积极性，也可以有效促进企业经营目标的顺利达成。对员工而言，薪酬既是对员工工作付出的认可，也是员工能力水平的衡量，更是决定员工生活品质的关键因素。

薪酬福利体系既包括薪酬体系、福利体系、奖金体系，也包括物质激励、精神激励、员工成长与发展激励，更包括短期激励、中期激励、长期激励。

10. 劳资关系

劳资关系管理是传统人事管理的核心工作之一，是现代人力资源管理的基石，主要包括劳动合同管理、劳资纠纷处理、员工关爱等，建立和谐、共赢的劳资关系是保证长期稳定发展的前提。

11. 员工满意度体系

有位企业家曾经说过这样一句话：关爱你的员工，员工便会加倍呵护你的客户！很多企业将客户看作自己的上帝，因为企业在满足客户需求的同时获得了产品价值转移和利润实现。客户固然重要，但只要我们认真推敲一下就不难发现，其实企业要想实现资本增值，最关键的还是要保证自己的员工满意，因为只有让员工安居乐业，员工才会认真工作，才能生产出高品质的产品，从而保证客户满意；客户满意了，才能保证合理的股东回报。

员工满意度可以说是企业管理状况的“晴雨表”与“度量衡”。员工满意度体系包括员工满意度模型设计、员工满意度问卷设计、员工满意度调查、员工满意度分析、ES100 工程实施、员工满意度管理规范等。

12. 企业文化体系

企业文化体系是人力资源管理体系的新成员。长期以来，很多企业只是把企业文化作为企业宣传的一部分而忽略了企业文化对员工的约束和激励作用。在人力资源管理体系中，企业可以通过文化建设实现对员工价值观的统一，进而影响员工个人目标和企业目标的一致性。

通常来讲，企业文化体系包含三个层面：精神层面（包括企业核心价值观、企业精神、企业目标、企业宗旨、管理方针、工作作风、人才观、质量观、环保观、安全观等）；行为层面（包括企业制度行为、企业经营行为、企业道德行为、企业管理行为、员工行为规范、客户服务规范等）；形象层面（包括企业领导形象、企业员工形象、企业产品形象、企业环境形象、企业社会形象等）。

13. 集团管控体系

企业从小到大的过程中势必会面临从单一产品线到多产品线、从单一品牌到多品牌、从单一行业到多行业、从本地经营到多地经营、从一家企业到多家企业的过程，在这个过程中就会面临集团化运作的需求，如何做到既下放经营权又有效控制风险，既发挥集团资源优势又充分调动分子公司的主动性与创造力，避免一放就乱、一抓就死的局面，就需要企业系统规划和建立集团管控体系。

集团管控体系主要包括集团治理结构设计、集团管控模式、集团总部及分子公司定位、集团与分子公司职能分工、集团与分子公司分权体系、集团管控流程、集团风险控制等。

14. 人才盘点

人才盘点的目的是帮助企业在战略目标实现的同时提升人效，为组织创造更多利润。因此，人才盘点是从战略角度出发，通过对战略的梳理更好地审视人才现状与战略实现的匹配度，进而通过系统的措施优化组织和人才管理，支撑企业战略目标的实现。人才盘点结果可以帮助企业明确培养的数量需求，对培养对象的选择、培养能力的识别、培养方案的制订和培养周期的限定等也都有非常明确的指引作用，让培养方向更具有针对性和有效性。

15. 人力资源管理制度

没有规矩不成方圆，做好人力资源管理工作的前提是建设合理的人力资源管理制度。“以人为本”的人力资源管理理念若无起支撑作用的人力资源管理制度，它就成为一番空洞的说教。“以人为本”是人力资源管理的价值观，人力资源管理制度则赋予这个价值观以生命，使其在组织中变为现实。人力资源管理制度具有双重性，没有制度的组织是长不大的，制度僵化的组织是没有活力的。如何使组织既保持人力资源管理制度的有效性，又保持组织活力是任何组织设计人力资源管理制度必须认真考虑的。

16. 人力资源管理流程

为了提高人力资源管理工作的效率，人力资源管理体系强调企业必须加强相关人力资源管理流程的建设和优化。通常来讲，人力资源管理流程包括组织管理流程、工作分析流程、人力资源规划流程、培训管理流程（包括在职培训流程、入职培训流程）、招聘管理流程（包括内部招聘流程、外部招聘流程）、经营目标制定及分解流程、绩效管理流程（包括绩效指标词典管理流程、公司绩效考评流程、部门绩效考评流程、员工绩效考评流程）、干部述职管理流程、劳动合同管理流程、员工异动管理流程、薪酬管理流程（包括年度薪酬预算管理流程、员工薪酬核算及发放流程）、企业文化建设流程等。

（二）人力资源管理工作分工

弄清楚了现代人力资源管理体系的基本构成之后，我们还需要纠正一个基本的错误认识，那就是很多企业的管理者都认为，人力资源管理只是人力资源部门的事情，实则不然，企业中任何一个管理者都需要行使人力资源管理的职责。

为了能够充分识别两者的分工，本书把每个人力资源管理模块的设计和实施分为两个环节，即建立相关管理体系、执行部门（见表 1-2）。通过表 1-2 可以看出企业人力资源管理的很多职能都是需要人力资源部门和各职能部门共同参与才能完成并确保有效实施的。

表 1-2 人力资源管理职能分工

人力资源模块	人力资源模块包含的内容	建立体系	执行部门
人力资源战略	人力资源结构战略、人力资源选聘战略、人力资源开发战略、人力资源使用战略、人力资源激励战略	公司高层、人力资源部	人力资源部
人力资源规划体系	人力资源现状盘点、人力资源配置规划、人力资源素质提升规划、人力资源开发规划、人力资源政策规划	人力资源部	公司各部门
集团管控体系	集团治理结构设计、集团管控模式、集团总部及分子公司定位、集团与分子公司职能分工、集团与分子公司分权体系、集团管控流程、集团风险控制	公司高层、人力资源部	公司各部门
组织体系	一级结构设计、二级结构设计、管理幅度和管理层级设计、部门使命定位和职能描述	公司各部门	公司各部门
职位体系	职位族的划分、部门内部岗位设置、工作分析、工作饱和度分析、人员编制确定、岗位说明书	人力资源部	公司各部门
胜任力模型与任职资格体系	能力素质模型的建立、能力素质项目的定义与分级、岗位任职资格体系建设、员工胜任力测评	人力资源部	公司各部门
甄选与招聘体系	年度招聘计划、内部招聘、外部招聘、招聘试题库建立、招聘人才库建立、招聘面试评价、试用评估	人力资源部	公司各部门
培训与教育体系	培训需求识别、培训组织、培训效果评估、培训跟踪、内部培训讲师队伍建设、培训档案管理、培训结果应用、企业大学建设	人力资源部	公司各部门
目标绩效管理体系	战略地图、平衡计分卡、绩效指标建立、绩效目标分解、绩效计划制订、绩效辅导、绩效考核与评价、绩效沟通	人力资源部	公司各部门
薪酬福利体系	薪酬体系、福利体系、奖金体系、中长期激励等	人力资源部	公司各部门
职业生涯与发展体系	职位发展矩阵、员工职业取向测试、关键岗位和核心员工管理、人才梯队建设、员工职业生涯规划等	公司各部门	公司各部门
企业文化体系	理念文化、行为文化、标识文化	人力资源部	公司各部门
员工满意度体系	员工满意度模型设计、员工满意度问卷设计、员工满意度调查、员工满意度分析、ES100 工程实施、员工满意度管理规范	人力资源部	公司各部门
知识管理体系	知识地图、知识仓库、知识挖掘、知识共享	公司各部门	公司各部门

续表

人力资源模块	人力资源模块包含的内容	建立体系	执行部门
劳资关系与人事事务体系	劳动合同管理、劳资纠纷处理、员工关爱、员工手册、人事档案管理、员工考勤、假期管理、员工异动	人力资源部	人力资源部
人力资源管理流程	组织管理流程、工作分析流程、人力资源规划流程、培训管理流程、招聘管理流程、经营目标制定及分解流程、绩效管理流程、干部述职管理流程、劳动合同管理流程、员工异动管理流程、薪酬管理流程、企业文化建设流程等	人力资源部	共同负责

四、人力资源的价值

在现代市场经济体制下，企业非常注重人力资源管理，人力资源管理的作用主要体现在五个方面，如图 1-2 所示。

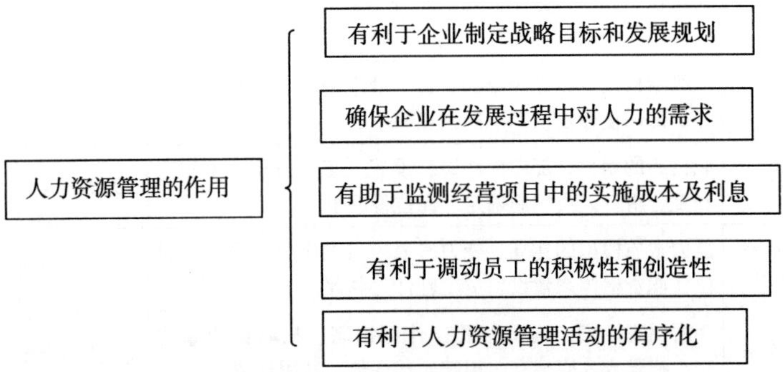

图 1-2　人力资源管理的作用

企业的发展战略需要科学的人力资源规划，确保实现企业战略目标。在项目经营发展过程中，人力资源部门必须分析经营该项目的执行部门所需人员供给状况，据此制定好规划，以便及时满足企业在人力资源方面的需求。通过项目人力资源可能发生的变动进行方案调整，可以有效控制人力资源成本。

五、人力资源管理的核心理念

在企业管理当中，为了实现企业的经济发展目标，采取一系列有效措施对相关组织系统中的各种人力资源进行有效而科学的管理，通过科学的管理方法对企业中各种生产要素进行有效组合，这就是人力资源管理。

随着社会经济的发展，人力资源管理更讲究科学性、合理性以及注重人才本身。现代企业人力资源管理的核心理念如图 1–3 所示。

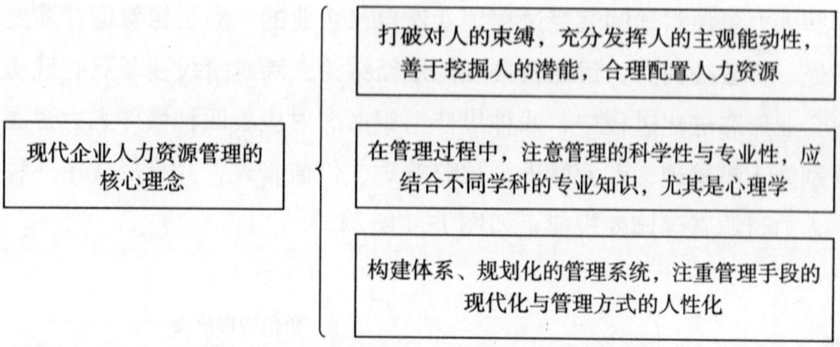

图 1–3　现代企业人力资源管理的核心理念

现代人力资源管理同传统的人事管理之间存在一定的差别，在传统人事管理中，人力仅仅作为一种生产成本存在，企业管理者为了降低成本，提高产品的竞争力，常常会在一定程度上削减人力投资。现代的人力资源管理则将人力视为一种生产资源，通过人力资源与其他资源的优化配置，提高产品的竞争力，同时，现代人力资源管理更注重人才本身的价值，通过切实满足员工的各种合理需求，来提升员工的工作效率及创造力。

第二节　人力资源管理演变规律

市场、企业、人三者之间存在动态的价值关系，这就导致在不同的工业时代，组织管理的逻辑与方法存在明显差异，人力资源管理也存在不同的表现形式。因此，只能用全新的思维去理解企业的人力资源管理功能，否则人力资源管理不但无法履行基本使命，在特定时期甚至对企业发展产生负面作用——今天中国企业的转型即面临着这个问题。未来人力资源管理将何去何从，成了当前组织变革的核心问题之一。

站在今天这样的一个特定的时间点，要想看到未来人力资源管理的样子，就需要理解过去人力资源管理是如何发挥作用的——未来并不是孤立存在的，而是建立在过去的基础上，并且不断地发展、演变着。这就是人力资源管理演变规律，也是组织形态管理理论的重要应用成果。

理解人力资源管理的演变过程、看清自己企业的人力资源管理在演变轨迹上位于何处、将去往何方，远比直接应用最新结论、跨越阶段变革更有现实意义。

在企业形态进化过程中，四种最佳组织形态对应着四种最佳人力资源管理形式，分别为人事管理、专业管理、战略管理、价值管理，并且形成了一种演变规律——人力资源管理演变规律，如图 1-4 所示。

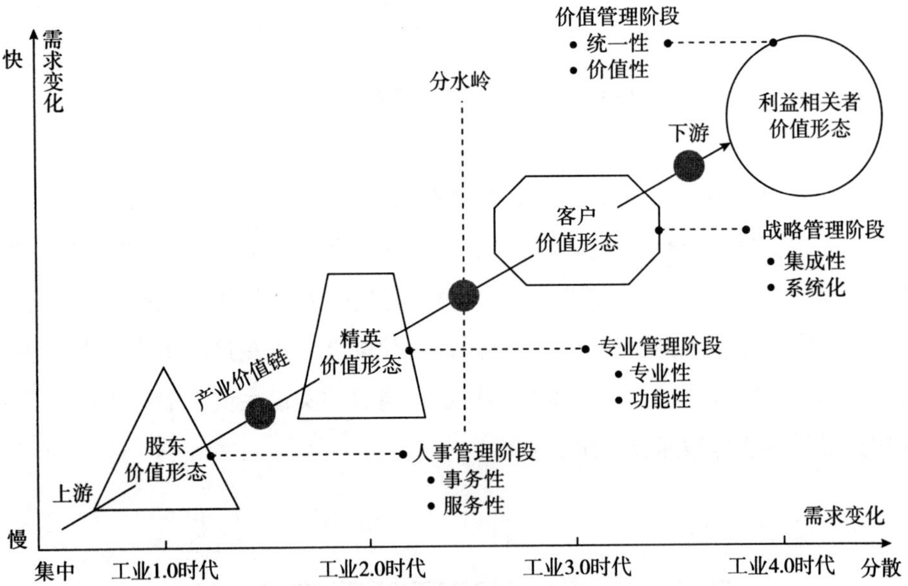

图 1-4　人力资源管理演变规律

一、人事管理

在股东价值形态中，资本为企业创造主要价值，资本价值掩盖了人的劳动价值，引发了诸多问题，因此这个阶段并没有形成独立的人力资源管理系统，而只有一些事务性的工作，它们与其他管理功能混合在一起，人力资源管理功能根本看不出来。到了股东价值形态后期，随着社会化大分工加快，企业内部有了分工，人力资源管理功能开始出现在行政管理功能中，并且有了“行政人事部”；

随着分工不断加深，人力资源管理功能与行政事务工作剥离，出现了人事岗位，人力资源管理功能由这个专职岗位承载。在股东价值形态中，即使把人力资源功能单独拿出来，也会形同虚设，因为这时人的价值全都被凝聚在产品中看不到，能看到的只有资本或老板的价值，这就是工业 1.0 时代的最佳人力资源管理形式——人事管理。

二、专业管理

在精英价值形态中，精英领导力为企业创造主要价值，人的价值开始得到体现，因此，人力资源管理功能被彻底剥离出来，形成独立的人力资源管理部门，这是内部分工与协作的结果，人力资源管理完全服务于精英领导力。随着分工持续进行，人力资源管理功能被进一步细分，出现了招聘管理、薪酬与福利管理、绩效管理、培训管理、员工关系管理等功能，这些功能让人力资源管理成为一个系统。分工有利于专业能力的提升，以便管理人数更多、规模更大的企业，专业水平的提升有利于精英领导力的发挥，体现精英团队的价值创造能力，这就是工业 2.0 时代的最佳人力资源管理形式——专业管理，也叫职能管理。

三、战略管理

在客户价值形态中，团队创新力为企业创造主要价值，多数人的价值开始得到体现，这时，人力资源部解体，人力资源管理功能却得到了全面升级，由不同团队承载，人力资源管理功能不再继续分工，而是开始集成——戴维·尤里奇提出的 HR 三支柱模型就是一种集成产物（如图 1-5 所示的人力资源三支柱模型），只不过这种集成还并不充分。人力资源管理为企业内部不同类型的业务单元（团队）提供有针对性的解决方案，着眼于业务单元的可持续发展，如战略实现、人才成长、价值增长、变革创新、业务推动、文化再造等，目标是最大限度地提升骨干群体的创造力，从而提高企业自身的市场竞争力，以便应对分散且多变的市场环境，人才成为企业资产的必要组成部分，这就是工业 3.0 时代的最佳人力资源管理形式——战略管理，也叫集成管理。

四、价值管理

在利益相关者价值形态中，企业人格为企业创造价值，所有利益相关者的价

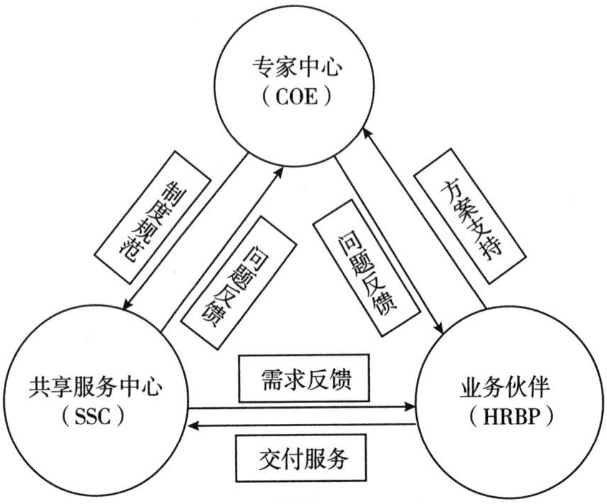

图 1-5 人力资源“三支柱”模型

值得到无差别体现，这时，人力资源管理团队解散，人力资源管理功能将与其他的功能融合在一起，重新回归到管理者——谁是管理者，谁就将承载人力资源管理功能。这个功能涵盖完整的人力资源价值链，实现了价值创造、价值评估、价值分配的统一，目标是提升每个人的价值创造能力，让所有人都能体现自身价值，企业的创造力将达到巅峰，有什么样的价值创造能力，就会产出什么样的产品，只需管理人的价值创造能力，这就是工业 4.0 时代的最佳人力资源管理形式——价值管理。

五、四种人力资源管理形式的比较

不同的人力资源管理形式有不同的功能，如表 1-3 所示，这些功能呈现出一种递进关系，反映出人力资源管理的演变过程。无论人力资源管理的功能如何变化，不变的是人力资源管理的使命。

表 1-3 四种最佳人力资源管理形式及功能的对比

管理形式	人事管理	专业管理	战略管理	价值管理
工业时代	工业 1.0 时代	工业 2.0 时代	工业 3.0 时代	工业 4.0 时代
组织形态	股东价值形态	精英价值形态	客户价值形态	利益相关者价值形态
企业发展阶段	初建期	发展期	成熟期	衰退期
基本目标	提升股东的价值创造能力	提升精英团队的价值创造能力	提升骨干群体的价值创造能力	提升利益相关者的价值创造能力

续表

管理形式	人事管理	专业管理	战略管理	价值管理
表现方式	有章可循	形成系统	富有活力	价值实现
功能特点	事务性	专业性	集成性	统一性
管理基础	以工作为基础	以职位为基础	以角色为基础	以人格为基础
前提条件	难易匹配	人岗匹配	行为匹配	特征匹配
管理方式	集体共同式	分工协作式	独立统一式	即时组合式
管理特点	指令性管理	标准化管理	满意度管理	个性化管理
价值单元	企业	部门	团队	个人
组织结构形态	直线型结构	职能型结构	流程型结构	网络型结构
人性假说	经济人假说	社会人假说	复杂人假说	价值人假说
管理学发展	古典管理理论	行为科学理论	现代管理理论	—

四个阶段的人力资源管理虽然表现形式不同，但目的都是通过提高人的价值创造能力来提高组织的价值创造能力，这是人力资源管理的基本使命，无论组织形态如何演变，这一使命始终都会存在。

改革开放40多年来，中国经济走过了工业1.0时代、工业2.0时代，组织形态上经历了股东价值形态、精英价值形态，人力资源管理也渡过了人事管理阶段、专业管理阶段。在展望工业3.0时代之际，企业将普遍进入转型期，人力资源管理也将从专业管理阶段向战略管理阶段转变，从表1-3的对比可以看出，这将是一种颠覆性的转变，对中国企业发展将形成巨大挑战，从这几年的变革中已经能够看到这一点。专业管理对推动中国企业的快速发展起到了重要作用，已经完成了历史使命，人力资源管理的新篇章即将展现在眼前，人力资源管理的转型与升级也成了现阶段企业变革的重要工作内容之一。

第三节 人力资源变革管理

一、企业为什么要进行人力资源变革

企业为什么要进行人力资源变革？在回答这个问题之前，我们先来分析一下

企业需要进行哪些人力资源变革。由图 1-6 可知，企业在不同发展阶段将会面临不同的经营危机。企业在初创阶段会面临生存危机，在这个发展阶段，企业需要重点思考如何才能活下来的问题，这时候企业对于人力资源管理体系的依赖性并不强。随着企业进入成长阶段，人力资源工作的重要性就会逐渐凸显出来，因为在这个阶段，企业必须建立规范的管理秩序才能保证形成合力。同理，当企业步入成熟阶段甚至衰退阶段的时候，企业对人力资源管理的要求也会存在巨大的差异。因此，为了保证企业顺利渡过不同发展阶段的危机，企业必须不断地进行人力资源变革。

为了帮助企业度过危机，人力资源工作的重点在不同的发展阶段会有很大的差异。另外，企业外围的经营环境、竞争环境，企业内部的管理环境、人力资源整体素质也会要求企业进行人力资源变革。

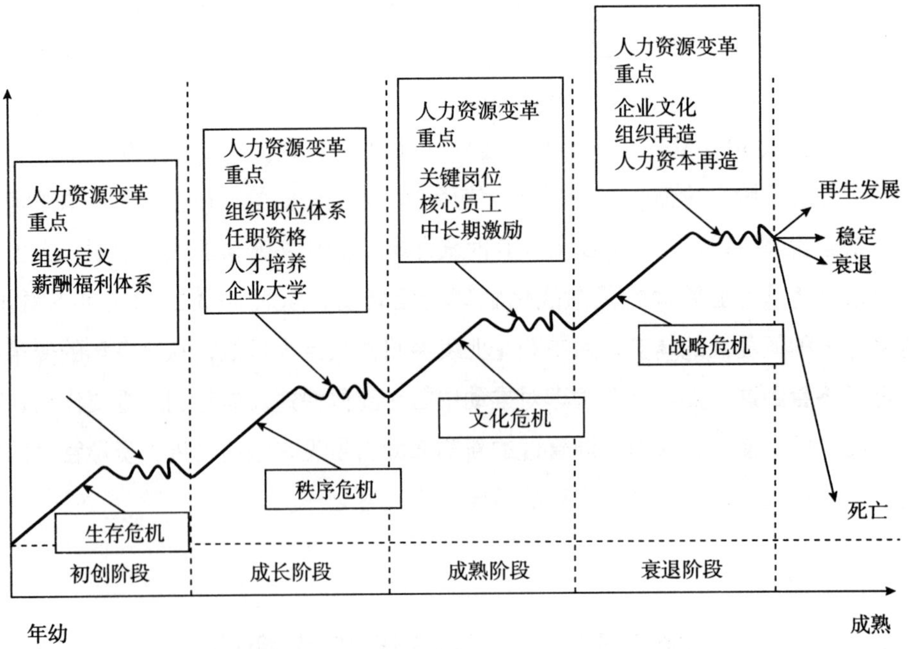

图 1-6 企业发展阶段与人力资源变革的重点

1. 经济环境的变化要求企业进行人力资源变革

随着全球经济一体化进程的加剧，企业竞争的经济环境已不再是地区性的竞争，而是全球性的竞争，在这种环境下，企业必须完成从“短缺经济”变革为

“过剩经济”、从生产导向变革为客户导向、从地域竞争变革为全球化竞争、从相对稳定变革为快速变化、从产品型成功到能力型成功。

2. 市场环境的变化要求企业人力资源变革

企业所在的市场环境也在不断发生变化，诸如供需地位发生了变化，客户需求多元化，功能型消费转化为个性化消费，竞争越发剧烈，同质化现象日趋严重，市场运作越来越规范，消费心理逐渐成熟等，这些因素都要求企业进行变革。

3. 管理环境的变化要求企业人力资源变革

很多企业在快速发展的同时，经常会遇到诸如感性管理转化为理性管理，“人治”转为“法治”，经验管理转化为规范性管理，模糊管理转化为量化管理，单一业务型管理转化为结构、系统型管理，管理方式向发展、规划型转化，管理滞后于发展等困惑，这说明企业的管理环境在不断变化，企业需要相应地调整和变革。

4. 人员素质的变化要求企业人力资源变革

社会经济越发达，员工素质越高，员工需求的多样化也就越突出，现在很多员工在企业工作不再像以前那样与企业是简单的雇佣与被雇佣的关系，而已经变为员工与企业共同成长的“双赢”关系，同时人力资本在价值创造中的作用越来越突出，企业间的竞争越来越依赖人才，个体能量的差异、价值差异越来越大，对员工任职能力提出更高的要求，员工的技能不能满足发展的需要，人才需求由单一型人才转化为复合型人才等因素迫使企业不得不思考如何通过人力资源变革来满足发展的需要。

二、人力资源变革风险管理

任何变革都会存在风险，要想保证人力资源变革的成功率，企业要从以下几个方面做好充分的准备工作。

（一）人力资源变革为什么会失败

为什么很多人力资源变革一开始就注定了失败？根本原因是一些人力资源的专业设计是基于标杆实践，忽略了企业的场景，不知不觉地和企业初衷背道而驰。一些企业的组织结构流程规范和行为规范以控制为出发点，导致员工的激情和创意的火花被无情地浇灭。据统计，中国企业的平均寿命只有 8 年，中小企业的平均寿命则更短，只有 3~4 年。而在欧美，企业的平均寿命是 40 年。

中国自实行改革开放政策以来的 40 多年里，涌现出了很多知名的企业，这些企业在发展的鼎盛时期也都提出了要做成“百年企业”的口号。然而几年过去了，昔日的很多企业已经成为明日黄花，“百年企业”成了一个又一个美丽的“肥皂泡”。

为什么会出现这种情况呢？原因可能很多，战略不明、投资失误、决策一意孤行、内部管理体系不能支撑企业经营、员工素质太低等都可能导致企业失败，但最关键的因素还在于企业自我调整和变革的能力。

下面简单将企业变革失败的原因归结为：

（1）缺乏对变革统一的思想认识。

（2）对变革风险的控制不足。

（3）各级管理者角色错误。

（4）没有制定明确的奖罚机制。

（5）缺少反馈机制。

（6）对变革困难估计不足，不能做到持之以恒，遇到困难即回头。

（7）没有将变革成果根植于企业文化当中。

（二）客观认识变革曲线

正确认识变革规律对于企业进行人力资源变革至关重要。从秦始皇统一货币到商鞅变法，再到戊戌变法，任何一项变革其实都有规律可循，那就是变革曲线，又称创造性混乱，如图 1-7 所示。

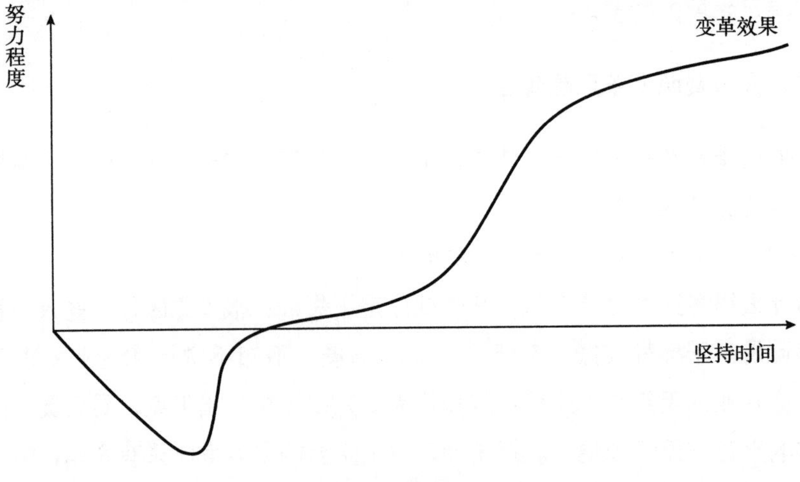

图 1-7 变革曲线

根据图 1-7 的描述我们可以看到，变革开始时，限于种种原因变革的效果可能会很差，甚至出现负面的效果，如果这时候企业没有充分认识而放弃变革的话，变革肯定要以失败而告终，但如果企业坚持，变革效果会随着努力程度和坚持时间的延长逐渐向好的方向发展，取得最终的胜利。另外，统一思想、统一行动是企业进行任何一项管理变革都需要的法宝。变革最大的困难就是人的因素和人的观念，人的观念改变了，变革就成功了一大半。再加上详细可行的行动计划，就可以保证企业变革取得成功。

（三）人力资源变革环境分析

人力资源变革包括企业组织变革、责任机制变革、分配机制变革、激励机制变革、用人机制变革等，在进行任何一项人力资源变革之前，都必须对企业内外部的人力资源环境进行细致分析。

1. 外部环境分析

人力资源变革的外部环境包括人力资源市场供给状况、市场薪酬水平、行业发展态势、行业竞争状况、地区经济发展状况、用工制度等。

2. 内部环境分析

人力资源变革的内部环境包括企业人力资源理念、组织结构、权力划分、人力资源制度、企业文化、员工工作习惯、团队利益、员工流动、薪酬分配机制、员工素质等。

（四）人力资源变革风险识别与控制

任何一项变革都是有风险的，而人力资源体系关乎每个人的切身利益，所以其变革的风险会更大，人力资源管理风险存在于人力资源管理的理念、制度和技术中。其成因主要来源于人力资源本身的特性和人力资源管理的过程特性。

人力资源变革的风险包括：

1. 理念风险

理念是企业最基本、最集中的价值取向，有什么样的理念，就有什么样的实践。人力资源管理也需要理念，落后和超前的管理理念都会深深影响着人力资源管理的制度和实践。

人力资源变革首先会冲击到员工的理念，如果员工不认同企业的理念，就很难在企业认真工作，所以说，企业在人力资源变革前一定要明确企业的相关理念，比如用人理念、薪酬分配理念、绩效管理理念、组织体系设计理念、权力分配理念等。

2. 制度风险

制度化的管理起源于社会化大生产，企业的规模越大，分工越精细，协作关系越紧密，就越需要有严格的责权规定、行为规范和工作标准，否则就不能保证群体的行为协调和共同目标的实现。企业的人力资源管理当然离不开制度化的理性原则，它要在一套行之有效的制度下实施管理。所以，缺乏现代人力资源管理理念指导下的制度，或者制度本身的不健全、制度的不系统都会造成人力资源管理的风险。

企业在进行人力资源变革的时候，一定要根据既定的人力资源管理理念去设计、制定相关的管理制度。俗话说，一个好的制度是让不好的员工办好事，一个不好的制度是让好员工办坏事。可见制度是多么重要。

企业建立各种人力资源管理制度，需要解决两大问题：一是制度的定位问题，二是制度的系统性问题。制度定位不准及制度不系统是人力资源管理制度风险的具体表现，缺乏先进理念指导的制度必然会造成制度的无效或制度的整体性不足。人力资源管理的各项职能是一个整体的系统，而不是简单的堆加。制度的系统性就是要使人力资源管理的各项制度包括工作分析、招聘、考核、激励、薪资、晋升、奖惩等形成一个完整的体系。

3. 技术风险

有了先进的理念，有了规范的制度，就一定可以保证人力资源变革成功吗？答案是不一定。因为要把制度落实下去，还需要借助人力资源管理工具和技术，目前在人力资源管理过程中流传的管理技术有很多。比如在绩效管理方面有BSC、KPI、KCI等，在人才测评方面有心理测试、素质测试、评价中心、工作取样法等，在薪酬设计方面有宽带薪酬、绩效薪酬、岗位价值评估、员工能力评估与薪酬定位等。可以说，在人力资源管理方面，目前的管理技术形形色色，但是并不是每种管理技术都适合同一类企业，这就需要企业在不同的时期根据自身情况选择适合自己的管理工具和管理技术。

（五）人力资源变革成功因素分析

根据以往多数企业人力资源变革经验，变革成功的关键因素如下：

1. 高层管理人员强有力而敬业，并拥有实施变革的权力

高层管理人员是企业变革的旗手，变革成功与否与高层管理人员的行动决心以及高层管理人员的威望、付出的努力密切相关。因为变革过程中注定会遇到反

对变革的员工，有领导者的信心与支持才能够克服障碍。

2. 确定系统的、严格的并以事实为基础的变革过程

变革过程要充分考虑企业实际可能遇到的情况，对变革难点要有足够准备。

3. 根据组织实施变革的能力有次序地进行阶段性推广

采取分步骤地实施，有利于逐步发现问题和解决问题，可以使变革稳步推进，最终成功。

4. 全面的宣传计划以激发组织活力

要让全体员工充分理解并支持变革工作是变革成功的基础，因为任何变革都最终要落实到员工。

5. 一线管理层在实施中要进行密切的监督和严格的评估

因为实际运作人员最容易及时地发现变革中的问题和体会变革的效果。

三、组织变革与人才机制创新案例

中国企业值得关注的组织变革与创新的典型案例介绍如下：红领的源点组织论；韩都衣舍的基于小组制的蚂蚁军团组织；海尔的指数型组织；小米的“平台型+生态型组织”；京东的三维组织结构；华为基于强矩阵的蜂巢式组织，华为的“平台+项目制”；温氏的“平台化+分布式”；美的的“789”工程到“10/11/12”工程。

（一）红领：源点组织论

红领和韩都衣舍是中国服装行业基于互联网创新的两家典型企业。这两家企业率先在组织模式上做了创新。红领经过几年的创新，基于新的商业模式提出源点组织论。新的商业模式就是打造个性化、定制化的平台，从过去传统的“做了再卖”模式转变为现在的“卖了再做”模式：过去主要是靠渠道，现在是客户直接对接工厂；过去有大量库存，现在没有库存；现在是先交钱再生产，构建满足消费者的个性化需求，以需求数据来记录，构建满足需求的直销平台，真正去中间商、去代理商、去渠道商，构建电商直销体系，同时既要满足消费者个性化需求，又要有相对高的性价比。

在这些条件下，红领提出具有生命特征的极致扁平化组织。这种扁平化组织的最核心思想就是源点论，源点论的思想本质是以需求为核心的组织管理理论。现在大家谈组织创新的时候，都是以消费者需求为核心构建组织。红领的源点有两个：一个源点是战略，组织变革的方向不能背离企业的愿景、目标、核心价值

观；另一个源点是需求，组织变革要依据消费者需求。也就是说，企业组织变革不能光谈客户需求，还要基于企业的愿景和核心价值观。两个源点在平衡整个组织变革的发展方向，这是笔者认为源点组织理论非常重大的一个创新。因为现在谈的以客户/消费者为中心的组织，只谈客户消费者这一端，没谈组织的愿景与追求。源点论的组织变革发展方向不是简单地满足客户消费者需求，而是全员要对应企业的整体目标，目标对应全员，内部高效协同，最终满足客户消费者的需求。所以，一端是组织需求，另一端是客户消费者需求，整个组织变革依据两个需求进行。

源点论的核心思想是“四去”——去领导化、去部门、去科层、去审批，使整个组织走向简化。整个组织做到“四去”是带有很多操作性手法的，比如，去部门以后，如何实现部门与部门之间的协同、打破部门之间的壁垒？如何去科层，没有领导如何实现点对点、端对端的运作？去审批以后如何建立责任体系？如何解决问题、强化责任？这些问题在操作层面上都是非常重要的。

源点论强调强组织、自组织。强组织是强调企业内部虽然没有领导，但是每个职能或节点遇到新问题或规范中没有涉及的流程时，不允许拍脑袋、找领导，而是当事人要带着解决方案在内部发起会议，大家一起研讨怎么解决这个问题，由相关职能岗位流程管控中心建立虚拟组织，一起参与研究、重新建立规范和标准，把结果固化到流程上，由自组织去执行，所以建标准、建规则是通过跨团队、跨职能的强组织，解决问题是靠自组织，这个解决了统一性和个性化的问题。

（二）韩都衣舍：基于小组制的蚂蚁军团

韩都衣舍的组织模式主要是基于小组制的蚂蚁军团组织，这是创始人赵迎光所说的改造版的阿米巴。把企业内部划分成几百个 3 人小组，称为蚂蚁军团。韩都衣舍在 2012~2016 年实现了互联网销售五连冠。这种组织模式的核心就是“平台+小组制”：一方面是企业要向建立平台化转型；另一方面是企业内部建立几百个 3 人小组，别的企业内部组织模式大多是基于流程建立串联的组织关系，韩都衣舍采用并联式组织模式，采用包产到户的方式，让每个品牌、每个款式都是一个相对独立并联的小组，每个小组都由 3 个人组成，这个 3 人小组包括产品设计师、页面详情设计以及库存订单管理 3 个核心岗位，资历和能力强的人兼任组长。这种并联式的模式把公司变成一个平台，让所有的小组都在平台上像插件一样去获取平台的资源支持，直接面对消费者。这种组织模式使组织贴近消费者前端，几百个小组贴近消费者、满足消费者个性化的需求。

小组成员是有责权利的，责权利在小组里面有明确的责任和利益分享，另外，几百个小组在企业内部获得平台的支持，行政资源的支持、生产、品牌的运作、储运、供应链，这时组织就变成一个赋能体系，为数百个小组赋能。这种模式的运行是靠数据驱动的，韩都衣舍的组织结构跟传统的组织结构不一样，基本上是数据化的。而且，这种小组有自己的考核，也不是没有管理，这点跟红领不一样（红领完全没有领导，靠自动发起会议进行协同，临时组织领导）：韩都衣舍每 3~5 个小组会产生 1 名主管，每 3~5 名主管会产生 1 名部门经理，还是有管理层级的。每个小组之间、部门之间的协调靠主管和部门经理来协同，把传统的组织模式跟新的组织模式融合在一起，内部自有它一套分成机制。

总的来讲，韩都衣舍的组织模式是“内部平台化+无数个蚂蚁战斗队”，贴近客户、贴近消费者的需求，小组在责权利上实现统一，不是淘汰人，而是更新迭代小组，每个小组不断在排名，今天是第一名，明天可能落到第三名，这就刺激了各个小组内部、团队之间必须要你追我赶。同时，整个利益机制是透明的。

（三）海尔：指数型组织

虽然业界对海尔这几年的变革有很多不同的声音，但是笔者认为张瑞敏提出的变革思想能代表未来管理变革的发展方向。全球比较时髦的一种组织形式是指数型组织，张瑞敏最早在国内提出要将传统企业转型为指数型组织。指数型组织就是企业如何通过组织的变革实现高速的成长，如何激发组织内部的活力，实现企业的变道超车，让企业的产出跟同行相比，可以发生不成比例的大幅增长的扩张型组织（至少 10 倍），激发组织内部创新活力，也就是所谓的创客。

指数型组织在国际上有 11 个特征，分为内部的特征和外部的特征。这些特征从组织变革的发展方向来看，是围绕着平台化、员工创客化、用户个性化 3 个最基本的方向去改造整个组织。指数型组织的 11 个特征属性分别为：良好的界面；适应力强的实时仪盘表，进行绩效检测；新的产品开发通过实验快速迭代；员工高度的自治；借助社交技术实现员工之间的协同；随时随需解聘员工；大量组建社群，吸引消费者、吸引大众；每个人都拥有自己独特的算法；用杠杆资本取代实体预算；让用户、粉丝参与到整个产品设计的过程中来；激发组织内部的创新创业精神，真正开放，去满足消费者个性化需求，让消费者一起参与。

（四）小米：平台型+生态型组织

这几年，我们一直在关注小米的“平台型+生态型组织”的打造。小米经过六七年的探索，已经形成了独特的小米生态圈。从某种意义上看，小米不再是简单做手机的企业，它现在形成的生态系统、生态圈是在连接客户、交互客户价值，通过连接和交互实现数倍的成长。今天已经看不懂小米是什么企业、什么组织形态了，在这么一种生态型组织体系下，企业应该干什么，生态连接应该干什么，在企业和生态之间到底是一种什么样的交易关系，内部如何进行协同，内部的责权利关系如何进行划分等，这些都是全新的课题。

不管怎么样，小米的模式核心就是以客户及技术为基础，通过产品和服务的方式构建一个全新的产业生态，所以，除了手机、电视由小米负责，其他产品都由小米投资，提供供应链、智能互联系统和品牌，但是生产、制造、设计都交给合作方负责，这样，小米就可以较低的成本迅速扩展它的智能生态链，让消费者能够以较低的成本享受到相对优质的智能生态的硬件产品与服务。在这种生态型组织模式下，面临的最大问题是内部的任务市场如何开发、如何进行资源的共享、如何进行内部的责权利划分。

（五）京东：三维组织结构

京东提出的三维组织结构包括：建立用户导向性的网络型组织、建立价值契约的钻石型组织、建立竹林生态型组织。京东提出的组织模式有自己的逻辑，用户导向的网络型组织、平台架构怎么建立，企业内部平台跟各个业务单元之间如何形成网状的关系，人力资源管理可能不是如何管人而是要管任务。对未来的组织和人力资源管理会产生巨大影响的变革是：人力资源部不是管人，而是管任务市场。如何使任务市场外部内部市场化、内部任务外部化？围绕任务组合、整合人才，这是未来人力资源管理在网络型组织的巨大变化，大家一定要关注平台怎么建立、网络关系怎么建立、如何建立任务市场等。

经典的“三支柱”是：专家中心、共享服务中心、业务伙伴。京东提出在组织生态当中，人力资源主要抓三个方面：文化、组织发展、人才机制创新，这被定义为人力资源新“三支柱”。笔者认为，它可以代表未来人力资源发展方向。百度的人力资源职能也从经典的“三支柱”转化为新“三支柱”（文化、组织发展、人才机制创新）。

京东如何构建竹林生态型的组织？开放供应链、客户、合作伙伴，包括和政府之间如何形成一个竹林生态，使整个组织变成一个能力模块、赋能模块、赋能产品？如何为生态提供你的能力模块、赋能模块、赋能产品？生态为什么加盟你？其实就是能够从你这里获取资源、能够赋能。作为企业，平台一定要建立标准化的能力模块、建立标准化赋能的体系，最后要提供赋能的产品。

（六）华为：平台+项目制

华为最核心的就是“平台+项目制”。华为的项目组织由三大模块组成：功能型组织、委员会组织、项目型组织。功能型组织主要提供支持服务，委员会组织主要提供决策，项目型组织主要是执行、冲市场、打市场。整个组织从决策、平台赋能到一线打仗，形成三角，即铁三角组织。

研究华为一定要关注三点：①华为的决策通过委员会的方式做出。②华为的赋能体系是通过职能体系转化成赋能平台。③华为的项目是铁三角，它是一种强矩阵的蜂巢式组织，对传统的矩阵进行了优化，所以它的整个组织模式是典型的“平台+项目制”的运作。

项目制组织是全球比较风行的组织模式，是为了某个特定的项目任务，由不同部门、不同专业的人组成的特别工作小组。这个小组符合现在的组织创新并贴近消费者需求，项目制组织也有多种形式。华为最有利的是真正深入客户一线的项目团队，但是项目团队的背后离不开支持服务体系。大家只是简单地去学华为的铁三角，却忘了华为铁三角的背后有整个支持服务体系，既有扩展项目的支持，还有支撑的功能岗位成员、核心小组成员，每个铁三角的背后都有庞大的服务体系。我们现在只学华为让听得见炮声的人去做决策，却忘了华为最有力的是平台，是每个铁三角背后围绕任务进行的人才聚集，这是一种全新的未来人力资源的模式——人随任务走。

另外，华为一直致力于小熵管理，不断激励组织，以耗散结构为基础，打造华为活力引擎模型。如何对抗组织之熵、个人之熵？如何激发组织的活力、激发生命活力，来促进一个企业持续的发展？这值得我们去研究。

（七）温氏：平台化+分布式

“平台化+分布式”的生产作业组织模式打通全价值链。利用互联网构建全价值链的管理服务平台，通过互联网实现分布式的作业，这是基于互联网的“平台化+分布式”作业方式。

（八）美的：“789”工程到“10/11/12”工程

“789”指7个平台、8项职能、9大事业部。美的提出了“10/11/12”工程——10个平台、11个职能体系、12个事业部，这种组织模式应该代表未来的组织发展方向，代表传统企业的发展方向。

这八大案例最终都是围绕两个方面进行：第一，以客户为中心的组织模式，响应市场客户需求。第二，激发组织活力，释放人的生产力、提高组织的效能。

未来组织进化的基本内容是“四去”：一是去中介化，使组织扁平化、平台化；二是去边界化，跨界，形成产业生态；三是去戒律化，让员工自主，能够创新；四是去威权化，组织跟人的关系是合作伙伴关系，是平行协同的关系。“四去”过程中涉及结构、形态、边界、层序、角色、权利、责任、利益、流程、关系、协同、分工、决策、信息等组织内部运行的机制，需要在这些方面进行创新。

第二章 人力资源战略与规划

第一节 人力资源战略

一、可供选择的人力资源战略

人力资源战略是企业为实现战略目标而在雇佣关系、甄选、录用、培训、绩效、薪酬、激励、职业生涯管理等方面所做决策的总称。通过科学地分析预测组织在未来环境变化中人力资源的供给与需求状况，制定必要的人力资源获取、利用、保持和开发策略，确保组织在需要的时间和需要的岗位上，从数量上和质量上满足组织对人力资源的需求，使组织和个人获得不断的发展与利益，是企业发展战略的重要组成部分。主要包括：

（一）人力资源开发战略

人力资源开发战略是指为有效地发掘企业和社会上的人力资源、积极地提高员工的智慧和能力所进行的长远性的谋划和方略。可供选择的人力资源开发战略方案有：

（1）引进人才战略。

（2）借用人才战略。

（3）招聘人才战略。

（4）自主培养人才战略。

（5）定向培养人才战略。

（6）鼓励自学成才战略。

（二）人才结构优化战略

可供选择的企业人才结构优化战略方案有：

（1）人才层次结构优化战略。

（2）人才学科结构优化战略。

（3）人才职能结构优化战略。

（4）人才智能结构优化战略。

（5）人才年龄结构优化战略。

（三）薪酬战略

薪酬决定标准是指决定薪酬高低的依据，岗位、技能、资历、绩效和市场状况等都可能是决定薪酬的依据。究竟按照什么依据来决定薪酬，这取决于有关依据的特征和企业的具体状况。

（1）基于岗位或技能。传统薪酬制度通常按岗位来决定薪酬，认为岗位分析能够科学地衡量一个岗位对企业的价值，可以避免薪酬的决定受人为因素的影响。但由于岗位是流动和变化的，企业无法用过去的岗位分析结果来衡量现在的岗位贡献，此外，同一岗位的工作人员不同，其绩效也不同。因此，按岗位支付薪酬难以保证激励的公正性。技能薪酬观认为，员工尤其是掌握多种技能的员工是竞争力的源泉，企业应该根据技能水平来决定员工的薪酬。但是，技能薪酬往往依据员工的潜在能力，而不是对企业的实际贡献，这容易导致员工薪酬与企业绩效相脱节，不利于企业的持续发展。

（2）基于绩效或资历。许多学者认为，应该依据组织目标和企业衡量绩效的能力来决定是根据绩效还是资历来确定薪酬。如果企业确实能够精确地衡量绩效，并且相应地支付薪酬，那么这种薪酬制度就是公平的，并且也是有作用的；否则，这种薪酬制度就不是公平的，甚至具有极大的破坏性。根据资历支付薪酬的一个假设前提就是：员工的资历越丰富，为企业创造价值的能力就越大。同时，员工的资历比较直观，容易确定，实施也比较容易。许多企业希望能根据绩效来决定员工薪酬，但由于无法客观衡量绩效，最终还是根据资历来支付薪酬。

（四）人才使用战略

可供选择的企业人才使用战略方案有：

（1）任人唯贤战略。

（2）岗位轮换使用战略。

（3）台阶提升使用战略。

（4）职务、资格双轨使用战略。

（5）权力委让使用战略。

（6）破格提拔使用战略。

（五）人力资源战略的选择

企业应结合以下因素来选择以上的各种人力资源战略：

（1）国家有关劳动人事制度的改革和政策。

（2）劳动力市场和人才市场的发育状况。

（3）企业的人力资源开发能力。

（4）企业人力开发投资水平。

（5）社会保障制度的建立情况。

二、人力资源战略与企业发展战略的配合

（一）人力资源战略与企业战略匹配的意义

人力资源部门是企业重要的职能部门，人力资源战略的制定也必然是为企业战略服务的。人力资源战略必须与企业战略相适应才能发挥其最大功效，从而帮助企业合理利用市场机会，提升企业内部的组织优势，帮助企业实现整体战略目标。人力资源战略与企业战略构想得以落实是企业经营成功的关键因素之一。

企业战略是对企业各种战略的统称，其中既包括竞争战略，也包括营销战略、融资战略、技术开发战略、人才开发战略、资源开发战略等。企业在分析内外部环境的情况下制定企业战略，目的在于让自身保持或取得竞争优势。企业战略通常分为公司层战略和事业层战略。因此，人力资源战略必须建立在与公司层战略和事业层战略发展相一致的基础上，只有这样才能发挥人力资源管理的战略作用，也才能通过人力资源管理提高企业的绩效，实现企业的战略目标。

人力资源战略是企业战略的核心组成部分，是企业人力资源部门工作的指导方针。企业战略是企业为了提升竞争优势而制定的长远目标以及与目标相适应的行为计划。只有当人力资源战略与企业战略相匹配时，才能提高企业的组织绩效和竞争优势，从而促进企业的可持续发展。

（二）人力资源战略与企业战略的匹配

人力资源战略与企业战略的匹配具有重要的意义，这种匹配使人力资源战略提高组织绩效，正确地指导人力资源管理活动。人力资源战略的实现有助于企业实现整体战略目标，进而为企业创造竞争优势。被誉为“竞争战略之父”的迈克尔·波特提出了三种卓有成效的竞争战略，即成本领先战略、差异化战略和集中化战略。

（1）当企业采用成本领先战略时，主要是通过低成本来争取竞争优势，因此严格控制成本并加强预算便是企业管理的重点。为了配合企业的这一战略，企业在制定人力资源战略时，重点应集中在通过有效性、低成本市场、高结构化的程序来减少不确定性，而不是鼓励创新性。

（2）差异化战略思想的核心在于通过创造产品或服务的独特性来获得竞争优势，因此，实施这种战略的企业应具有较强的营销能力，其人力资源战略应强调创新性和弹性、以团队为基础的培训和考评以及差别化的薪酬策略等。

（3）当企业采用集中化战略时，企业主攻某个特殊的顾客群、某产品线的一个细分区段或某一地区市场，其人力资源战略应围绕为某一特殊目标服务而展开。

第二节　人力资源规划

一、人力资源规划的基本模型

（一）供需平衡的模式

经典的供需平衡模式即基于供给和需求平衡进行人力资源战略规划，把人力资源规划视为一种精确、计量与计划的过程。在这种思想的指导下，企业进行人力资源战略规划时，应重点思考如何准确、有效地预测需求和供给。人力资源规划的目标是寻求供给与需求的平衡，因此人力资源规划的过程也是寻求供给与需求平衡的过程，对于预测方法和数量的强调是人力资源战略规划的中心，这种模式适合于经营领域单一或者经营规模较小的企业。此外，企业对某一类人员进行专项人才资源规划的时候需要明确策略。例如，企业人才过剩需采取什么策略，人才缺乏又需采取什么策略，这些都是基于供需平衡进行的。

（二）现状和理想状态的趋近模式

趋近模式实际上是一种战略状态，是一种对标的理念。该模式认为人力资源战略规划是一个模糊的区间，而不是精确的计量。这种模式主要基于企业的愿景与战略，确定企业人力资源的理想与最优状态，比较人力资源现实与理想之间的差距。该模式下的人力资源战略规划是采取策略与行动计划，以缩小现状与理想状态之间的差距。这是目前国际上流行的人力资源战略规划模式之一，也是比较完整和系统的人力资源战略规划思考和研究模式，这种模式适用于多元化的大型企业集团的人力资源规划。该模式能够响应企业战略规划，通过人力资源管理的策略、战略性的人力资源实践来支持战略目标的实现，使人力资源管理真正成为战略性资源。

基于现状和理想状态的趋近模式认为，企业的人力资源战略规划应当根据企业的战略来制定。一般来说，企业在进行人力资源战略规划时，可采取以下六个步骤。

（1）分析企业战略背景与人力资源现状，在这个过程中，要建立一套定量化的人力资源评价体系，科学地对本企业的人力资源现状进行评价。

（2）根据企业战略分析和人力资源现状，确定人力资源愿景与战略目标。

（3）根据人力资源战略目标，通过人力资源盘点等手段，对企业的人力资源问题进行界定，明确企业在人力资源管理方面存在的不足。

（4）按照人力资源战略目标及问题，制定人力资源核心策略与战略举措。

（5）确定重点任务与行动计划。

（6）建立人力资源战略规划保障机制。

（三）基于企业核心竞争能力的人力资源规划模式

基于企业核心竞争能力的人力资源规划模式的基本逻辑为：企业战略的实现与升级需要企业核心能力的支撑与驱动，企业核心能力的根本载体是核心人力资源，对核心人力资源进行识别、保有和提升就是获取、保持和提升企业核心能力，从而支撑企业战略的实现和升级。人力资源规划的过程是满足企业战略需要的核心人才队伍建设的过程。企业的核心能力和人力资源核心能力的一体化，被称为能力的匹配关系。因此，通过打造核心人才队伍去支撑整个企业战略目标的模式，被称为基于核心能力的人力资源规划模式。这种模式对高速成长的企业很有效，很多创新型企业只需要抓住核心人才，即几位主要的、关键性的人才，就可以支撑企业的发展。同时，企业以核心人才来带动所有人才发展，打造企业的竞争能力，强调核心能力和核心人才一体化，实现企业核心与员工核心队伍及其核心技能之间的有效配置。这个适应企业核心竞争力以及实现核心人才队伍建设与企业战略相适应的过程，就是人力资源战略规划的过程。

二、人力资源规划的内容

（1）人力资源部要理解企业发展的战略及策略目标，明确企业战略的导向和期望，同时要分析本部门的业务现状，明确本部门工作如何支撑企业战略，从而确认人力资源的战略、目标、原则、政策。具体而言，人力资源部要进行三项基础性分析工作：第一，企业战略的解读与分析，即人力资源战略规划首先要反映企业战略的诉求，满足企业战略需要；第二，企业人力资源盘点与战略需求差异性分析（战略需求标杆），即企业人力资源的规划要基于企业的问题和现状以及企业的资源与能力，要以问题为导向，以战略为依据，提出渐进式系统解决方案；第三，行业最佳人力资源实践研究与差异性分析，即人力资源管理标杆研究和设定。

（2）对组织的人力资源现状进行盘点，了解人力资源的现状，明确人力资源的未来需求，分析人力资源现状与未来需求的差异。

（3）对组织未来的人力资源供给与需求进行预测，发现人力资源的供求缺口，这种缺口可以是数量上的，也可以是质量上的。同时，在进行人力资源供需预测时也应根据情况选择不同的方案。

（4）设计人力资源战略性问题的系统解决方案，调整人力资源管理系统的业务职能，为实现人力资源战略规划的落地做出政策和制度性安排，明确具体措施，制订行动计划。一般来说，人力资源战略规划包括人力资本投资发展规划（总的投入量、人力资源成本）、职位系统规划、胜任能力系统规划、人力资源结构规划、核心人才队伍规划、职业通道发展规划、核心人才队伍建设规划、核心人力素质能力提升规划等。

（5）对人力资源战略规划的实施情况进行适时的评估与控制，以保证人力资源规划按预定计划实施或者及时调整人力资源规划，以适应组织战略发展的需要。

三、人力资源战略规划的种类

（一）按人力资源战略规划所涉及的范围划分

依据人力资源战略规划所涉及的对象和范围，可将其分为人力资源总体战略规划和人力资源规划涉及的各专项业务规划。人力资源总体战略规划是有关计划期内人力资源开发规划利用的总目标、总政策、实施步骤及预算等。人力资源规划所涉及的各专项业务规划涵盖了人员补充计划、人员分配计划、人员提升计划、离退休计划、教育培训计划、工资激励计划、劳动计划等。

（二）按人力资源战略规划期限的长短划分

依据人力资源战略规划期限的长短，可将其分为长期人力资源规划、中期人力资源规划和短期人力资源规划。长期人力资源规划适合规划组织的长期总体发展目标，它是对组织有关人力资源开发与管理的总战略、总方针和总目标等进行系统的筹划，具有战略性和指导性，期限一般在 5 年以上。中期人力资源规划是指 1~5 年的人力资源规划，适合企业中期发展的总目标、方针、政策和措施。短期人力资源规划是指 1 年以下的人力资源规划，适合企业进行短期调整和短板补充。

（三）按人力资源战略规划的内容划分

依据人力资源战略规划的内容，可将其分为战略规划、组织规划和制度规划。战略规划是根据企业制定的发展总目标，规划企业人力资源开发和分配的计划，制定相应的方针和政策。组织规划是组织对企业整体架构的设计，即对具体情况和信息进行归纳、处理和应用，进行组织的诊断和评价，从而进行组织设计与调整。制度规划是组织实施企业总体人力资源规划的基本保障，其中包括人力资源管理制度、管理体制等。

（四）人力资源战略规划的子规划

人力资源战略规划是一个整体性的规划，根据组织目标和现状的不同，也可以制定单独的子规划。目前主流的子规划划分情况如下：

（1）外部人员补充规划。这是指根据组织内外部环境变化和组织发展战略，通过有计划地吸收组织外部人员，从而对组织中长期可能产生的空缺职位加以补充的规划。

（2）内部人员流动规划。这是指根据组织内外部环境变化和组织发展战略，通过有计划地组织内部人员流动，实现在未来职位上配置内部人员的规划。

（3）退休解聘规划。这是指根据组织内外部环境变化和组织发展战略，通过有计划地使符合退休标准的人员和不合格的人员离开组织，从而使组织的人员结构更优化、更合理的规划。

（4）职业生涯规划。这是指根据组织内外部环境变化和组织发展战略，通过引导员工的职业发展方向，使员工根据个人能力、兴趣、个性和可能的机会制订个人职业发展计划，从而安排内部员工职业发展的规划。

（5）培训开发规划。这是指根据组织内外部环境变化和组织发展战略，在考虑员工发展需要的前提下，对员工进行有计划的培训和开发，使员工适应未来岗位的规划。

（6）薪酬激励规划。这是指根据组织内外部环境变化和组织发展战略，为了确保员工结构合理、提高员工的工作绩效、激发员工的工作热情而制定一系列薪酬激励政策的规划。

（7）组织文化规划。这是指根据组织内外部环境变化和组织发展战略的需要，不断完善组织文化，使其在未来能更好地引导和激励员工，从而为组织提供更优秀的人力资源的规划。

在执行人力资源战略规划时，人力资源数量规划、结构规划、素质规划将转化为具体的人力资源计划，如接替晋升计划、人员补充计划、素质提升计划、退休解聘计划等。

第三节　人力资源规划的程序和方法

一、人力资源现状盘点

人力资源现状盘点是企业进行人力资源规划的基础和开端，包括人力资源总量盘点、人力资源结构盘点、人力资源质量盘点、人力资源成本盘点、人力资源管理机制盘点（见图 2-1）。

（一）人力资源总量盘点

人力资源总量盘点包括人力资源存量盘点、人力资源质量盘点、人力资源变

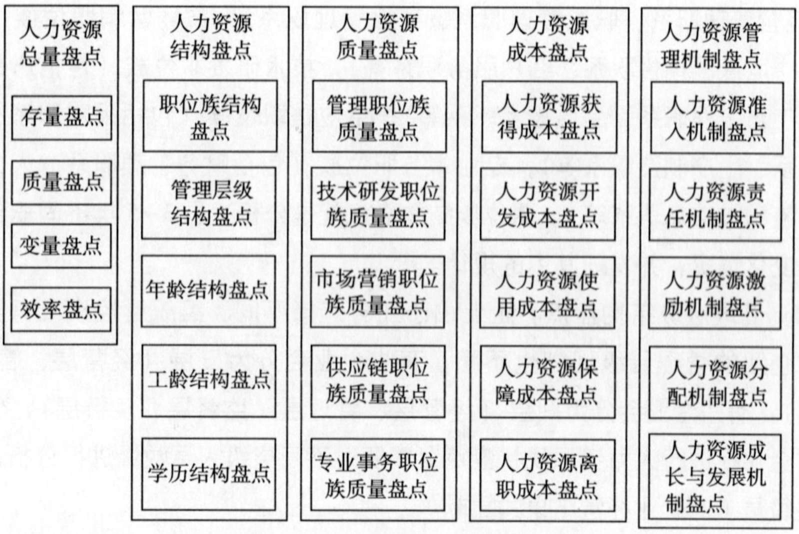

图 2-1　人力资源现状盘点的内容

量盘点、人力资源效率盘点。

（1）人力资源总量盘点可以通过过去 3~5 年企业人力资源总量及总量变化趋势分析，找出企业发展战略实施与人力资源存量之间的关系，也可以找出不同结构人力资源存量的特征，如老员工比例、新员工比例等。

（2）人力资源质量盘点是针对过去 3~5 年人力资源的异动（入职、升职、降级、调动、退休、离职、辞退等）状况进行系统的分析，发现人力资源变动状况。

（3）人力资源变量盘点是对企业经营业绩增长与人力资源增量之间的关系以及新增员工稳定在岗周期等员工稳定性进行分析。

（4）人力资源效率盘点是人力资源总量盘点中比较关键的，可以通过人均产值、人均利润、人均生产数量、不同层级人均利润、不同职位族人均利润、单位人均成本的收入贡献、单位人工成本的利润贡献等维度，对企业人力资源的使用效率进行系统分析。

（二）人力资源结构盘点

人力资源结构盘点包括职位族结构盘点、管理层级结构盘点、年龄结构盘点、工龄结构盘点、学历结构盘点。

（1）职位族结构盘点。企业内部由不同职位族、职系构成，如管理职位族

(包括经营管理职系、职能管理职系、项目管理职系)，市场营销职位族（包括市场推广职系、销售职系、客户服务职系等)，技术研发职位族（包括产品研发职系、工艺工程职系、品质技术职系等)，供应链职位族（包括采购职系、生产管理职系、生产制造职系等)，专业事务职位族（包括财务管理职系、人力资源职系、流程与信息职系等)。职位族结构盘点就是分析过去3~5年不同职位族人力资源变化情况，并发现其中的规律。

（2）管理层级结构盘点。企业由于业务选择不同、组织管控模式有异，因此不同企业的管理层级规划也不同，有些企业会分为三层（经营层、管理层、执行层)，有些企业会分为四层（经营层、管理层、监督层、执行层)，但无论如何，企业在进行人力资源现状盘点时需要对不同层级人员数量进行分析，发现不同层级员工对企业经营结果的贡献。

（3）年龄结构盘点。结合企业业务特性及各职位族、管理层级需求，通过年龄结构分析可以直观地发现不同职位族、不同层级员工年龄结构的合理性。

（4）工龄结构盘点。工龄越长表明员工越稳定，工龄越短表明员工越不稳定。需要说明的是：并不是员工工龄长就证明企业管理得好，员工工龄短也不能说明企业管理做得不好，这与企业的人力资源战略有关系，比如日本企业主张终身雇佣制、缓慢晋升制，所以日本企业更加注重激励工龄更长的员工。而华为不主张终身雇佣，而更加提倡“以奋斗者为本”，因此在华为，无论工龄长短，只要你是奋斗者，只要你对企业发展有贡献，你就是企业激励的对象。

（5）学历结构盘点。学历代表一个人的受教育程度，企业有些职位族对学历是有明确要求的，比如管理人员最好是工商管理本科或者MBA学历，因此针对不同职位族、不同管理层级进行学历结构盘点也是至关重要的。

（三）人力资源质量盘点

人力资源质量盘点包括管理职位族质量盘点、技术研发职位族质量盘点、市场营销职位族质量盘点、供应链职位族质量盘点、专业事务职位族质量盘点等。人力资源质量盘点的方法有很多，胜任力测评、MB职业性格测试、九型人格测试、DSC个性测试等都是很好的方法和工具。

（四）人力资源成本盘点

随着人工成本的逐年上升和企业间对人力资源的竞争加剧，企业人力资源成本逐年上涨，系统规划、合理控制人力资源成本成为企业未来人力资源管理的重中之重。

企业人力资源成本包括人力资源获得成本盘点（含招聘费用、猎头费用、选择成本、录用成本、安置成本等）、人力资源开发成本盘点（含岗前教育成本、在职培训成本、脱产培训成本等）、人力资源使用成本盘点（含工资、奖金、福利、社保、公积金等）、人力资源保障成本盘点（含工伤事故保障、健康保障、退休养老保障等）和人力资源离职成本盘点（含离职补偿、离职前低效成本、岗位空缺成本等）。

人力资源成本盘点就是通过对过去3~5年的人力资源各项成本支出进行分析，发现这些成本与企业经营业绩之间的关系。

（五）人力资源管理机制盘点

人力资源管理机制盘点包括人力资源准入机制盘点、人力资源责任机制盘点、人力资源激励机制盘点、人力资源分配机制盘点、人力资源成长与发展机制盘点。

企业需要结合人力资源管理机制对职责划分、权限分配、目标绩效、分配理念、分配原则、薪酬体系、奖金体系、福利体系、中长期激励体系、用人理念、用人原则、任职资格、员工招聘与试用、职业生涯规划、员工培训、员工提拔、职位轮换等进行客观评价，以便发现人力资源管理机制的短板。

二、人力资源需求分析

人力资源需求预测是企业以自身的战略目标、发展规划和工作任务为出发点，综合考虑企业内部和外部各方面的因素，运用科学的预测方法，对人力资源需求的数量、质量和结构等进行的预测。

（一）人力资源需求预测的影响因素

人力资源需求预测的影响因素主要包括宏观层面和微观层面，各层面包含的因素如图2-2所示。

（二）人力资源需求预测的方法

人力资源需求预测受到多种因素影响，各部门在预测过程中应灵活运用定性预测方法和定量预测方法，并在实际执行过程中对预测结果进行不断的修正，以保证预测结果具有准确性。人力资源需求预测的方法如表2-1所示。

微观层面
1. 企业的战略目标规划
2. 企业经营状况对组织工作任务的影响
3. 企业的管理水平和组织结构
4. 企业现有员工的素质
5. 企业现有员工的流动情况

宏观层面
1. 劳动力市场
2. 社会的进步
3. 外部的竞争
4. 行业、国家或地区及世界的经济状况
5. 社会习惯、法律法规、国家政策和行政体制

图 2-2 人力资源需求预测的影响因素

表 2-1 人力资源需求预测的方法

分类	方法	方法说明	适用范围
定性预测法	经验预测法	用以往的经验推测未来的人员需求	适用于一定时期内企业发展方向没有明显变化的小型企业
	现状规划法	1. 假定当前岗位设置和人员配置恰当，没有空缺且不存在人员总数扩充的情况，人员需求完全取决于人员退休、离职等状况； 2. 人力资源预测就相当于人员退休、离职等情况的出现； 3. 通过对历史资料的统计与分析，准确预测离职人数	适用于中、短期的人力资源预测
	德尔菲法（专家讨论法）	依靠专家的知识和经验，对未来做出判断性估计，为增强预测的可信度，可采取多次讨论法	适用于需要做长期人力资源预测的技术型企业
	自下而上法	1. 从企业组织结构底层开始逐步进行预测； 2. 先对组织结构底层人员进行预测，然后将对各个部门的预测情况层层向上汇总，做出人力资源总体预测	适用于短期人力资源预测
	自上而下法	1. 上级人员先拟订预测计划，然后逐级传达给下级； 2. 下级进行讨论和修改，上级听取并集中意见后修改总体预测和计划	适用于需要做短期预测或需要在总体上对组织结构做出调整的企业

续表

分类	方法	方法说明	适用范围
定量预测法	人力资源成本分析预测法	1. 从成本的角度进行人力资源需求预测； 2. NHR（人力资源管理系统）指未来一段时间内人力资源的需求量	适用于所有企业
	定员法	根据企业人力资源现状预测出未来的人力资源状况，预测方法主要有设备定员法、岗位定员法、比例定员法和生产率定员法	适用于大型企业和历史悠久的传统企业
	趋势预测法	这是一种基于统计资料的定量预测方法，主要根据企业的历史人员数据来分析其在未来的变化趋势，并以此预测企业在未来某一时期的人力资源需求量	假设其他一切因素都保持不变或者变化幅度保持一致，忽略循环波动、季节波动和随机波动等
	多元回归预测法	这是一种建立在统计技术上的人力资源需求预测方法，不只考虑时间、产量等的单个因素，还要考虑两个或两个以上的因素对人力资源需求的影响，更重视变量之间的因果关系，根据多个自变量的变化推测出因变量的变化趋势	适用于较成熟、规模较大的企业

三、人力资源供给预测

人力资源供给预测，是为满足企业未来某一时间节点或某一时期对员工的需求，对组织可从其内部及外部所能得到的员工数量和质量进行的预测。人力资源供给预测包括内部人力资源供给预测和外部人力资源供给预测。

（一）人力资源供给预测的影响因素

人力资源供给预测的影响因素主要有企业外部环境和企业内部环境两个方面，如图 2-3 所示。

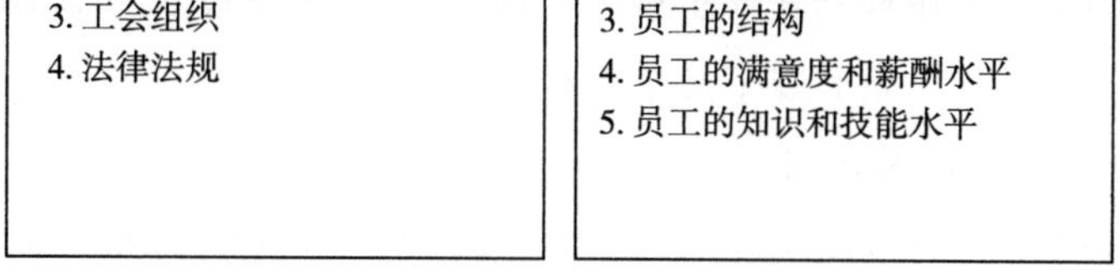

图 2-3　人力资源供给预测的影响因素

（二）人力资源供给预测的方法

在对企业人力资源供给进行预测时，需要从两个方面进行分析：一是企业内部人力资源供给，如对人员调动、晋升的预测；二是对企业外部人员补充的预测。如表 2-2 所示。

表 2-2　人力资源内部供给预测方法操作说明

方法	操作方法	特点
技能清单法	技能清单是一个用来反映员工工作能力特征的列表，包括技能、特殊资格、工资和工作经历、个人在企业内的情况、健康状况、其他特殊爱好等内容	技能清单反映了员工竞争力，可以用来帮助人力资源部预测现有员工调换工作岗位的可能性，进而促使企业决定由哪些员工补充企业当前的空缺
替换单法（接任计划）	1. 根据现有人员分布状况及绩效评估资料，在未来理想人员分布和流失率已知的情况下，对各个岗位尤其是管理层的备选人员提前做好安排，并记录各职位的备选人员预计可以晋升的空间，作为企业内部人力供给的参考； 2. 经过规划，由待补充岗位空缺所需的晋升量和人员补充量可知人力资源供给量	1. 替换单法是一种定性研究方法，预测结果具有强烈的主观性和模糊性，精确性较差； 2. 可以依据员工置换图执行，实施起来简单易行
德尔菲法	1. 同样适用于人力资源供给预测； 2. 首先将要咨询的内容写成若干条意义明确的问题交给专家，由中间人归纳意见，并将意见反馈给专家，在此基础上由专家重新考虑其预测，得出最后的结论并说明过程和理由	1. 德尔菲法是一种定性研究方法，预测结果带有主观性； 2. 预测时综合考虑社会环境、企业战略、人员流动率这三大因素对人力资源计划的影响
马尔科夫分析法	1. 为企业提供精确的数据信息； 2. 前提是，假设受任何外部因素的影响，且 t+1 时刻的员工状态只依赖于 t 时刻的状态，而与 t-1、t-2 时刻的状态无关	1. 为企业提供精确的数据信息，有利于企业做出有效决策； 2. 实施效果差

上述方法各有优劣，企业在实际运用过程中需根据自身规模的大小、周围环境条件及规划预测重点等，选择适合本企业的预测方法或方法组合。

四、人力资源规划制定

企业人力资源战略规划是与企业的发展战略相匹配的人力资源总体规划，企业编制人力资源规划主要有以下几个步骤。

（一）制订职务编写计划

企业应根据发展规划、综合职务分析报告的内容来制订职务编写计划。编写计划包括陈述企业的组织结构、职务设置和职务资格要求等内容，以及职位描述。制订职务编写计划是描述企业未来的组织职能规模和模式的一种形式。

（二）制订人员盘点计划

企业应根据发展规划，结合人力资源盘点报告制订人员盘点计划。人员盘点计划陈述了企业每个职务的人员数量、人员的职务变动以及职务人员的空缺数量等。制订人员配置计划的目的是描述企业未来的人员数量和素质构成。

（三）预测人员需求

企业可根据职务编制计划和人员配置计划，使用预测方法来预测人员需求。在预测人员需求时，应陈述需求的职务名称、人员数量以及希望到岗时间等。

（四）确定员工供给计划

员工供给计划是人员需求的对策性计划。主要陈述人员供给的方式、人员内外部流动政策、人员获取途径和获取实施计划等。通过分析以往的劳动力人数、组织结构和构成以及人员流动、年龄变化和录用情况等资料，就可以预测出未来某个特定时刻的供给情况。

（五）制订培训计划

为了提升企业现有员工的素质，适应企业发展的需要，对员工进行培训是非常必要的。培训计划包括培训政策、培训需求、培训内容、培训形式以及培训考核等内容。

（六）制订人力资源管理政策调整计划

在制订人力资源管理政策调整计划中，应明确计划内的人力资源政策的调整原因、调整步骤和调整范围等。其中包括招聘政策、绩效政策、薪酬与福利政策、激励政策、职业生涯政策以及员工管理政策等。

（七）编写人力资源部费用预算

费用预算主要包括招聘费用、培训费用以及福利费用等预算。

（八）关键任务的风险分析及对策

每个企业在人力资源管理中都可能遇到风险，如招聘失败导致关键岗位空缺等，这些事件很可能会影响企业的正常运转，甚至会对企业的正常运营造成致命的打击。

企业进行人力资源规划时需要分析的要素和关键点如表 2-3 所示。

表 2-3　人力资源规划分析的要素和关键点

分析类别	关键点	裁剪指南
环境分析	1. 外部环境：包括行业现状及对人力资源的影响分析，地域环境及对人力资源的影响分析等； 2. 内部环境：包括企业发展战略、策略目标、各业务现状及发展规划、组织结构与管控模式、影响战略成功的关键内部因素等	如果发展环境没有任何变化，可以不考虑这些要素
人力资源现状分析	1. 人力资源数量和结构分析：包括员工数量分析、结构分析（各种类型人员比例、年龄结构、性别结构、学历结构等）； 2. 各类员工能力素质分析； 3. 员工的流动性和流动合理性分析； 4. 人力资源各项成本构成分析； 5. 人力资源投资回报率分析	做简单的分析即可，重点要做好各部门需求预测，以及特殊人才的供给渠道分析
组织结构和职位分析	对企业组织结构、管控模式是否适应企业发展战略，以及职位布局是否合理进行分析	确定组织架构是否需要调整
人员配置分析	包括总收入与员工数量的关系、利润与员工数量的关系、成本与员工数量的关系、产量/销售量与员工数量的关系，人均产值在行业内地位等	重点分析企业未来发展目标对应的人员招聘需要
人员需求预测	包括员工总量需求预测、员工结构需求预测、各部门各层级员工数量净需求预测、各层级员工能力素质要求等	抓住关键人才需求
供给预测	包括相关特殊人员招聘难度预测，最终确定招聘渠道的总体规划，确保人员得到有效供给	抓住关键人才供给
……	……	……
人力资源管理分析	包括招聘、培训、绩效、薪酬、职业发展、员工关系、人力成本等相关分析，通过数据、管理证据为人力资源决策提供客观分析的结果	抓住影响企业发展的关键要素

总之，企业人力资源规划应抓住影响发展的核心关键问题进行分析，这种增量式的、有针对性的分析可促使规划变得更有价值和更有针对性。

第三章　组织体系

第一节　组织构成要素与经营模式

一、组织的构成要素

组织结构的构成要素是分工与整合和协调的系统。组织结构是组织为实现共同目标而进行的各种分工和协调的系统。它可以平衡企业组织内专业化与整合两个方面的要求，运用集权和分权的手段对企业经营活动进行组织和控制。不同产业、不同生产规模的企业结构是不同的。

（一）分工

将组织中的任务切割成较小的部分以完成组织工作，此过程即为专业化分工。组织工作经过专业化分工以后，工作的完成是经过片段的组合，每位员工不需要完成整个工作的全部步骤，只需要从事专精的小部分，不必每样工作都精通，如此每位员工均从事其最专业的部分，有助于提升工作效率。一般来讲，专业化程度越高，企业的分工程度就越高。

1. 纵向分工

管理层次的构成及管理者所管理的人数，即为纵向分工。纵向分工是企业的经营分工，在这条线上决定绩效的分配、权力的分配，所以常常又称之为职权线。

2. 横向分工

横向分工是企业资源的分工，也就是说公司所有的资源都在这条线上进行专业分配，保障业务部门能够获得支持，所以横向分工是职能线。横向分工最重要的是专业化分工以及专业化水平，同时为了能够确保资源的有效使用，横向分工一定要尽可能简单，尽可能精简，能减少就不增加，能合并就合并。

（二）整合

整合是指企业为实现预期的目标而用来协调人员与职能的手段。将工作专业分工，被切割成许多小部分以后，再将之整合，整合即实行部门化管理。

二、经营模式与组织

在企业战略既定的情况下，企业首先需要思考的是应该按照什么样的流程体系去承接战略的实现，而流程体系的有效运行离不开组织体系的有力支撑，这就是我们通常所讲的战略决定做正确的事情，流程和组织保证正确地做事。

另外，企业的战略不同，其商业模式和价值链选择、经营模式就会不同，即便是相同的战略选择，其价值链选择和经营模式也可能存在差异，在这种情况下，企业的组织结构也是千差万别的。

常见的企业经营模式有市场主导型、技术主导型、生产管理型、横向分工型、分散经营型、混合经营型、集中经营型、分层管理型共八大类（见图 3-1）。

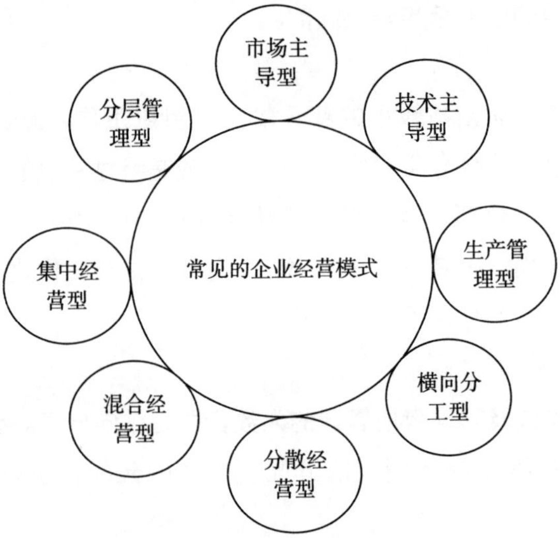

图 3-1　常见的企业经营模式

（一）市场主导型

大多数企业属于这种类型，其生产经营的模式是：市场—技术—生产。

市场：是指对市场、用户需要的调查与预测。

技术：根据市场、用户的需要进行新技术、新产品的开发，包括自主开发或引进新技术、技术改造以及发展新产品和改造老产品。

生产：指大批量生产新产品，然后销售出去。

市场是这类企业生产经营的出发点和归宿，尤其在市场竞争激烈的情况下，只有重视技术改造、技术进步，经常源源不断地为市场、用户提供适销对路、质优价廉的产品的企业，才能长盛不衰。

无论是生产还是技术，也包括其他基本职能在内，其共同的任务是为市场提供适销对路、物美价廉的产品，增强企业的应变能力和竞争能力，保证企业经济效益长期稳定地提高。

（二）技术主导型

这类企业多为科研型企业或研究开发型企业，其生产经营的模式是：技术—生产—市场。

技术：是指新技术、新产品的研究开发。

生产：是指高技术产品的试制与小批量试制品的生产。

市场：是把高技术的样品或试制品投入市场，引导或引发用户产生需要。

技术主导型的企业与市场主导型的企业相反，其是根据预测，有计划地开发产品，然后用新产品开辟潜在市场，推动用户产生新的需要，生产、用户在这里处于从属地位。同样，它与生产管理型企业相反，是以具有突出的创新性、出众的质量与性能的样品或试制品取胜。

在技术主导型的企业中，占据头等地位的是技术开发的组织与管理。为了在竞争中获得技术领先地位，必须掌握新技术的技术所有权，防止技术的创造发明人员流向其他企业，并尽快把研究开发的新技术、新产品转换为技术专利、特许权。

（三）生产管理型

这类企业生产经营的模式是：生产—技术—销售。

生产：是指长期、稳定地大批量生产某些产品。

技术：不是指新技术、新产品的研究开发，而主要是为生产服务的技术工作，保证完成产品的生产任务。

销售：是指业务工作较为简单的销售，产品容易卖出去；有的则是按照商业、外贸或物资部门的订货来组织好发货。

在这种模式中，生产占主导地位。企业的主要任务是在保证产品质量的前提下，通过提高生产效率和扩大生产规模，增加销售收入。企业各项基本职能是围绕着这个主要任务连接起来的。

属于生产管理型的企业，主要是产品品种比较单一，不存在产品的更新换代，发展产品品种的问题也不突出的那些企业，如发电、采油、煤矿等能源企业。此外，产品品种和结构相对稳定，生产优质名牌产品、产量远远满足不了市场需要、处于卖方市场条件下的企业，由于其主要任务在一定时期内，仍然是在保证产品质量的前提下扩大生产规模，因而也将其视为生产管理型企业。

对这类企业来说，担负直接完成生产任务的工厂、车间等生产现场占据突出的地位，通常被称为“生产前方”，因而必须加强生产现场管理。技术系统的任务是为生产服务，处于生产的从属地位，因而被称为“技术后方”。它的工作重点应放在生产现场，要为生产现场及时解决产品质量、工艺、设备故障等影响生产正常进行的各类技术问题。

（四）横向分工型

横向分工的通常做法是按专业分工，专业分工才能提高效率，但分工过细又会使办事程序复杂化，增加协调工作量，并会造成一些各家都管，但另一些又都不管的“管理空白”，反而降低了效率。因此，分工要适度，不是越细越好。衡量这个度的标准，就是看能否提高管理工作效率。使分工做到适度的具体方法如下：

按照专业管理职能能够对本专业的工作实行从头到尾的全过程管理的要求（即一贯管理原则）来确定各专业管理职能的业务范围。例如，质量管理，必须能够对产品生产全过程，包括产品设计试剂、生产制造、辅助生产和使用过程在内，实行有效的监督和控制，才能切实保证和提高产品的质量。如果分工过程各管一段，质量管理不仅难以取得成效，甚至会形同虚设，其他各专业管理智能的业务工作范围，也应该按照这样的一贯管理原则来确定。将专业管理和相关的辅助作业双重职能组合在一起。例如，质量管理是面向全厂的，对生产全过程各环节、各单位所有的质量工作都负有指导、监督和服务的责任，这是它的专业职能。同时，这个过程又有同质量管理直接相关的一些辅助作业，例如，计量工具检测设备的调整和维修，从原材料进厂到成品出厂的质量检验等，需要相当数量的工人和技术人员从事这些辅助作业。为了贯彻质量管理的一贯原则，应把这些辅助作业管理职能划归到质量管理的专业范围内，即双重职能组合在一起，这样才便于贯彻执行质量管理部门所规定的各种标准和制度，也有利于提高效率。

在专业管理内部，也应按一贯原则的要求来组织分工。仍以质量管理为例，在多品种生产的企业里，如果按产品生产的工艺阶段来分工管理质量，就容易形成“铁路警察，各管一段”的局面，常常发生质量责任不清、相互推诿的现象，如果改变做法，按产品或产品组分工管质量，负责每种产品质量管理的人员，要从投料开始，一直管到成品出产，根据用户反馈信息改进内部工作，即贯彻一贯管理原则，就容易解决上述矛盾。

（五）分散经营型

这种类型的企业较为彻底地将经营职能赋予受总公司控制的、具有独立法人地位的生产经营单位，即子公司，总公司只保留最低限度，也就是最重要的那部分经营职能，如超过一定规模的投资活动、增加或减少对某个子公司的投资、企业兼并、合资或联营等。

某些企业之所以应该实行分散经营，原因是它们的经营领域较宽，涉及生产技术和经营管理都有实质性差别的若干行业，必须保证经营不同行业的子公司具有足够的独立性，能根据行业特点从事经营管理。

一些大型企业为了搞活经营、增加盈利而实行一业为主、多种经营的战略，其多种经营部分中的分公司同母公司的主业相差较远，技术和市场都不相关，这些分公司的经营职能的配置就属于分散型。

（六）混合经营型

该类企业的特点是既有一定程度和范围的集中经营，又有一定程度和范围的分散经营，两个方面有机结合，因此，也可称为集中与分散经营结合型。至于如何集中与分散，则要因企业而异，大体有两种情况：

1. 企业从事技术或生产相关的多品种经营

由于企业下属单位的产品不同，必须独立核算盈亏，以衡量它们对企业经济效益的贡献，发挥其生产经营的积极性和灵活性，这就要求赋予下属各生产单位一部分经营职能。同时，由于各单位经营领域关联程度高，企业也要集中一部分经营职能，如产品开发、市场营销、物资采购等，以避免各单位业务重复、资金分散、互相竞争。

2. 企业以原有产品为基础，向上游或下游产业发展

在这种条件下，与原有产品、市场关联程度高的部门，就要受到企业较多的控制；而那些关联程度低的部门，经营职能则应较为充分。

（七）集中经营型

这种类型的企业是将经营职能全部集中在总部，由企业一级的各职能部门承担；企业下属各生产单位（分厂、车间）都只是单纯的执行性的生产单位，不承担经营职能。适合集中经营的企业有两类：

第一类，产品品种单一、管理工作比较简单的企业，它们没有必要将经营职能下放。

第二类，从事单一经营，或者兼有同生产过程紧密相连的副产品生产，但生产过程都是高度连续化的企业，如钢铁联合企业、有色金属冶金企业、发电厂等。

无论规模大小，由基本生产的各个组成部分构成的主生产线均应实行集中经营。在这样的企业中，只有集中经营，才能切实保证在整个企业范围内统一调度、综合平衡各生产单位和生产环节的活动，才能切实保证最充分地利用投入生产过程的各种资源、生产能力以及生产过程产生的可资利用的各种物资，才能切实保证提高企业的整体效益。

（八）分层管理型

分层管理型企业是将生产管理职能在总部、分厂、车间、班组等纵向各层次合理配置，让它们分工承担生产管理职能的各项业务，做到既有适度集中，又有合理分散。其生产管理职能纵向分工的主要内容如下：

1. 主要管理业务集中在总部

包括生产计划、物资供应、备品备件供应、厂内外运输、安全环保、能源供应、设备管理等业务，都由总部集中承担。

2. 机关面向基层，为生产现场服务

企业在主要管理业务及权限集中到总部的同时，又十分强调总部各职能部门要面向基层，为生产现场服务。例如，物资供应从采购、运输、储存到发放，都由总部的物资部来集中管理，物资部下设若干供应站，它们要按照生产单位提出的要求，按时、按质、按量地把物资送到车间班组和使用场所。

3. 各分厂的任务就是集中精力抓好生产作业管理

由于主要的管理业务由总部的专业管理职能部统管，分厂就没有必要设立庞

大的机构。

4. 在基层内部，管理重心下移到作业区，实行以作业长为中心的管理体制

车间主任实行权利委让，赋予作业长更多的权力，除生产指挥权外，还有人事调配权和奖惩权，使作业长既是第一生产线的生产指挥者，又是第一线的管理者，承担设备、现场、安全、质量、成本等任务。不同经营模式对企业组织的影响如表 3-1 所示。

表 3-1 不同经营模式对企业组织的影响

经营模式	适用范围	典型案例	组织管理的重点	组织特征
市场主导型	销售主导型企业、贸易公司	联想、海尔	市场竞争激烈，强调市场和销售的主导作用	市场—技术—生产组织强调快速响应
技术主导型	研发主导型企业、研发公司	小米、华为	组织强调对未来技术走势的预测和判断，组织管理的重点为项目管理、知识管理	技术—生产—市场以项目型组织体系为主
生产管理型	生产主导型企业、代工厂	富士康	生产占主导地位，在保证产品质量的前提下扩大生产规模	生产—技术—销售
横向分工型	绝大多数综合管理型企业	政府部门、企业职能部门	强调专业分工	根据价值链进行横向分工
分散经营型	集团化运作企业	中铝、中粮	强调独立核算，在战略上重视产业一体化整合	一业为主，多业经营
混合经营型	集团化运作企业	美的、华润	强调独立核算，在战略上重视一体化整合	主业集中，副业分散
集中经营型	集中经营企业	格力、格兰仕	强调集权、经营品种单一	突出专业，做大做强
分层管理型	大型集团企业	中国人保、中国银行	强调分权、独立经营	总部—分子机构—部门

可见，为了保证不同经营模式的有效运行，企业需要根据经营模式选择最佳的组织模式。

第二节 组织体系设计

一、组织设计原则

组织是为了实现某些特定目标，经由分工协作及不同层次的权力和责任制度

而构成的人的组合。换句话说，任何一个组织都必须要有明确的目标，同时要求组织当中具有严密的分工和权力分配。企业是一个组织，学校是一个组织，家庭也是一个组织，所以我们生活在一个具有形形色色组织的世界里，组织无处不在。

组织结构是组织全员为实现组织目标而进行分工协作，在员工相互关系、职责范围、责任、权力、地位、层级等方面，按照一定的原则形成的一个框架体系。

组织设计是一个建立或改造企业组织的过程，包括对企业活动框架和组织结构的设计和再设计，是把任务、流程、权力和责任进行有效组合与协调的活动。

一般情况下，企业进行组织设计时，需要重点考虑以下内容：

（1）目前公司组织结构及部门职能分工存在的问题诊断。

（2）明确公司的发展战略，梳理或设计公司的流程体系。

（3）根据战略和流程调整公司一级、二级组织结构。

（4）进行公司管理层级、管理幅度的初步划分及设计。

（5）部门使命及职能描述。

（6）组织体系实施方案设计，包括组织结构调整方案、人员调整方案、配套职位体系设计方案、绩效及薪酬配套方案等。

为了保证组织体系既能满足目前业务运作的需要，又能保证公司战略及流程快速实现，同时要求各部门协调一致、组织效率大幅提升，在进行组织设计时，充分掌握组织设计的一些原则是非常有必要的（见图3-2）。

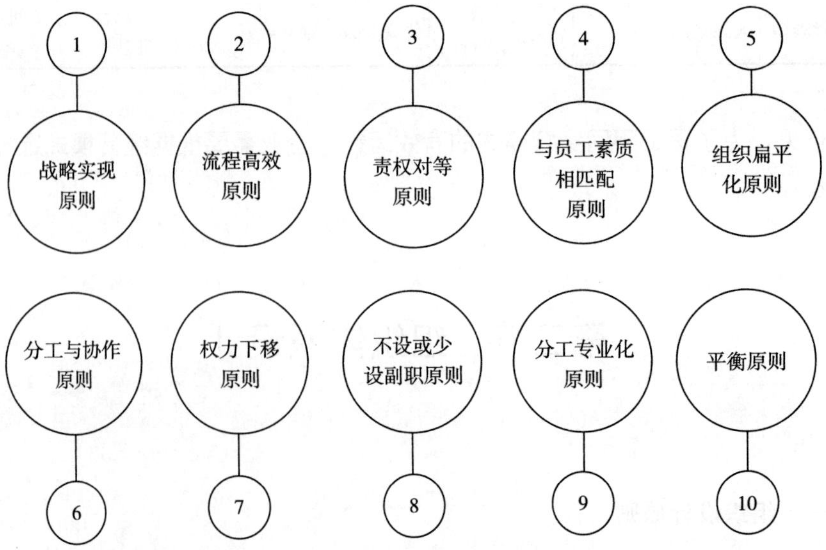

图3-2　组织设计原则

（一）战略实现原则

战略实现原则是指企业在进行组织设计时，要以满足未来公司战略目标的实现为“瞄准”，以实现年度经营目标为“靶心”，既要着眼现在，又要放眼未来，因为不同的战略对企业组织的要求是不同的。

（二）流程高效原则

组织支撑流程，因此企业在进行组织设计与组织分工时，一定要以流程高效运营为基础，因为离开了流程高效运营的组织是低效的，也是无序的。

（三）责权对等原则

责权对等原则是指在进行组织设计时，尽可能做到部门、岗位所行使的职责与其所拥有的权力相匹配，只有这样，部门、岗位在开展工作的时候才能得心应手。通常我们把企业的权力分为四种，即财务权限、人事权限、信息权限和资源调配权限，在进行组织设计时，一般需要同时设计权限分配表。

（四）与员工素质相匹配原则

与员工素质相匹配原则是指组织结构的设计必须结合现有员工的综合素质，不能脱离现实而去设计。企业在进行组织设计的同时，还会根据自己的战略要求设计公司能力素质模型，同时建立不同职位族、不同岗位的任职资格，然后通过对任职者的分析和测试，发现员工自身素质与组织需要的差异，并通过不断的培训工作，使员工的综合素质能够达到组织的要求。

（五）组织扁平化原则

组织扁平化原则是指在组织设计时尽可能加大管理幅度，同时减少管理层级。如果企业管理层级过多，一方面会造成管理职位增加、管理成本增加；另一方面使组织信息传递很慢，而且容易造成信息失真，同时使组织的计划和控制程序复杂化。当然，如果要设计合理的管理幅度和管理层级，设计者需要了解不同管理层级、管理幅度的利与弊（见表 3-2）。

表 3-2 不同管理幅度和管理层级的组织比较

组织	优点	缺点
管理幅度小、管理层级大的组织	1. 严密的多层级监督与控制； 2. 组织运营风险较低； 3. 对管理者的要求不高	1. 管理成本高； 2. 高层管理者与基层员工往往缺乏有效的沟通； 3. 灵活性差，反应慢

续表

组织	优点	缺点
管理幅度大、管理层级小的组织	1. 管理成本较低； 2. 责权对等，权力下移； 3. 灵活性好，反应快	1. 对管理者素质要求较高； 2. 上级负担过重； 3. 上级有失控的风险

（六）分工与协作原则

分工与协作原则是指组织内部既要进行细致的分工，同时也需要密切地协作。传统的组织结构过多地追求分工，而从现在组织发展的趋势来讲，组织内部的协作越来越重要。

传统企业：过分注重分工，长期以来形成了“山大王”“座山雕”“部门至上”的思想，部门之间的沟通与协作主要依靠公司的文件规定、公司级会议、公司行政命令，部门之间总是发生扯皮、责任推诿现象，组织运作效率低下。

现代企业：既注重分工，又注重协作，分工是手段，协作才是目的。现代企业部门之间的协作主要依靠跨部门的流程来实现，这时候部门不再以个体为单位，而是以与流程相关的两个或多个部门为共同体，而且部门注重的不再是部门个体绩效，而是整个流程的绩效。

（七）权力下移原则

权力下移原则是指根据部门、岗位需要，按照责权对等的原则适当将公司的相关权力下移。尤其对于部门负责人，更应明确其相关权力。表 3-3 对组织的相关权力进行了识别和分解，在进行组织设计时可作为参考。

表 3-3　组织权力匹配一览

	组织权力类型	高层管理人员	中层管理人员	基层管理人员	普通员工
人事权	人事任免权	√	√	√	
	奖金分配权	√	√	√	
	员工考核权	√	√	√	
	申诉权		√	√	√
	组织调整权	√	√		
财务权	对外投资权	√			
	企业融资权	√			
	预算编制权		√		
	预算调整权	√	√	√	

续表

组织权力类型		高层管理人员	中层管理人员	基层管理人员	普通员工
财务权	超预算修正权	√			
	成本控制权	√	√	√	√
信息权	财务信息知晓权	√			
	档案查询权	√	√	√	√
	产品信息知晓权	√	√	√	√
	合理化建议权	√	√	√	√
	相关报表信息知晓权	√	√	√	√
	经济合同评审权	√	√		
资源调配权	办公类固定资产调配权	√	√		
	设备类固定资产处置权	√	√		
	生产类固定资产处置权	√	√		
	低值易耗品处置权	√	√	√	√
	不良资产处置权	√			
	不合格产品处理权	√	√		

（八）不设或少设副职原则

不设或少设副职原则是指尽量在二级部门少设或不设管理副职，避免资源浪费和多头指挥。

一般企业可在下列情况下考虑设置副职：

（1）正职需要升职。

（2）正职管理幅度过大。

（3）部门职能横跨多个专业，正职专业知识有限。

（4）公司业务和规模扩张得很快，需要培养后备干部。

（九）分工专业化原则

分工专业化原则是指按照专业化分工的思想设置部门和岗位。根据价值链模型，企业经营活动可以分为基本活动和支持活动两大类。基本活动是指生产经营的实质性活动，一般可以分为原料供应、生产加工、成品储运、市场营销和售后服务五种活动。这些活动与商品实体的加工流转直接相关，是客户的基本增值活动。支持活动是指用以支持基本活动而且内部之间又相互支持的活动，包括企业投入的采购管理、技术开发、人力资源管理和企业基础设施。其中，采购管理、技术开发、人历资源管理三种支持活动既支持整个价值链的活动，又分别与每项具体的基本活动有着密切的联系。企业的基本活动支持整个价值链的运行，而不分别与每项基本活动发生直接的关系。

正是基于以上价值链理念，企业在进行内部分工的时候，一定要按照基本活动支持活动的专业进行分工，只有这样，才能使组织效率大幅提升。

（十）平衡原则

平衡原则是指部门之间、岗位之间的职能、权力设计基本对等，而且部门之间不能出现职能过大或职能过小的部门，也不能出现权力过大或权力过小的部门，否则很难解决部门之间的有效协调问题。

二、现代组织模式

不同的企业，其组织结构可以说是千差万别，差异性非常大，而这些差异性又跟企业的规模、产品结构、管理风格、经营风险控制、行业发展等有密切关系，但不管企业组织如何变化，总逃脱不了以下几种常见的组织模式，包括直线式组织模式、职能式组织模式、矩阵式组织模式、集团式组织模式、事业部式组织模式、混合式组织模式（见图 3-3 至图 3-8），不同组织模式特征、优点及缺点对比分析如表 3-4 所示。

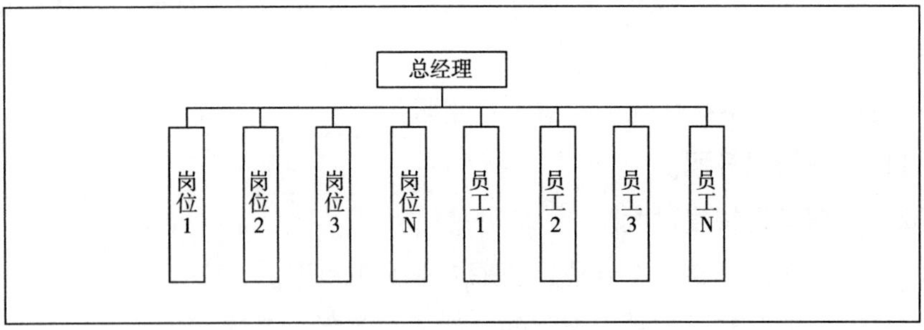

图 3-3　直线式组织模式

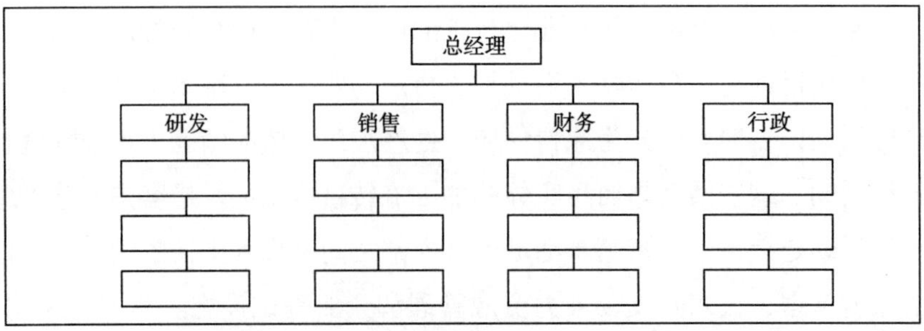

图 3-4　职能式组织模式

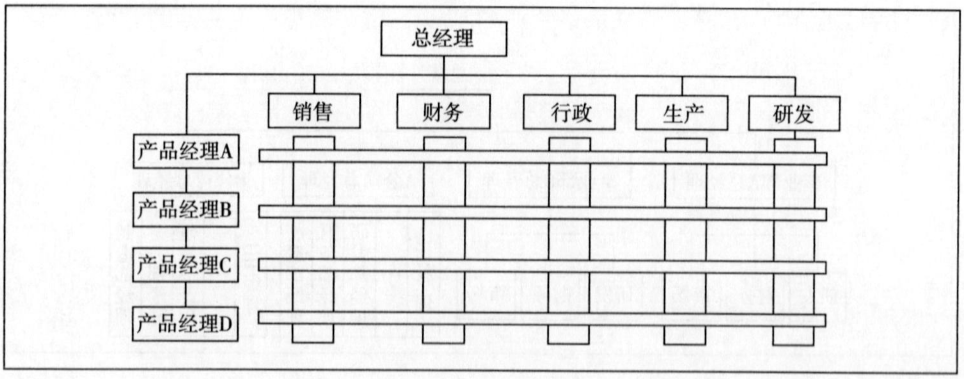

图 3-5　矩阵式组织模式

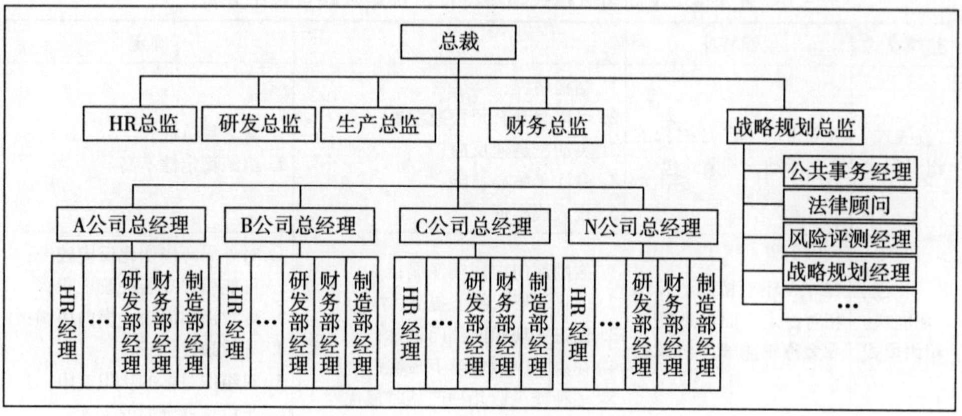

图 3-6　集团式组织模式

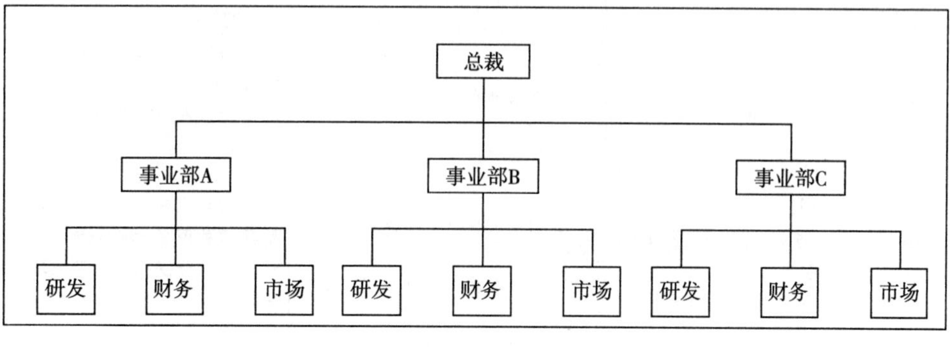

图 3-7　事业部式组织模式

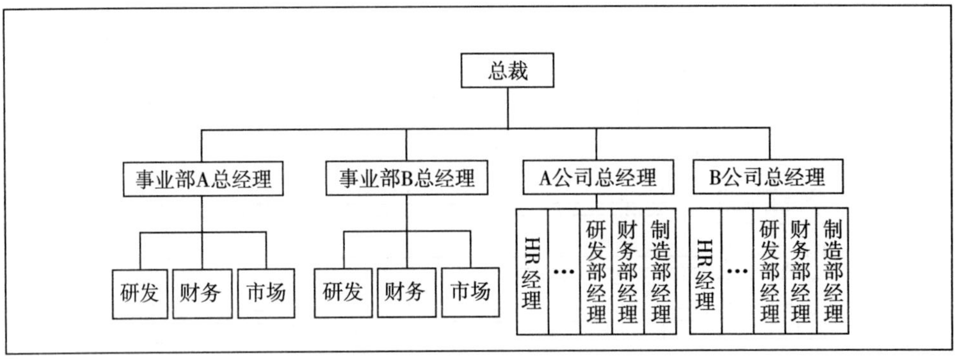

图 3-8 混合式组织模式

表 3-4 不同组织模式组织特征、优点及缺点对比分析

组织模式	组织特征	优点	确定
直线式组织模式	只限于从事自身擅长的小型活动，其余外包	1. 结构精悍； 2. 可以驱动公司快速发展； 3. 灵活、迅速反应； 4. 专注于核心技能； 5. 投入成本低	1. 缺乏规范性； 2. 组织稳定性不高
职能式组织模式	在外界环境稳定，技术相对稳定，而又不需要太多跨职能部门协调的企业	1. 鼓励部门内规模发展； 2. 促进深层次技能提高； 3. 促进实现职能部门目标； 4. 在小到中型规模下最优； 5. 一种或少数几种产品时最优	1. 对外界环境变化反应较慢； 2. 可能引起高层决策堆积； 3. 导致部门间缺少横向协调； 4. 导致缺乏创新； 5. 对组织目标的认识有限； 6. 难以培养全面的人才
矩阵式组织模式	当外界环境具有高度的不确定性、技术具有多变性，而职能部门间存在着较高的相互依存性时，这种结构对中型规模、多重产品线的企业是最有效的	1. 获得适应环境所必需的协作； 2. 产品间实现人力资源的共享； 3. 适合在不确定的环境下进行复杂的决策和经常性的变革； 4. 为职能和生产技能的改进提供了机会； 5. 在拥有多种产品的中型企业效果最佳	1. 需要良好的人际关系和全面的培训； 2. 耗费时间包括经常的会议和冲突的解决； 3. 来自环境的双重压力以维持权力平衡； 4. 对管理者的要求高
集团式组织模式	1. 在大规模的企业比较适用； 2. 适用于复杂产业和产品组合； 3. 适应不稳定的外部环境	1. 可实现多个领域的高度集权和高度分权； 2. 促进基于经营和管理的双向发展	1. 高管理成本； 2. 集权和控制会牺牲效率； 3. 集权和分权不清会带来职能冲突

续表

组织模式	组织特征	优点	确定
事业部式组织模式	当市场环境高度不确定、技术进步快，而职能部门间又需要较高的协调性时，这种结构是最有效的	1. 适应不稳定环境下的高度变化； 2. 清晰的产品责任和联系环节实现客户满意； 3. 适应不同的产品、地区和顾客； 4. 跨职能的高度协调； 5. 在产品较多的大中型公司效果最好； 6. 决策分权	1. 失去职能部门内部的规模发展； 2. 导致产品线之间缺乏协调； 3. 失去深度竞争和技术专业化； 4. 产品线间的整合与标准化变得困难

前文系统地介绍了常见的几种组织模式，在传统的企业组织管理中，企业主要关注职能分工和职能的有效履行，但随着行业竞争的加剧和企业发展战略的需求，传统只强调分工的组织模式已经不能适应全新经营环境的需求。为了满足这一需求，很多管理学家和企业开始探讨和尝试使用基于流程的组织模式。这种尝试极大地推动了矩阵式组织模式的进步，同时也让很多企业开始关注组织协作和流程。但人们很快又发现，脱离了企业的战略去强调分工和协作的组织模式也会存在诸多问题，由此战略中心型组织便应运而生。美国著名管理学家罗伯特·S. 卡普兰和戴维·P. 诺顿在他们的《战略中心型组织》中提出了战略中心型组织的概念，他们强调企业的组织体系必须面向战略，由此形成了职能中心型组织、流程中心型组织和战略中心型组织三种组织形态，其比较如表 3-5 所示。

表 3-5 职能中心型组织、流程中心型组织和战略中心型组织三种组织形态比较

组织类型	职能中心型组织	流程中心型组织	战略中心型组织
关注重点	以职能为导向，强调分工	以流程为导向，强调协作	以战略为导向，强调目标
组织特征	直线式、职能式	扁平化、网络型	混合型
适应环境	稳定、变化慢	不稳定、变化快	不稳定、变化快
管理方式	行政命令	相互协调	强调协同
权力结构	集权	分权	分权，员工自主管理
职位设计	个人化职位	以团队为基础	个人与团队相结合
管理制度	严密	有较强的灵活性	灵活性极强
工作目标	领导、职位要求	客户需求	目标导向
员工素质	一般要求	较高要求	极高要求
文化特征	单一文化	多元文化	混合文化

（一）职能中心型组织

职能中心型组织强调各项职能的有效履行，它强调组织内部的分工，要求组织分工必须做到“横向到边，纵向到底”，同时为了保证职能的履行，职能中心型组织又会设置诸多监督职位。现在绝大多数企业的组织基本上都是以职能为核心的。

1. 职能中心型组织特征

职能中心型组织在经过多年的实践体现出其优点的同时，其缺点也是非常明显的。

职能中心型组织的优点：

（1）分工明确，各司其职，每项工作都能找到其负责人。

（2）具有明确的控制体系，上级对下属能够进行监督和控制。

（3）决策比较集中，决策速度很快，能够快速响应市场的变化。

（4）严密的管理制度，容易使员工的工作习惯达成一致。

（5）对员工的素质要求比较低。

职能中心型组织的缺点：

（1）中心错位，员工只关注“领导”，而不是关注“顾客”。

（2）对外多点接触：无人关注横向流程的衔接与控制，导致客户不满意。

（3）协调机制不健全：部门主义严重，互相扯皮、推诿。

（4）组织机构官僚化：管理机构多、层次重叠，许多工作是为了协调内部关系，导致管理成本上升。

（5）缺少灵活性：制度僵死，无法适应环境变化。

（6）信息传递层次多，造成信息失真。

（7）权力过于集中：掌握信息的不能决策。

（8）单一文化，制度导致“官本位”现象，中间层利益冲突造成内耗，职业发展空间狭小，缺乏学习与创新机制。

2. 职能中心型组织建设

职能中心型组织存在诸多问题和缺点，对于最常见的一种组织形态，在如何规范和高效运行方面很多企业做得还并不理想，需要企业根据自身情况进行优化调整。

（二）流程中心型组织

流程中心型组织是相对于职能中心型组织而言的，它强调以流程为导向，以提升组织效率和顾客满意为宗旨。

流程中心型组织的兴起和快速发展并不是偶然的，促使它产生的驱动力来自三个方面：

第一，组织外部的环境发生了变化。全球经济一体化、技术更新快、顾客需求多样化，这些外部的变化都推动着组织的改变。

第二，传统的职能中心型组织的缺点导致组织的内驱力不足。机构臃肿，部门之间互相推诿，存在“部门墙”，组织效率低下，不能满足激烈的市场竞争需要。

第三，管理理论的发展，如流程再造、价值链、核心竞争力等理论，为流程中心型组织的诞生和发展提供了坚实的理论基础。

1. 流程中心型组织特征

为了让读者朋友们能够清晰地认识流程中心型组织的特征，在这里笔者认为有必要对其优缺点进行阐述，以便大家取其长避其短。

流程中心型组织的优点：

（1）具有明确的工作程序，员工明确上下游工作关系。

（2）明确的授权机制，使基层员工能够参与企业决策，企业决策的成功率很高。

（3）打破了以部门为中心的工作壁垒，工作效率很高。

（4）坚持以顾客为中心，使员工在工作的过程中“眼睛向外”，以满足顾客需求为工作准则。

（5）实现了组织的扁平化管理，减少管理层次，压缩管理成本。

流程中心型组织的缺点：

（1）决策分散，决策速度慢。

（2）基于团队而非基于个人，对员工的素质要求较高。

（3）多元化的文化氛围，使企业内部的管理较难统一。

2. 流程中心型组织建设

既然流程中心型组织强调以流程为导向，那么企业在其建设过程中可以按照以下思路进行：

（1）核心价值链选择与分析。对于不同的企业，战略不同，价值链选择也会存在差异，企业可以选择产—供—销“通吃”，也可以选择其中的一两项做精、做强。

通常来讲，企业的核心价值主要围绕采购（供应商开发、采购价格、采购交期与服务、物流、仓储等）、生产（生产计划、制程、交付等）、销售（销售定价、销售策略、订单处理、市场推广、促销、客户服务、客户关系、咨询服务、批发经营、终端零售等）进行。由于企业的核心目的在于追求经济效益最大化，所以企业在核心价值链选择的时候只需根据自己的核心能力抓住最有价值的关键点就可以了。

（2）识别并建立核心流程。企业核心价值链分析清楚后，职能中心型组织强调分工，将每个业务系统的核心业务进行分解，而流程中心型组织则强调协作，需要建立不同核心业务之间的逻辑关系，并用流程将它们串起来，这就是职能中心型组织与流程中心型组织最本质的区别。

从企业运作的核心来看，职能分解是基础，流程协作才是核心，因为企业战略的实现必须依靠流程的高效运作，因此识别和建立核心流程体系是流程中心型组织运作的前提。

（3）核心流程优化与再造。企业的战略在不同发展时期会有所调整，年度经营计划要求每年的流程关注重点也会不同，所以说，企业的流程需要与时俱进，进行必要的调整和优化。企业在对流程进行调整的时候，一般会有两种办法：一是在现有流程的基础上进行必要的优化，我们把它称为流程优化；二是对现有的流程进行全面的改造，我们把它称为流程再造。

（4）建立流程团队。流程建立起来后，为了保证流程能够落地并产生作用，流程中心型组织建设还需要企业做好两件事情：流程团队建立、流程管理思想建设，因为流程中心型组织相较于原来的职能中心型组织已经发生了翻天覆地的变化。图 3-9 清晰地为我们展示了职能中心型组织向流程中心型组织演变的轨迹。

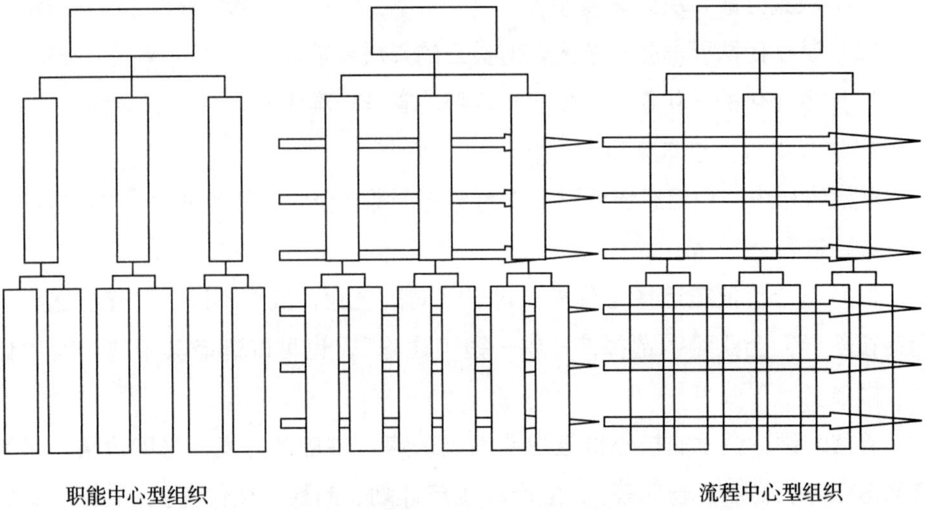

图 3-9 职能中心型组织向流程中心型组织演变的轨迹

我们可以看到，在流程中心型组织当中，企业运营的核心不再是职能部门，而是横跨多个部门的业务流程，因为在企业内部创造价值的不再是职能部门，而是业务流程。其实，这种流程中心型组织在国内诸如华为、中兴、万科等企业，通过近几年的实践，已经又向前发展了一步，如图 3-10 所示。

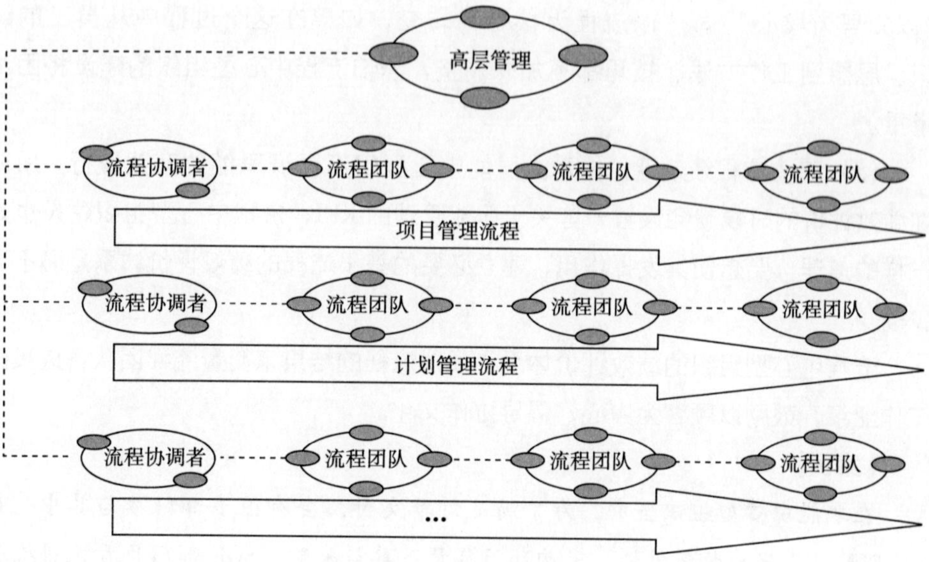

图 3-10 横跨多个部门业务流程

图 3-10 示意的这种组织结构已经完全脱离了大家熟悉的那种金字塔式的组织模式，在这种组织模式中，淡化了职能部门的作用，它完全强调以业务流程为导向。每个业务流程都会有一个“流程协调者”的角色，由他总体把握每个业务流程的进度，并对结果负责。而在流程实现的过程中会有很多小的“流程团队”为业务流程的某个环节负责，这些小“流程团队”的负责人可能是职能部门的负责人，也可能是某职能部门内部的一个专职岗位，由他统筹协调相关人员和资源，保证流程效率最大化。

在企业内部建立流程团队有以下两种形式：

第一，长期流程团队。是指按照既定的业务流程，从流程协调人到流程各环节的“流程团队”共同组成的流程团队，这个流程团队相对比较稳定。

第二，临时流程团队。是指为了某项特定的工作和某个特定的流程，需要临时为某个流程运行而建立的团队，这个团队会随着该项特定工作的结束而解散。

如很多以项目制为核心的企业，每个项目启动会专门成立项目小组，这个小组按照项目管理流程开展工作，当该项目结束后，项目小组也就随之解散。

除了流程团队的建设，企业在推进流程中心型组织建设的过程中，还有一个非常关键的问题，那就是训练一批有流程管理思想的员工队伍。因为强调流程管理就必须打破以条块分割的职能管理思想，同时要求所有员工要从以前的“以领导为核心”向“以流程为核心”转变，如果在这个过程中从员工的认识、思想到工作方法、技巧都不加以调整，恐怕流程中心型组织的建设将困难重重。

（5）建立流程绩效评价体系。职能中心型组织强调职能的有效履行，所以在绩效评价的时候就会设置一些关于职能管理的 KPI，流程中心型组织建设也是一样的道理，要想使其发挥作用，建立必要的基于流程的绩效评价体系是必不可少的。

流程中心型组织的绩效评价体系必须以流程的结果来衡量流程团队各成员的工作业绩，鼓励以顾客为中心，倡导协作文化。

【案例】

在职能中心型组织当中，为了满足订单交付，会有很多部门参与其中，如 MC 部门负责提出物料计划、采购部门负责下单与采购、SQE 部门负责来料检验和供应商管控、PC 部门负责安排生产计划、制造部门负责安排生产线、生产品质部门负责在线检验、仓储部门负责入库、物流部门负责发货。一般情况下，为了评价各部门的工作表现，企业会根据不同部门各自的职责担当建立一系列 KPI：

MC 部门：物料需求计划准确率、物料需求计划下达及时率。

采购部门：采购到货及时率、物料齐套率。

SQE 部门：来料不良率。

PC 部门：生产计划准确率、生产计划下达及时率。

制造部门：作业计划达成率。

生产品质部门：OQC 检验合格率。

仓储部门：入库及时率、仓储数据准确率。

物流部门：物流配送及时性。

从上面一系列 KPI 可以看出，每个部门都需要将本职范围内的事情做好，然而这个看似合理的做法其实隐藏了一个巨大的隐患，那就是没有一个部门会对

“客户订单的准时交付”负责，这正是职能中心型组织最大的弊端。流程中心型组织恰好弥补了这一弊端，它首先要求所有这些部门都对一个总的指标（客户订单的准时交付）负责，各个部门在这个总目标的指导之下开展工作，这样一来，所有部门的聚焦点就完全统一了，这就是流程中心型组织的魅力所在。

（三）战略中心型组织

战略中心型组织最早是由美国著名管理学家罗伯特·S. 卡普兰和戴维·P. 诺顿提出的，在《战略中心型组织》一书中进行了详细的阐释。战略中心型组织最大的特点就是它可以系统地描述、衡量和管理战略。我们不妨先回顾一下。职能中心型组织强调职能的履行，“以领导为核心”，领导的指令和意愿就是工作的方向，久而久之，该类组织就形成了各种各样的“山头文化”“部门墙”，导致组织效率低下，部门之间的协作性越来越差。流程中心型组织打破了职能中心型组织的弊端，保证单个流程效率提升，让在同一个流程体系内的员工工作指向性更加明确（指向流程绩效），但流程中心型组织同样存在问题，那就是：如何解决流程之间的协同？如何保证企业整体运营效率的最大化？这就需要企业建立战略中心型组织，因为对于任何一家企业而言，必须以实现特定的战略目标为前提。战略目标的分解首先要考核流程之间的协同，然后再考虑部门职能的正常履行。

1. 战略中心型组织特征

战略中心型组织融合了职能中心型组织和流程中心型组织两者的优点，使组织的目标更加明确、流程更加高效、组织职能履行更加有效。

（1）强调一切行动向战略看齐。有一个道理大家都很好理解，一家企业存在的唯一理由是顾客还“需要”它，如果顾客不再“需要”，这家企业也就走到了尽头。那么如何才能保证顾客能够持续不断地需要企业？解决这一问题的唯一办法就是企业的战略。战略是：①满足客户某种至关重要的需求。②以优于竞争对手的方式加以执行。③持续不断地保持这种优势。从这个意义上讲，企业内部的任何行动（包括流程、组织、员工）都必须以满足顾客需求和战略实现为准绳。

（2）让战略不再高不可攀。通常来讲，一提到战略，绝大多数人都会认为那是企业老板的事情、高层的事情，似乎跟自己没什么关系。正因为这样，员工在实际的工作中往往会因为不清楚自己的目标而迷失方向、失去工作的动力；同时企业的高层也会苦恼于战略不能落地，始终悬在空中。战略中心型组织强调将企业的战略清晰地加以描述，通过战略地图进行分解，并且将战略转化为可操作的行动计划，让每位员工的工作与企业的战略之间建立关联。

（3）强调战略、流程、职能高效协同。前面我们在分析职能中心型组织和流程中心型组织的优缺点的时候，可以看到这两种组织形式都存在致命的弱点，而战略中心型组织则强调战略、流程、职能的高效协同，在弥补两者缺点的同时，强调以战略为核心，流程和职能围绕战略高效协同。

2. 战略中心型组织建设

卡普兰和诺顿认为，战略中心型组织建设必须遵守以下五项基本原则：

（1）高层领导推动变革。战略中心型组织的建设是一项“一把手工程”，很难想象没有高层参与和支持的战略变革可以取得最后的成功。而且，如果没有高层的参与，组织也很难实现横向和纵向的协同，平衡计分卡很难给组织带来明显的价值，也不能建立真正的战略中心型组织。

（2）把战略转化为可操作的行动。卡普兰和诺顿在他们的第三部著作《战略地图：化无形资产为有形成果》中提出，和高层团队一起明晰战略，确定战略目标，并把战略转化为一张简单易懂的战略地图，可以明确组织或业务单元和职能部门的各个战略目标间的因果关系。然后利用平衡计分卡对关键目标进行具体的解释，并为各个目标设定衡量指标及指标值，确定行动方案和责任人。这样一来，企业的战略便可转化为一系列可操作的行动方案。

（3）使组织围绕战略协同化。企业高层就组织的战略地图和平衡计分卡达成一致后，接下来要把战略分解到组织的各个层级，实现纵向和横向的有效协同。纵向的协同通过职能管理来实现，而横向的协同则通过流程来实现，这时候企业就需要综合职能中心型组织和流程中心型组织的优点，以战略目标实现和行动方案落地为核心进行内部的高效协同。

（4）让战略成为每个人的日常工作。战略管理归根结底是对人的管理，如果战略执行没有得到所有员工的支持，很难想象会有成功的战略管理。因此对于企业管理者来说，首先应当建立科学合理的管理体系，构建强有力的执行机制，然后需要逐步优化人员的管理。如果最终没有体现在个人价值实现上，那么战略执行的结果就是不可持续的，因此，还需要考虑将个人的执行结果和个人的职业发展、员工能力提升以及激励机制进行挂钩，形成完整的、可持续的战略管理系统。这样，个人在通过努力达到个人目标的同时也帮助组织达到了企业的目标，战略必定成为每个人的日常工作。

卡普兰和诺顿开发了一系列工具来帮助组织将个人绩效和组织绩效联系起来。这些工具能够对组织目标进行逻辑化分解，有效确定组织的战略定位。通过这些工具，每位员工对战略目标的贡献变得十分直观和清晰。组织可以结合员工对战略目标的贡献度进行有针对性的培训和发展，并与招聘、薪酬和晋升挂钩。如此一来，平衡计分卡也推动了组织的战略性人才管理流程。当然，在此之前，首先要确保组织的战略得到了有效分解和协同，这样才能达到战略中心型组织的状态并取得突破性绩效。

(5) 使战略成为持续性流程。战略中心型组织的最高境界就是要将企业的战略管理变成一个持续的流程，战略明晰、战略地图绘制、平衡计分卡、目标分解及行动计划确定、阶段性检讨和回顾、问题的分析及改进要成为企业经营的一个完整的流程体系，保证企业的运营始终围绕战略展开。除了前面提到的职能中心型组织、流程中心型组织和战略中心型组织之外，美国著名管理学家彼得·圣吉[①]还提出了学习型组织，这也是未来组织发展的一种潮流和趋势。

【相关知识链接】彼得·圣吉的学习型组织理论

彼得·圣吉认为，在新的经济背景下，企业要持续发展，必须增强整体能力。也就是说，企业不能只依靠像福特、斯隆那样伟大的领导者一夫当关，运筹帷幄，未来真正优秀的企业将是能够设法使各层次员工都全身心投入并能不断学习的组织——学习型组织。

彼得·圣吉认为，学习型组织有五个组成部分，分别是：

(1) 建立共同愿景：愿景可以凝聚企业上下的意志力，透过组织共识，大家努力的方向一致，个人也乐于奉献，为组织目标奋斗。

(2) 团队学习：团队智慧应大于个人智慧的平均值，以做出正确的组织决策，透过集体思考和分析，找出个人弱点，强化团队向心力。

(3) 改变心智模式：组织的障碍，多来自个人的旧思维，例如固执己见、本位主义，唯有透过团队学习，以及标杆学习才能改变心智模式，有所创新。

(4) 自我超越：个人有意愿投入工作，专精工作技巧的专业，个人与愿景之间有一种创造性的张力，正是自我超越的来源。

(5) 系统思考：应透过信息搜集，掌握事件的全貌，以避免见树不见林的

---

① 彼得·圣吉，学习型组织之父，美国管理学大师，美国麻省理工学院斯隆管理学院资深教授，国际组织学习协会创始人。著有《第五项修炼：学习型组织的艺术与实务》《第五项修炼·实践篇》《变革之舞》《学习型学校》等。

状况，培养综观全局的思考能力，看清楚问题的本质，有助于清楚了解因果关系。

三、管理层级与管理幅度

提到组织设计，我们不得不提到两个基本概念：管理层级与管理幅度。

管理层级是指从最高管理层到具体工作人员之间的层级数量，影响管理层级的因素有专业化程度、组织规模等。

管理幅度是指管理者直接指挥的下属的数量，影响管理幅度的因素有管理者的能力、下属的综合素质等。

在设置企业层级及管理幅度时，最好列一张表，详细规划不同层级、不同职族管理人员的管理幅度，并设计适合企业的管理层次。根据我们的经验，本土企业管理层级的设计可以为 3 级（中小型企业）、4 级（中等规模企业）、5 级（集团公司或较大规模企业），但最多不要超过 6 级；管理幅度的设计为高层管理者控制在 4~6 人，中层管理者控制在 6~10 人，基础管理者控制在 10~15 人。

第四章 工作分析与岗位价值评估

第一节 工作分析

一、工作分析的基本内容

很多 HR 从业人员都知道工作分析，但在工作中很少应用它。其实，工作分析与人力资源管理六大模块的关系非常紧密，简单地说，HR 从业人员在不知道如何建立某个模块时，第一项工作就是开展工作分析。这是人力资源管理工作的源头，与招聘、薪酬、绩效、员工关系、激励、规划息息相关。那么，HR 从业人员在什么时候进行工作分析比较合适呢？

（1）在组织创建之初，组织架构、职位层级、部门、人员尚未明确时，如公司要组建一个新部门或设立一条新的岗位条线等。

（2）在组织人浮于事时，为了改变岗位设置不合理、职责不清、部门之间推诿、扯皮等现象，HR 从业人员要先做工作分析，判断哪些岗位存在哪些问题。

（3）在组织进行重大变革后，或工作、任务分配不均时。

（4）在招聘新增岗位的任职人员前，梳理岗位画像，更利于有针对性地开展招聘工作。

（5）在原有岗位的从业者发生变化或重新调整岗位时。

具体来说，工作分析就是了解某一岗位的几个重点内容，如工作内容、责任者、工作环境、工作时间规定、操作工具；上下游对接的岗位，从事这份工作对操作人员有哪些硬性要求、需要具备哪些证书等；岗位的任职资格，与相关岗位工作人员的关系要求；等等。

（一）工作分析的基本内容

工作分析是一种重要而基础的管理工具，进行工作分析的目的是回答如下六个非常重要而基础的问题：

（1）员工需要完成什么样的体力或脑力劳动？

（2）工作将在什么时候完成？

（3）员工应该如何完成这些工作？

（4）这些工作在哪里完成？

（5）为什么要完成这些工作？

（6）员工完成这些工作需要哪些条件？

同时，工作分析的内容包括：

（1）对工作内容的分析。对工作内容的分析是指对产品（或服务）实现全过程及重要的辅助过程的分析，包括对技术开发、工作步骤、工艺流程、工作规则、工作环境、工作设备、工作参数、辅助手段等相关内容的分析。对工作内容的分析能够使组织的工艺、技术、生产及品质控制得到更加出色的发挥，达到工艺简洁、生产高效、技术领先和品质卓越的目的。

确保每个岗位能够非常出色地完成工作任务，需要各种专业知识和技能作为保障，缺少其中任何一项都是难以完成的。实际上，大多数岗位如果缺少某种专业知识和技能几乎是不可能完成工作任务的，因此，对各岗位提出技能要求成为必然。

岗位需求分析包括经验、能力、学历、专业、年龄、性别和特殊技能分析，通过对其分析形成工作说明书，可以明确该岗位任职的基本标准。

（2）对岗位、部门和组织结构的分析。大多数工作都不可能由一个人单独完成，工作的复杂性、多样性和劳动分工使岗位、部门和组织结构成为必然。不同的行业、不同的产品影响着岗位、部门和组织结构的设置，但企业在特定时期，总有一个组织模型是最适合自己的，对岗位、部门和组织结构的分析包括对岗位名称、岗位内容、部门名称、部门职能、工作量及相互关系等内容的分析。对工作岗位、部门和组织结构的分析能够使组织发挥系统和平衡的功能，达到分工合理、简洁高效和工作顺畅的目的。

(3) 对工作主体员工的分析。包括对员工年龄、性别、爱好、经验、知识和技能等方面的分析，通过分析有助于把握和了解员工的知识结构、兴趣爱好和职业倾向等内容。在此基础上，企业可以根据员工的实际现状合理规划其职业生涯，并在员工成长过程中将其安排到最适合其特点的工作岗位上，达到人尽其才的目的。

工作分析的各种数据实际上对组织结构管理、人力资源管理的每一个方面都有帮助，而且是最基础的帮助。在组织结构管理和人力资源管理的大部分活动中，几乎每一个方面都涉及工作分析所取得的成果，工作分析是整个企业组织结构管理和人力资源管理的基础平台，是企业实施全面管理的前提。

美国著名学者怀特先生说："当今企业管理的大部分工作是建立在工作分析这个基础之上的，不可缺少。一个企业的工作分析评价是否科学合理，在很大程度上决定了这个企业的管理水平。"

（二）工作分析的意义

(1) 工作分析与组织结构。组织结构的科学性和合理性在很大程度上促进或约束着岗位工作的开展，进行工作分析的一个重要内容就是要为企业组织结构的优化和再设计提供基础数据。通过工作分析，可以全面揭示出组织结构、层级关系对岗位工作的支持和影响，为最佳组织模式的选择提供决策依据。

(2) 工作分析与人力资源计划。工作分析的资料可直接应用在人力资源计划方面，仅认识到一个企业需要多少新员工进行产品生产或售后服务显然是不够的，我们还应该知道，每项工作都需要不同的知识、技能、经验和能力。显然，一个成功的人力资源计划必须包括这些内容。

(3) 工作分析与员工的招聘、选择、录用。如果招聘者不知道胜任某项工作所必需的资格条件，那么员工的招聘、选择和录用工作将是漫无目的的。如果缺少适当的工作说明书，就会在没有一个清楚的指导性文件的情况下去招聘、选择和录用员工，而这样做的结果将会非常糟糕。当然，企业在寻求最有价值的人力资源时，更应该有科学、合理的工作说明，否则你不知道该需要什么样的人。

(4) 工作分析与教育培训开发。工作分析中的很多信息在确定人力资源教育培训和开发方面常常是非常有用的。如果工作分析中指出某项工作需要特殊的知识、技能或能力，而在该职位上的人又不具备所要求的条件，那么教育、培训和开发就显得非常有必要了。通常意义上我们所讲的教育、培训和开发，其目的应该是一方面帮助员工履行现有工作说明中所规定的各项工作职责，把工作做好；另一方面帮助他们开发潜能，学习更新的知识并增加新的工作经验，为升迁更高的工作职位做好准备。

（5）工作分析与绩效评价。基本上所有企业的绩效评价标准都是建立在工作分析的基础之上的，离开工作分析的数据，要建立一套科学、合理的绩效考核指标几乎是不可能的。工作分析的一项重要内容就是为绩效评价系统提供实质性的考核内容，可以这么说，离开工作分析这个基础，要建立任何性质和模式的绩效评价系统都是缺乏基础的空中楼阁。

（6）工作分析与薪酬福利。通过工作分析，可以为各种类型的任务确定先进、合理的工作定额。所谓先进、合理，就是在现有工作条件下，经过一定的努力，大多数人能够达到、其中一部分人可以超过、少数人能够接近的定额水平。它是动员和组织员工、提高工作效率的手段，是工作和生产计划的基础，也是制定企业部门定员标准和工资奖励制度的重要依据。工资奖励制度是与工资定额和技术等级标准密切相关的，把工作定额和技术等级标准的评定建立在工作分析的基础上，就能够制定出比较合理、公平的报酬制度。

（7）工作分析与劳资关系。工作分析的信息对员工和劳资关系也很重要。当企业考虑对员工进行提升、调动、降级降职或辞退时，工作说明提供了一个比较个人才能与实际需要是否相符合的标准。其实我们只需按照工作说明书的各种要求与员工的实际工作状况进行比较，答案就非常清晰地摆在我们面前。

同样，完整的工作分析对保证劳资关系的合法性也非常重要，如岗位对年龄要求、对技能和技巧的要求、对视力和听力的要求、对行动能力的要求、对性别身份的要求、对心理健康的要求，一旦这些岗位上的员工不再符合这些要求，企业就可以按照相关的法律法规进行处置。工作说明书为这些问题的处理提供了合法的依据。

二、工作分析的基本方法

工作分析的方法比较多，但没有任何一种方法可以独立完成整个工作分析。常用的工作分析方法包括职位问卷分析法、工作日写实法、测时法、工作抽样法、访谈法和关键事件分析法等（见图4-1）。其中，职位问卷分析法主要用于定量分析，工作日写实法、测时法、工作抽样法、访谈法和关键事件分析法主要用于定性分析，为定量分析提供科学的分析要素和相关的可量化规律。

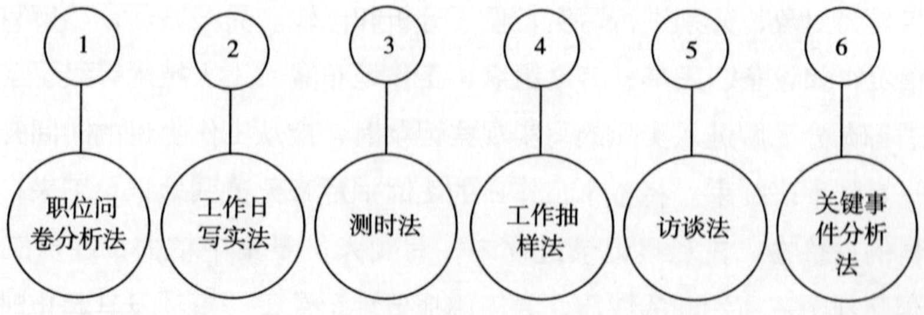

图 4-1　工作分析方法

（一）职位问卷分析法

职位问卷分析法主要用于定量分析。由于问卷是事先设计好的，因此分析的标准化程度很高，避免了主观和人为因素对信息收集过程的影响。职位问卷分析法既科学合理又快捷方便，可以非常直接地获取大量的信息，而且信息内容准确、具体、详细，这是其他分析法所不具备的优点。

职位问卷分析法的主要特点在于，它将工作科学、合理地分解成多个基本领域，并提供了一种可以量化评价的分数顺序或顺序轮廓。其真正的优势在于它对工作进行了等级划分，对工作职责及工作内容中所包含的决策活动、技能活动、身体活动、设备操作活动以及信息加工活动等每一项工作都分别分配了一个量化的分数，使用起来非常简单和便捷。

采用职位分析问卷开展具体调查活动前，一般需要对被调查人员施行必要的讲解和培训，使被调查人员完全明白分析问卷的内容和要求后再进行填写，只有这样才能通过调查收集到各种有用的数据和资料。如果调查的面非常广、人数非常多，也可以将调查的各项说明及要求写在问卷的题头上，让被调查人员阅读明白后再进行具体内容的填写。

（二）工作日写实法

工作日写实法是对员工整个工作日的工时利用情况、按实际时间消耗的顺序进行观察、记录和分析的一种方法。

工作日写实法根据观察对象和目的的不同可分为五种，即个人工作日写实、工作小组工作日写实、多机床看管工作日写实、自我工作日写实和特殊工作日写实。工作日写实包括三个主要步骤：一是写实前准备；二是实际观察记录；三是整理分析。写实前应做好充分的准备。一方面，选择合理的写实对象，为了分析和改进工时利用的情况，找出工时损失的原因，应选择优秀、普通和表现较差的三组员工作为对象，分别进行写实，便于分析和比较。另一方面，了解写实对象的工作情况，如设备、工具、劳动组织、工作地布置、工人技术等级、工龄、工种等，进行充分了解进入实际的写实观察记录时，应从工作上班的时间开始进行记录，一直到下班结束。将整个工作日的工时消耗毫无遗漏地记录下来，以保证写实资料的完整性。在观察记录过程中，写实人员要集中精力，在员工的配合下，按顺序判明每项活动的性质，并简明扼要地记录每一事项及其起止时间。完成实际的写实观察记录后，应对写实资料进行整理和分析：计算各活动事项消耗的时间；对所有观察事项进行分类，通过汇总计算出每一类工时的合计数，编制工作日写实汇总表；在分析研究各类工时消耗的基础上，分别计算出每类工时消耗占全部工作时间和占作业时间的比重；拟定各项改进工时利用的技术组织措施，计算通过实施技术组织措施后，可能提高劳动生产率的程度等，最后再根据写实结果，写出写实分析报告。

（三）测时法

测时法是以工序或某一作业为对象，按照操作顺序进行实地观察、记录、测量和研究工时消耗的一种方法。测时法与工作日写实法一样，也是进行工时研究的一种有效方法，但又有许多不同之处。第一，两者的范围不同，工作日写实是以整个工作日为对象，进行总体观察，而测时只是研究某一工序或作业的工时消耗情况。第二，工作日写实的根本目的是掌握工作时间的构成，减少工时损失，为改善利用提供依据；而测时主要是为了找出工序作业时间内各项操作的正常工时消耗为制定工时定额提供依据。

开展测时工作前，测时人员应对被测试的对象进行选择。选择的对象应该具有代表性，一般应选择那些在经验、技能和熟练程度上都比较出色的员工作为被测时的对象，经验、技能和操作水平较差的员工，对其测时的数据没有代表性，所以选择时应慎重考虑。同时，在开展测试工作前，测试人员还应对可能影响测时结果的各种因素进行识别，找出影响测时结果的各种因素，并采取一定的措施排除这些因素，使测时过程科学、合理并能够完全受控。如果一些因素不能有效地测时，工作前应排除掉，测时人员应分析其对测时结果影响的广度和深度，并找到解决这些因素的对策。通常这些因素包括工作流程、工作现场及设备、工具、物料及工作环境等。

（四）工作抽样法

工作抽样法是统计抽样法在岗位调查中的具体应用，它是根据概率和数理统计学的原理，对工作岗位随机地进行抽样调查，再利用抽样调查得到的数据资料对总体状况做出推断的一种方法。与其他工作分析方法相比，工作抽样法的特点是调查时间短、次数多，测试人员不必整天连续待在工作现场进行观察，但需要一个较长的时间周期来完成整个抽样工作。

工作抽样法和其他工作分析法一样，只要遵守随机性的原则，且保证有足够的抽样观察次数，抽样的结果一样具有较高的可靠性和精确度。

工作抽样法的步骤：

（1）明确调查目的。进行工作抽样首先要明确调查的目的，然后才能确定调查对象和范围，确定工作抽样所应达到的可靠度和精确度。

（2）作业活动分类。对被观察对象的活动进行适当的分类，以便正确地进行观测记录及事后的汇总和整理、统计分析。调查员工工作情况时，一般按照工时消耗的性质分类；调查设备的运行状况时，一般以停机时间的原因进行分类。

（3）确定观测次数。观测次数就是工作抽样的样本数。抽取样本数越少，所得到结果的准确性、可靠性就越低，对总体的代表性也就越差，反之，对总体的代表性越强。大量实验数据表明，要掌握员工在工作过程中工时的利用情况，需要观测1000~2000次，要测定机器的工时利用率，需要观测3000~5000次；要测定某项工作的标准工时，需要观测5000~8000次。

（4）确定观测的时机。观测时刻选择是否得当，关系到观测结果的可靠性和精确度。观测时刻的确定必须遵从随机的原则。一般工作周期较短的工作，尽可能在几个工作日内完成：工作周期较长的工作，则控制在几个月内完成。

（5）现场观测。进行现场观测时不需要使用秒表或其他计时工具，当观测人员按预先设定好的路线达到规定的观测位置时，应像摄像机一样，将一瞬间观察到的工作内容记录到调查记录表中，至于调查对象在一瞬间之前或之后在从事什么活动则不必去管它。

（6）检验抽样数据。完成全部观测以后，需检验全部抽样的结果。检验的方法是：首先计算出所调查的主要事项的发生率；其次分别计算出上下线控制界限。发生率的计算公式为：

P = 出现的次数/总的观测次数

$\sigma=\sqrt{P}\times$（IP）/N（N 为每天观测的次数）

上控制界限的计算公式为：P+3σ；下控制界限的计算公式为：P−3σ。

（7）评价最后抽样结果。计算出所有分类事项的发生次数及发生率后，应结合观察到的现场情况，做出必要的分析评价和说明，以便采取措施，改进工作程序和方法。

（五）访谈法

访谈法是一种互动性和目的指向性都很强的工作分析方法，通过工作分析人员对员工进行引导性的提问和交流，获取对工作分析有帮助的各种直接信息和间接信息。与其他所有的工作分析法相比，访谈法的最大优点就是简便快捷、信息量大而且非常直接和真实，工作分析人员几乎可以通过面谈技巧获得工作分析所需要的任何信息。访谈法对工作分析人员的专业技能也提出了较高的要求：一个善于交流沟通和引导别人谈话的工作分析人员可以在很短的时间内获得他想要的全部信息，而一个专业技能较差、缺乏经验的工作分析人员可能花上一整天也难有收获。

为了提高访谈法的效果，工作分析人员应事先对约谈的对象进行一定的了解，包括行业特点、人员素质、企业现状等，然后在此基础上拟订一个面谈提纲，确保面谈的质量和效果。

（六）关键事件分析法

关键事件分析法是指工作分析的调查人员对本岗位员工或与本岗位有关的员工在劳动过程中的“关键事件”加以记录，在大量收集信息之后，对岗位的特征和要求进行分析研究的方法。这里的关键事件是指在劳动过程中，给工作造成显著影响。通常关键事件对工作的结果有决定性的影响，基本决定了工作的成功与失败、盈利与亏损、高效与低能。运用关键事件分析法进行工作分析，重点是对岗位关键事件的识别，这对工作分析人员提出了非常高的要求。与其他工作分析的方法相比，这种方法的最大特点是简单快捷并能获得非常真实可靠的资料，但由于工作分析人员本身对行业的熟悉程度不够，加上专业知识和技术方面的局限性，关键事件分析法运用起来比较困难。

关键事件分析法需要技术专家型的工作分析人员，一般非本行业及对本行业技术了解不深的工作分析人员很难在短时间内识别清楚该岗位的关键事件是什么，如果在识别关键事件时出现偏差，将会给工作分析的整个结果带来巨大的影响。

识别清楚关键事件后，工作分析人员应记录以下信息和资料：

（1）导致该关键事件发生的前提条件是什么？

（2）导致该关键事件发生的直接原因和间接原因是什么？

（3）关键事件的发生过程和背景如何？

（4）员工在关键事件中的行为表现是什么？

（5）关键事件发生后的结果如何？

（6）员工控制和把握关键事件的能力如何？

将上述各项信息资料详细记录后，可以对这些信息资料做出分类，并归纳总结出该岗位的主要特征和具体控制要求。

采用关键事件分析法时应注意以下几个方面：

（1）关键事件应具有岗位代表性。

（2）关键事件的数量不能强求，识别清楚后是多少就是多少。

（3）关键事件的表述应言简意赅，清晰、准确。

（4）对关键事件的调查次数不宜太少。

第二节　岗位说明书

岗位说明书也称职位说明书或职务说明书，是岗位分析工作的成果之一。岗位说明书是通过岗位基本信息、岗位职能和岗位任职条件等内容，描述岗位在企业组织结构中的位置、功能、所要达到的工作目标和绩效标准的一种规范性管理类文件。

岗位说明书明确了岗位存在的目的和价值，明确了岗位需要担负的工作任务和职责，明确了岗位任职者必须具备的任职条件，它是企业管理者和岗位任职者对岗位认知达成一致的产物。

一、岗位说明书编制准备

岗位说明书的编制是一项重要、复杂且具有技术含量的工作，完善的岗位说明书不仅对企业开展各项人力资源管理工作具有指导作用，也是企业建立素质模型和任职资格管理系统的基础性文件。

如果企业还没有就编制或完善岗位说明书工作展开实际行动，那么此项工作需要按照项目管理的原则进行立项，论证项目的必要性、可行性，并做好成本费用预算，待企业批准后正式实施。这意味着岗位说明书的编制工作需要从岗位分析开始，从岗位相关工作信息、资料的收集、整理和分析开始。由于工作量大、工作难度高、组织过程复杂，企业人力资源部门需要制订详细、周密的工作计划，做好各项前期准备。

如果企业是在岗位分析的基础上有目的地开展此项工作，也需要做好以下几项工作：

（一）保持与管理者的密切沟通

各项人力资源管理工作的开展都离不开企业员工和各级管理者的支持与配合。各级管理者对岗位说明书的认知程度以及对岗位说明书编制工作的态度直接决定了此项工作能否顺利完成。与各级管理者保持密切沟通，对岗位说明书的编制工作以及岗位说明书在编制完成正式发布后的实际应用都大有裨益。保持与管理者的密切沟通的意义在于如下几点：

（1）有益于合理调配优质人力资源完成岗位说明书的编制工作。岗位说明书的编制除了聘请外部专业咨询机构外，一般由企业人力资源部门主导，邀请岗位任职者及其上级主管人员共同参与，最后经企业主管领导审核批准后正式颁布。在企业中，能够被邀请成为岗位说明书编制者的人员要么是骨干员工或业务标杆，要么是各管理层级的优秀管理人员，这些人员参与岗位说明书的编制工作势必对企业正常的生产经营活动产生一定的影响。因此，保持与各级管理者的密切沟通，有益于合理调配优质人力资源，有益于妥善处理编制岗位说明书工作与企业正常生产经营活动之间的矛盾，能够确保岗位说明书的编制工作在规定的时间内高质量完成。

（2）有利于鉴别招聘需求，弥合各级管理者在人才甄选方面的分歧。岗位说明书是企业开展人力资源招聘配置工作最重要的依据，各级管理人员都十分重视人才的招聘和对现有人员的合理任用。但在实际工作中，企业的高、中、基层管理者由于所处的管理位置不同，看待问题的视野和角度不同，对人才甄选、判断的标准也不一致，往往会为了到底需要哪类人才或某一员工是否可以调整、晋升到某一岗位任职产生分歧。因此，在岗位说明书的编制过程中，与各级管理者保持密切的沟通可以充分了解他们对岗位的认识，对岗位任职者的期望和要求，有利于利用岗位分析过程中掌握的信息资料结合各级管理者的意见和建议，鉴别岗位对人员的真实需求，促进各级管理者达成对人才选拔标准的共识，有效弥合各级管理者在看人、选人和用人方面的分歧。

（3）为岗位说明书的实际应用铺平道路。岗位说明书是企业开展人力资源管理实践活动的基础。经企业主管领导审核批准并正式颁布的岗位说明书是企业的管理文件，通常被作为企业与员工签订劳动合同的附件，具有法律效力，对企业和企业各级员工都具有约束作用。企业管理中往往存在着“官大表准”的现象，因此，在岗位说明书的编制过程中与各级管理者保持密切沟通，在鉴别需求、达成共识、消除分歧的基础上，不但加深了各级管理者对岗位职责、权限和任职条件的印象，也加强了管理者的规范意识与法律意识，为岗位说明书在管理实践中的应用铺平了道路。

（二）检查并补充相关资料

在正式开始岗位说明书的编制工作前，需要对与之相关的信息资料进行分类检查，对缺失的资料进行及时补充。

在岗位分析中所获取的信息是岗位说明书编制工作的核心资料，此外，企业现有的各项管理规章制度、产品质量标准或检验标准、组织结构图、人员花名册，以及业务发展现状和未来发展方向信息、高层管理团队组成情况和企业文化信息等内容也是必要的资料。其中，企业组织结构图提供了岗位现有的隶属关系和管理关系信息；人员花名册提供了现有员工的基本情况信息；业务发展现状和未来发展方向有助于了解企业的长远规划；在审视企业现有人力资源结构和层次的基础上，可对企业未来需要获取的人才标准与方向作出基本判断；企业高层管理团队的组成情况和企业文化可以帮助了解高层管理人员对人才的偏好，以及企业需要具有何种价值观、基本素质和潜在能力的人才；产品质量标准或检验标准则提供了绩效管理所需要的部分定量考核指标。

对这些信息资料进行检查和补充时，应注意对非公开信息资料的保密，具有保密性质的资料只允许限定范围内的人员参阅调用。

（三）设计岗位说明书模板

岗位说明书模板可以分为简单型和完备型两种。企业人力资源部门需要结合企业业务特点和管理模式设计具有标准格式的本企业岗位说明书模板。

（1）简单型岗位说明书。简单型岗位说明书一般适用于人员规模不大、组织结构和管理层级相对简单的企业，重点内容是对岗位工作任务、职责的描述以及对任职者的任职条件要求。简单型岗位说明书模板如表 4-1 所示。

表 4-1 简单型岗位说明书模板

一、基本信息 岗位名称： 所属部门： 岗位定员标准：	岗位代码： 直属上级：
二、岗位工作概述	
三、岗位工作职责 1. 2. 3. 4. 5. 6. 7. 8.	
四、岗位工作权限 1. 2. 3. 4. 5.	
五、岗位任职条件 1. 2. 3. 4. 5.	
其他 1. 2. 3.	
岗位分析人： 岗位说明书审批人：	分析日期： 分析日期：

（2）完备型岗位说明书。完备型岗位说明书适用于所有企业，对与岗位相

关的各类信息的描述更加完整也更加细致，甚至有些内容是结合企业自身管理特点单独设置的。完备型岗位说明书可以根据企业管理需要，在内容和形式上适当增减、调整。完备型岗位说明书模板如表 4-2 所示。

表 4-2 完备型岗位说明书模板

<table>
<tr><td colspan="6">一、岗位基本信息</td></tr>
<tr><td colspan="3">岗位名称：
所属部门：
直属上级：
直属下级：</td><td colspan="3">岗位代码：
职等职级：
岗位定员标准：
所辖员工人数：</td></tr>
<tr><td colspan="6">二、岗位工作概述</td></tr>
<tr><td colspan="6"></td></tr>
<tr><td colspan="6">三、岗位工作职责</td></tr>
<tr><td>序号</td><td>职责概述</td><td>职责描述</td><td>职责权重</td><td>绩效标准</td><td>考核周期与方式</td></tr>
<tr><td>1</td><td></td><td></td><td></td><td></td><td></td></tr>
<tr><td>2</td><td></td><td></td><td></td><td></td><td></td></tr>
<tr><td>3</td><td></td><td></td><td></td><td></td><td></td></tr>
<tr><td>4</td><td></td><td></td><td></td><td></td><td></td></tr>
<tr><td>5</td><td></td><td></td><td></td><td></td><td></td></tr>
<tr><td>6</td><td></td><td></td><td></td><td></td><td></td></tr>
<tr><td>7</td><td></td><td></td><td></td><td></td><td></td></tr>
<tr><td>8</td><td></td><td></td><td></td><td></td><td></td></tr>
<tr><td colspan="6">四、岗位工作权限</td></tr>
<tr><td>序号</td><td>权限类别</td><td colspan="4">权限内容</td></tr>
<tr><td>1</td><td>人事管理权</td><td colspan="4">(1)
(2)
(3)</td></tr>
<tr><td>2</td><td>财务管理权</td><td colspan="4">(1)
(2)
(3)</td></tr>
<tr><td>3</td><td>业务管理权</td><td colspan="4">(1)
(2)
(3)</td></tr>
<tr><td>4</td><td>其他管理权限</td><td colspan="4">(1)
(2)
(3)</td></tr>
</table>

续表

五、岗位关系示意图

1. 岗位关系示意图：

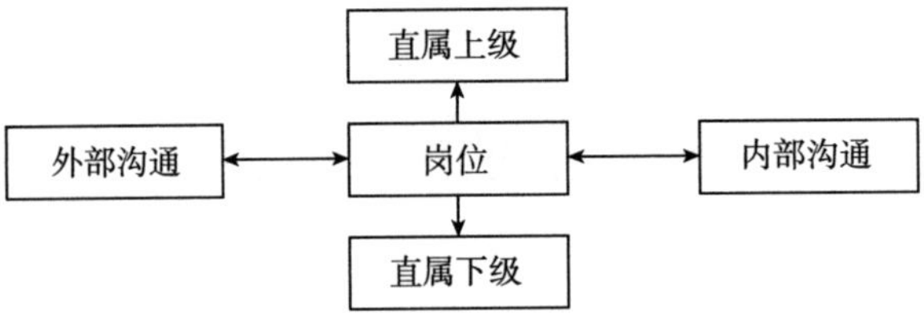

2. 岗位调整描述：
（1）可晋升岗位：
（2）可转换岗位：
（3）其他岗位：

六、内部工作关系

序号	沟通方式	部门或岗位	沟通形式与内容	沟通结果表现形式	沟通频率
1					
2					
3					
4					
5					
6					

七、外部工作关系

序号	沟通方式	部门或岗位	沟通形式与内容	沟通结果表现形式	沟通频率
1					
2					
3					
4					
5					
6					

八、工作特征与工作条件

1. 工作时间：
2. 工作设备：
3. 工作环境：
4. 其他条件：

（四）培训岗位说明书编制人员

为了保证岗位说明书的编制质量，人力资源部门应该制定岗位说明书编制指导文件，并对参与编制的人员进行系统的培训。岗位说明书编制的指导文件可以在培训时使用，也可以在编制过程中供编制人员随时查阅。对岗位说明书编制人员的培训包括以下几项内容：

（1）岗位说明书的用途以及编制岗位说明书的目的、意义。

（2）岗位说明书模板中各项内容的含义和填写方法。

（3）岗位说明书的编制技巧和编制规范。

（五）岗位说明书的编制规范

岗位说明书回答了“岗位应该做哪些工作，这些工作对任职者有哪些要求”等核心问题，在很多企业中也叫“职位手册”或“岗位描述手册”，它是指导岗位任职者开展工作的依据，是企业考评岗位任职者工作绩效的基础。高质量的岗位说明书要求内容翔实、重点突出，符合编制规范的要求。

1. 岗位说明书的内容

完善的岗位说明书主要包括三部分内容：岗位基本信息、岗位职能描述和岗位任职条件描述。

（1）岗位基本信息。岗位基本信息主要包括岗位名称与代码、工作身份、工作关系、工作环境与条件和其他相关信息，它是企业进行岗位分类和开展岗位管理工作的依据，也是企业岗位管理信息化建设的基础。

1）岗位名称与代码。岗位名称主要反映本岗位的工作内容，岗位代码则是岗位的唯一编码，是岗位的重要标识。

2）工作身份。工作身份信息主要由岗位工作性质、所属部门名称、直属上下级岗位名称、本岗位职等职级、岗位编制人数、工作时间和地点等内容组成。

3）工作关系。工作关系是指本岗位在工作过程中与其他部门或岗位的联系，还包括本岗位可以晋升、轮换的岗位以及可迁移至此的岗位。

4）工作环境与条件。工作环境主要是对本岗位开展工作时所处的自然环境和空间环境进行的描述，有些岗位也涉及心理环境和职业安全的内容。工作条件指明了本岗位开展工作需要的工具与设备的名称。

5）其他相关信息。其他相关信息主要有岗位说明书的版本控制号、编制时间、发布时间、编制人和审核人等信息。

（2）岗位职能描述。岗位职能描述主要包括岗位概述、岗位职责、岗位权限和绩效标准要求等信息，它是岗位说明书的核心内容。

1）岗位概述。岗位概述是使用简练准确的文字，以一句话来概括本岗位设立的目标、工作性质、需要完成的工作任务和所要达到的工作目标。

2）岗位职责。岗位职责是对工作任务的具体描述，它条分缕析地指明了每一项具体工作任务的具体内容和所需时间，既有顺序性，也有逻辑性。

3）岗位权限。岗位权限定义了履行岗位职责的权力范围和权力大小。

4）绩效标准。绩效标准以数量或质量指标明确岗位工作的业绩指标，有些岗位说明书在此项内容中还涉及考核办法和考核岗位的名称。

（3）岗位任职条件描述。任职条件也称为岗位规范或工作规范，是岗位任职者胜任本岗位工作需要具备的最低条件要求而不是最佳条件或理想条件。岗位任职条件根据岗位性质和任务的不同，描述的方式和详细程度也有所区别，大体上可以分为以下两大类。

1）显性条件。显性条件是指可以衡量或可以通过档案资料证明的条件。例如，身高、体重、跑跳能力、爆发力、力量、忍耐力以及身体健康状况，这些条件都可以通过医学检查和测量获得。此外，还包括受教育程度、外语水平、专业知识水平、工作经验等，这些条件可以通过档案记载或专业考试等方式获得。

2）隐性条件。隐性条件是对岗位任职者所需要的心理素质、职业道德品质和相关能力方面的要求。这些条件难以衡量，一般以定性语言给予描述。其中心理素质包括：任职者的个性与性格、感觉与知觉能力、思维能力和语言表达能力等。职业道德包括一般社会公德和职业伦理。对能力的要求则更加广泛。

2. 岗位说明书的编制

岗位说明书的编制不仅工作量大，而且需要各部门人员协同配合，工作复杂程度高。为了保证岗位说明书语言风格一致、专业用词规范、各项内容表述清晰、能够被所有员工充分理解，在编制过程中需要遵守相应的编制规范。

（1）岗位基本信息编制。岗位基本信息的编制应该准确并掌握一些编制技巧，对于企业已有的规则或标准应该严格遵照执行。

1）岗位名称与代码。

①岗位名称。岗位名称不仅要区分不同岗位的工作性质和内容，更要准确反映本岗位工作职责。岗位名称具有两个作用：一是对员工心理有暗示作用。例如，大型工业制造企业的厂区“保洁员”改为“环境管理员”更好听，也更容易被任职者接受。二是反映了本岗位在组织管理体系中的等级。例如，“高级软件开发工程师”就比“初级软件开发工程师”的岗位级别要高。

②岗位代码。岗位代码是岗位唯一的标识，在编制岗位说明书时，人力资源部门应该设定岗位代码的格式标准，每一个代码编号都与特定岗位一一对应，并包含特定的信息。例如，GM-001 对应总经理岗位。

2）工作身份。

①岗位性质。岗位性质可以根据企业管理和岗位分类的要求进行规范。例如岗位性质可以分为管理、营销、技术、专业和操作等。

②直属上下级岗位。直属上下级表明了本岗位的汇报关系和管理关系，编制时应该填写本岗位直属上下级岗位的名称而不是管理者或被管理者的姓名。

③岗位职等职级。岗位职等职级反映本岗位任职者的薪酬待遇水平，不需要填写具体的数字金额，而是填写企业薪酬体系中的职等职级代码。例如，P8 对应的是专业岗位第 8 级薪酬待遇，M3 对应的是管理岗位第 3 级薪酬待遇。

④岗位编制。岗位编制是指本岗位定员人数，即本岗位一共有多少名员工。岗位说明书应遵循“一岗一份”的原则，只有在岗位职能和岗位任职条件完全一样的情况下，才涉及岗位编制问题。

⑤工作时间与地点。工作时间是指本岗位开始工作到结束工作的时间以及是否有班次轮转和轮转周期安排，例如工作时间为 8：00AM～5：00PM、2：00PM～10：00PM，每季度轮转一次。有些公司出于人性化管理还设计了弹性工作时间，例如上班时间为 8：00AM～10：00AM，实施 8 小时工作制，下班时间为 5：00PM～7：00PM。劳动时间还需要遵守所在国家或地区的法律规定，《中华人民共和国劳动法》第四章第三十六条明确规定：国家实行劳动者每日工作时间不超过八小时、平均每周工作时间不超过四十四小时的工时制度。工作地点主要是指办公室常驻地，例如北京、上海两地办公。

3）工作关系。

①纵向管理关系。纵向管理关系是指直属上下级管理关系，它反映了本岗位受哪个岗位指导和监督，以及可以指导和监督哪个岗位。

②横向联系关系。横向联系关系是指本岗位与企业内部相关岗位和企业外部相关岗位之间的工作关系，它反映了岗位工作的复杂性和难易程度。

③晋升与轮换关系。晋升与轮换关系表明了员工的职业发展路径，是指任职者在本岗位工作中掌握和积累的知识、经验可以在未来胜任哪些岗位。有些岗位调整属于晋升，有些岗位调整属于轮换，还有一些直接标明其他哪些岗位可以晋升或轮换到本岗位。

4）工作环境与条件。

①工作环境。工作环境是指岗位任职者在劳动过程中有无噪声、粉尘、有毒有害物质或气体，是否在野外、露天、高空、井下作业，工作是否处于高温、高湿或低温、冰冻条件下，工作的危险性等级如何及是否提供相应的劳动保护措施和设备等，特别是对不适宜女性或孕产、哺乳期间女性工作的岗位也应该特别标注。岗位说明书应该根据上述具体情况作出详细的说明，国家对此也制定了相应的标准，例如，《生产性粉尘作业危害程度分级》（GB 5817—1986），《高温作业分级》（GB/T 4002—2008）等，在编制岗位说明书时应予以参照并严格遵守。

②工作条件。工作条件是指为完成岗位工作任务所需要的物质条件，包括：设备、工具和各种信息资料等。例如，移动软件开发工程师在工作中需要配备安装 iOS（苹果）、Android（安卓）、Symbian（塞班）等不同操作系统的手机以完成软件开发和测试工作。

（2）其他信息。其他信息主要有岗位说明书的版本控制号、编制时间、发布时间、编制人和审核人等。由于岗位说明书是企业管理和人力资源管理的重要文件，具有法律效力，因此，这些信息的准确填写可以避免劳动争议的发生，方便企业开展岗位管理工作。

3. 岗位职能描述编制

对岗位职能的描述是编制岗位说明书的重点环节，这部分内容主要回答岗位做什么工作、为什么要做、怎么做等一系列问题。岗位职能描述针对岗位而不是岗位任职者，所以在编制过程中内容要翔实，用词要专业、准确，既不能含混不清，也不能保留或夸大。

（1）岗位概述。岗位概述是对岗位工作目标、性质、任务和需要达成结果的高度概括，需要用简洁、直白、通俗易懂且严谨准确的文字表达，常用句型是：“为达到……目标/目的，在……条件/限制下，通过……方式/手段，完成……的工作。”例如，人力资源总监的岗位概述是：为了实现企业的经营目标，保持企业未来可持续成长与发展，根据企业战略要求和各项管理规章制度，通过各种管理职能和手段，完成人力资源管理与开发工作。

（2）目标/目的。目标或目的源于企业生产经营活动的各个层面，紧密围绕本岗位工作任务和工作内容，这些目标或目的主要来自管理、财务、人力资源、生产作业、产品与服务、市场营销等领域。例如，销售业绩、市场占有率或覆盖率、产品质量、服务质量、生产与管理效率、管理信息化、利润、成本、费用、现金流量、员工满意度、员工流失率以及安全生产、劳动保护等。

（3）条件/限制。条件或限制是指为了实现目标与目的需要遵守的规则。这些规则主要包括企业使命、战略、策略、方针、政策、规章制度、价值取向、资金、技术、方法以及国家和地区的法律法规等。

（4）方式/手段。方式或手段是指实现工作目标或目的的具体做法，这些做法包括制定具体的规程、标准、模式以及采用某些创新性思想或思维方式等。

（5）完成的工作。完成的工作是对岗位所承担的所有具体工作职责的高度概括。

4. 岗位职责编制规范

岗位职责描述是将本岗位重要的工作逐一罗列出来，形成多项具体的工作职责。在编制时需要遵照以下几项规范：

（1）职责排序。每一个岗位都会承担多项工作职责，编制岗位说明书时，应该按照履行职责占用的时间或者职责的重要程度排列顺序，并对每项职责设定权重，所有工作职责的权重比例总和为 100%。在设定权重比例时要特别注意，并不是占用工作时间最长的工作重要程度一定最高，因此，在设定权重比例时首先需要确定是按照占用工作时间排序还是按照工作重要程度排序。一般来说，操作性或重复性工作较多的岗位按照占用工作时间排序，管理类工作或思维创新性工作建议按照重要程度排序，如果能将两者结合排列职责顺序当然是最佳的。职责排序能够有效区分和明确本岗位的工作核心和工作重点。

（2）职责内容。岗位承担的每一项工作职责都要用几个关键词语概括，然后再对每项职责需要采取什么行动、行为，怎样做，达到什么标准等分别进行描述。对岗位职责内容的描述可以参考岗位概述时采用的句型。

（3）职责数量。因为岗位职责描述的是岗位所承担的重点工作，所以建议不超过 6 项，否则，应该考虑进行工作再设计和工作流程优化，增减、合并岗位或调整岗位工作内容。另外，可以增加“其他”项以说明本岗位可能需要承担一些临时性工作，“其他”项的工作内容无论是从时间占用程度还是工作重要程度上讲，所占工作权重比例不应该超过 5%。

（4）工作职责描述词语。在工作职责描述中，需要使用大量动词撰写相关内容。常用的动词如表 4-3 所示，美世咨询公司在编制岗位职责时常用的动词如表 4-4 所示。

表 4-3 岗位职责描述常用动词

层级	管理职责	业务职责
决策层	主持、制定、策划、筹划、指导、监督、督办、协调、委派、授权、指挥、考核、控制、交办	审核、审批、批准、签署、签发、核转
管理层	组织、拟定、提交、制定、支持、督促、部署、布置、提出	编制、开展、考察、分析、综合、研究、处理、解决、推广
执行层	策划、设计、提出、参与、协助、代理、配合、确保、保证、争取、推动、促进、执行、贯彻	编制、收集、整理、调查、统计、记录、维护、遵守、维修、办理、呈报、接待、保管、核算、登记、送达、操作、巡视、检查、做好、保持

表 4-4 美世咨询岗位职责描述常用动词

项目	常用动词
制度、方案与计划	编制、制订、拟定、起草、审定、审核、审查、转呈、转交、提交、呈报、下达、备案、存档、提出意见
信息与资料	调查、研究、整理、分析、归纳、总结、提供、汇报、反馈、转达、通知、发布、维护管理
工作行为	主持、组织、指导、安排、协调、指示、监督、管理、分配、控制、牵头负责、审批、审定、签发、批准、评估
思考行为	研究、分析、评估、发展、建议、倡议、参与、推荐、计划
直接行为	组织、实行、执行、指导、带领、控制、监管、采用、生产、参加、阐明、解释、提供、协助
上级行为	许可、批准、定义、确定、指导、确立、规划、监督、决定
下级行为	检查、核对、收集、获得、提交、制作
管理行为	分析、协助、促使、联络、建议、推荐、支持、评估、评价
专家行为	分析、协助、促使、联络、建议、推荐、支持、评估、评价
其他行为	维持、保持、建立、开发、准备、处理、执行、接待、安排、监控、汇报、计划、经营、确认、概念化、合作、协作、主持、获得、核对、检查、联络、设计、带领、指导、评价、评估、测试、建造、修改、执笔、起草、拟定、收集、引导、传递、翻译、组织、控制、操作、保证、预防、解决、推荐、介绍、支付、计算、修订、承担、支持、谈判、商议、面谈、拒绝、否决、监视、预测、比较、删除、运用

5. 岗位权限编制

岗位权限是指企业授予岗位任职者对本岗位工作所涉及的人、财、物的处置权力以及开展与工作相关活动的决定权，岗位权限对应岗位职责，责权应统一。权力大小和权力使用范围在编制岗位说明书时需要事先进行界定，对各种权力的定义应该准确，不能产生理解上的歧义。主要职权及其定义如表 4-5 所示。

表 4-5　岗位职权及其定义

职权名称	定义
考核权	对员工工作业绩的考核评价权力
奖惩权	对员工工作行为所导致结果的奖励或处罚权力
审核权	对工作计划、制度、方案进行审议、修订、驳回等的权力
批准权	对工作计划、制度、方案等批准执行的权力
建议权	对人、财、物和与工作相关的活动的计划、执行等提出意见和建议的权力
提案权	提出开展某项工作的权力
执行权	组织执行与工作相关活动的权力
监督权	对人、财、物和与工作相关的活动进行监督、控制的权力
知情权	获取公司涉及的人、财、物和与工作活动相关的信息的权力
审计权	核查公司人、财、物的处理结果和相关活动结果的真实性和合规性的权力
申诉权	对公司决定的事项提出申辩、申诉的权力

（1）绩效标准编制。岗位绩效标准是绩效管理和考核的依据，具体的绩效标准可以结合企业绩效管理要求和岗位特点设置。岗位说明书中的绩效标准应该按照以下规范进行编制。

1）绩效指标。绩效指标包括定性指标和定量指标。对于工作简单且内容具有重复性的岗位，可以在岗位说明书中直接设定相应的绩效指标，这类指标多是数量指标。很多企业的绩效考核指标随着企业年度工作目标的变化而变化，甚至季度、月度考核指标都随着实际业务的开展情况进行调整。对于这种情况，岗位说明书中可以编制绩效考核指标的依据，例如，绩效指标按照公司下达的季度任务书中规定的指标执行。这样做的好处是防止劳动争议的产生，使企业绩效管理工作的开展有理有据。

2）绩效考核周期与考核方式。岗位说明书中应该列出绩效考核的时间周期和方式。根据岗位性质和工作内容的不同，考核时间周期可以采用月度、季度或年度三种。考核方式可以采用直属上级考评、360 度绩效评估。绩效考核周期和方式也可以注明按照企业制定的某某具体文件的规定执行，需注意的是，所注明的文件名录必须正确。

3）岗位任职条件编制。岗位任职条件是岗位任职者需要满足的最低任职要求，包括身体条件、资历要求、心理素质以及专业知识和能力要求。但一般情况下，岗位说明书中的任职条件无须包括上述所有内容，只需针对岗位工作的职责和特点有选择性地编制即可。

①身体条件。身体条件是指任职者的体质状况，一般岗位只要身体健康均能胜任，但对于一些特殊工种或在特定环境下工作的岗位则需要提出具体要求。对体格的要求包括：身高、体重、臂展长度、胸围、腰围、臀围、腿长等；对体力的要求包括：推力、拉力、握力、举力、耐力、爆发力、身体的平衡性以及协调性等。有些岗位还需要对性别、年龄等作出特殊规定。

②资历要求。资历要求主要是对学历和工作经验两方面的描述，根据工作内容和工作复杂程度的不同，不同岗位的要求有所不同。对学历的要求可以按照我国国民教育序列的规定进行描述；对工作经验的要求可以按照时间界限描述。

③心理素质。心理素质也就是心理能力，不同的岗位需要任职者运用不同的心理能力。当岗位工作中需要进行更多的信息加工时，较强的语言表达能力就尤为重要。对心理素质的描述可以参照心理素质维度表结合岗位需要进行编制。心理素质维度如表 4-6 所示。

表 4-6　心理素质维度

维度	描述	岗位举例
运算能力	快速准确的运算能力	财务岗位
语言理解	理解读到和听到的内容，理解词汇间关系的能力	管理岗位
知觉速度	迅速准确地判断视觉异同的能力	产品质量检验岗位
归纳推理	通过个别性知识推出一般性结论的能力	市场调研岗位
演绎推理	从一般性的前提出发，通过推导，得出具体陈述或个别结论的能力	决策岗位
空间视觉与知觉	想象空间位置变化和物体形状的能力	设计岗位
记忆力	保持和回忆过往经历的能力	销售岗位

④专业知识。专业知识是胜任岗位工作的基本要求。在编制岗位说明书时，对于专业知识可以分三个层次描述：一是必须具备的基础知识，二是上岗前需要接受培训必须学会的知识，三是本岗位在工作过程中需要接受继续教育应该掌握的知识。

⑤能力。能力是任职者顺利完成岗位工作所必备的个性心理特征。能力和知识是有区别的，知识是指经验的总结和概括；能力则是指掌握知识的难易、快慢、深浅、巩固程度以及如何应用知识解决实际问题。岗位说明书对能力的描述

是编制工作的难点，常用的核心能力如表 4–7 所示。

表 4–7　核心能力

能力名称	定义
领导能力	有效授权、指导并激励他人，使之积极地完成任务的能力
沟通能力	倾听对方讲话，领会对方意图，全面、准确地表达自己意见的能力
组织协调能力	在组织内根据任务的重要程度、紧急程度和目标，在权限范围内对人力、物资和财务资源进行配置，明确合理分工，妥善协调各种关系，使各种关系之间保持互动和平衡，合理疏导矛盾，解决纠纷的能力
团队协作能力	与别人互相支持和配合，发挥各自优势，保证团队工作保质保量地完成的能力
人际交往能力	建立并维护与他人可信赖的、稳定的、积极的关系的能力
判断和决策能力	判断、预测、确定决策时机并提出可行方案的能力
创新和解决问题能力	针对情况采取相应对策，提出新想法、新措施和新方法，问题发生后，及时找到解决办法并合理解决的能力
培育辅导能力	帮助他人面对工作或生活中遇到的问题和困难，并通过提供支持协助、分享经验、评价反馈等方法提高其工作绩效的能力
计划和执行能力	有效分解目标，制定可行的实施进程，依照计划办事，按质、按量、及时完成承办任务的能力
市场开拓能力	收集各种信息，在维持现状的情况下，开发新资源，与对方协商时随机应变、熟练运用技巧、有效施加影响，掌控谈判过程和结果的能力
客户服务能力	了解客户需求，建立并维持与其的合作关系，提高服务效率的能力
风险控制能力	能够进行安全和风险评估，估计其可能后果和影响，并采取措施进行防范的能力
考核执行能力	对绩效考核方案执行能力的评价，属于阶段性能力评价指标
影响力	通过与人沟通，表达自己的主张，促进团队协作，影响他人的能力
学习能力	感知变化、及时跟进，不断提高自身水平的能力
应变能力	察觉细微变化，处事灵活，针对不同情况采取适宜对策，适应新变化的能力
谈判能力	随机应变、运用技巧、施加影响，掌控谈判过程和结果的能力

（2）岗位说明书的编制误区与对策。由于岗位说明书在编制过程中存在误区，使得岗位说明书的整体编制质量难以保证，在实际应用阶段，正式发布的岗位说明书并没有在管理上发挥应有的价值和作用，仅仅成为企业或人力资源部门的一套展示性文件，逐渐被束之高阁。识别岗位说明书的编制误区、明确应对策略是企业人力资源部门需要认真对待的问题。

1）岗位说明书编制误区。岗位说明书在企业实际应用中出现的各类问题在很大程度上源于岗位说明书编制时陷入的种种误区，归纳总结为以下几点：

①编制岗位说明书的目的不清晰。管理要求科学化、标准化和规范化，岗位说明书的编制作为企业管理和人力资源管理的重要基础工作之一，越来越受到重视。然而，很多企业编制岗位说明书时没有经过充分的思考和调研，对企业管理现状和存在的问题缺乏基本判断，导致岗位说明书编制工作的目的不清晰。有些企业甚至没有进行科学、严谨的岗位分析，就盲目地随大流开展岗位说明书的编制工作，并冠之以“先解决有没有，再解决好不好”的大帽子。这样编制出来的岗位说明书只能浮于案头或束之高阁，对企业管理和人力资源管理没有丝毫益处。

②闭门造车，为编制而编制。岗位说明书的编制需要企业各级员工的理解、支持和参与，特别是各级管理人员的积极配合，但有些企业要求人力资源部门自己负责岗位说明书的编制。人力资源管理者确实或多或少地掌握了岗位分析和编制岗位说明书的方法，但人力资源管理者并不熟悉实际业务，也不了解业务开展过程中存在的问题，即便有岗位分析的步骤，想必也是形式化地走走过场，最多是和各部门管理者进行泛泛的沟通。然而，企业管理流程的不规范或管理者自身行为的不规范等问题，使企业中存在职责不清、工作随意性较大等现象，导致人力资源部门自己编制的岗位说明书往往脱离企业实际，尤其是对岗位任职条件的描述没有客观标准和事实依据，这种凭空杜撰或“情景再现”式的岗位说明书并不具备实际应用价值。

③员工参与失控。很多企业意识到员工参与对编制岗位说明书的重要性，也对全员进行了培训，介绍了编制的方法以及岗位说明书的作用与意义。但人力资源部门对员工参与度把握不得当，有些企业让管理人员编制所辖下属的岗位说明书，有些企业干脆让岗位任职者自己编制岗位说明书，最后由人力资源部门统一修订、颁布执行，导致正式发布的岗位说明书在实际应用中产生诸多矛盾和问题。这种编制岗位说明书的做法是一种投机取巧的方式，是编制岗位说明书万不可取的工作方法。

④单纯描述岗位职责。很多企业的岗位说明书对岗位职责的描述确实下了一番功夫，然而，仔细研读后发现，厚厚的一本文件只是企业所有岗位工作职责的罗列，并不是真正的岗位说明书。岗位说明书的编制确实需要聚焦于岗位概述和岗位职责的内容，但仅有这些内容并不能反映岗位的全貌，岗位说明书应该反映岗位和岗位任职者的全面信息。

⑤岗位说明书内容混乱。岗位说明书内容混乱主要表现为岗位职责交叉和岗

位职责重叠。很多工作需要不同的部门和岗位配合完成，在编制岗位说明书时没有针对交叉或重叠部分的工作明确各个岗位的责、权、利，最终导致职责不清、多头领导，出现问题时相互推诿，取得业绩时争名夺利。

⑥岗位说明书一劳永逸。企业的经营环境和业务发展方向在不断变化，特别是处于互联网时代的企业更是如此。岗位说明书是岗位分析的延续，岗位分析是一个连续的过程，在企业战略调整、组织变革和流程优化的过程中，岗位的职责也会变化。一些企业的岗位说明书没有随着企业的变化及时地进行调整、完善和优化，原有的岗位说明书成为一纸空文，在新形势下失去了应用的价值，其作用也无从发挥。

2）应对岗位说明书编制误区的策略。应对岗位说明书的编制误区，首先是明确岗位说明书的编制目的；其次是企业要结合实际需要，选择适宜的时机开展科学的、系统的岗位分析工作。只有在目的明确、基础牢固的情况下，企业编制的岗位说明书才能对管理工作有实际指导意义，才能真正发挥岗位说明书的作用和价值。应对岗位说明书的编制误区，需要重点做好以下几个方面的工作：

①建立宣传机制、沟通机制和参与机制。岗位说明书的编制是一个自上而下、上下结合的过程，涉及企业方方面面和各级员工。建立宣传机制、沟通机制和参与机制就是要让所有员工明确自己的工作责任、作用和基本要求，就是要与企业各级管理人员、骨干员工保持沟通，邀请他们参与岗位说明书的编制工作。各级管理人员和骨干员工是企业生产经营活动的中坚力量，获得他们的肯定和支持有利于岗位说明书编制工作的开展。由于人力资源部开展的各项工作或多或少地都会涉及员工个人利益和企业利益平衡的问题，因此获取各级管理人员和骨干员工的支持是人力资源部门开展工作的基础，时刻都不能忽视或忘记。

②保证岗位说明书的编制工作对岗不对人。岗位说明书要以企业可以接受的程度为底线，以完成岗位工作的基本要求为出发点进行编制。无论是谁任职本岗位，本岗位需要完成的工作都是一样的，同一岗位的员工优秀与否，是按照岗位说明书中明确的绩效标准衡量的。

③确保岗位说明书内容明晰、格式统一。岗位说明书内容明晰不仅是指使用简洁的文字和精练的语言，更应做到岗位工作描述具体，既能清晰界定岗位的性质和职权范围，又能真实反映各岗位在工作类别、重要性和复杂程度上的差别。对于工作内容简单的岗位，岗位说明书的内容要详细具体；对于工作内容复杂的

岗位，岗位说明书在编制过程中要善于归纳总结、精准提炼、高度概括。此外，在岗位说明书编制准备阶段，必须设计适合自己企业的岗位说明书标准模板，在此基础上采用本企业惯用的思维模式和语言，编制具有企业自身特点的岗位说明书。

④确保岗位说明书的内容完整、详略得当。岗位说明书的内容很多，岗位概述、岗位职责描述是岗位说明书必需的内容。岗位基本信息、岗位职能描述和岗位任职条件中某些内容的详略与取舍应该符合企业要求，以保证岗位说明书内容完整、详略得当，既能被任职者看懂，又能应用于人力资源管理工作，还能成为企业决策的参考依据。

⑤建立岗位说明书动态管理机制。岗位说明书是企业实施岗位管理的基础，对岗位说明书的管理工作尤为重要。社会的变化、行业的发展、企业的变革都会给岗位提出新的要求，因此，企业编制出规范的岗位说明书后，人力资源部门应及时建立岗位说明书的动态管理机制，由专人负责管理与更新。通常情况下，企业每年对岗位说明书至少更新或修订一次，遇到企业发生重大变化时，应随时进行调整和完善。

二、岗位说明书的应用

岗位说明书是企业开展岗位分析的重要成果之一，它是岗位任职者选择工作、自我评价的指南，也是企业人力资源开展各项职能管理工作的参考依据。在培养任职者树立使用岗位说明书的意识的同时，如何用好岗位说明书成为企业和人力资源部门需要认真思考的问题。

（一）岗位说明书在人力资源管理中的应用

（1）人力资源规划。岗位说明书是企业开展定员工作的基础，以此确定的企业人员编制数量以及岗位说明书中所明确的岗位职责和岗位任职条件等内容为人力资源规划工作提供了依据。有了岗位说明书，人力资源规划工作不再是单纯地、线性地预测人力资源的供给与需求，而是在考虑企业不同发展阶段的前提下，在考虑企业内部人力资源优化与配置的条件下，寻求对人力资源数量、质量和结构的动态规划与把握。

（2）人力资源招聘与配置。岗位说明书确定了岗位职能和岗位任职条件，是撰写并发布招聘信息、确定面试技术、选择面试测评工具的依据。描述清晰的招聘信息一方面可以吸引更多符合条件的应征者，另一方面也可以让不合格的求职者望而却步，减少无效简历的投递，提高招聘工作的效率。岗位说明书也是企业与员工签订劳动合同时的附件以及新员工入职培训的重要文档。此外，企业现有人力资源在内部岗位上的调整与流动也需要岗位说明书作为参照。

（3）目标管理与绩效考核。目标管理是现代企业管理中经常采用的一种管理方法。岗位说明书中有关岗位职责的描述有助于清晰地设定管理目标，是管理目标下达给员工的凭据。岗位的直属上级可以随时查阅岗位说明书，以便有效地对员工开展目标管理工作。岗位说明书在岗位职责描述时按照重要性排序，列明了每项职责的主要内容，明确了所负责任是全责还是部分负责，或者仅仅是辅助支持。因此，岗位说明书不但规定了绩效考核的内容，也是制定绩效管理标准的依据之一。岗位直属主管通过对岗位职责和岗位任职条件的综合分析，可以确定绩效考核要素，设计科学合理的绩效考核标准，有助于建立全面衡量工作业绩的考核指标体系。岗位任职者可以对照岗位说明书规定的业绩标准，开展自我检查与总结，岗位主管可以凭借岗位说明书和考核结果与岗位任职者沟通交流，确定绩效改进方式与方法，最终达到提高生产效率和管理水平的目的。

（4）薪酬政策。企业薪酬政策的制定需要以岗位评价结果为基础，岗位说明书则是企业开展岗位评价工作的前提，岗位评价的内容通常包括职责范围、工作复杂程度、劳动强度、劳动条件等要素。缺少了岗位说明书，岗位评价工作难以开展。因此，从本质上讲，岗位说明书为企业制定薪酬体系、薪酬政策提供了重要的依据。

（5）教育与培训。企业开展培训工作的目的之一是提升岗位任职者的专业知识和岗位操作技能，岗位说明书在任职条件部分明确了岗位需要掌握的知识和技能，实际上是明确了培训的基本内容，这使得培训工作从需求分析、培训课件制作、培训教师选择到培训实施以及培训效果评估都做到了有的放矢。岗位任职者在培训中学到的知识和技能是岗位说明书中规定的应知、应会内容，对这些知识和技能的熟练掌握可以促进其绩效水平超越平均水平，甚至达到优秀。绩效成绩的高低直接决定了岗位任职者的收入多少，反过来也会影响其参加培训的积极性，提升其参加培训的效果，最终使企业和岗位任职者取得双赢的结果。

（6）职业生涯。岗位说明书中明确了岗位间的关系，岗位关系不仅反映了纵向管理关系和横向联系关系，更重要的是，它反映了本岗位的晋升与轮换关系。晋升与轮换关系为工作内容丰富化设计以及员工在企业内部的职业发展通道设计提供了可能性和可行性，员工也会结合自己的职业发展规划，按照目标岗位的任职条件要求自觉扩大工作接触面，主动学习新知识、新技能。在这种情况下，员工所属部门和主管如果能够适时地帮助员工制订个人发展计划，积极引导和督促员工成长，不仅能使员工产生归属感，激发其工作的积极性和创造性，也能促进企业发展和经济效益的提高，有利于核心和骨干员工的保留。

（二）岗位说明书的优化与完善

管理者依据岗位说明书监督、指导并考核下属的工作，岗位任职者依据岗位说明书将工作做到企业规定的标准，岗位说明书是企业各级管理者和岗位任职者管人理事的基础。建立岗位说明书动态优化机制，根据企业发展的变化和要求对岗位说明书进行持续的优化与完善，是企业推动知识管理、流程管理、有效沟通、团队协作以及建立学习型组织的根基。对岗位说明书进行动态的优化与完善是企业人力资源部门的常规性工作。

（1）岗位说明书优化与完善的时机。企业人力资源部门需要定期对岗位说明书进行必要的更新和修订，在遇到以下情况时应及时开展岗位说明书的优化与完善工作，必要时甚至需要对岗位说明书进行重新编制。

1）企业重大战略调整。企业为了适应市场变化，往往在战略层面进行重大调整。这些重大调整包括企业组织结构设计、业务流程优化、产品淘汰或升级，甚至是业务领域的退出与进入以及企业的兼并与重组等。企业重大战略调整必然涉及岗位、工作和任职者，必然涉及新的管理方式和新的技术设备，必然导致岗位性质、工作内容两个岗位任职条件的重大变化，此时，企业必须对岗位说明书重新进行编制。

2）企业新管理理念和管理方式的导入。有些企业虽然没有实施颠覆式的变革，但随着企业的发展，新的管理理念和管理方式被引入，例如 ISO 质量管理体系、ERP 企业资源计划系统、精益生产管理体系等。这些新的管理理念和方式势必改变企业管理流程和业务流程，势必对员工的任职条件等提出新的要求。在这种情况下，企业必须对岗位说明书进行优化和完善，有些还需要对现有岗位进行合并或拆分形成新的岗位，新岗位也需要重新编制岗位说明书。

3）企业技术引进与技术创新。为了提高生产效率、满足市场需求，有些企业引进或自主研发了先进的生产技术与生产设备。在这种情况下，企业也需要重新开展定岗、定编和定员工作，对现有的岗位说明书进行优化和完善。

（2）岗位说明书优化与完善的方法。

1）更新维护。企业生产经营平稳、发展变化不大时，岗位的稳定性相对较高，人力资源部可以对现有的岗位说明书进行更新维护，重点审视管理流程和工作流程的变化，重点评估岗位任职条件是否需要根据市场人力资源供给的变化进行优化与调整。更新和维护岗位说明书的工作量一般较小，人力资源部门可以独立完成。

2）部分修订。当企业对现有业务进行拆分整合或引入新的业务时，例如新建、合并、拆解事业部等，企业需要对所涉及的岗位开展岗位说明书修订工作。岗位说明书修订的重点是岗位职能描述和岗位任职条件部分，主要是避免岗位职责的交叉与重叠。由于修订的内容是岗位说明书的重点内容，工作量相对较大，这部分工作需要根据所涉及岗位的数量，由人力资源部门和所涉及的业务部门共同完成，一些必要的岗位也需要从岗位分析入手，按照编制流程与规范重新编制岗位说明书。

3）重新编制。当企业发生颠覆性变革时，企业必须及时重新编制岗位说明书，整个编制过程要从岗位分析开始，需要投入大量的人力、物力和财力。

第三节　岗位价值评估

一、岗位价值评估概述

岗位价值评估是所有人力资源工作者都必须具备的一项专业技能，它是建立企业对内公平、对外具有竞争力的薪酬体系的关键步骤及难点之一，其结果的客观性、公平性、有效性将直接决定企业薪酬体系推行的成败。

（一）岗位价值评估的内涵

岗位价值评估是运用系统的程序和方法对岗位进行测量、比较、排序，从而确定一个岗位在企业中的作用与影响，客观、准确地反映岗位在企业中的相对价值，并据此建立企业岗位价值序列的过程。

岗位价值评估内涵的关键点为：

（1）衡量一个企业中不同岗位之间相对价值，并在尽可能一致的条件下，系统地决定企业中岗位相对排序的过程。

（2）把这些岗位放入恰当的职级的过程。

（3）岗位价值评估的重点是“岗位”，而不是岗位上的“人怎样”或“做得怎么样”。

（二）岗位价值评估的原理

岗位价值评估是站在企业、岗位设计的角度，对一个企业内部岗位的相对价值大小进行理性分析并给出判断。评估的过程类似于使用一把尺子（体系）来衡量岗位。

岗位价值评估原理的关键点为：

（1）衡量比较的过程。

（2）分析判断的过程。

（3）以岗位的工作职责和要求为基础来进行判断的过程。

（三）岗位价值评估的原则

（1）评估的是岗位，即被评岗位本身的性质、工作内容、任职要求等，它以其岗位说明书为基础。

（2）评估时，不考虑岗位上特定人员的特点、贡献及岗位外部人才市场的价格。

（3）仅考虑岗位上通常的情景（80%以上的时间所发生的情况），而非特殊情况。

（4）评估衡量的是岗位的相对价值，而非绝对价值。

（5）评估过程根据要素释义进行客观判断，避免对某些岗位可能有的预先的偏见。

（6）评估过程中保持标准尺度一致。

（四）岗位价值评估的基础

（1）评估者对所评估的岗位有全面、准确的了解。

（2）评估者了解所评估岗位所处部门的岗位设置。

（3）评估者准确把握评估工具并客观、公平应用。

（五）岗位价值评估的用途

（1）确定岗位职级。如图 4-2 所示。

（2）使企业内部公平性及外部竞争性/公平性相统一。如图 4-3 所示。

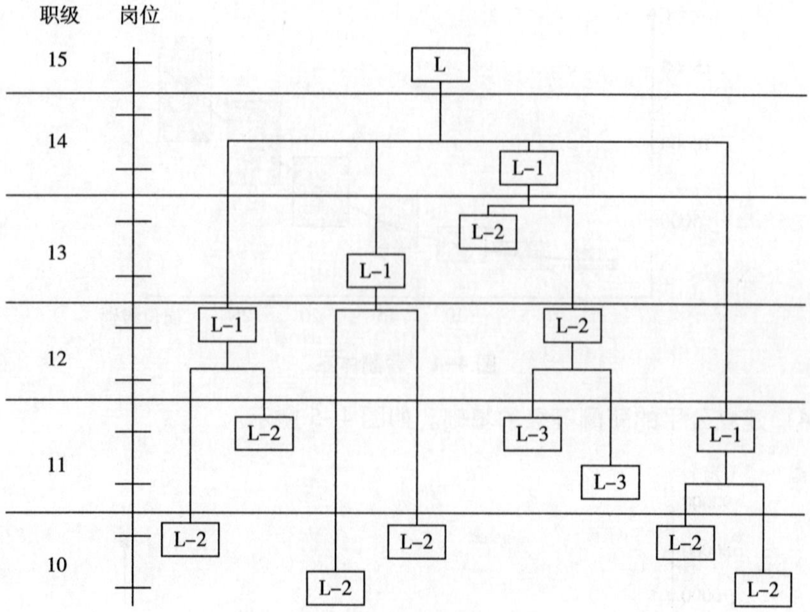

图 4–2　岗位职级

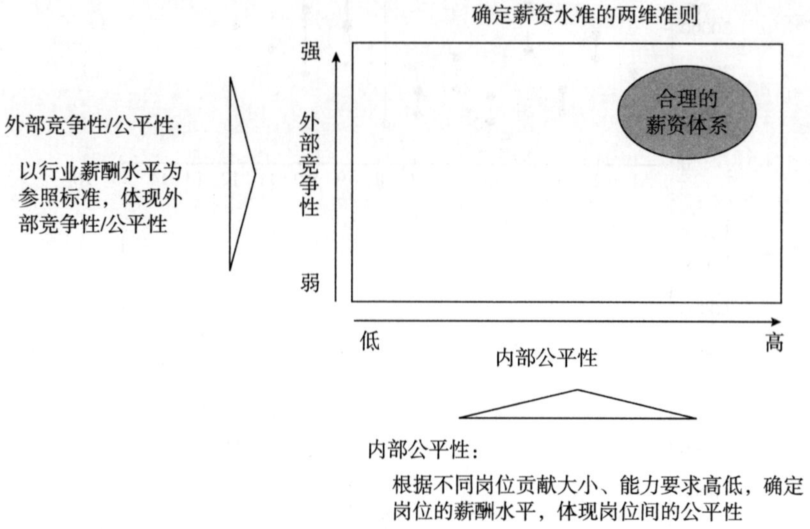

图 4–3　外部竞争与公平相统一

（3）建立与职级相关联的薪酬体系。如图 4–4 所示。

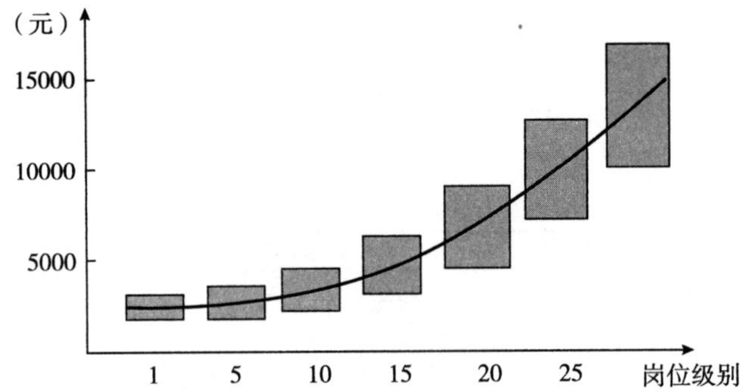

图 4-4 薪酬体系

（4）建立公平的薪酬等级的基础。如图 4-5 所示。

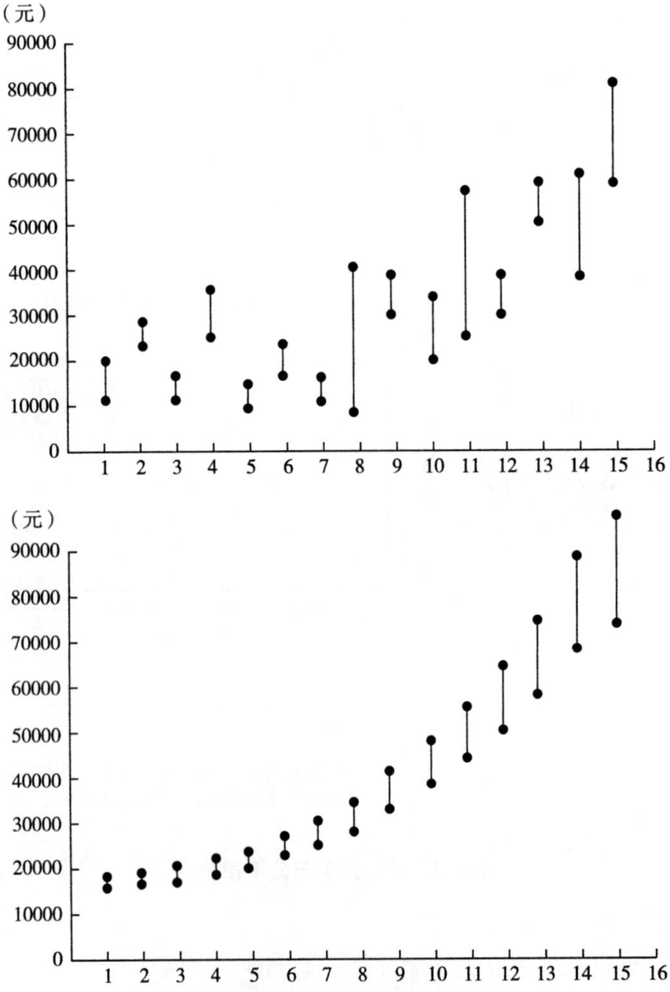

图 4-5 不同的薪酬等级

（5）了解岗位员工的胜任状况。如图 4-6 所示。

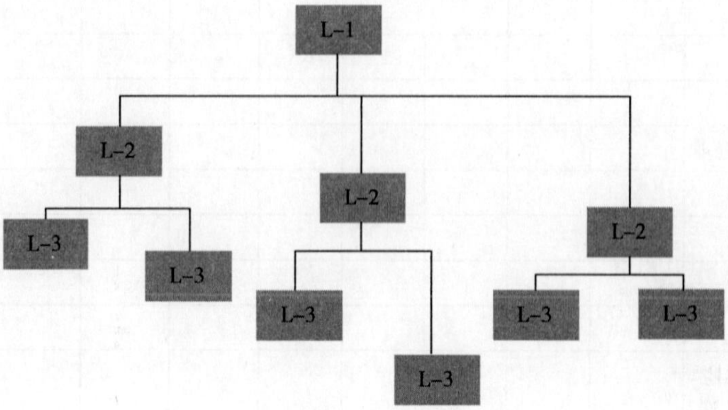

图 4-6　胜任状况

（6）宏观了解企业岗位之间的相互关系。如图 4-7 所示。

二、岗位价值评估工具

（一）海氏岗位价值评估工具

海氏评估法之所以叫海氏是因为直译：Hay group。1951 年由美国工资设计专家 Hay 开发。其实质就是评分法，将职位所包含的付薪因素抽象为三种具有普遍适用性的因素，即知能水平、解决问题能力和风险责任，用三套评价量表将所得分值加以综合，算出各个工作职位的相对价值。

海氏的理解基础是：

（1）一个岗位能够存在的理由是这个岗位必须承担一定的责任，即该岗位的产出。

（2）要产出就要有投入，投入什么才能有相应的产出呢？即担任该岗位人员的知识和技能决定了这个人在这个岗位上可以产出多少。

（3）另外，已经有了岗位必须承担的知识与技能以后，可能产出还是不高，原因是什么？那就是有问题，所以在这个岗位上的这个人能不能解决问题呢？解决问题的能力行不行就决定了产出有多少。

总之，海氏就是把被评估的每一个岗位都按这三个要素进行评分，得到每个岗位评估分。

等级	集团	战略管理部	总经理办公室	财务部	人力资源部	党群办公室	技术中心			资产管理
							研究所	检测所	综合管理部	
25										
24										
23										
22	集团总经理									
21										
20										
19										
18										
17	财务总监 人力资源副总									
16	党委书记									
15	技术中心总经理	战略发展部部长					主任研究员			
14				财务部部长	人力资源部部长					
13							研究所所长			资产经理部长
12			总经办主任			党群办公室主任	副主任研究员	检测所所长	综合管理部经理	
11										
10										
9							一级研究员			
8	行业分析研究员 战略管理员 投资专员		投融资专员 报表会计							

图 4-7　各部门岗位关系

例如，张三是个厨师，王二是个店长，这两个人如何评估出岗位价值？三个方向的要素评估：

第一，知识技能的得分。

第二，解决问题的能力得分。

第三，应负责任的多少得分。

其中知识技能得分和应负责任评估分以及最后得分都是绝对值，而解决问题的评估分是相对分（百分值），经过调整后为最后得分后才是绝对分。如表 4-8 所示。

表 4-8　海氏评估法计算表

序号	职位	知识水平技能技巧				解决问题能力			承担职务的责任				权重选择		岗位分数
		专业知识水平	管理技巧	人际关系技巧	评分	思维环境	思维难度	评分	行动自由度	职务责任	职务对结果的作用	评分	合计 100%		
1	客户价值研发部	F	C	B	460	F	D	57%	F	C	C	350	60%	40%	573
2	费用会计	E	A	A	200	B	B	19%	D	B	B	87	70%	30%	192.7
3	产品经理	D	B	B	200	D	C	33%	E	C	C	40	60%	40%	175.6
4	收银前台	B	A	B	87	B	B	19%	E	C	C	40	50%	50%	71.765
5															0
6															0
7															0
8															0
9															0
10															0
11															0

所以，海氏其实就是一个简单的分要素评价。海氏三要素评估法是国际上使用最广泛的一种岗位评估方法。据统计，世界 500 强的企业中有 1/3 以上的企业岗位在评估时都采用了海氏三要素评估法。其胜在逻辑关系是从投入多少到过程问题解决再到产出多少价值，应承担多少责任来评估一个岗位，相对来说是公平的。毕竟投入越多、产出过程中问题解决得越多、责任越大的岗位确实是价值越高的。

（二）美世岗位价值评估工具

1. 美世岗位价值评估工具概览

美世岗位评估工具自 20 世纪七八十年代以来历经 3 次改版，发展为今天的美世岗位评估工具 3.0 版。此版共有 4 个因素（影响、沟通、创新、知识）、10 个纬度、104 个级别，总分值 1225，职位等级为 48 个级别，具体因素如表 4-9 所示。

表 4-9 美世岗位评估工具具体因素

因素	因素说明	二级维度	
影响	职位在其职责范围内、操作中所具有的影响性质和范围，并以贡献作为修正	组织规模	通过衡量组织的行业类型、营业额和员工数目，确定组织规模的大小
		影响层次	衡量职位在组织内的影响范围。影响的范围主要分为五个层次
		贡献程度	评估职位在其影响范围内的贡献。指职位施加的影响的程度
沟通	本因素着眼于职位所需要的沟通技巧。首先决定任职者所需的沟通类型，然后选定对职位最困难和最具挑战性的沟通的描述后决定	沟通情景	衡量对职位在沟通能力方面的要求，进行沟通所采取的形式
		沟通性质	确定沟通范围是对内或对外和确定沟通各方的利益是共享的或分歧的
创新	本因素着眼于职位所需的创新水平，首先确定对职位期望的创新水平，然后决定创新水平的复杂程度。明确职位的要求：识别并改进程序、服务和产品，或者发展新的思想、方法、技术、服务或产品	创新要求	衡量职位在关于确定、开发和改进新的概念、技术、程序步骤、服务或产品方面的特定的要求。主要指创新的举措在多大程度上是独立自主想出来的，共分为六个级别
		复杂性	确定工作复杂程度。指待解决的问题的性质，共分为四个级别
知识	知识是指工作中为达到目标和创造价值所需要的知识水平，知识的获得可能是通过正规教育或者工作经验，首先指定应用知识的深度，然后指出该职位是属于团队成员、团队领导还是多个团队经理，最后确定应用知识的区域。本因素是关于职位所要求的知识的性质，以完成目标和创造价值	知识要求	评估职位在可以完成目标和创造价值时所要求在岗人员需具备的知识的程度，共分为八个级别
		应用宽度	确定知识应用的地域性。指在岗人员所需具备的知识跨越的范围，共分为三个级别
		团队角色	指在岗人员在团队中所担任的角色，包括三种角色

2. 美世岗位价值评估工具 3.0 评价标准简介

（1）影响：主要从影响组织规模及影响层级进行界定，辅以贡献度对结果进行修正。其中组织规模主要从组织类型、经济规模、组织员工人数三方面综合确定，影响层次主要从岗位成果产生的依据及对组织成果的未来影响来考量（交付性、操作性、战术性、战略性、远见性），贡献程度主要通过岗位对组织绩效的影响显著程度（如有限、部分、直接、显著、首要）来体现。

（2）沟通：主要从沟通性质及沟通情景进行界定，沟通性质主要通过沟通类型及其频次来界定（如传达、交互交流、影响、谈判、战略性谈判），沟通情景主要通过沟通对象范围、利益的相关性来界定（如内部共享、外部共享、内部分歧、外部分歧）。

（3）创新：主要从创新要求（创新程度）及复杂性来界定，创新要求是指岗位履职时需要的对方法、技术、流程、规则的调整、修改、创新、创造的能力（主要有：跟从、检查、改进、提升、创造、突破），复杂性需要解决问题的复杂程度（明确、困难、复合、多维）。

（4）知识：主要从知识要求、团队角色、应用宽度来界定，其中知识要求为岗位履职必须具备的知识（有限、基本、宽泛、精通、资深），团队角色是岗位履职应用知识的方式（团队成员、团队领导、多团队经理），应用宽度指岗位履职运用知识的宽度或环境（如本地、洲际、全球）。

三、岗位价值评估实施步骤

本部分主要讲述海氏岗位评估工具评估操作指南，以帮助读者更好地认识、理解并熟练应用该方法进行简单岗位价值评估。

（一）岗位价值评估方法操作篇——定性方法之排列法操作指南

（1）岗位相关资料准备。进行岗位分析，制定岗位说明书，明晰岗位工作内容及任职资格。

（2）成立岗位评价委员会。岗位评价委员会成员一般包括企业中高层，工会代表或企业特殊人员（从企业文化或有利于岗位评估结果推动角度考虑），必要时可邀请外部专家参与。

（3）选取并确定企业需要评估岗位。当企业岗位比较少时，可直接对所有岗位进行排序；但当企业岗位较多时，就需要选择一些关键性的岗位作为标杆岗位一一进行排序，然后将其他岗位用插入法插入。

（4）确定采用排序法之评估方式，进行岗位价值排序。确定采用排序法之评估方式并对评估委员会进行现场培训、模拟，完成后由岗位评价委员会成员独立运用确定的评估方式对各评估岗位依据相应岗位说明书，逐一进行排序。

（5）岗位价值评估结果汇总，确定企业最终岗位相对价值排序。通常岗位的最终排序需要将多位有经验的且对岗位熟悉的评价者的意见进行汇总整合并将其针对每一岗位评价结果进行简单算术平均（所有评定人员的评定结果加以汇总，得到序数和，除以评定人数），得到每一岗位的平均评定序数，然后按序数由小到大排列，最终形成企业岗位相对价值次序。

（6）排列法适用范围：①企业规模比较小；②岗位设置相对稳定；③岗位数量比较少。

（7）排序法综合评价。

难度系数：★★

推荐系数：★★★

排列法是岗位评估方法中最简单的一种，也是最基础的一种。这种方式操作简单，可在短时间内建立起企业岗位等级表，但因排列法是将企业各个岗位作为一个整体来评定的，完全是凭借评定人员对企业岗位的熟悉程度、对企业岗位任职所需知识与经验进行主观评价做出的，因此评价结果往往弹性较大，有时甚至出现错误；故企业往往在应用排序法进行评估时采用改良后的排序法。

（二）岗位价值评估方法操作篇——定性方法之岗位分类法操作指南

1. 相关资料准备

（1）进行行业价值链及企业价值链分析，找出企业价值链关键环节及关键职能。

（2）结合行业价值链及企业价值链分析结果，审视企业组织架构及职能。

（3）进行岗位分析，制定岗位说明书，明晰岗位工作内容及任职资格。

（4）起草、修订、确定企业岗位分类释义标准及岗位纵向归类标准。

2. 成立岗位评价委员会

岗位评价委员会成员一般包括企业中高层，工会代表或企业特殊人员（从企业文化或有利于岗位评估结果推动角度考虑），必要时可邀请外部专家参与。

3. 进行岗位横向分类并以类别为单位选取并确定企业评估标杆岗位

（1）将企业所有岗位进行横向分类。

（2）选取标杆岗位。

（3）当企业岗位较少时，可直接对所有岗位进行评估。

（4）当企业岗位较多时，就需要以横向类别为单位，选择一些关键性的岗位作为标杆岗位进行评估，然后将其他岗位用插入法插入。

4. 按照岗位纵向分类标准，进行岗位价值评估打分

对评估委员会委员进行现场培训、模拟，完成后由岗位评价委员会成员独立运用纵向分类标准对评估岗位依据相应岗位说明书，逐一进行评估。

5. 岗位价值评估结果汇总，确定企业最终岗位等级，形成企业岗位分类框架

通常岗位的最终等级需要将多位有经验且对岗位熟悉的评价者的意见进行汇总整合，并将其针对每一岗位评价结果进行简单算术平均（所有评定人员的评定结果加以汇总，得到等级和，除以评定人数），得到每一岗位的平均评定等级，然后按四舍五入原则最终形成企业岗位相对等级次序。

6. 岗位分类评估法适用范围

（1）岗位职责、岗位特性类似。

（2）岗位设置相对稳定。

7. 岗位分类法综合评价

难度系数：★★★

推荐系数：★★★

岗位分类法与排序法一样，都属于岗位价值评估之定性方法。岗位分类法虽然对岗位评估标准部分进行了小改良，但是仍然很难客观地对企业岗位进行相对精确的评估，此外，岗位分类法评估结果与企业人力资源模块尤其是薪酬模块对接相对较为困难。因而在企业岗位价值评估实践中很少单独使用。

（三）岗位价值评估方法操作篇——定量方法之因素比较法操作指南

（1）相关资料准备。进行岗位分析，制定岗位说明书，明晰岗位工作内容及任职资格。

（2）成立岗位评价委员会。岗位评价委员会成员一般包括企业中高层，工会代表或企业特殊人员（从企业文化或有利于岗位评估结果推动角度考虑），必要时可邀请外部专家参与。

（3）选取企业标杆岗位，形成标杆岗位因素工资分配矩阵。

1）选取标杆岗位。

2）将标杆岗位依据五要素对各岗位重要性进行排序，并结合各岗位现行工资标准形成标杆岗位因素工资分配矩阵，如标杆岗位 1 对应的五要素工资标准分别为 100、200、700、1600、500。

（4）将其余岗位依照标杆岗位工资分配矩阵进行比较、判定、加总形成对应工资标准。评估委员会委员对企业非标杆岗位依据相应岗位说明书，进行逐一比较、判定、加工形成对应工资标准。如经比较、判定 YY 岗位对应的五要素工资标准分别为 1100、700、900、1300、1300，因而 YY 岗位工资标准为 5300。

（5）要素比较法适用范围。

1）岗位相对清晰、稳定。

2）经常进行外部市场薪酬调研的企业。

（6）要素比较法综合评价。

难度系数：★★★★

推荐系数：★★★★

要素比较法是一种相对精确的岗位价值评估量化方法，评估原理相对简单，但不同行业岗位均使用五要素显然有失公允，在企业岗位价值评估实践中使用的要素比较法往往都是改良版的“要素比较法”。

（四）岗位价值评估方法操作篇——定量方法之要素计点法操作指南

（1）评估模型准备。企业可采取标准模型及定制模型两种形式，关于定制评估模型，设计步骤如下：

第一，依据企业特点及岗位特性确定评估要素。

第二，将各要素进行等级划分及权重配分，一般来讲，要素越重要，权重配分应越大，等级区分亦相应较多。

第三，根据要素等级划分对各等级进行描述及界定。

第四，进行要素等级配分。

第五，试评价与模型修正。

（2）相关资料准备。进行岗位分析，制定岗位说明书，明晰岗位工作内容及任职资格。

（3）成立岗位评价委员会。岗位评价委员会成员一般包括企业中高层，工会代表或企业特殊人员（从企业文化或有利于岗位评估结果推动角度考虑），必要时可邀请外部专家参与。

（4）企业标杆岗位选取。

1）注意岗位代表性、可参照性。

2）一般层级越高选择比例越大。

（5）岗位价值评估。

1）试评估。

2）正式评估。

（6）依据岗位价值评估分数，合理划分职级，形成岗位相对价值评估矩阵。

1）职级与评估分数对应关系。

2）标杆岗位相对价值矩阵形成。

3）全岗位相对价值矩阵形成。

（7）要素计点法适用范围。适用范围比较广，对岗位价值评估的要求精度较高的企业都可以采用此方法。

（8）要素计点法综合评价。

难度系数：★★★★★

推荐系数：★★★★★

要素计点法是一种比较精确、系统、量化的岗位评价方法，但评价过程相对复杂。

第五章　招聘管理

第一节　招聘规划

一、明确招聘需求

招聘需求是招聘工作的起点，也是保证企业招聘工作质量的基础。企业招聘需求的来源有三个方面：

（一）人力资源规划

企业为了满足未来战略需要，需要对人力资源的数量、质量、结构及成本进行系统规划，其中人力资源数量和质量的规划将作为企业编制招聘需求的重要输入。

（二）工作饱和度及岗位编制

前文我们也对企业的工作饱和度进行了详细分析，并在此基础上科学确定了每个岗位的编制，这种岗位编制成为企业招聘需求的重要组成部分。

（三）人力资源储备计划

有时企业为了未来战略实现需要提前储备一些人才，这也会成为企业编制招聘需求的另外一个输入。

其中，前两项招聘需求是为了满足当期、当年组织发展需要，而第三项需求则更多地考虑未来组织发展需要。

二、招聘的类别

为了提高招聘成功率，选择恰当的招聘渠道是非常重要的，常见的招聘渠道有内部招聘、校园招聘、网络招聘、人才大市场、猎头、熟人介绍等，不同的招聘渠道都存在优点和弊端，企业需要根据不同的招聘对象合理选择（见表 5-1）。

表 5-1　不同招聘渠道优劣势分析

招聘渠道	渠道特征	适合职位	优点	缺点
内部招聘	人力资源存量有限，人力资源质量与企业文化比较吻合	所有职位	1. 为内部员工提供成长机会，对员工产生激励作用； 2. 熟悉公司文化及流程，可以快速进入角色； 3. 可以低成本获得	1. 可能引起内部员工之间的相互竞争，产生一定的内耗； 2. 同一文化体制下的招聘，可能缺乏创新性
校园招聘	人力资源存量巨大，渠道成本较低	储备干部、中基层职位	1. 人力资源潜质比较好； 2. 人力资源供给数量重组	1. 人力资源技能比较欠缺； 2. 需要一定的培养周期
网络招聘	人力资源存量巨大，渠道成本较低、人力资源分类明细	所有职位，以中基层职位为主	1. 简历量大，可选择性较多； 2. 能对号入座，寻找适合企业的人才	1. 简历筛选工作量巨大； 2. 网络简历虚假信息的识别需要一定的经验积累
人才大市场	人力资源存量巨大，渠道成本较低	中基层职位	1. 比较直接，面对面与应聘者交流； 2. 人力资源供应量大，可选择性较大	1. 时间短，对应聘者不能进行全面评价； 2. 现场招聘者的个人因素容易造成对应聘者评价不准，导致优秀人才流失
猎头	人力资源质量较高，渠道成本高	中高层职位	1. 招聘目的性强，招聘效率比较高； 2. 应聘人员素质比较高	1. 招聘成本比较高； 2. 存在很难融入企业的风险
熟人介绍	人力资源质量较高，渠道成本较低	特殊职位	1. 可以节约招聘成本； 2. 熟人介绍的人员稳定性比较好	1. 碍于面子往往会招到一些不符合岗位任职要求的人； 2. 为后期的人力资源管理埋下隐患

三、招聘渠道开发与建设

（一）渠道开发的误区

（1）渠道传统或单一：只依靠单一的渠道，没有去开发渠道。

（2）预算有限：没有预算去开通渠道。

（3）简历数量和质量：简历少或者符合要求的简历少。

（二）招聘渠道开发与建设

招聘岗位一旦确定，用人部门需要根据岗位任职资格标准为每个需要招聘的岗位编制招聘计分卡，招聘计分卡一共由四个部分构成：岗位使命、工作成果、核心能力、文化适应性。

（1）岗位使命。在招聘计分卡中需要明确招聘岗位的使命是什么。

（2）岗位近期及中期工作成果描述。清晰地描述招聘岗位在未来半年至一年内需要达成的3~8项主要工作成果，工作成果的描述需要量化。

（3）岗位核心能力。根据岗位任职资格要求，对该岗位需要具备的核心能力和素养进行描述。

（4）文化适应性。越是有能力的人，可能对公司文化的敏感性会越强，因此，根据每个岗位的任职要求，结合公司文化及岗位价值观要求的差异去招聘合适的人才。

四、如何解决一线员工招聘难的问题

随着经济的发展，人口红利逐渐削减，一线员工的需求量逐渐增加，资源却逐渐减少。一线工作的环境和劳动强度相对较大，员工流失率往往也较高。“用工荒”已经成为国内企业普遍面临的问题。针对一线员工难招的问题，人力资源部可以通过以下方式进行缓解。

（一）专人负责

在招聘难的企业，招聘工作应由专人负责，做到任务明确，责任到人。

（二）宣传到位

招聘吸引人才的原理就像广告传播的原理，广告被越多的人看到，购买产品的可能性就越大。同样，招聘信息被越多的人看到，人才到公司面试的可能性越大，公司最终选到合适人才的可能性就越大。所以，如果把传播受众的数量（招聘宣传幅度）作为“分母”，成交数量（面试成功）作为“分子”，想办法不断增大“分母”值，“分子”值自然就会增加。

（三）渠道全开

同宣传到位的原理类似，在不超过招聘费用预算的前提下，能够想到的、用到的招聘渠道全部都要用上。要持续检查、评估现有各招聘渠道的使用情况，同时不断寻找和开发新的招聘渠道。

（四）面试吸引

一线员工相对更在乎工资，许多人在得知工资待遇的数字后就可能选择离开，到工资更高的公司工作。其实，很可能工资更高的公司有福利待遇更差、工作环境更恶劣、更劳累、加班更严重等问题。所以，在招聘难的企业，对一线员工面试的过程不仅是选拔的过程，对合适的候选人，要了解他选择企业所关注的点，介绍公司的优势，起到吸引人才的效果。

（五）有效留人

有效留住人才同样重要，有条件的企业可以适当提高员工的工资，在当地保持有吸引力的工资水平。同时，以福利待遇、人文关怀、劳动环境、组织情感、弹性假期、发展空间、企业文化、激励机制等手段留住人才。

五、如何帮助“空降兵”落地

直接外聘到企业中担任高级管理岗位的人才通常被称作“空降兵”。领导往往对“空降兵”寄予厚望，希望他们来到后能够大刀阔斧、力挽狂澜。可“空降兵”能够留住并有效发挥作用者却很少。多数过不了“蜜月期”，或者“蜜月期”后不久就离职。要帮助“空降兵”落地，人力资源部要做好以下工作。

（一）先问为什么

在招聘之前一定要明确招“空降兵”的目的是什么，是为了领导一时兴起的“情绪”，还是真正能帮助公司达成某个具体或特定的目标？是经过了一定的思考、讨论、验证、确认之后下的结论，还是只是领导随口一说？如果领导随意决策，人力资源管理人员随意执行，那结果可想而知。

明确了为什么，才知道干什么，才能有明确的方向，才能知道这件事是否和公司的战略匹配，才能为“空降兵”的岗位制定考核和评价的依据。

（二）人才要选准

能够适应组织目前和未来一段时间发展的才是组织需要的人才。有的公司喜欢选择规模是自己3倍以上公司的人才，这显然是不符合自己企业发展现状的。如果需求和人才能力相差太多，人才同样无法发挥其价值。

如果有一家物业公司需要找一些普通的保安，正常情况下不会去找身经百战的特种部队来做这个工作，这是大材小用，浪费人才。首先，普通的保安自身的素质就不具备成为特种部队的潜质。其次，他们自己也不想拥有特种部队的能力，不想受那些严酷的训练，只想安安稳稳地做好一名保安即可。最后，训练特种部队的队员是需要一段时间积累的，而且需要一定的场地和设备支持。

对一个特定的企业来说，高手不一定是人才，适合企业岗位需要的才是人才。一般来说，寻找规模是自己企业规模 1~2 倍的企业相对合适。职位也不是越高越好，要根据自己企业的实际需求确认。

（三）土壤是关键

要让“空降兵”在企业“扎根”，就需要有一定的“土壤”支持。什么是土壤？组织文化、团队氛围、团队成员的素质、组织对工作的支持和理解、目标和任务是否明确、权责利是否匹配、汇报线和流程线是否清晰等这些都是“土壤”。如果土壤有问题，再好的植物也会“水土不服”，难以活下来；如果土壤肥沃，所有扎根的植物都能得到滋养并茁壮成长。

（四）明确考核和任务

许多“空降兵”到岗后，并不清楚自己的岗位职责、任务目标和考核方式。在这种情况下，“空降兵”只能按照自己的理解和想法开展工作，这就可能造成“空降兵”做出的努力并不是公司所需要的。

总结下来，人力资源在招聘“空降兵”之前，只有提前做好“空降兵”用与留的安排，提前创造一些有利于其留下来的“土壤”，提前为他确定明确的职责、任务或目标，才有可能让他“落地”。

六、如何合理使用第三方机构

大多数的企业都面临招聘难的问题：有些优秀的企业门槛高，优秀人才不好招；有些企业吸引力低，人才不愿意去。近年来，我国劳动力市场供给的不匹配造成企业招聘成本年年增加。

（一）人力资源的第三方公司可以为企业的服务内容

（1）解决企业的人力问题是传统人力资源公司最重要的服务业务，根据企业对用工的不同需求可分为企业直接雇佣和第三方雇佣（灵活用工）。企业直接雇佣的人力资源公司主要提供人才介绍和招聘代理服务，第三方雇佣的人力资源公司提供的是派遣、外包、委托的服务。

（2）传统的人力资源公司主要为企业提供人力资源外包服务，比如薪酬福利、社保缴纳的外包以及培训服务，为企业的人力资源部提供渠道支持和补充，帮助企业人力资源部解决最基础、最繁杂，同时也是最重要的工作。

（3）随着互联网行业的快速发展，出现了许多新型人力资源公司，为企业提供了信息化、系统化的平台。企业人力资源部需要为员工办理入职、离职以及在职的所有手续，工资福利的计算缴纳都可以在平台上直接操作实现，还可通过各种复杂的系统制作完成企业内部人员的测评、网上培训，并生成许多大数据，帮助企业人力资源部大大提高了工作效率。

（二）在选择传统人力资源公司时的注意点

1. 资质

现在人力资源服务行业有两个基本的国家资质，即人才介绍（人力资源服务）以及劳务派遣，这是用人公司必备的资质。

2. 渠道

选择第三方企业合作要结合企业所在地区的情况，最好根据企业所属行业，选择行业专注度高、有地区优势的企业为合作伙伴。

近年来，人力资源行业越来越细分化，专业度也越来越高，每一个第三方公司都有他擅长的领域和行业，比如有专注于普工的，有专注于技工的（如电焊、切割、机器人操作），有专注于财务的，有专注于IT的等。所以，了解自己的公司缺什么人才，想使用的第三方擅长哪一方面的招聘，才能更有效率地合作。

3. 实力

除了基础服务外，还有更重要的一点是如何保证被雇用员工的利益，员工的满意度会直接影响到为用工企业提供的服务的质量。工资福利、工伤处理是最基本的，文化建设、人文关怀、技能/礼仪提升培训、兴趣爱好培养，这些也是必不可少的。

除了选择传统人力资源公司的三大标准外，在选择新型人力资源公司时，还应注意以下几点：

（1）背景。如今系统平台的同质化现象比较严重，中国仅社保缴纳的APP就有200多个，费用也有几元到几十元不等的明显差异。在选择系统前，除了系统是否适合企业自身情况之外，一定要清楚系统开发企业的实力背景以及后面的投资者。互联网系统开发投资较大，如果没有雄厚的资金支撑，则难以持续。

（2）专业。新型的人力资源公司一半以上是基于互联网和信息技术的研发而兴起的，对于系统开发，网络编程非常在行，但对人力资源这个行业的了解程度还需要我们仔细确认。只有了解行业，有一定的人力资源服务经验的第三方机构，才能开发出好的产品，为人力资源管理提供最合适的系统服务。

第二节　甄选面试

一、招聘与面试方法

实施招聘与面试的步骤一般是先进行简历评估，简历合适后进行初步的电话面试。电话面试通过后，发送面试通知、做面试前期的准备、实施面试、薪酬谈判、背景调查。最后确定人员录用或不录用。

（一）个人信息模板

候选人到公司应聘时，大多会携带个人简历。由于个人简历中的信息类目不全，不论是前期的面试环节，还是候选人录用后，信息的收集、整理、录入对人力资源管理人员来说都不方便。所以在员工入职阶段，需要规定统一的简历格式模板供候选人填写，即岗位申请表，如表 5-2 所示。

表 5-2　岗位申请表

1. 应聘情况					
应聘职位：________　可到职日期：________　要求薪酬：________ 招聘信息来源：________　是否可以外派工作　□是　□否					
2. 个人情况					
姓名：____　曾用名：____　性别：____　籍贯：____　民族：____　血型：____ 婚姻状况：□未婚　□已婚　□离异　□其他　出生：____年____月____日　□阴历　□阳历 身份证号码：________政治面貌：________户口所在地：________ 家庭住址：________ 现住址：________□父母房　□自房　□亲戚房　□租房　□其他 档案所在单位：________与原单位关系：□停薪留职　□辞职　□开除公职　□下岗　□买断 是否持有再就业优惠证？□是　□否　原单位已缴纳养老保险金？□是　□否　已缴纳医疗保险？□是　□否 联系电话：（手机）________（住宅）________ E-mail：________ 是否需公司安排住宿？□是　□否					
3. 接受教育情况（从高到低依次填写）					
学历	学校	专业	起始时间	结束时间	备注

续表

4. 工作情况

原工作单位（全称）	职位	月工资	起始时间	终止时间	离职原因	公司电话	直接主管	人力资源负责人

本人同意做背景调查　　　　签字：

5. 接受社会正规培训情况/所获证书（按时间先后顺序）

培训主题/证照名称	培训地点/获取地	起始时间/获取时间	终止时间/有效期限	备注

6. 家庭主要成员

姓名	年龄	与本人关系	所在单位	联系电话

7. 个人特长与技能

个人特长		电脑操作水平		懂何种外语及熟练程度	

8. 介绍人情况/在本公司工作亲友

姓名	与本人关系	所在部门	在职职位	备注

9. 健康状况

身高		体重		视力（裸眼）	左：	右：	身体状况	

当前是否受伤或实施手术？ □是　□否

10. 声明

除了较轻微之交通违例外，是否曾被拘控或受任何执法部门扣押？　□是　□否

若“有”请详述之____

过去是否曾被其他机构解雇？　□是　□否

若“有”请详述之____

本人现声明上述资料完全正确，并无故意隐瞒任何事实。本人同意如发现填报之资料有虚假事实，公司有权随时终止本人的雇佣合约或劳动关系，并不做任何补偿。本人同时容许对上述资料之查证及愿意接受必须之体格检查。

申请人签署：______________　日期：________年______月______日

面试情况表（此内容由公司有关部门填写）

人事部门初试意见：　□推荐：　□可以保留　□不予考虑

评语：____

简历：A□　B□　C□（A：良好 B：一般 C：较差）

面试人：________日期：________

续表

分管领导意见/部门复试意见：　□推荐　□储备　□不予录用 评语：________________ 面试人：________日期：________
录用情况（由人力资源部签署）： 录用部门：________　录用岗位：________　试用期：________个月 试用期薪酬：________　职务级别：________　报到日期：________ 人力资源部：________日期：________

（二）简历评估方法

根据招聘岗位的重要性及简历份数的不同，一般筛选一份简历的时间为 10 秒至 3 分钟，筛选简历过程中重点需要关注的信息及注意事项如下：

1. 个人信息

首先快速判断求职者的性别、年龄、身高、体重、经历等个人信息与应聘岗位的符合程度，若不符合，要迅速筛掉。如果应聘岗位对求职者条件要求并不严格，则可以视情况适当放宽某几项条件。

2. 学习经历

除了专业是否对口、学位是否符合外，还要特别注意学历是普通高等教育，还是高自考、成人教育、网络教育。如果是普通高等教育，本科应是 4 年，如果只有 3 年或者更短的学制，很可能非普通高等教育。如果其他条件均合适，需要特别注意候选面试时提供的毕业证，需要登录“学信网”做必要的验证。

3. 工作经历：工作时间

要注意每段工作经历的时间长短、工作经历之间时间的衔接程度，是否存在频繁跳槽、频繁转换岗位的情况。一般不建议录用频繁换工作的候选人。当然，也有候选人为了避免用人单位发现自己频繁换工作，可能隐去自己某段时间的工作经历，要注意后续的核查、验证或背景调查。

4. 工作经历：工作岗位

关注原工作岗位是否与拟录用的岗位有一定的相关性。此处需要注意，并不一定岗位名称相同，职责、工作内容就一定相同；也不一定岗位名称不同，职责、工作内容就不同。比如某韩国企业中的“社长”岗位，实际相当于“总裁”或者“CEO”的位置；而有些规模较大的民营企业，因岗位名称设置的惯性，“经理”已经是该企业的最高职务。相比工作岗位，需要重点关注的是其实际的工作内容。

5. 工作内容

（1）关注原工作内容的职责与现岗位的相关性。

（2）关注上下级关系、汇报链与现岗位的相关性。

（3）关注管理的幅度、管人的数量与现岗位的相关性。

（4）关注工作属性的复杂程度与现岗位的相关性。

（5）如果是中高层管理岗位，关注原就职公司的背景、规模与本公司的相关性。

6. 工作绩效

关注候选人在原岗位上都做出过哪些成绩。曾经的成绩同样代表未来可能创造成绩的能力。许多候选人的简历只写经历，不写成绩，或者自己从没有想过，也无法总结成绩，这往往是由于候选人并不理解自己所做工作对公司的意义，或者曾经工作的公司对绩效的要求不明确。

7. 在岗学习

关注候选人的培训情况，培训内容对工作的帮助情况；关注候选人个人的学习成长、考证情况，判断其学习能力。据此大体判断候选人能力成长的阶段、水平，以及候选人学习的主动性。

8. 自我评价

虽然自我评价大多是比较主观的，内容大多是有利于自己的正面评价，但也可以据此大体判断候选人可能的优势所在。此项相当于面试时问候选人“您如何评价自己”。此项仅供参考，不可作为依据。

9. 薪酬期望

一般薪酬期望与该岗位的薪酬标准差异不应过大，期望薪酬过高和过低同样有问题。如果候选人薪酬期望比岗位薪酬水平高60%以上，候选人与岗位的匹配程度也并不高，则可以果断筛掉；如果候选人期望薪酬比岗位薪酬水平低60%以上，则需要搞清楚差异的原因，可能是候选人原公司整体的薪酬水平较低，也可能是候选人并没有达到该薪酬水平的能力。

10. 简历的整体判断

一份关乎自己求职命运的简历制作本身就是对候选人的一项考察，通过对简历的逻辑性、整洁性、全面性、排版与美感等的全面衡量，也可以初步判断候选人未来工作可能会有的态度、思维和能力。

（三）电话面试方法

筛选完简历后，电话面试是第一步沟通，可以进一步筛选掉部分候选人，电话面试的方法主要如下：

1. 对主动投递简历者的开场白

您好，请问您是××先生/女士吗？这里是××公司，请问您现在讲话方便吗？

我们在××上看到您给我们公司投递的简历。您想应聘××岗位，是吗？那咱们用几分钟的时间，做个简短的电话面试吧？

2. 对搜索来简历者的开场白

您好，请问您是××先生/女士吗？这里是××公司，请问您现在讲话方便吗？

我们公司目前正在招聘××岗位，我们在××上看到了您的简历，觉得您比较合适，请问您要不要考虑来公司面试一下？

这时候，对方通常会问公司的情况、岗位的情况，客观地向对方介绍即可。

如果对方听完介绍后有意向，可以说“那咱们先用几分钟的时间，做个简短的电话面试吧”。

如果对方无意向，可以说“那抱歉，打扰您了，希望咱们以后有机会再合作，感谢您的配合”。

3. 电话面试的基本流程

（1）自我介绍，让对方简单介绍个人情况。

（2）询问和确认各阶段的工作经历及工作职责。

（3）询问目前或上一份工作经历的主要内容、绩效以及主要技能。

（4）询问每阶段的离职原因。

（5）询问求职的动机。

（6）与候选人确认后续的面试时间。

（四）面试通知方法

面试通知分为两种方法：一种是语言通知，即通过电话的形式通知候选人；另一种是文字通知，即通过邮件或短信的形式通知。

1. 电话方式面试通知的标准用语

“您好！请问您是×××吗？这里是××公司人力资源部”。

“您通过××方式应聘我公司的××职位通过了公司的初步筛选，现通知您××日上午/下午××时来公司参加面试，请问您方便参加吗”。

若方便，则说“请问公司具体地址您方便记吗”？

若地址方便记，则应告诉地址说“好的，请您准时参加，再见”。

若时间不方便，则说“那我们安排下一轮面试的时间再通知您”。

若地址不方便记，则说“我稍后以邮件/短信的方式发到您邮箱/手机里，请您注意查收。请您准时参加，再见”。

2. 邮件或短信面试通知的标准用语

您好！

感谢您应聘××公司××岗位，您已通过公司的初审，具体面试通知如下：

面试时间：××年××月××日（星期×）

面试地点：××××

携带材料：××××（个人简历/个人作品/毕业证书）

乘车路线：××××

如有问题或者不能准时参加面试，请直接回复此邮件或电话咨询：×××。

（五）面试前的准备

1. 面试官的要求

（1）着装要求：正装或西装（深色），衬衣（浅色），皮鞋（深色）。

（2）正确佩戴工作牌，工作牌信息要完整。

（3）面试前不吃有异味的食物，保持口气清新。

（4）面试前要仔细阅读应聘者的简历内容，做到知己知彼。

（5）要面带微笑，态度和蔼，用普通话和应聘者进行交流，讲话语速要均匀。

（6）尊重应聘者，面试过程中不接打手机、不抽烟、不嚼口香糖、坐姿端正。

（7）面试过程中要多听少说，但不失控制权，掌控面试进度。

（8）对应聘者做到来有迎声、走有送声。

2. 面试场所的准备

（1）选择安静的场所，如办公室、休息室（避开员工就餐时间）。

（2）场所内要干净整洁，墙面要挂有体现企业文化和形象的展板。

3. 面试小组的筹备

（1）按照知识互补、能力互补、气质互补、性别互补、年龄互补的原则成立初试面试小组和复试面试小组。

（2）初试面试小组一般可以由人力资源部负责统一调配相关人员参加。

（3）复试面试小组一般可以由人力资源部、用人部门或者行业专家参加。

（4）如果是面试中高层岗位，需要总经理、分管副总经理甚至经营班子参加。

（六）面试提问技巧

面试除了让对方简单地自我介绍，询问对方的工作经历、家庭状况、离职原因、兴趣爱好等传统问题外，询问对方问题时，还要遵循以下基本原则。

1. 多听少说原则

面试的过程是候选人表达和展示的过程，面试官应该想办法让候选人在自己的问题上尽情发挥，而不是让候选人听自己滔滔不绝地说。一般来说，一场面试结束，候选人的表达时间应达到80%以上，面试官的表达时间应控制在20%以内。

2. 开放式问题原则

面试官应该多问开放式的问题，少问封闭式的问题。

开放式的问题就是为什么、是什么的问题。

例如：

您为什么应聘这个岗位？

您的优点是什么？缺点是什么？

您最成功的事是什么？最失败的事是什么？

您离职的原因是什么？

封闭式的问题就是对不对、好不好、行不行之类的两项选择或多项选择的问题。

例如：

您觉得自己跟这个岗位符合吧？

您觉得自己沟通能力还好吗？

您具备一定的写作能力吗？

3. STAR 原则

STAR 原则类似于一个面试的问题生成器，面试官可以用这个逻辑来不断生成问题，以更加准确地考查候选人完成任务的能力。这个逻辑是：之前什么时候？什么背景（情景）？什么任务目标（任务/目标）？在过程中，候选人是扮演什么角色的？做了什么（行动）？达到了什么结果？（结果）。STAR 图形演示如图 5-1 所示。

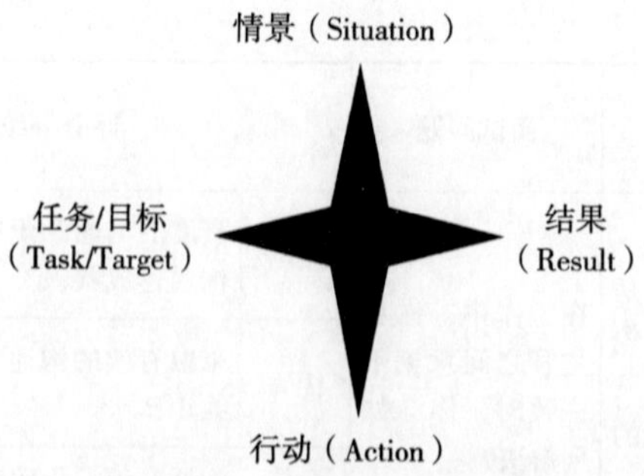

图 5-1 STAR 图形演示

例如：

某人来面试技术人员，简历上写了参与过很多技术开发项目。面试官可以选择其中的一个项目，问他：请问当初公司为什么要搞这个项目？当初是什么样的背景（情景）？这个项目的目标是什么，或者完成什么？你在项目中是负责哪一块？你的任务目标是什么？（任务/目标）为了达到你个人的任务目标和项目目标，你都做了些什么？（行动）这个项目最终是什么结果？你的任务目标是什么结果？（结果）

4. 测评目的性原则

成熟的面试官面试时表面看起来是在闲聊，其实问出的每一个问题都具有较强的目的性。这背后，是问题与该岗位胜任模型考察情况的一一对应，结构化面试的问题设置也可以来源于此。

例如：

某超市员工招聘面试谈话技巧如表 5-3 所示。

表 5-3 某超市员工招聘面试谈话技巧

测评维度	权重	测评目的	面试问题	评分等级		测评分值	折算倍数
顾客导向	25%	考察应聘者能否做到以顾客为中心，很好地服务顾客	假如一件事情，并不是你的错，但是顾客非要你道歉，你会怎么办？	杰出	先向顾客表达歉意，体现出良好的顾客意识、识大局	5	4
				优秀	先道歉，再说明道理	4	4
				合格	纠结于到底是谁的错，在无奈之下道歉	3	4
				不合格	拒不道歉	1	4

续表

测评维度	权重	测评目的	面试问题	评分等级		测评分值	折算倍数
沟通能力	10%	考察应聘者是否具备与领导、同事、顾客良好沟通的能力	在工作中，你和主管之间意见不一致时，你会如何解决？	杰出	高度的沟通意识并能通过有效的沟通达成共识	5	3
				优秀	采取有效的沟通方式，意在达成共识	4	3
				合格	沟通，但是仍然固执己见	3	3
				不合格	不沟通，武断采用自己的意见	1	3
执行力	25%	考察应聘者能否积极完成工作任务，履行工作职责	假设今天是你爱人的生日，家人打电话催你早点回去庆祝，可是工作还没有完成，你会怎么做？	杰出	坚守自己的岗位，集中精力提高工作效率，尽早完成工作，回家庆祝	5	5
				优秀	与家人沟通好，留下来完成自己的工作	4	5
				合格	与要好的同事协商，帮助自己完成工作	3	5
				不合格	明天再做工作，直接回家	1	5
企业认知	15%	考察应聘者对行业性质以及企业文化的认同	零售行业周末、节假日是销售高峰期，一般无法安排休班，会安排平时倒休，能否接受？	杰出	能够明确表示认同零售行业的特殊性	5	3
				优秀	能够理解零售行业的工作性质，能够接受	4	3
				合格	有些犹豫，能够勉强接受	3	3
				不合格	毫不犹豫，不能接受	1	3
诚信自律	25%	考察应聘者的道德品质及职业操守	假如你看到和自己要好的同事下班时将自己买的商品按打折处理，你会怎么办？	杰出	敢于将此类问题向店长检举，不营私舞弊	5	5
				优秀	跟同事讲清利害关系，维护公司的规章制度	4	5
				合格	上前制止，劝其打消该念头	3	5
				不合格	多一事不如少一事，不去理睬，装作没看见	1	5

注：70 分以下不录用，70 分以上可录用。

（七）薪酬谈判方法

初步确立人选的招聘意向后，需要与人选沟通薪酬待遇。薪酬谈判的步骤简单来说可以分成三步：第一步是想办法了解对方的期望；第二步是想办法回应对方的期望；第三步是想办法“压缩”对方的期望。

1. 向对方询问期望的谈话技巧

“刚好您说到这儿了，我也顺便了解一下，您目前的薪资福利是什么情况?”这里的关键词是“顺便”，给人一种顺理成章、猝不及防的感觉，对方往往很容易脱口说出自己的真实情况。

“请问一下，您薪酬期望的底线是多少?”这里的关键词是“底线”，这么问的好处一是引导对方的思维“往下想”，而不要漫无目的地想象；二是能够直接聚焦到对方的底线，判断对方接受公司条件的可能性。

“您的期望薪酬是多少? 每月1.2万~1.5万元，还是有其他的想法?”这里的关键词是“每月1.2万~1.5万元”，同“底线问法”道理类似，这同样是聚焦对方的思维，让对方给出一个相对明确的上、下限。

“我想了解一下，您的期望薪酬大概是多少?”这里的关键词是“大概”。我们会发现有些防御感很强的人，可能不愿意透露自己现在的薪酬，也不愿意被引导者聚焦，这时候可以用“大概”，迫使对方聚焦。

2. 回应对方期望的谈话技巧

“您知道，职场上一般情况下，换一份工作的加薪空间是10%~20%。”这句话的关键是给予求职者一种心理暗示，人为地把求职者的个人要求与现在的薪酬水平联系起来，使谈判的双方聚焦到同一目标水平上。

“您的薪酬是年薪制浮动薪酬，虽然固定的月薪可能达不到您的期望，但如果能够完成业绩，那么全年总收入会比您的期望值还高。”当对方的期望比月薪水平高但是基本等于或低于年薪水平时，可以这么说。

“目前我跟您说的是试用期工资，相对低一些，转正后会有一定幅度的提高。当然如果您入职后工作表现符合公司期望，公司会有进一步的薪酬调整空间。”当对方整体期望薪酬水平比公司薪酬水平高时，可以这么说。

3. “压缩”对方期望的谈话技巧

“公司的薪酬体系是这样的，跟您的期望有一定的差异，不过公司有完善的培训体系，有导师手把手地帮带，有丰富的知识资源库，有强大的团队支持……”如果对方是学习型人才，可以利用这种学习与成长方面的描述吸引对方。

“虽然您的期望与我公司薪酬标准存在差异，但是我们会提供其他公司没有的晋升和发展空间，我们所处的行业具备独特的领先优势，我们有着更加宽松的氛围，您可以得到更多的信任，具备更高的责任和使命，未来还会有股票和期权激励……”如果对方是事业型人才，可以用成长空间方面的描述吸引对方。

“请不要仅仅看到表面上我公司的薪酬数额达不到您的要求。除了薪酬之外，我们公司还提供额外的住房补贴、用餐补贴、制服补贴等各类补贴，提供住房、餐饮、物品、体检等各类弹性福利，项目结束后有专项的项目奖金，每年一次加薪机会……”如果对方是金钱型人才，对金钱看得比较重，可以用“算账”的方式吸引对方。

4. 在薪酬谈判过程中遇到的比较常见的问题

（1）面试时，如果候选人一开始就问薪酬，怎么办？即使已经有明确的薪酬标准，也最好不要直接回答候选人的薪酬问题，等确认录用后，再开始正式谈。如果对方一定想要知道，可以先告诉对方一个下限或平均数，保留薪酬的上限和弹性空间。

（2）公司没有明确的薪酬标准时如何与候选人谈薪酬？参考公司在职的同等工龄、水平、学历等的在职员工，给出大致的薪酬范围，找到相应的决策层审批。如果内部没有可参照的依据，要做一定的市场调查，根据调查结果确定薪酬范围，并由有审批权人审批。

（3）薪酬谈判一般持续多久合适？如果是基层岗位，一次谈判不成，便不需要再谈；如果是中高层管理岗位，可以谈判 2~3 次。对求职者的薪酬异议和要求，不需要立即回复，可以等 1~2 天，让对方知道公司有流程、有规矩、有原则，不会轻易改变，让对方自行降低期望值。如果求职者需要考虑，不要主动联络求职者考虑得怎么样了，等待的同时开始物色其他人选。

（4）如果有一位非常合适的人选，但是期望薪酬远超公司薪酬标准，怎么办？①明确告诉对方本公司的薪酬标准。②弱化候选人应聘岗位对公司的重要性。③强调该岗位候选人之间的竞争性。④向对方展示公司的“全面薪酬”和吸引力。

另外需要注意的是，薪酬谈判并不是谈得越低越好，如果公司有明确的薪酬标准，候选人的期望低于该薪酬标准，就执行公司的标准，而不要为了节省费用执行候选人期望的标准。

（八）背景调查方法

背景调查是搞清楚候选人信息真实性的重要手段，它有以下几种操作方式：

1. 企业中需要做背景调查的岗位

（1）具有一定技术能力或研发成果的技术、研发、工艺岗位。

（2）具有一定客户资源或曾获业绩的销售岗位。

（3）具有一定管理能力或绩效的中高层管理岗位。

2. 背景调查的内容

（1）候选人与证明人的关系。

（2）候选人的任职时间。

（3）候选人的岗位、职位、上下级关系、管理幅度。

（4）候选人的工作职责范围。

（5）候选人的工作态度、表现、绩效。

（6）候选人的人品及人际关系。

（7）候选人的性格特质和做事风格。

（8）候选人的离职原因。

3. 背景调查的前期准备

（1）在求职者填写岗位申请表时，要求其填写能够证明其工作关系的证明人以及单位座机电话、官方邮箱等联系方式，并要书面签字确认。证明人一般需要提供两名，一名为同事关系，另一名为人力资源部或行政管理部工作人员。

（2）对于需要做背景调查的候选人，要提前告知。谈话技巧可参考如下内容。“公司为了确认候选人工作经历的真实性，避免后续为此产生不必要的纠纷，将会对入职员工做背景调查，希望您理解。”

同时，在岗位申请表上的证明人一栏后要有书面体现。

4. 背景调查的方法

（1）电话调查。公司通过电话，访谈候选人原工作单位的同事及人力资源部或行政管理部工作人员，了解候选人的工作时间、岗位、绩效、离职的原因等关键信息。这是最常用的背景调查方式，一般任何岗位都可以运用此方法。这种方式的优点是成本低、效率高、能够短时间内了解候选人过去的情况；缺点是候选人可能会伪造座机电话及同事关系。

（2）问卷调查。公司通过把背景调查问卷发送给求职者的证明人的方式，期望他们给予相对正式的回复。一般所有岗位都可以运用问卷调查的方法。这种方式的优点是相对于电话调查，调查的信息更全面，相对比较正式；缺点是等待的时间较长，有的证明人出于某种担心，不愿意书面回复，或只回复部分信息。

（3）网络调查。公司通过领英（LinkedIn）、个人博客/微博、空间等社交类网站了解候选人的信息；或者通过百度了解候选人的新闻报道类事件。另外，许多招聘门户网站开始融入社交功能，个人简历的开放度越来越高，曾经工作的公司、岗位、年限等信息可以通过同在这家公司工作的其他求职者认证。

网络调查适用于可以在网上找到相关信息的人员。这种方式的优点是通过个人发布的各类信息，能够全方位、多角度地进一步了解候选人；缺点是适用情况有一定的局限性，了解的信息不一定具有针对性，而且真实性也有待确认。

（4）委托调查。公司通过委托专业的背景调查机构获取候选人详细的背景调查报告。当企业的人力资源部人手不足、专业性不足，招聘的岗位相对比较重要，或者来自竞争对手，不方便公司出面做背景调查的时候，适合采用这种方式。需要用委托调查做背景调查方式的岗位一般是相对比较重要的岗位。这种方法的优点是背景调查的专业性强，能够相对迅速准确地得到候选人的详细报告；缺点是调查需要付出的费用成本较高。

5. 背景调查的技巧

（1）背景调查的渠道不宜选择过多，一般以一种方式为主、其他方式为辅。如果是电话调查，时间控制在15分钟以内；如果是问卷调查，填写问卷的时间也不要超过15分钟。电话或问卷调查的过程中保持对候选人和证明人足够的理解和尊重，多引导证明人表达。

（2）背景调查启动的时机是终试通过后、人才录用前。如果在终试之前做，待背景调查的候选人数量较多，则工作量较大；如果在人才录用之后再做，发现候选人对公司有欺骗，则会增加公司的招聘成本，影响公司用人。

（3）背景调查的时间最好选择工作日。许多公司周一的上午可能有周例会，会布置各项工作；周五的下午可能有周总结会，会总结本周的工作。最佳的背景调查时间是周二到周四的工作时间。时间点最好不要选择一上班或者快下班的时间，这样容易引起对方的反感。以9：00AM上班、6：00PM下班为例，背景调查的时间点一般以9：30AM~11：00AM、2：30PM~5：00PM为宜。

（4）背景调查的内容要讲究循序渐进，不要一开始就问一些敏感的话题。问出的问题最好量化、具体，不要模棱两可，漫无边际。比如“此人原来在贵公司表现如何"，这类问题的回答通常得到的答案会是"还行"；不如问"如果满分 100 分，您认为此人的工作表现能打多少分呢？您认为他的同事能给他打多少分呢"。

（5）背景调查的过程不要怕碰钉子。对方不愿意配合是正常现象，不要为此而心情沮丧，丧失信心，心灰意冷。如果调研的对象是竞争对手公司的员工，对方不配合，可以找已经离职的员工进行调查。

6. 背景调查的注意事项

（1）不要对候选人尚未离职的单位做背景调查。如果擅自调查候选人目前还在职的公司，很可能暴露候选人正在找工作的事实，给候选人造成不必要的麻烦。

（2）在面试的过程中就确定背景调查的重点内容。并不是对每名候选人都要做全面的背景调查，有些信息面试的时候基本就可以确定，背景调查的重点应针对面试中的不确定信息。

（3）不需要重视犯罪记录。犯罪记录属于个人隐私，公安部门有保密的义务。一般政府部门、事业单位等一些特殊岗位由于职业的要求，可能对此有要求，其他公司一般不允许做这类调查。

（4）理性看待推荐信。为候选人写推荐信的人一般与候选人的关系较好，推荐信中的内容大都是关于候选人正面的、积极的、关于优势和业绩的描述，极少有负面的、关于缺点的描述。所以推荐信只能作为评判候选人的参考之一，而不能成为依据。

（5）谨慎判断背景调查的结果。背景调查是重要"参考"，而不是绝对"依据"。即使是最专业公司出具的背景调查结果也不能当成万能的依据，其中可能掺杂着主观的感受，也可能有一些证明人并不了解事情的背景等。如果背景调查结果与候选人自身描述差别较大，需要与候选人确认，或者通过其他信息渠道确认。

（九）面试结果通知

如果候选人被企业录用，应向候选人发放录用通知书，格式模板如下：

尊敬的__________先生/女士：

感谢您对__________公司的信任和肯定，感谢您以耐心、热心并满怀诚意参与公司的面试。经过沟通，您的职业素质、专业能力和工作经验赢得了我们公司的一致肯定，我们热情地邀请并欢迎您加入__________公司！

请您仔细阅读以下内容，按要求备齐相关资料，在指定时间内到我公司人力资源部办理入职手续。

1. 任职岗位

拟聘任您担任公司__________岗位，所属部门为__________，汇报对象为________，下属人数为________人。

2. 报到情况

入职时间：20 ________年______月______日

报到地点：

联系部门：人力资源部

联系人：

联系电话：

3. 入职需准备和携带的材料

身份证、学历证、学位证、资质证书、职称证书的原件及复印件

一寸照片__________张

近期体检报告一份

最后任职公司的离职证明

其他资料：__________

4. 薪资待遇

基本薪酬：__________元/月

绩效薪酬：__________元/月

各类补助：__________元/月

其中，基本薪酬为代缴个税及五险一金个人部分前的应发工资，试用期薪酬为基本薪酬的__________%；绩效薪酬和各类补助为税前额。

5. 福利待遇

公司的福利：__________

6. 合同期限：__________年，其中试用期为__________个月

期待您给我们的团队带来新的活力，希望您工作愉快，事业有成！

××公司
人力资源部
20××年×月×日

需要注意的是，盖公章的《录用通知书》具备法律效力，公司在开具之前

应谨慎对待。此模板仅供参考，建议使用前先由本公司法务部门审核。

如果候选人面试后未被录用，应发放《未录用通知书》，其格式模板如下：

尊敬的__________先生/女士：

感谢您满怀诚意参与公司的面试。非常遗憾地通知您，您此次的面试情况与岗位要求存在差异。经公司慎重考虑，决定您的面试结果：未通过。您的简历将纳入公司的人才库，当有适合您的岗位时，我们会再次与您联系。

非常感谢您对我公司的信任，祝您早日找到理想的工作。

××公司

人力资源部

20××年×月×日

二、PDP 职业性格测试

人才选拔过程中能够选用的测评工具种类非常多，比如 DISC、MBTI、PDP 性格测试、大五人格、16PF、霍兰德职业人格测试等。其中，实务操作中最简单、快速、准确，最容易被快速记住并理解的当数 PDP 职业性格测试。

PDP 职业性格测试的英文全称为 Professional Dyna-Metric Programs，是由美国南加州大学（University of Southern California）统计学研究所、英国 RtCatch 行为科学研究所共同发明的，它可以测量人的基本行为、对环境的反应和可预测的行为模式。

PDP 职业性格测试在全球已经有累计 1600 万人次的有效案例，超过 5000 家企业、研究机构和政府部门持续追踪其有效性。经研究机构的调查表明，当 PDP 职业性格测试的所有程序被有效执行时，其误差率低于 4%。

PDP 职业性格测试因为采用了具备该性格特质的动物名称为性格维度分类名称，所以很容易被非专业人士记住和理解。它将人的性格分为老虎型、孔雀型、猫头鹰型、考拉型、变色龙型五个类型。它们之间的分类关系与特质如图 5-2 所示。

（一）PDP 职业性格测试样题

PDP 性格测试的题目如下：

提示：在回答问题时，请不要依据别人对你的评价来填写答案，而是依据你认为自己本质上是什么情况，在相符的答案前打“√”。

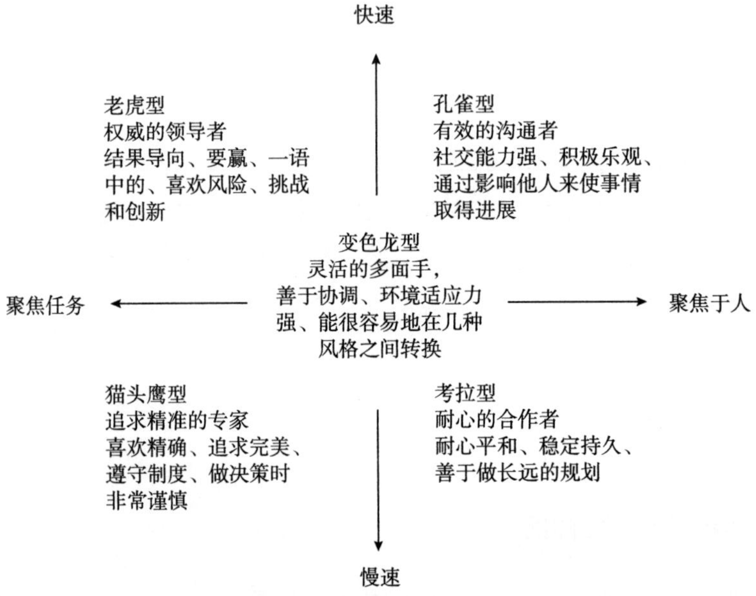

图 5-2　PDP 职业性格测试人格分类

1. 你是一个值得信赖的人吗?

□非常同意　□比较同意　□差不多同意　□一点点同意　□不同意

2. 你个性温和吗?

□非常同意　□比较同意　□差不多同意　□一点点同意　□不同意

3. 你有活力吗?

□非常同意　□比较同意　□差不多同意　□一点点同意　□不同意

4. 你善解人意吗?

□非常同意　□比较同意　□差不多同意　□一点点同意　□不同意

5. 你性格独立吗?

□非常同意　□比较同意　□差不多同意　□一点点同意　□不同意

6. 你受人爱戴吗?

□非常同意　□比较同意　□差不多同意　□一点点同意　□不同意

7. 你做事认真且正直吗?

□非常同意　□比较同意　□差不多同意　□一点点同意　□不同意

8. 你富有同情心吗?

□非常同意　□比较同意　□差不多同意　□一点点同意　□不同意

9. 你有说服力吗?

□非常同意　□比较同意　□差不多同意　□一点点同意　□不同意

10. 你大胆吗?

□非常同意　□比较同意　□差不多同意　□一点点同意　□不同意

11. 你精确吗?

□非常同意　□比较同意　□差不多同意　□一点点同意　□不同意

12. 你适应能力强吗?

□非常同意　□比较同意　□差不多同意　□一点点同意　□不同意

13. 你组织能力强吗?

□非常同意　□比较同意　□差不多同意　□一点点同意　□不同意

14. 你是否积极主动?

□非常同意　□比较同意　□差不多同意　□一点点同意　□不同意

15. 你爱害羞吗?

□非常同意　□比较同意　□差不多同意　□一点点同意　□不同意

16. 你强势吗?

□非常同意　□比较同意　□差不多同意　□一点点同意　□不同意

17. 你镇定吗?

□非常同意　□比较同意　□差不多同意　□一点点同意　□不同意

18. 你勇于学习吗?

□非常同意　□比较同意　□差不多同意　□一点点同意　□不同意

19. 你反应快吗?

□非常同意　□比较同意　□差不多同意　□一点点同意　□不同意

20. 你外向吗?

□非常同意　□比较同意　□差不多同意　□一点点同意　□不同意

21. 你注意细节吗?

□非常同意　□比较同意　□差不多同意　□一点点同意　□不同意

22. 你爱说话吗?

□非常同意　□比较同意　□差不多同意　□一点点同意　□不同意

23. 你的协调能力好吗?

□非常同意　□比较同意　□差不多同意　□一点点同意　□不同意

24. 你勤劳吗？

□非常同意 □比较同意 □差不多同意 □一点点同意 □不同意

25. 你慷慨吗？

□非常同意 □比较同意 □差不多同意 □一点点同意 □不同意

26. 你做事小心翼翼吗？

□非常同意 □比较同意 □差不多同意 □一点点同意 □不同意

27. 你令人愉快吗？

□非常同意 □比较同意 □差不多同意 □一点点同意 □不同意

28. 你传统吗？

□非常同意 □比较同意 □差不多同意 □一点点同意 □不同意

29. 你亲切吗？

□非常同意 □比较同意 □差不多同意 □一点点同意 □不同意

30. 你工作足够有效率吗？

□非常同意 □比较同意 □差不多同意 □一点点同意 □不同意

每个答案对应5~1分的分值，即“非常同意”，给5分；“比较同意”，给4分；“差不多同意”，给3分；“一点点同意”，给2分；“不同意”，给1分。将以下序号题目的答案对应的分数进行累计：

老虎型：5，10，14，18，24，30题=（ ）分

孔雀型：3，6，13，20，22，29题=（ ）分

考拉型：2，8，15，17，25，28题=（ ）分

猫头鹰型：1，7，11，16，21，26题=（ ）分

变色龙型：4，9，12，19，23，27题=（ ）分

得出自己老虎型、孔雀型、考拉型、猫头鹰型、变色龙型的得分数。

（二）PDP职业性格测试答案

假如某人某型得分远远高于其他四型，那他就是典型的那种属性的性格；假如他有某两型分数明显超过其他三型，那他就是这两种动物性格的综合，依次类推；假如他各型分数都比较靠近，那么代表他是一个面面俱到的人。

比如，某人老虎型得分29，孔雀型得分16、考拉型得分15、猫头鹰型得分28、变色龙型得分27。代表着此人比较接近老虎型、猫头鹰型、变色龙型的性格，比较不接近孔雀型、考拉型的性格。

1. 老虎型（支配型，Dominance）

老虎型的人一般“野”心强烈，以目标和结果为导向，不喜欢维持现状，喜欢冒险，具有高支配型特质，个性积极，竞争力强，凡事喜欢掌控全局并发号施令，行动力强，目标一经确立便会全力以赴。由于他们要求过高，加之好胜的天性，往往会成为工作狂。

他们的优点是有决断力，善于控制局面，能果断地做出决定；缺点是在决策上可能专断，不易妥协，可能容易与人发生争执和摩擦。当感到工作压力时，这类人就会太注重迅速地完成目标，容易忽视细节，他们可能不顾自己和别人的情感。

2. 孔雀型（活泼型，Extroversion）

孔雀型的人热情洋溢，天生具有乐观与和善的性格，有真诚的同情心和感染他人的能力，具有较强的表达能力。他们的社交能力极强，重视形象，善于建立人际关系，富有同情心，容易与人接近，有较好的口才和热情幽默的风度，在以团队合作为主的工作环境中，会有最好的表现。

他们的优点是很热心，较乐观，有口才，好交朋友，风度翩翩，诚恳热心，性格活泼，善于建立同盟来实现目标；缺点是因其有时跳跃性的思考模式，常无法顾及细节以及计划的完成度，容易过于乐观，往往忽略细节。

3. 考拉型（耐心型，Patience）

考拉型的人行事稳健，不喜夸张，强调平实，性情平和，不喜欢制造麻烦。他们一般温和善良，很稳定，足够敦厚，温和规律，不好冲突。常会让人误以为是懒散不积极，但只要决心投入，可能是“路遥知马力”的最佳典型。

他们的优点是安稳，对其他人的感情很敏感，这使他们能够在集体环境中左右逢源；缺点是喜欢依附于人，很难坚持自己的观点或迅速做出决定。一般说来，他们不喜欢争执，也不愿意处理争执。

4. 猫头鹰型（精确型，Conformity）

猫头鹰型的人行事讲究条理分明、守纪律、重承诺，重规则、轻情感，讲究制度化，事事求依据和规律，是个完美主义者。他们通常传统而保守，性格内敛、善于以数字规则、条款、制度等为表达工具而不大擅长以语言来沟通情感。他们的分析能力强，精确度高，是极佳的品质保证者。

他们的优点是分析能力强，天生有爱找出事情真相的习惯，因为他们有耐心仔细考察所有的细节并找出合乎逻辑的解决办法；缺点是往往把事实和精确度置于感情之前，容易被认为感情冷漠。他们有时在压力下为了避免做出结论，会过度分析。有时候喜欢钻牛角尖，让人觉得“吹毛求疵”。

5. 变色龙型（整合型，Sigma）

变色龙型的人没有突出的个性，他们中庸、不极端，兼收并蓄，不与人为敌，凡事不执着，懂得凡事看情况、看场合，韧性极强，弹性极强，处处留有余地，善于沟通，是天生的谈判家，是其他四种特质的综合体，他们能充分融入各种新环境、新文化且适应性良好，在别人眼中会觉得他们“没有个性”，可有时候“没有原则就是最高原则”。

他们的优点是善于调整自己的角色去适应环境，善于整合各项资源，具有很强的沟通能力；缺点是没有强烈的个人意识形态，有时候摇摆不定，难以捉摸，从而让别人觉得他们没有个性、没有原则，就如“墙头草”。

（三）PDP 职业性格测试应用

PDP 职业性格测试的结果是人力资源部门对人才进行聘用、调岗、晋升或者降职的重要参考，但不能作为绝对或者唯一的依据。没有完美的个人，只有完美的团队，团队中的性格互补，能够帮助团队更好地达成目标。随着时间的推移、职业的转换、经历的不同、习惯的养成等因素，同一个人在不同时期测试的结果可能完全不同，这也代表着人的性格并非一成不变。

一般来说，典型老虎型性格的人比较适合做管理者；典型孔雀型性格的人比较适合做销售、培训师、教练等类型的岗位；典型考拉型性格的人比较适合做行政、前台、客服、接待等类型的岗位；典型猫头鹰型性格的人比较适合做财务、数据分析、设计、编程等工作；典型变色龙型性格的人比较适合做办公室、人力资源管理等类型的岗位。工作中，对不同类型的人，要有不同的应对办法。

例如：

对于典型老虎型性格的人，可以给他们一些挑战，他会觉得自己有价值；但如果是典型考拉型性格的人，可以少给他们一些挑战，因为他们喜欢平稳，不喜欢挑战。对于典型孔雀型性格的人，可以多给他们表现的机会，他们喜欢表现自己；而对典型猫头鹰型性格的人，可以让他们安静地搞钻研或者分析，他们通常不太喜欢表现自己。

三、招聘工作评估

人力资源部应按月对人才招聘入职情况进行分析和评估，以总结经验，寻找改进措施。评估的角度有数量、质量、费用、效率四个方面。

（一）招聘数量评估

数量评估，主要是评估招聘的满足率，其汇总评估表如表 5-4 所示。

表 5-4 招聘满足率汇总评估表

部门	______月（______月______日）			
	需求人数	已到位人员	满足率	仍需招聘人数

（二）招聘质量评估

未转正的新员工，要对其个人品质、行为态度、业务能力和工作成效等进行跟踪和测试，以此来衡量招聘的质量，新员工考评表如表 5-5 所示。

表 5-5 新员工考评表

个人品质（20 分）	行为态度（20 分）	业务能力（30 分）	工作成效（30 分）
正面：品行端正、以身作则、责任心强、言行一致、坚持原则、具备团队精神和奉献精神等； 负面：言行不符、推卸责任、个人主义等	正面：爱岗敬业、顾全大局、遵纪守法、积极主动、勇于创新、勇于担当等； 负面：投机取巧、不按时打卡上班、消极怠工、无故离开工作岗位等	正面：精通业务、有领导力和执行力、有沟通协调能力、有逻辑思维能力、工作思路清晰、有学习能力和理解能力、有创新能力等； 负面：眼高手低、好高骛远、缺乏沟通能力、不思进取等	正面：实现部门价值、与其他部门密切配合、决策准确、合理分工等； 负面：只顾自己、不配合其他部门工作、无法按时保质保量完成工作任务等

注：评估结果的总分为 100 分。评估结果低于 60 分为不及格，60~85 分为良好，85 分以上为优秀。

（三）招聘费用评估

招聘费用中最重要的指标为“每单位直接招聘成本”。每单位直接招聘成本是指每招聘一名员工需要付出的成本，公式为招聘直接成本与录用人数之比，其中直接成本包括招聘人员差旅费、应聘人员招待费、招募费用、选拔费用、工作安置费用等。招聘费用评估表如表 5-6 所示。

表 5-6 招聘费用评估表

招聘方式	报纸媒体宣传费用	写真喷绘条幅	易拉宝/展架	招聘宣传单	岗位申请表	招聘交通费用	招聘住宿费	招聘会入场费	费用合计	人均招聘费用	上一年度人均招聘费用
报纸广告											
大型招聘会											

续表

招聘方式	报纸媒体宣传费用	写真喷绘条幅	易拉宝/展架	招聘宣传单	岗位申请表	招聘交通费用	招聘住宿费	招聘会入场费	费用合计	人均招聘费用	上一年度人均招聘费用
短信招聘											
来公司应聘											
人力市场											
网络招聘											
校企合作											
校园招聘会											
……											
总计											

（四）招聘效率评估

所谓招聘效率，是指用人部门从提出需求到人才实际到岗所用的时间以及招聘成功需要付出的努力。该指标反映出人力资源招聘部门是否能快速满足用人部门需求的能力。招聘满足率评估表如表 5-7 所示。

表 5-7　招聘满足率评估表

需求部门	需求岗位	需求人数	启动招聘时间	招聘停止时间	投简历人数	通知面试人数	参加面试人数	录用人数	招聘满足率

同样的道理，可以通过评估每种招聘渠道的效率和费用，获知对于本组织，哪种招聘渠道的时间更快、费用更低、工作量更小，以便更好地指导招聘工作。招聘渠道效率评估表如表 5-8 所示。

表 5-8　招聘渠道效率评估表

招聘渠道	岗位发布数量	岗位发布类型	启动招聘时间	招聘停止时间	投简历人数	通知面试人数	参加面试人数	录用人数	招聘满足率	招聘费用	每单位招聘费用

第六章　培训体系

第一节　培训计划制定

人员培训是指组织着手进行的以促进组织成员学习的过程。它是组织员工学习的过程。主要目的是使员工学到新的知识和技能，不断地开发其智力，发挥其潜能。从组织的角度来看，它有助于实现组织的目标。从个人的角度来看，它可有效地满足员工个人需求，实现个人的价值。

一、培训需求分析

（一）培训需求概述

培训需求分析是指在规划与设计每项培训活动前，由培训部门采取各种办法和技术，对组织及成员的目标、知识、技能等方面进行系统的鉴别与分析，从而确定培训必要性及培训内容的过程。

培训需求分析对企业的培训工作至关重要，是真正有效地实施培训的前提条件，是使培训工作有效的重要保证。培训需求分析实际上就是要弄清楚企业的现状和想要达到的理想状态之间的差距。培训需求分析的好坏从根本上决定了培训是否有效和有收益。

目前，企业对培训越来越重视，投入越来越大，然而培训效果却往往不尽如人意。一些企业选择培训课程很盲目，常常“流行什么就学什么，别的企业学什么就学什么”。造成上述问题的原因，主要是企业缺乏有效的培训需求分析。

当组织绩效出现问题时，我们不能简单地认为是缺乏培训的结果，应该深入了解其真正的原因。

第一，由于组织结构设置、内部流程等方面存在问题；员工与上级的关系、工作地点或环境发生变化等；岗位或工作内容发生变化，态度、知识或技巧没能适应转变。

第二，当寻找真正的培训需求时，应从多个渠道收集信息，也应使用多种方法，并进行科学的分析。

第三，通过对现在和未来的分析找出差距来确认真正的需求，才能依据需求的分析设计出相应的课程、达到相应的效果，进而协助企业达到预期的目标。

（二）培训需求分析的工作程序

1. 做好培训前期准备工作

在进行培训需求分析之前，培训管理者要做一些准备工作，为下一步的培训需求分析工作打好基础。

（1）收集员工资料，建立员工培训资料库。员工培训资料应包括：培训档案、员工的人事变动情况、绩效考核资料、个人职业生涯规划以及其他相关资料等。员工培训资料库可以帮助管理者很方便地查找员工的背景资料，可以为员工的个人培训需求分析提供材料，也可以为人力资源开发提供数据。

（2）及时掌握员工的动态。及时掌握员工的动态，才能更准确地提供有效培训。培训管理者要和其他业务部门保持密切联系，及时更新和补充员工培训资料库，使培训活动开展起来更能满足企业发展需求、更有效果。

（3）建立收集培训需求信息的渠道。培训管理者要想及时掌握员工的培训需求，就必须建立起通畅有效的培训信息收集渠道，例如以建立“培训信箱”“信息公告牌”和制定培训申请规定等方式与员工、部门交流培训信息。

（4）培训需求调查的审批。培训部门了解到员工有培训需求后要按照相关规定向上级主管提出申请，并汇报下一步的工作，得到许可后才可以着手制定培训需求调查计划。

2. 制定培训需求调查计划

（1）制定工作计划。安排各项工作的时间进度，考虑各项具体工作在执行时可能会遇到的问题及应对方案、应当注意的问题等，这对调查工作的实施很有必要，特别是对于重要的、大规模的需求评估，有必要制定一个行动计划。

（2）设立工作目标。培训需求有三个层次：组织层次、任务层次和员工层次。在计划中应该明确培训需求分析在哪个层次上进行，应达到什么目标。一般来说，培训管理者在做培训需求分析时都希望能准确找到培训需求，为是否培训和培训什么找到答案。但在实际工作中，由于各种主观因素和客观因素的影响，收集到的信息不可能绝对准确，因此得到的结论也不可能绝对正确。一方面培训管理者要尽可能排除各种因素的影响，提高工作目标的准确性，另一方面也没有必要为了过分追求准确而加大成本。

（3）确定培训需求分析方法。培训需求分析的方法非常多，常用的方法有观察法、问卷调查法、面谈法、工作任务分析法、资料分析法、重点团队调查法、绩效分析法和全面分析法等。培训需求分析可以使用复杂方法，也可以使用简单方法，在实际应用时要根据具体情况来选择合适的分析方法。

（4）确定培训需求分析内容。首先确定进行培训需求分析需要哪些资料。调查的内容不要过于宽泛，避免浪费时间和费用。对于一项内容可以从多角度去调查，这样易于得到可靠的依据。

3. 实施培训需求调查工作

在制定了培训需求调查计划后，就要按确定的计划依次开展工作，主要实施步骤如下：

（1）征求培训需求。由培训部门发出制定计划的通知，请各负责人针对相应岗位需要提出培训意向和愿望。

（2）调查、申报、汇总培训需求。相关人员根据企业或部门的理想需求与现实需求、预测需求与现实需求的差距，调查、收集来源于不同部门和个人的各类培训需求，整理、汇总培训需求意向和愿望，并上报培训管理部门或负责人进行审核。

（3）分析初步培训需求。申报的培训需求意向和愿望并不能直接作为培训的依据，还需要由企业的组织计划部门、相关岗位、相关部门以及培训组织管理部门从整体和近中期的工作计划来考虑，共同对申报的培训需求意向和愿望进行分析。

（4）初步汇总、确认培训需求。培训部门对汇总上来的初步培训需求进行审核并列出清单，参考有关部门的意见，根据重要程度和迫切程度初步排列培训需求，并依据所能收集到的培训资源制定初步的培训计划和预算方案。

实施培训需求调查工作时应注意以下几个问题：

第一，了解受训员工的现状：在组织中的位置和以前接受的培训（类别、形式等）。

第二，寻找受训员工存在的问题，这有利于相互之间更好地合作。

第三，确认受训员工期望达到的效果。如不能满足员工的期望，向员工解释不能满足的原因。

第四，分析资料，确定需求：普遍需求（当前解决）和个别需求（以后解决或个别辅导；与企业发展没有联系的个人发展需求要委婉说明）。

4. 分析总结培训需求结果

各部门或员工报上来的培训需求信息，往往会受各种外在或内在因素的影响而真伪并存，同时，由于组织的培训资源有限，不可能满足所有的培训需求，因此需要培训管理者对培训需求排序，然后加以取舍。这一阶段的工作具体包括以下内容：

（1）归类、整理培训需求信息。分析的信息来源和渠道不同，信息的形式也有所不同，首先要把收集到的信息进行分类、归档，同时制作一些表格和图示对信息加以处理。可以按照表 6-1 所示范例进行信息归类和整理。

表 6-1　培训需求信息归纳表

资料收集		收集时间	
资料整理		整理时间	
1. 资料份数：			
2. 资料完整情况：			
3. 资料及时情况：			
4. 来自领导层的主要信息：			
5. 来自各部门的主要信息：			
6. 来自外部的主要信息：			
7. 来自组织内部个人的主要信息：			
整理人签名		时间	

（2）分析、总结培训需求信息。对收集上来的资料仔细分析，从中找出培训需求。注意处理好个别需求与普遍需求、当前需求与未来需求之间的关系，结合企业的实际情况，根据培训需求的重要程度和紧迫程度对各类培训需求排序。在数据分析时应注意准确性、全面性和简单易行。

（3）撰写培训需求分析报告。培训需求分析报告是培训需求分析工作的成果表现，它的目的在于对各部门申报汇总上来的培训需求作出解释和评估结论，并最终确定是否需要培训和培训什么。报告结论要以调查的信息为依据，不可依个人主观看法下结论。因此，培训需求分析报告是确定培训目标、制定培训计划的重要依据和前提。

二、培训课程设计

培训与开发的内容应服务于其所要达到的目的和目标。每一次培训都是为了使培训对象掌握所需的知识或技能，提高胜任能力或发展潜力。为了达到这一目的，培训的内容就必须具有科学性、系统性、适用性，还要具有一定的前瞻性，并且要根据不同的对象和不同的时期而有所变化。

（一）目前主要的培训内容与项目

下面列出了几项目前比较流行和受欢迎的管理培训课程。

1. 高效管理培训

这是提高管理效率的培训课程，尽管费用较高，但仍很受某些高层职业人士的欢迎。

2. 时间管理培训

此类课程传授的不仅是工作时间的管理方法，还包括生活时间的科学管理和利用方法。由于时间管理是提高工作效率的关键，因此不论是公司还是个人都很喜欢此类培训。

3. 团队精神培训

受西方现代企业文化的影响，越来越多的中国企业意识到员工整体协作对企业的发展起着重要的作用。因此，团队合作逐渐成为企业文化的重要组成部分。

4. 营销技巧培训

市场竞争的日趋激烈要求企业更加主动、积极地开拓市场；营销人员要想提高业绩，也需要参加专业的培训课程。

5. 客户服务技巧培训

客户是上帝，只有充分满足客户的需要，才能为企业提高经济效益。因此，越来越多的企业把客户服务作为重点考虑的内容之一。

6. 沟通技巧培训

沟通协助技巧、谈话技巧、客户接待技巧等都属于沟通技巧的范畴。

7. 项目管理培训

项目管理包括对质量、时间、人员、进度、项目成本等几方面的管理，其在整个项目实施过程中起着科学协调的作用。项目管理可以帮助企业保证项目的进度和质量、控制项目的成本等，因此备受关注。

8. 薪酬设计培训

市场经济要求企业实行市场化薪酬制度。薪酬已成为员工能力差异的一种体现，也是企业吸引人才的重要手段。但目前国内大部分企业缺乏薪酬设计的能力，此类培训正好满足了这方面的需求。

9. 战略性人力资源管理培训

此类培训的内容包括人力资源规划、招聘、培训、绩效考核、薪酬福利以及员工关系等各方面的整体综合设计，能帮助企业建立从一线员工到高职位员工的科学的、标准的人力资源管理体系，帮助企业有效管理、发挥和挖掘员工人力资源潜力。

10. 领导艺术情景培训

此类培训形式灵活、内容实用，从日常工作中可能碰到的一些小案例出发，教给培训对象实用的处理问题的方法。

（二）确定培训内容与项目的依据

1. 以工作岗位标准为依据

员工都有岗位任职标准和要求，这些标准和要求是员工上岗的基本条件。如果员工不具备企业所需要的岗位标准和要求，就需要通过培训来达到上岗标准。

2. 以生产/服务质量标准为依据

质量是组织的生命，不同的生产/服务质量标准对组织有着不同的人力资本结构和等级的要求。在当今科技迅猛发展的时代，生产/服务质量标准也在不断地更新和提高，使组织的生存和发展始终处于一种不断变化的经济技术环境之中。作为组织人力资本的员工，当然也脱离不了组织所处的环境，在知识、技能和工作态度方面必须与这种不断变化的内外部环境相适应，不断更新知识、提高技能，以满足企业的要求。

3. 以组织发展的目标为依据

组织发展目标的确立必然对组织人力资本结构和等级提出要求。这一点可以从两个方面来看：一是当某项工作的目标要求与员工现有的知识、技能、工作态度出现差距时，就有必要进行培训；二是当组织的目标与实现这一目标所必需的人力资本条件出现差距时，也需要组织培训。

（三）确定培训内容与项目的分析方法

1. 任务分析法

该方法通过对某项任务进行系统分析，找出工作难点或质量控制点，以此来确定相应的培训内容提要、项目和方法。采用这种方法，首先要把一个任务进行分解，逐项分析，判断各项的难度和重要性，然后根据企业或某单位人力资源现状进行模拟操作分析，确定完成这项任务的质量控制过程和环节，这些质量控制过程和环节就是要培训的内容和项目。

2. 缺陷分析法

如果组织在生产/服务过程中，某项工作易发生事故、缺陷较多，那么，通过对工作中的事故和缺陷所产生的原因分析，找出哪些因素与人力素质有关，然后，以组织的岗位标准和生产/服务标准为依据，结合组织现有的人力资源现状，对员工的知识、技能、工作态度进行对比分析来确定培训项目，确定培训哪些知识和技能等。

3. 技能分析法

通过对员工任职岗位要求和工作过程的详细分析，找出要求与实际状况的差距来确定培训项目和内容。

4. 目标分析法

当一个组织确定其发展目标后，为实现这个目标，必然对组织人力资源提出标准和要求，即期望状态的人力素质。对期望的理想状态的人力资本的结构和等级与现实组织状态进行比较分析，找出差距，从而确定培训项目及内容。

三、培训的种类

员工培训可以按不同分类方式分为很多种类，比如按培训对象与培训时间的不同大体上可分为职前培训（也可称为入职培训、入职前培训）、在职培训及非在职培训三种，其中一种培训又可依其性质与目的不同再划分为若干种类。

（一）根据培训时间不同分类

1. 职前培训

职前培训是指组织对新员工分配工作前进行的培训，又可分为一般性职前培训与专业性职前培训两种。一般性职前培训的主要目的是使新员工了解本组织的一般情况，如组织内部各部门的职责权限、组织的简史、主要政策、今后发展方向及员工的权利义务与责任等，以增强员工对本组织的了解与信心。专业性职前培训的主要目的是使新员工切实掌握处理业务的原则、技术、程序与方法，以便在培训结束后即能胜任新的业务工作。

2. 在职培训

在职培训是一种最为常见的员工培训方式，员工在培训期间多为带职带薪。在职培训按照培训对象的不同又可以分为共同性培训与专业性培训；按其性质和目的的不同，又可分为补充学能培训、人际关系培训与思考能力培训。

（1）补充学能培训。它是指通过培训，对员工执行现任工作所需学识技能中的欠缺部分予以补充，目的在于使其胜任现职、增进效率。参加此种培训者均为在职员工。依据培训课程划分，其又可分为操作技能培训、学识技能培训及行政管理培训等。培训可由有经验的员工或技术主管担任指导，亦可为特定的需要举办实习培训。

（2）人际关系培训。它是指各组织为新员工加快对人际关系的了解，增强员工相互间的合作、团结及和谐所进行的培训。依据主要课程划分，其又可分为人群关系培训、意见沟通培训及团队合作培训等。

（3）思考能力培训。它是指各组织为解决有关问题指定部分员工集合在一起，激励参加的员工运用智慧，群策群力，提出处理问题的策略、程序与方法，以协助领导解决问题。这种培训又可分为解决问题培训、创造力培训、激荡脑力培训、模拟培训、激发意愿与发挥潜能培训等。

在职培训的优点很多，如培训者所需花费的时间和精力较少，不需额外的教学设备，学习期间亦能从事生产工作，短期内无须变动日常工作等。

3. 非在职培训

非在职培训是指组织的员工暂时离开现职，脱产到有关学术机构或其他组织的为期时间较长的培训。对于非在职培训，各企业往往有较为适合自己的培训规定。

（二）根据培训人员分类

1. 新员工的培训

新员工的培训又称岗前培训或职前教育，是一个企业所录用的员工从局外人转变为企业人的过程，是员工从一个团体融入另一个团体的过程，是员工逐渐熟悉、适应组织环境并开始初步规划自己的职业生涯、定位自己的角色、开始发挥自己的才能的过程。

（1）新员工面临的问题。

1）是否会被群体接受。每个人都会有这样的疑问：进入一个新环境，是否会被一个小群体接纳？经常听人这样说："我很担心，不知道同事们会不会喜欢我，我的生活会不会被别人过分干扰。听说工作之初有不少人都是因为难以与同事们相处而换工作的。"不难发现，只有当这些人的上述疑虑完全烟消云散之后，才能以一种愉快的心情来充分地展示他们的才智。

2）企业当初的承诺是否会兑现。有不少企业为了能吸引优秀的人才，在招聘时许以美好的承诺，而一旦员工受聘之后便不履行其承诺。相对于员工的工作准则、企业的发展及目标来说，员工更加关心自己的工资、福利、假期、发展前景等。只有其切身利益得到保障之后，员工才可能从心理上接受企业文化，融入企业的群体中，否则会表现消极，即使一时是积极的，也是在为工作经验丰富之后的跳槽做准备。

3）工作环境怎么样。这里所说的工作环境既包括工作的条件、地点，又包括企业的人际关系、工作风格等。新的环境是吸引新员工的还是排斥新员工的？同事们是否会主动与新员工交往并告诉他们必要的工作常识和经验？第一项工作有人指导吗？新员工是否完全明白自己的工作职责？为了完成工作，新员工得到必要的工作设备或工作条件了吗？上述问题直接关系到新员工对企业的评价和印象，更关系到其能否与企业同舟共济、为企业的发展贡献力量。

（2）新员工培训的内容。对刚进入企业的新员工，重点是向他们传授企业精神，培养他们对企业的感情和集体主义、团结合作的作风。新员工首先要了解企业的概况和历史传统、创业精神、经营方针、业绩等。对新员工培训的内容主要有以下几方面：

1）企业文化培训。所谓企业文化，实际上就是指企业的经营思想和作风。每个企业都有自己的企业文化，如果员工不能正确理解和继承它，就不能形成良好的工作氛围和积极向上的团队精神，那么企业的经营方针和战略目标就难以实现。

企业文化精神层次的培训：①介绍企业的组织机构发展规划、战略目标和发展方向。②参观厂史展览，或请先进人物讲解企业的传统。③请负责人讲解企业任务、企业宗旨、企业哲学、企业精神、企业作风、企业道德。通过培训，让新员工清楚地了解企业提倡什么、反对什么，应以什么样的精神风貌投入工作，应以什么样的态度待人接物，怎样看待荣辱得失，怎样做一名优秀员工。

2）企业文化制度层次的培训。组织新员工认真学习企业的一系列规章制度，如考勤制度、请假制度、奖励制度、惩罚条例、报酬福利和财务报销制度、人员进出制度、人员培训制度、人员考评制度、职称评定制度、晋升制度、岗位责任制度、工作安排与工作规则、安全及紧急情况处理、与生产经营有关的业务制度等；另外还要学习行为规范，如怎样接电话、怎样接待客户、怎样站立、怎样行走等。

企业文化物质层次的培训：①让新员工了解企业的内外环境、厂容厂貌、工作场所、工作群体、部门或单位的地点和性质。②了解企业的主要产品、设备、品牌、商标。③了解厂旗、厂标、厂徽、厂服及其含义。④了解企业环境内的纪念建筑（雕塑、纪念塔、纪念碑等）和纪念品（有纪念意义的奖杯、礼品杯、纪念册、锦旗）及其反映的企业精神和企业传统。

3）业务培训。其内容如下：①参观企业生产的全过程，请熟练技师讲解主要的生产工艺和流程。②请企业的总工程师给新员工上课，讲解企业生产中最基本的理论知识。根据各人的不同岗位，分类学习与其岗位有关的业务知识、工作流程、工作要求及操作要领。

4）开展对新员工的“传、帮、带”活动。无论在生产岗位、技术岗位还是职能部门的机关岗位，都应该派素质高、有经验的老员工一对一地以师带徒的形式对新员工给予具体的、细致的、系统的辅导和指导，不但要教技术、工艺、操作、服务技巧、办事方法，而且要教思想、带作风、讲传统，使新员工在耳濡目染之中形成良好的作风，树立敬业精神、职业道德，并且尽快熟悉工艺技术、业务内容和工作方法。

5）上岗试用。通过岗前培训，新员工对本单位的基本情况已有所了解，对组织安排的工作也有了一定的感性认识。至此，新员工可进入上岗试用期。上岗试用期可根据岗位要求而定，一般为一个月到半年不等。试用期结束后，经考评合格者与人力资源部签订聘任合同书，正式成为组织的员工，同时享受正式员工的一切薪资及福利待遇。

2. 技术人员的培训

在企业中，各类专业技术人员通常都需要定期培训。在科学技术飞速发展的时代，专业知识和技能不断更新，各种先进的技术手段层出不穷，如果忽视对专业技术人员的持续不断的培训，就不能使其适应组织发展的需要。在专业技术人员的培训中，尤其要重视培养他们解决实际问题的能力和处理人际关系的能力，帮助其将知识运用于生产与经营过程，使其在组织中与同事互相协作、多出成果。技术人员的培训应集中在专业领域，主要是进行专业知识的培训，今后应扩展到其他方面，要最大限度地发挥技术人员的潜力。对技术人员培训的主要目的有以下几点：

（1）开发出适应市场需求的产品。对专业技术人员进行培训，使他们不断掌握先进的技术知识，紧跟时代的发展，开发出满足人们实际需要的产品。

（2）主动为企业的战略目标做贡献。只有掌握先进技术知识的专业技术人员，才能在企业制定战略目标时对其起到指导作用。

（3）更好地指导员工操作。专业技术人员是企业的精髓，只有他们不断地接受培训，才能更好地指导其他员工的操作。

（4）完成企业各项技术工作。技术人员在企业中的作用就是完成各项技术工作，提高企业在市场中的竞争力，使其处于不断发展的过程中。

根据技术人员的特点，对技术人员培训的主要项目有：计算机编程，程序和网络维护、操作，新设备的维护、维修与操作，安全常识，产品知识，全面质量管理，目标管理，管理信息系统，市场营销，财务管理，新产品研制，材料替代，生产管理，工业工程，品质工程等。对技术人员的培训是多方面的，也就是说，企业所需要的技术人员应该具有较全面的能力和素质。

3. 操作人员的培训

操作人员的培训是指对一线员工的培训。一线员工是企业人力资源的重要组成部分，他们的素质、能力以及操作技能直接关系到所生产出来的产品的质量、性能以及其他一些关系到企业兴衰成败的大事。所以，加强对操作人员的培训是十分重要的。

（1）操作人员培训的目的。

1）培养积极的心态。通过培训，使操作人员能够在对本企业充分了解的基础上对自己所从事的一线工作产生浓厚的兴趣，以积极的心态来面对工作，这样会大幅度地提高工作效率。

2）全面完成各项工作任务。操作人员完成任务的程度直接关系到企业的效益，因此对操作人员进行培训就是要使其能够全面地完成各项工作任务。

3）掌握正确的工作程序。做什么事情都要讲程序，对一线操作的工作人员更应该要求其正确掌握所从事的工作的程序，并按操作规程来工作。

4）掌握正确的操作方法。操作人员只有掌握了正确的操作方法，才能更好地进行工作，避免事故的发生。

5）提高工作效率。对操作人员进行操作方法培训，可以使其不断熟练起来，从而提高工作效率，为企业创造更多的效益。

（2）操作人员培训的主要项目。操作人员培训的主要项目有作业指导、安全与事故预防、减少浪费、全员质量管理、设备操作与一般保养、产品知识、5S 知识、ISO9000 质量体系常识等。

4. 管理人员的培训

（1）管理人员培训的对象。管理人员培训的对象就是主管人员。这似乎是不言自明的，但这样说未免太笼统。主管人员作为培训对象，根据其培训特点的不同，可以分为两大类：一类是任职的主管人员；另一类是刚刚选拔出来准备任职的主管人员，虽然其现在也可能在任职，但却是准备提升到更高的职务上的。第二类又可细分为两个小类：一是准备立即提升的；二是还须进一步锻炼之后才能提升的。

人们往往认为第一类任现职的主管人员不应该是培训的主要对象，而应该把较低层次的主管人员作为培训的主要对象，特别是那些基层的主管人员。实际上，这种看法是片面的。每一个任现职的主管人员，无论是高层的、中层的还是基层的，为了更好地履行职责、做好现任工作，都有提高自己各方面素质和能力的必要。因此，培训的对象不应该只是中下层的主管人员，还应该包括高层的主管人员，而且后者还应该首先接受培训。这是由其所在的重要岗位决定的，同时也是因为在整个培训过程中其负有培训下级主管人员的责任。作为教员，其必须对管理学的基本原理有比较深刻的理解，率先学习和运用管理的一些新观点、新方法和新技术，理论联系实际，这样才有可能培训好下级主管人员。

此外，作为高层的主管人员，还要在理论上总结自己的经验，不断地丰富管理理论的内容，从而促进管理学这门学科的发展。总之，无论高层、中层还是基层，凡是任现职的主管人员，其培训的重点都是提高现有的各方面的素质和能力，圆满地完成现任工作。

对于第二类新选拔出来并且将被提升的主管人员来说，他们即将离开熟悉的现任职位，奔赴新的、责任更重大的、风险和机会更多的职位。所以，其培训的重点应是尽快地了解和熟悉新的环境，以便能够迅速地胜任新的本职工作。而对于那些也是新选拔出来的但目前还不具备提升条件的主管人员来说，其培训重点则是分别根据各自的弱点和不足，通过各种方式尽快地补课，以达到拟提升职务的要求。

（2）管理人员培训的内容。管理人员培训一般包括以下四个方面的内容：①管理方面。要清楚地了解组织的目标、政策和管理原则。②实务操作方面。要明白工作程序、工作标准和工作细节。③人际关系方面。要了解员工并能够影响他们的工作态度和行为。④思想意识方面。要能设想用不同的工作方法并预见其所带来的结果。

但是，对不同层次的管理人员，在知识和技能方面的要求并不相同。一般来说，在管理和思想意识培训方面，越是高层，就越要加强；在实务操作方面，越是高层，要求就越低；在人际关系方面，不论是对哪一个层次的管理人员，都有同样的要求。

因此，在对管理人员进行培训时，应加强其在计划、组织、指挥、协调和控制等方面的管理知识的培训，努力提高他们的管理水平。同时，要着重培训和开发其作为管理者应具备的多种工作能力，这些能力主要体现在沟通技能、倾听技能、反馈技能、授权技能、训导技能、冲突管理技能、激励技能、时间管理技能等方面。

四、培训方法

企业培训的方法有多种，如讲授法、研讨法、案例研究法、模拟训练法、角色扮演法等，各种培训方法都有其自身的优缺点。为了提高培训质量、达到培训目的，在培训时可根据培训方式、培训内容、培训目的选择一种或多种配合起来，灵活使用。

（一）直接传授型培训

直接传授型培训适用于知识类培训，主要包括讲授法、专题讲座法、研讨法。

1. 讲授法

讲授法是指教师按照准备好的讲稿系统地向受训者传授知识的方法。教师是讲授法成败的关键因素。它适用于各类学员对学科知识、前沿等的系统了解。

讲授法的优点：传授内容多，知识系统、全面，有利于大规模培养人才；对培训环境要求不高；有利于教师发挥；学员可利用教室环境相互沟通；平均培训费用低。

2. 专题讲座法

专题讲座法适用于管理人员或技术人员了解专业技术发展方向或当前热点问题。它在形式上与讲授法相同，内容上有差异。它是针对一个专题知识，一般只安排一次培训。

专题讲座法的优点：培训不占用大量时间，形式灵活；可随时满足员工某一方面的培训需求；讲授内容集中于某一专题，培训对象易于加深理解。

3. 研讨法

研讨法分两类：

（1）以教师或受训者为中心的研讨，即教师指导、学员围绕一个或几个主题进行交流讨论、相互启发的培训方法。

研讨法的优点：多向式信息交流；要求学员积极参与，有利于培养学员的综合能力，加深学员对知识的理解；形式多样，适应性强，可针对不同的培训目的。以教师或受训者为中心的两种方法：一是由教师提出问题或任务，受训者独立提出解决办法；二是不规定研讨的任务，受训者就某议题进行自由讨论、相互启发。

（2）以任务或过程为取向的研讨。

（二）实践型培训

实践型培训又称实践法，适用于以掌握技能为目的的培训，经济有效，易于测评。实践型培训主要有以下几种类型：

1. 工作指导法

工作指导法又称教练法、实习法，是指由一位有经验的工人或直接主管人员在工作岗位上对受训者进行培训的方法。这种方法应用广泛，既可用于基层生产工人的培训，也可用于管理人员的培训。

培训要点：一是关键工作环节的要求；二是做好工作的原则和技巧；三是须避免、防止的问题和错误。

2. 工作轮换法

工作轮换法是指让受训者在预定时期内变换工作岗位，使其获得不同岗位的工作经验的培训方法。这种方法适用于一般直线管理人员的培训。

工作轮换法的优点：能丰富受训者的工作经验，增加其对企业工作的了解；使受训者明确自己的长处和弱点，找到适合自己的位置；能改善部门间的合作，使管理者更好地理解相互间的问题。

3. 特别任务法

特别任务法是指企业通过为某些员工分派特别任务对其进行培训的方法。它适用于管理培训。

具体形式：①委员会或初级董事会（是为有发展前途的中层管理人员提供的，培养其分析全公司范围问题的能力，提高决策能力）。10~12 名受训者，主要为这些管理人员提供分析公司高层次问题的机会。②行动学习。4~5 人一组，为受训者提供解决实际问题的真实经验，可提高他们分析、解决问题及制定计划的能力。

4. 个别指导法

个别指导法是指通过资历较深的员工的指导使新员工能够迅速掌握岗位技能的培训方法。这是“师傅带徒弟”或“学徒工制度”“传帮带”式培训方式。

个别指导法的优点：新员工在师傅指导下开始工作，可以避免盲目摸索；有利于新员工尽快融入团队；可以消除刚从高校毕业的受训者开始工作时的紧张感；有利于企业传统优良工作作风的传递；新员工可从指导人处获取丰富的经验。

（三）参与型培训

参与型培训通过互动学习，可以调动受训对象的积极性，使其在活动参与中获得知识、技能，掌握正确的行为方式，开拓思维，转变观念。

1. 案例研究法

案例研究法是一种信息双向性交流的培训方式，将知识传授和能力提高融合在一起，非常有特色。它可分为案例分析法和事件处理法。

（1）案例分析法又称个案分析法，是围绕一定的培训目的，把现实中的场景加以典型化处理，形成供学员思考分析和决断的案例，通过独立研究和相互讨论的方式来提高学员的分析及解决问题的能力。案例需满足：内容真实；其中应包含一定的管理问题；分析案例必须有明确的目的。它有两种类型：描述评价型、分析决策型。描述评价型即描述解决某种问题的全过程，包括其实际后果，学员对案例中的做法进行分析并提出亡羊补牢性的建议。分析决策型即只介绍某一待解决的问题，由学员去分析并提出对策，能有效培训学员分析决策、解决问题的能力。

（2）事件处理法指让学员自行收集亲身经历的案例，将其作为个案进行分析讨论，用结果警戒日常工作中可能出现的问题，使企业信息充分利用和共享，同时形成一个和谐、合作的工作环境。

案例研究法的优点：适宜各类人员；参与性强，变学员被动接受为主动参与；将学员解决问题的能力的提高融入知识传授中；教学方式生动具体，直观易学；学员之间能相互交流。

案例研究法的缺点：案例准备的时间较长且要求高；对学员能力要求高，对培训顾问能力要求也高；无效的案例会浪费培训对象的时间和精力。

2. 模拟训练法

模拟训练法是以工作中实际情况为基础，将实际工作中可利用的资源、约束条件和工作过程模型化，学员参与情境中学习从事特定工作的行为和能力，提高其处理问题的能力。其适用于对操作技能要求较高的员工的培训。

它有两种基本形式：人与机器共同参与；人与计算机共同参与模拟活动。

模拟训练法的优点：学员的工作技能会获得提高；通过培训有利于加强员工的竞争意识；可以带动培训中的学习气氛。

此种方法与角色扮演类似，不同之处是它更侧重于对操作技能和反应能力的培训，解决实际工作中可能出现的各种问题。

3. 头脑风暴法

头脑风暴法又称研讨会法、讨论培训法，其特点是培训对象在培训活动中相互启迪、激发创造性思维，最大限度地发挥参与者的创造能力，提供更多、更好的解决问题的方案。

其要点：只规定一个主题；事后评议。其关键是排除思维障碍，消除心理压力，让参加者轻松自由、各抒己见。

头脑风暴法的优点：培训过程中可为企业解决实际问题，大大提高了培训的收益；可帮助学员解决工作中的困难，学员参与性强；小组讨论有利于加深学员对问题理解的程度，可集中集体的智慧，达到相互启发的目的。

4. 自学法

自学法适用于知识、技能、观念、思维、心态等多方面的学习，适用于岗前培训、在岗培训，并且新老员工都适合。

自学法的优点：费用低；不影响工作；学习者自主性强；可体现学习的个别差异；有利于培养员工的自学能力。

5. 管理者训练法

管理者训练法又称 MTP 法，是产业界最为普及的管理人员培训方法，适用于中低层管理人员掌握管理的基本原理、知识，提高管理能力。

一般采用专家授课、学员间研讨的培训方式；企业可进行大型的集中训练，以脱产方式进行。

操作要点：指导教师是管理者训练法的关键，一般外聘专家或由企业内部曾接受过此训练法的高级管理人员担任。

6. 敏感性训练法

敏感性训练法又称 T 小组法，简称 ST。敏感性训练要求学员在小组中就参加者的个人情感、态度及行为进行坦率、公正的讨论，相互交流对各自行为的看法，并说明其引起的情绪反应，目的是提高学员的洞察力。

敏感性训练法适用于组织发展训练、晋升前的人际关系训练、中青年管理人员的人格塑造训练、新进人员的集体组织训练、外派工作人员的异国文化训练等。常采用集体住宿训练、小组讨论、个别交流等方式。日程由指导者安排，内容可包括问题讨论、案例研究等。

（四）态度型培训

态度型培训主要针对行为调整和心理训练，具体包括角色扮演法和拓展训练法等。

1. 角色扮演法

角色扮演法是在一个模拟真实的工作环境中，让参加者按他在实际工作中应有的权责来扮演角色，模拟性地处理工作事务，从而提高处理各种问题的能力。其精髓在于“以动作和行为作为练习的内容来开发设想”，是一种难度很高的培训和测评方法。

行为模仿法是一种特殊的角色扮演法，适用于中层管理人员、基层管理人员、一般员工的培训。可使学员的行为符合其职业、岗位的行为要求，提高学员的行为能力；可根据具体对象确定培训内容。

角色扮演法的优点：①学员参与性强，学员与教师之间的互动交流充分，可以提高学员培训的积极性。②角色扮演中特定的模拟环境和主题有利于增强培训效果。③在角色扮演过程中，学员之间需要进行交流、沟通与配合，因此可增加彼此之间的感情，加强其沟通、自我表达、相互认知等社会交往能力。④在角色扮演过程中，学员可以互相学习，及时认识自身存在的问题并进行改正，明白自己的不足，使各方面能力得到提高。⑤可提高学员的业务能力，同时加强其反应能力和心理素质。⑥具有高度的灵活性，实施者可以根据培训的需要改变受训者的角色，调整培训内容，同时，角色扮演对培训时间没有任何特定的限制，视要求而决定培训时间的长短。

2. 拓展训练法

拓展训练法指模拟探险活动进行的情境式心理训练、人格训练、管理训练，以外化型体能训练为主，包括场地拓展训练和野外拓展训练两种。

场地拓展是指需要利用人工设施的训练活动，包括高空断桥、空中单杠、缅甸桥等高空项目和扎筏泅渡、合力过河等水上项目等。

野外拓展借助自然地域，轻松自然；野外拓展提供了真实模拟的情境体验；野外拓展使参与人员拥有开放接纳的心理状态；野外拓展使参与人员拥有与以往不同的共同生活经历。

拓展训练法的优点：有限的空间，无限的可能；有形的游戏，无形的思维；简便、容易实施。

（五）科技时代的培训

科技时代的培训通常包括网上培训法与虚拟培训法等。

1. 网上培训法

网上培训法是基于网络的培训，是指通过企业的内网或因特网对员工进行培训的方式。

网上培训法的优点：无须聚集，节省培训费用；易修改，及时，成本低；可充分利用网络资源，有声音、图片和影音文件，增加了趣味性，从而可提高学习效率；进程安排灵活，员工可利用空闲时间学习。

2. 虚拟培训法

虚拟培训法是指利用虚拟现实技术生成实时的、具有三维信息的人工虚拟环境，学员通过运用某些设备接受和响应环境的各种感官刺激而进入其中，并可通过多种交互设备来驾驭环境、操作工具和对象，来达到提高技能与认知的目的。

虚拟培训法的优点：具有仿真性、超时空性、自主性、安全性，学员可从中获得感性知识和实际经验。

此外，还有函授、业余进修、读书、参观访问等方法，这些要通过员工自身努力、自我约束才能够完成，企业只起鼓励、支持和引导的作用。

五、培训计划制定

（一）制定培训计划的过程

制定培训计划的过程如图 6-1 所示。

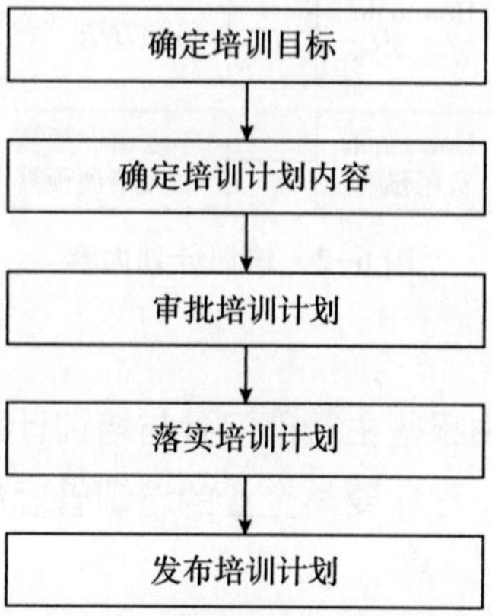

图 6-1　制定培训计划的过程

1. 确定培训目标

在前期的培训需求分析工作结束的时候已经明确了培训需求，因此制定培训计划时首先要阐明本次培训的目标定位。

有了培训目标，才能确定培训对象、内容、时间、方法等具体内容，并在培训之后对照此目标进行效果评估。

确定了总体培训目标，还可以进行细化，目标越具体，越具有可操作性，就越有利于总体目标的实现。

培训的目标一般可包括：知识的获得；态度的改变或加强；技术的获得；工作行为的改进；企业、部门或人员绩效的改善等。

2. 确定培训计划内容

以下是培训计划的主要内容，即 5W2H（见图 6-2）。

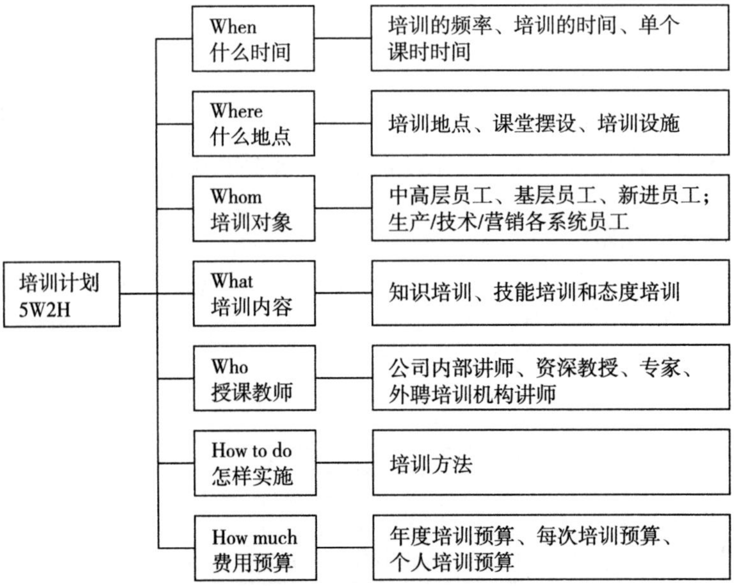

图 6-2　培训计划内容

3. 审批培训计划

在这个阶段，要确认由哪些主管部门参与培训计划的审批、审批程序是什么以及审批完成的时间。这个程序要与企业的培训管理制度相匹配。

4. 落实培训计划

（1）选择外部培训课程或外部培训机构的培训，应当与相应部门签订合同。

（2）落实或支付培训费用。

（3）确认培训师，与培训师签订合同或协议。

（4）确认培训所需场地、器材、资料的形式和来源等。

（5）确认培训相关人员（管理人员、服务人员等）。

（6）其他相关手续。

5. 发布培训计划

将培训计划发布出去时要确定以下内容：

（1）发布形式：布告栏、网络、信函和会议通知等。

（2）发布范围：公司全体员工和对应部门。

（3）发布时间与报名有效时间等。

（二）年度培训计划的内容

1. 制定年度培训计划的步骤

制定年度培训计划的步骤如图 6-3 所示。

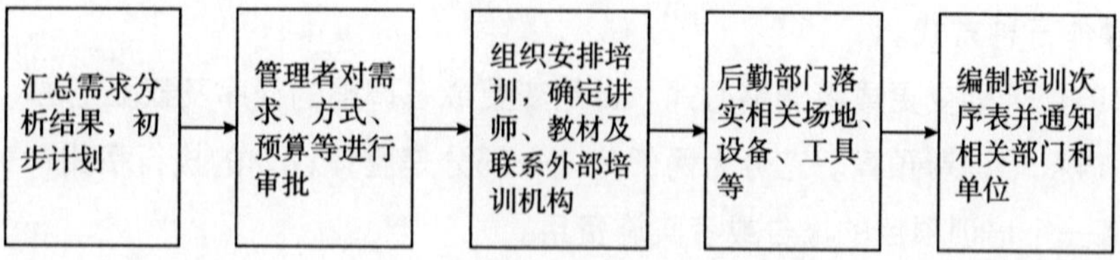

图 6-3 制定年度培训计划的步骤

2. 年度培训计划的内容

年度培训计划是企业培训组织管理的实施规程，如要使培训顺利实施，培训计划就必须具备以下内容：

（1）制定培训计划的目的。从企业整体的宏观管理角度讲，培训计划要解决的问题或者要达到的目的。

（2）原则。制定和实施计划时的原则或规则。

（3）培训需求。在企业运营和管理过程中，什么地方与现实需要存在差距而需要弥补。

（4）培训的目的或目标。培训项目需要达到一个什么样的培训目的、目标或结果。

（5）培训对象。培训项目是针对什么人或者什么岗位的任职人员的，他们的经历、经验、技能状况如何。

（6）培训内容。培训计划中每个培训项目的培训内容是什么。

（7）培训时间。培训时间包括三方面内容：第一，培训计划的执行或者有效期；第二，培训计划中每一个培训项目的实施时间或者培训时间；第三，培训计划中每一个培训项目的培训周期或者课时。

（8）培训地点。培训地点包括两方面内容：第一，每个培训项目实施的地点；第二，实施每个培训项目时的集合地点。

（9）培训形式和方式。每个培训项目所采用的培训形式和方式，例如，是外派培训还是内部组织培训等。

（10）培训教师。每个培训项目的培训教师是外聘还是内聘。

（11）培训组织人。培训组织人包括两方面的人员：一是培训计划的执行人或者实施人；二是培训计划中每一个培训项目的执行人或者责任人。

（12）考评方式。每个培训项目实施后，对受训人员的考评分为笔试、面试、操作三种方式。

（13）计划变更或者调整方式。计划变更或者调整的程序及权限范围。

（14）培训费预算。它分为两部分：一部分是整体计划的执行费用；另一部分是每一个培训项目的报告或者实施费用。

（15）签发人。培训计划的审批人或者签发人。

年度培训计划可以像上面介绍的那样制定得较为详细，也可以只制定一个原则和大方向，在每个培训项目实施前再制定详细的实施计划。

第二节　培训与教育体系运营

一、培训讲师队伍建设

企业内部培训师的甄选需要一个过程。首先是个人自荐和组织推荐，其次是对候选人进行相关培训，最后根据培训结果综合考查确定最终人选。内部培训师一定是先培养后使用的。

对企业内部培训师的培养应循序渐进地完成，除了给他们安排相应的培训课程外，也要协助他们开发与讲授课程，直至他们可以独立操作课程为止。

（一）培训师的自然素质

（1）身体健康，精力充沛。健康的身体和充沛的精力不仅是培训师完成其培训工作的基本保证，也是鼓舞受训者士气的重要条件。如果培训师在培训的时候无精打采，那么培训效果就不可能好。据说在美国总统的竞选活动中，选民往往青睐身材高大、风度翩翩的候选人。所以，培训师应该根据自己的条件和爱好，参加合适的运动和活动，以提高自己的身体素质、适应培训工作的需要。

一个培训师要有充沛的精力，良好的身体素质是其重要的基础。同时，培训师还要有乐观向上的心态，要心胸宽广、志向远大。

（2）思维敏捷，记忆良好。良好的记忆能力是培训师个人素质中的重要内容，是思维敏捷的基础。作为一位培训师，良好的记忆能力可以从容应对有关问题，进而使培训进展顺利。

（二）培训师的政治素质

（1）政治素养。政治素养主要指政治立场、政治方向、政治信念及政治责任感等。

在我国，坚决拥护中国共产党的领导，坚决贯彻执行党的各项方针政策，坚决同反党、反社会、反人民的腐朽思想做斗争，把国家和人民的利益放在首位，认真履行作为一名公民的义务，是每一位培训师应该具有的政治素养。

（2）理论素养。我国是社会主义国家，是在中国共产党领导下进行革命和建设的。马列主义、毛泽东思想、邓小平理论和“三个代表”重要思想是共产党指导思想的理论基础，深入落实“科学发展观”是我们认识世界、改造世界的强大思想动力。培训师应该时刻提高理论素养，始终坚持用辩证唯物主义的世界观来看待世界、发现问题、分析问题和解决问题。

（3）品德修养。品德修养一般包括思想品德和职业道德等方面的修养。培训师不仅要在所培训的内容方面比受训者强，还应该在品德修养方面成为受训者的典范。

对思想品德修养的基本要求：爱祖国、爱人民、爱科学、爱社会主义，坚决反对损人利己、损公肥私、金钱至上、敲诈勒索等腐朽没落的思想和行为。同时，培训师还应该不断提高自己的职业道德修养，热爱自己的职业，时刻严格要求自己，为人师表，成为遵守职业道德的模范。

（三）培训师的业务素质

（1）科学文化修养。科学文化修养一般包括知识结构、思维方式和智能等。

知识化和专业化是培训师的必备条件。作为一名培训师，其知识结构应该广博、综合、专业。每个培训师除了应该具备专业知识以外，还应该有领导管理知识、历史知识及广泛的社会知识等。培训行业是一个特殊的行业，它要求培训师用大部分时间通过语言与受训者沟通，如果培训师没有广博的知识和丰富的阅历，那么他所说出来的话只能是空洞的专业理论，很难令人接受。

对培训师的专业知识要求：培训师应该掌握的专业知识有经济管理类知识、心理学方面的知识等。培训师不一定对培训课程所涉及的问题有实际的工作经验，但是应该有能够解答这些问题的理论知识。培训师还应该有培训授课方面的经验和技巧。

（2）才能修养。培训师的才能修养是一个综合性的概念，主要指培训师的组织指挥才能、沟通才能和创新才能。

组织指挥才能：将培训方案付诸实施的才能就是培训师的组织指挥才能。培训师应该善于分工协作，善于选择工作中的突破口，能运用科学的组织手段、系统的思维方法将培训工作的实施组织得有条不紊、协调一致。

沟通才能：沟通才能可分为语言沟通和非语言沟通两个方面。沟通的效果对于培训的成败起着很重要的作用，所以沟通才能对于培训师来讲是必不可少的。

创新才能：培训师应该不断创新，要有强烈的进取心，积极开动脑筋，想方设法把培训工作做好，因循守旧、墨守成规绝不会有什么建树，必须要敢于标新立异、敢于冲破旧的传统观念甚至是体制的束缚。所以，培训师必须加强心理修养，对意志、气质和性格等方面进行锻炼和提高，要有自信心，相信自己的能力，不为困难所吓倒。

二、培训管理制度

（一）培训制度建立的必要性

企业培训涉及两个培训主体——企业和员工，这两个培训主体参与培训的目的存在一定的差别。在一定的制度条件下，这种差别将导致培训无法达到目的或效果很差。因此要想提高培训的效率，就必须建立一套完整的培训制度，通过制度来明确双方的权利和义务、利益和责任，理顺双方的利益关系，使双方的目标和利益尽量相容。由于培训制度是由企业制定的，所以其主要目的是调动员工参与培训的积极性，同时也使企业的培训活动系统化、规范化、制度化。

（二）起草培训制度草案

起草某一具体的培训制度，其内容应包括以下几方面：

（1）制定企业员工培训制度的依据。

（2）实施企业员工培训的目的或宗旨。

（3）企业员工培训制度实施办法。

（4）企业员工培训制度的核准与施行。

（5）企业员工培训制度的解释与修订。

（三）培训制度的修订

根据企业外部环境和内部条件发生的变化，有关部门应及时提出制度修订方案。起草与修订培训制度应体现以下几方面的要求：

（1）培训制度的战略性。培训本身要从战略的角度考虑，要以战略的眼光去组织企业培训，不能只局限于某一个培训项目或某一项培训需求。因此，制定和修订培训制度时也要从战略角度出发，为企业人才培养建立一个完善有效并有威严的指导性框架，使培训与开发活动走向制度化和规范化。

（2）培训制度的长期性。培训是一项人力资本投资活动，要正确认识人力资本投资与人才开发的长期性和持久性。要用“以人为本”的指导思想和管理理念制定和修订培训制度，保证制度的稳定性和连贯性。

（3）培训制度的适用性。培训制度是开展日常培训工作的指导方针，因此，培训制度应有明确、具体的内容或条款，充分体现管理与实施的需要。这些内容或条款应对培训过程中的每一方面都做出明确的规定，保证在具体实施过程中出现问题时可以照章办理。

三、培训计划实施

（一）组织实施内部培训

1. 组织实施培训前的准备

（1）确认并通知参加培训的学员。培训对象经过申请批准后，管理者应当准备一份详细的培训对象的名单，注明个人资料以及联系方式，在培训开始以前把培训通知发给每个人。培训通知的内容包括培训的日程安排、交通路线和联系人等，并确保在培训开始以前所有培训对象都给予回复。如果有变动，应当及时通知培训对象。

（2）确认培训场地和设备。

1）确认培训场地。

内部培训场地应尽量与工作场所保持隔离，避免互相干扰。

如果有专门的培训教室最好，如果没有专门的培训教室或者培训必须在工作岗位上进行，则应当严格规定培训日程和管理制度，保证完成培训项目。

内部培训课程需要培训管理者或培训师自己布置培训教室。布置培训教室时首先要最大限度地保证舒适度和参与度，同时还应当考虑座位心理效应，使参与培训的人不要太拥挤，也不要过于疏远。

2）电化教学设备的准备。

首先检查开关、插座是否满足要求，灯光照明是否正常。电化教学设备包括多媒体（投影仪、电脑、音响）、录像设备等，培训前需要检查并调试好。

3）确认培训时间。

培训时间要同学员与培训师确认，如果有变动，要及时通知并为相应的参与人员留出路上的时间。

培训时间的长度，原则上以白天 8 小时、晚上 3 小时为宜；要了解员工的工作状况，尽量不与正常上班时间冲突。

4）确认培训资料。

①准备培训课程使用的材料。如果培训时学员需要使用教材、活动资料、培训讲义或考试卷等，培训组织者必须在培训之前准备好。

②准备白板、白板笔。培训组织者应该至少准备两种颜色的白板笔，比如黑色和红色。

③准备受训人员用的纸和笔。如果培训通知中没有要求学员自带纸和笔，培训组织者应为学员准备好。

④准备表格、证书。培训组织者应设计并打印好“培训前准备核查表”“培训签到表”“课程调查表”“受训人员满意度调查表”等培训过程中要使用的各类表格；对于比较正式的培训，还需要准备结业证书。

⑤准备其他物品。培训组织者需要准备好水、饮料和杯子等，如需就餐，还要做好就餐安排。如果培训师有要求，培训组织者还需按照培训师的要求准备相应的道具。

5）确认培训师。

培训需要哪方面的专家要在培训实施前尽早确定，然后把希望讲授的内容、培训要求、用何种方法授课等明确地传达给培训师，并请其提供培训大纲，以便进行审核。

了解培训师的准备情况，包括培训师对课题的理解、对学员的了解，培训形式的设计是否符合课题和学员的特性。

安排和培训师的见面，沟通培训的内容，及时解决培训师提出的问题。

确认培训师的个人资料以及培训师是否会变动。

2. 培训实施中的组织和管理

（1）课前准备。在开课之前，应当再次进行确认，尤其应当把所有培训可能用到的设备和器材一一试用，以保证它们能正常运行。应当指定一个场地设施的负责人，并保持同设备维护人员的联系，以应对培训过程中的突发情况。

（2）营造培训氛围。根据培训内容安排合适的音乐，为培训营造适宜的氛围。

（3）学员签到。学员报到时应在专门的签到表上签到，签到表的设计应包括姓名、部门等简单的个人信息。安排专门人员负责学员的签到，以便掌握学员的出勤情况。

(4) 学员心态引导。引导学员从工作状态转入到培训状态，在心态上有一个调整的过程，可以通过培训前的会议、讨论等形式帮助学员尽快完成这个过渡，为开始培训做好心理准备。

(5) 课前介绍。要介绍培训课程的内容、目标以及培训师的个人情况，要着重介绍培训师与培训内容相关的资历，以帮助培训师树立威信、增加学员对培训师的信心。

(6) 后勤安排和管理。包括住宿安排、交通安排、学习用品的提供等。

(7) 培训纪律。向参加培训的人员宣布培训纪律，包括考勤制度、课堂纪律、请假方法等。

(8) 培训日程安排。向受训者简单介绍已发放的培训日程安排表，使受训者对培训内容、时间和地点有比较清楚的了解。如果没有日程表，要把联系人或日程咨询方式向受训者说清楚，方便他们有问题随时询问。

(9) 破冰游戏。通过一些“破冰游戏”，激发学员的热情和兴趣，增进学员之间的了解，使学员尽快进入培训所需的状态。

(10) 学员自我介绍。如果学员人数不太多，尽量给每个学员自我介绍的时间和机会，帮助学员互相熟悉，也便于培训师和管理者熟悉学员的情况。自我介绍可以规定内容，也可以让学员自由发挥。

3. 知识和技能的传授

知识和技能的传授是培训的重点，在这个过程中，培训管理者要注意观察培训师的教学表现、学员的课堂反应，对出现的问题要及时与双方沟通协调，帮助培训师顺利完成培训任务。具体管理内容包括以下几项：

(1) 与培训师的沟通内容。授课方式是否需要调整；教材的适用性；态度的调整；与学员的互动状况如何，是否沟通不足或过多。

(2) 与学员的沟通内容。进度沟通——课程的进度是否太快或太慢；内容沟通——课程的内容难度是否合适、是否需要调整，理论与实践的内容比例是否合适等；与培训师的互动——不足或过多，方式是否得当等。

(3) 协助培训师进行上课和休息时间的控制。

(4) 培训记录工作。主要可通过纸笔、录音、录像等方式将课程过程记录下来。

4. 对学习进行回顾和评价

（1）对培训知识的总结。应当把总结内容的重点放在培训内容在以后工作中的运用上。培训管理者要协助培训师鼓励学员运用所学新知识、新方法和新技能，或把新的心态和行为带到自己的实际工作中去。

（2）对培训课程的评估。一般对知识性培训采用测验的形式来进行评估，无法直接评估的内容可将培训后绩效和行为的改变作为评估成绩。

5. 培训后的管理工作

（1）培训后的服务工作。培训结束时，培训管理者应向培训师表示感谢，就培训工作征求培训师的意见，并将培训师的费用结清。如果有后续工作，应和培训师保持联系。

（2）学员考核。根据事先准备好的测试工具对学员进行测试考核。

（3）结业证书。如果有结业证书，可安排发放仪式，为学员的合影、通讯录的制作等提供帮助。

（4）设备和场地整理。培训管理者应安排专人对培训场地、培训使用的器材进行整理、清洁。所有外租的场地和设施应办理相应的手续。

（二）组织实施外部培训

1. 外出培训员工的管理

（1）员工自己提出申请，填写有关外出培训申请表格，经部门同意后交由人力资源部征求意见，按管理权限呈与企业领导审批，最后由人力资源部备案。

（2）签订员工培训合同，合同规定双方的责任、义务。

（3）要注意外出培训最好不要影响工作，没有什么特殊情况，不宜提倡全脱产学习。在工作日参加外出培训，视同在公司上班，但要提供学习考勤、学习成绩单。

2. 向外部培训机构发布培训需求信息

培训管理者如果打算从专业的培训公司或教育机构购买培训课程而不是自行开发，那么首先要向相应公司或教育机构发布需求信息。一般来说，可以选择的培训供应商包括对应专业的专家、管理顾问公司、专业培训公司和各大专院校等。

发布的需求信息一般应当包括以下内容：

（1）概括说明企业所需要的培训种类。例如：需要房地产销售人员客户维护方面的培训。

（2）所需参考资料的类型与数量。例如，上述培训需要管理顾问公司提供相关的书面培训资料，保证人手一份以及人力资源部门的备份。

（3）接受培训的人数。例如，上述培训共有20人参加。

（4）项目资金。例如，上述培训企业预算为2000元。

（5）服务水准和流程。详细列出需要申请公司提供什么样的服务，对服务评价的方式，双方洽谈合作的工作流程。

（6）项目完成的时间。例如，上述培训预计在两个月内完成，最长不超过三个月。

（7）公司接受申请的截止日期。

3. 怎样避免请到不合格的培训师

要在与外部培训师的供应公司签订合同时，对培训师的教学效果提出明确的要求，并约定对培训师的培训效果评估的方法。

考查培训师的教学资历也是避免请到不合格培训师的方法。既要对培训师的资历进行考查，也要对培训师的培训记录进行考查，包括培训效果评估资料、学员的反馈、培训录音或录像的历史资料等。

为了保证公司的培训需求能够得到真实反映，一定要向培训机构提出和培训师直接沟通的要求，而这一般也能得到培训机构的同意。如果条件允许，最好能请培训师到公司进行交流，实际感受一下公司的文化、运行状况，真正实现零距离的双向沟通。

要求培训师先提供上课用的讲义或教材，并在与培训机构的合作协议中加上“必须按照双方商定的讲义授课，否则不付款或只付很少的比例”之类的限制性条款。这样可以避免培训师不按事先讨论所定的讲义内容与课时安排来讲课。

最有效的方法就是请培训师试讲，或培训管理者试听培训师的相关课程，从而得到比较准确的评价。

4. 对自学项目进行管理的注意事项

除了由企业组织的培训项目外，员工也可以自己选择自学课程，主要方式有以下几种：

（1）学校教育。如国家承认学历的电视大学、在职研究生课程、成人高考、自学考试、函授等。

（2）政府部门组织的职业资格（如人力资源管理师）、专业资格（如会计）和专业水平（如英语四、六级）的考试培训。

（3）行业协会组织的证书考试培训。

（4）社会培训课程。如普通话培训、计算机培训等。

企业应当鼓励员工进行自学并尽可能地提供时间和金钱上的帮助。培训管理者不能因为员工的自学项目在培训计划之外而不闻不问，也要将其纳入管理的范畴。

1. 对学习内容的管理

（1）员工可以根据自己的喜好选择自学的内容。但是培训管理者应当鼓励员工从自己的职业生涯规划出发，选择有助于自己的职业发展的学习项目。

（2）培训管理者可以帮助员工挑选学习资源，为员工提供学习菜单。员工可以从学习菜单上挑选学习项目，公司可以在时间和费用上给予帮助。

（3）培训管理者可以为员工提供专业的培训咨询，帮助员工了解自己的知识水平，帮助其选择与自身知识水平相符的学习项目及适合自己的学习方法。

2. 对学习费用的管理

从原则上讲，企业可以不必为员工报销学习的费用，但为了鼓励员工自学以提高自己的能力，可以按照一定的标准为员工提供学费上的资助。

（1）参加学位教育的员工，在拿到学位证后给予报销全部或部分学费。这个规定一般用于高学历教育，如硕士或博士学位教育。有时也可以为企业急需的专业人才报销学费。

（2）参加证书教育的员工，在拿到证书后给予报销全部或部分学费。这个规定一般用于与工作或行业相关的证书，而且应当是国家资格或行业资格证书。

（3）少数员工如果确实需要参加企业培训计划之外的外部培训课程，在经过审批后，企业给予报销费用。

3. 对学习过程的管理

员工参加自学项目的时间比较长，尤其是学历教育，可能需要 2~4 年，因此对员工自我管理能力的要求也比较高。培训管理者应当介入员工的自学过程，向其提供支持，同时还要起监督与促进的作用。

（1）培训管理者可以要求员工提供学习计划和日程，定期对其学习进度进行检查。

（2）培训管理者可以要求员工提供培训评估成绩，并记入培训档案。

（3）培训管理者应对员工的学习成绩给予肯定，并帮助员工在工作中运用所学知识，以激励员工的学习热情。

（4）培训管理者可以组织学习小组，让参与自学的员工通过学习小组交流自己的学习心得，互相促进，互相激励。

四、培训效果评估

（一）制定评估方案

评估方案的制定包括五个方面：评估层次的选择、评估方法的选择、评估人员的选择、评估对象的确定、评估时间与地点的确定。

柯氏（Kirkpatrick）四层次模型理论奠定了培训效果评估的理论基础，可以根据评估目的和目标，采用相应的模型对反应层、学习层、行为层和结果层进行部分或全面的评估。

（1）反应评估。反应评估是第一级评估，即在课程刚结束时，了解学员对培训项目的主观感觉或满意程度。第一级评估目标往往包括对培训项目的肯定式意见反馈和既定计划的完成情况。

反应层面需要评估内容、培训师、方法、材料、设施、场地、报名的程序等。对这个层面，首先要有总体的评价，比如询问学员：你感觉这个课怎么样？你会向其他人推荐这个课吗？但是这样容易产生一些问题，比如以偏概全、主观性强、不够理智等。因此还必须采用更细致的评估方法。合适的方式有问卷、面谈、座谈、电话调查等。

这个层面的评估易于进行，是最基本、最普遍的评估方式。但它的缺点显而易见，比如，因为对培训师有好感而给课程全部高分，或者因为对某个因素不满而全盘否定课程。

（2）学习评估。学习评估是第二级评估，着眼于学习的度量，即评估学员在知识、技能、态度或行为方式方面的收获。评估的方法很具体，无论是测试、模拟、技能练习还是培训师的评价都是为了评估学习的情况。这个层面的评估往往在培训中或培训后进行，由培训师或培训辅导员来负责实施。

学习层面主要的评估方法有考试、演示、讲演、讨论、角色扮演等。这个层面评估的优点是：对培训学员有压力，能够使他们更认真地学习；对培训师也是一种压力，能够使他们更负责、更精心地准备课程和讲课。学习是行为改善的第一步。但问题在于压力可能是好事也可能是坏事，也许会使报名者不太踊跃。另外，这些测试方法的可靠度和可信度有多大？测试方法的难度是否合适？它对工作行为转变来说并非最好的参考指标。

（3）行为评估。行为评估即评估学员在工作中的行为方式有多大程度的改变。行为层面的评估主要有观察、主管的评价、客户的评价、同事的评价等方式。这个层面评估的好处是：可以直接反映课程的效果；可以使高层领导和直接主管看到培训的效果，使他们更支持培训。

对于第三级评估来讲，其目标涉及更广泛的领域，即培训的应用领域，包括重要的在岗活动。评估的实施时间往往是在培训结束的几周或几个月之后。由于这种评估将涉及几个方面人员的参与，包括培训和开发人员、区域培训师或地方经理的参与，所以在运作的初期就明确这个问题是很重要的。

但是，这个层面的评估要花很多时间和精力，人力资源部门可能忙不过来；问卷的设计非常重要却比较难做；因为要占用相关人员较多时间，大家可能会不太配合；员工的表现多因多果，如何剔除其他因素的影响也是一个问题。

（4）结果评估。结果评估是第四级评估，其目标着眼于由培训项目引起的业务绩效的变化情况，包括对每个项目的度量方法，通过诸如质量、数量、安全、销售额、成本、利润、投资回报率等企业或学员的上司最关注的并且可量度的指标来考查、判断培训成果的转化，与培训前进行对照，看最终产生了什么结果。时间的间隔取决于学员多长时间才能取得持续不变的业务效果，往往是培训后的几个月。收集第四级评估的数据所涉及的责任人包括学员自己、主管、区域培训协调员或者外部的评估人员。

（二）实施评估

在实施培训评估这一步骤中，评估者对收集到的需求分析报告、项目计划、课程反馈表、测试答卷、角色扮演记录、学员行动计划等原始资料进行统计、分析，通过问卷、访谈、现场观察等评估方法从不同层面展开对培训的评估，并将结果与评估标准进行对照作出相应评价，得出培训与开发活动的目的是否达到以及达到的程度的结论。

1. 培训前期的评估

在培训前期，主要是针对受训者进行评估。首先，由培训组织管理者组织相关人员对受训者的知识、技能等方面进行评估。其次，由受训者的直接上级主管，根据受训者的工作业绩和综合表现，针对受训者的绩效短板或受训者未来职业发展方向提出培训建议。最后，综合所有对受训者的评估来制定企业培训规划，确定各阶段培训计划、目标、内容、师资、教材、场地等。

2. 培训过程的评估

在培训过程中，主要是针对培训对象的参与状况、培训内容、培训进度和效果、培训组织人员的工作质量、培训的沟通协调机制、培训师的能力等方面进行评估。

其具体的评估项目包括：受训者的培训纪律、参与态度；培训的具体内容、培训强度、培训频率、培训时间；培训课堂的时间进度和资源投入进度、对内容的把握程度；培训课堂的组织、沟通、协调；培训师的素质、能力、现场表现等。

做好培训过程评估，可以及时把握培训进程，及时检查培训组织管理者、培训师、受训者的工作、学习情况，排除不利于培训的一切消极因素，对不适用的内容或不称职的培训师进行及时调整，力保培训目标的实现。

3. 培训后的评估

培训后的评估主要是针对培训数量、培训质量、培训效益等方面进行系统的考查与评估。

培训数量评估的内容包括：举办培训班次、参加培训人次、达到培训基本要求的人数比例、获得相应合格或资格证书的人数比例、受训者满意/投诉比例等。

培训质量评估的内容包括：受训者参加培训后在知识、技能、工作态度、业绩等方面是否得到了提升。可采用考试、考查、访谈、情景模拟、抽样调查、关键事件法、适应性绩效评估法等方式进行。

培训效益评估的内容包括：培训的成本投入与所产生的效益是否达到或超出了预期等。

在培训评估工作中，从相关数据的提供到各部门主管、员工的培训及培训评估过程的综合组织，均需要人力资源部门强有力地跟进指导。另外，人力资源部门还要根据培训评估的基础数据，核定人力资源成本，确定干部晋升、换岗，规划员工职业生涯乃至规划企业的人力资源战略等。最后，系统、持续地执行是培训评估体系作用能否体现的关键。培训评估能否达到预期效果，关键在于相关数据的连续收集、统计与积累。

第七章　绩效管理

第一节　绩效管理概论

一、绩效管理的内涵

作为绩效管理的逻辑起点，大家对绩效的概念进行确切的定义和深入的理解至关重要。然而，在不同的学科领域、不同的组织及不同的发展阶段，人们对绩效有不同的理解。著名管理学家彼得·德鲁克认为，所有的组织都必须思考"绩效"为何物。这在以前简单明了，现在却不复如是。战略的制定越来越需要对绩效进行重新定义。

绩效一词来源于英文单词 Performance，其一般意义是指工作的效果和效率。也有人采用"业绩""实绩""效绩"等相近或相似的词汇来表达，但这些概念，或使用领域比较狭窄，或意思表达不够完整。而"绩效"一词能够更完整、准确地反映 Performance 的内涵，同时也为国内的学者和管理者所广泛接受，故本书统一采用"绩效"的概念，并在此基础上讨论绩效管理问题。

对绩效概念的探索起源于对员工绩效的界定。对于员工个人绩效的内涵，学者们提出过各种不同的看法，概括起来主要有三种典型的观点：第一种观点认为绩效是结果；第二种观点认为绩效是行为；第三种观点则认为绩效是行为和结果的统一体。"绩效结果观"和"绩效行为观"都有其局限性。如果把绩效作为结果，会导致行为过程缺乏有效监控和正确引导，不利于团队合作、组织协同及资源的合理配置。如果把绩效作为行为，则容易导致员工行为短视化，拘泥于具体工作，缺乏长远规划，最终难以实现预期结果。因此，“绩效结果观”和“绩效行为观”都无法全面、完整、准确地描述绩效的内涵。而在管理实践中，绩效既强调工作的过程，也重视工作的结果，也就是说，个人绩效包括工作行为及其结果，它不仅要考虑投入（行为），也要考虑产出（结果）。更多的学者提出，应当采用更为宽泛的概念来界定个人绩效，将个人绩效定义为“行为与结果的统一”更为恰当。具体如表 7-1 所示。

表 7-1　关于个人绩效的不同观点及划分

划分	观点描述	评价内容
结果观	韦氏辞典（Merriam-Webster's Dictionary）将绩效定义为完成某种任务或达到某个目标。Bemardin 和 Beatty 认为，绩效是在特定时间范围内，在特定工作职能、活动或行为产出的结果记录。 Kane 指出，绩效是一个人留下的东西，这种东西与目的相对独立存在	结果/产出
行为观	牛津辞典（Oxford Dictionary）将绩效定义为执行或完成一项活动、任务或职能的行为或过程。 Katz 和 Kahn 把绩效分为三个方面：加入组织并留在组织中；达到或超过组织对员工所规定的绩效标准；自发地参加员工职责之外的活动，如与其他成员合作、保护组织免受伤害、为组织的发展提供建议、自我发展等。 Campbell、Mccloy、Oppler 和 Sager 提出的工作绩效理论则将工作绩效定义为员工所控制的与组织目标有关的行为。 Murphy 指出，绩效是与一个人在其中工作的组织或组织单元的目标有关的一组行为。 Borman 和 Motowidlo 提出“关系绩效—任务绩效”二维模型，关系绩效指自发的行为或与非特定的工作熟练有关的行为：任务绩效指所规定的行为或与特定的工作熟练有关的行为	行为/态度等
综合观	Brumbrach 认为绩效是行为和结果的统一体。行为由从事工作的人表现出来，将工作任务付诸实施。行为不仅是结果的工具，本身也是结果，是为完成工作任务所付出的脑力和体力的结果，并且能与结果分开进行判断。 Otley 指出，绩效是工作的过程及其达到的结果。 Mwita 认为，绩效是一个综合的概念，它应包含三个因素：行为、产出和结果	行为+结果

准确理解个人绩效的内涵还需要了解工作态度、工作能力与工作结果的关系，如图 7-1 所示。除了工作结果，员工在工作过程中表现出的行为以及该行为所反映的员工的工作态度，也是管理者进行绩效评价和监控的重要内容。特别需要注意的是，对于处于组织不同层级的员工，其个人绩效评价侧重点也应该有所不同。通常，中高层管理者的绩效评价内容以工作结果为主，而基层员工的绩效评价内容则要综合评价其工作态度及工作结果。

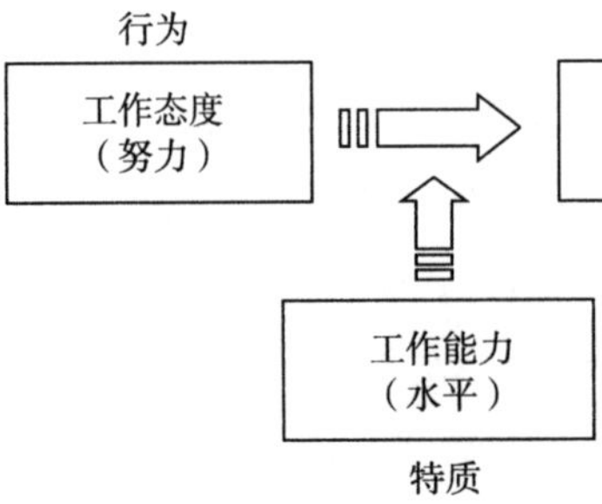

图 7-1　工作态度、工作能力与工作结果的关系

综合众多学者的观点，本书认为，绩效是指组织及个人的履职表现和工作任务完成的情况，是组织期望的为实现其目标而展现在组织不同层面上的工作行为及其结果，它是组织的使命、核心价值观、愿景及战略的重要表现形式。读者要全面理解绩效的概念，需要注意以下几方面的内容。

第一，绩效必须与组织战略的要求保持一致。绩效是组织的使命、核心价值观、愿景和战略的重要表现形式，其中组织战略对绩效的影响最为直接。

第二，绩效是有层次的。组织内的行为主体按照层次不同可以分为组织、群体（部门）和个人三个层次，相应地，绩效也可以划分为组织绩效、群体绩效和个人绩效三个层次，如图 7-2 所示。其中，组织绩效具有最高的战略价值，是绩效管理系统的最高目标。组织绩效和群体绩效是通过个人绩效实现的，离开个人绩效，也就无所谓组织绩效和群体绩效。个人绩效则是绩效管理系统的落脚点，是组织绩效的基础和保障。脱离了组织绩效和群体绩效的个人绩效是毫无意义的，个人绩效的价值只有通过群体绩效和组织绩效才能体现。

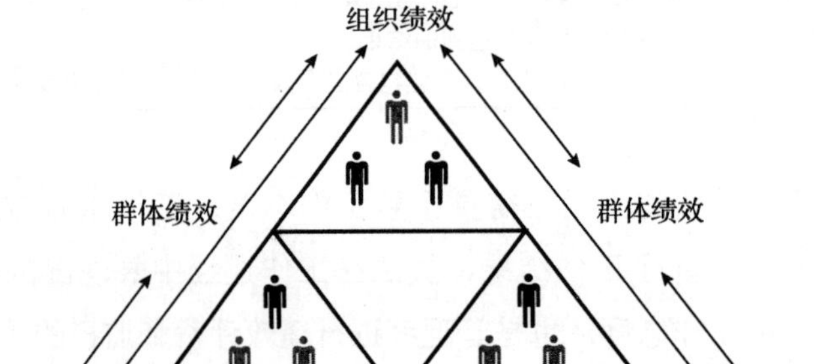

图 7-2　绩效的三个层次：组织绩效、群体绩效和个人绩效

第三，绩效的最终表现形式是工作行为与结果。绩效是工作行为与结果的统一体，只关注结果而忽略工作行为容易产生管理过程中的失控危险，只关注工作行为而忽视工作结果则会让绩效管理失去意义。绩效的这一特点决定了绩效管理既要重视过程监控，也要重视最终绩效目标的达成。

二、绩效管理的发展

绩效管理始于绩效考核。在中国，绩效考核的历史可以追溯到三皇五帝时期。《尚书·尧典》中“纳于大麓，暴风骤雨弗迷”就是指尧将帝位禅让给舜之前，对其进行绩效考核。可见，绩效考核很早就在实践中受到统治者或管理者的重视。在西方工业领域，罗伯特·欧文斯最先于19世纪初将绩效考核引入苏格兰。美国军方于1813年开始采用绩效考核，美国联邦政府则于1842年开始对政府公务员进行绩效考核。

随着经济的发展、管理水平的进步，绩效考核的各种弊端逐步显露出来，在这一背景下，20世纪70年代后期，美国管理学家奥布里·丹尼尔斯提出“绩效管理”这一概念，随后人们展开了系统而全面的研究。

20世纪80年代后期和90年代早期诞生了以下三种代表性观点：

观点一：绩效管理是管理组织绩效的系统。代表人物是罗杰斯和布雷德拉普。罗杰斯在其1990年的研究成果中说明了在地方政府中施行绩效管理的共同的权力范围体系，布雷德拉普认为绩效管理是由计划、改进和考查三个过程组成的。他们观点的核心是将绩效理解为组织绩效，强调通过对组织结构、生产工艺、业务流程等方面的调整实施组织的战略目标，个体因素即员工虽然会受到整个系统变革的影响，但却不是绩效管理所要考虑的主要对象。

观点二：绩效管理是管理雇员绩效的系统。这种观点将绩效管理看作是一个周期，如安史沃斯和史密斯在1993年提出了计划、评估和反馈三步骤循环模型来描述绩效管理；特灵顿和霍尔在1995年也提出了计划、管理和绩效考查的三步骤模型。该观点核心是管理者与被管理者应该在雇员的期望值问题上形成一致的认识，提倡员工对组织活动的直接投入和参与。

观点三：绩效管理是组织绩效管理和雇员绩效管理相结合的体系。这种观点把绩效管理视为一种综合体系，一方面对组织框架的阐述更加清楚，认为绩效管理是通过将各个员工或管理者的工作与整个工作单位的宗旨连接在一起，来支持公司或组织的整体事业目标；另一方面又都无一例外地强调以雇员为中心的参与，认为绩效管理的中心目标是挖掘员工的潜力，提高他们的绩效，并通过将员工的个人目标与企业战略结合起来提高公司的绩效。斯托里和西森提出的绩效管理周期模型比较看重其中的目标设置过程；麦格非和坎姆派格提出的绩效管理周期模型则更为强调其中的具体活动和时间安排。

三、绩效管理工具

（一）目标管理

1. 目标管理概述

目标管理（Management by Objectives，MBO）由美国著名管理学家彼得·德鲁克在其1954年出版的《管理的实践》（*The Practice of Management*）一书中提出。德鲁克认为，古典管理学派以工作为中心，忽视人性的一面，行为科学又偏重于以人为中心，忽视了同工作相结合。德鲁克提出的目标管理实现了工作和人的需要两者的统一，强调在工作中满足社会需求，同时又致力于组织目标的实现。从某种意义上来说，目标管理是德鲁克提出的最重要、最有影响力的概念。

德鲁克认为，所谓目标管理，是一种程序或过程，它使组织中的上下级一起协商，根据组织的使命确定一定时期内组织的总目标，由此决定上下级的责任和分目标，并把这些目标作为组织经营、评估和奖励的标准。从员工的角度来说，目标管理实现的是“要我干”到“我要干”的过程。

目标管理的具体形式多种多样，但其基本内容是一致的，即先有了目标之后，才根据目标确定每个人的工作，而不是有了工作才有目标。组织的使命和任务都必须转化为具体目标，而组织目标只有通过分解变成多个更小的目标后才能够实现，或者说只有有工作目标的领域在管理实践中才不会被忽视。他还指出，“目标管理和自我控制”最大的优点在于以目标给人带来的自我控制力取代来自他人的支配式的管理控制方式，从而激发人的最大潜力，把事情办好。

2. 目标管理的实施

目标管理包括以下两方面的重要内容：第一，必须与每一位员工共同制定一套便于衡量的工作目标；第二，定期与员工讨论他的目标完成情况。具体来说，目标管理的实施过程主要包括计划目标、实施目标、评价结果和反馈结果四个步骤。

（1）计划目标。计划目标就是建立每位被评价者所应达到的目标。这一过程是通过目标分解来实现的，通常是由组织共同制定目标。在此需要明确的是，本部门的员工如何才能为部门目标的实现做出贡献。组织通过计划过程可以明确期望达到的结果，以及为达到这一结果所应采取的方式、方法及所需的资源。同时，组织在计划目标时还要明确时间框架，即当他们为这一目标努力时，了解自己目前在做什么、已经做了什么和下一步还将要做什么，以及如何合理安排时间。

（2）实施目标。实施目标就是对计划实施监控，以保证制订的计划按预想的步骤进行，帮助管理者掌握计划进度，及时发现问题。如成果不及预期，管理者应及时采取适当的矫正行动，如有必要还可对计划进行修改。同时通过监控，管理者能够注意到组织环境对下属工作表现产生的影响，从而帮助被评价者克服这些他们无法控制的客观环境。

（3）评价结果。评价结果是将实际达到的目标与预先设定的目标相比较。这样做的目的是使评价者能够找出未能达到目标或实际达到的目标远远超出了预先设定的目标的原因，有助于管理者做出合理的决策。

（4）反馈结果。反馈结果就是管理者与员工一起回顾整个绩效周期，对预期目标的达成和进度进行讨论，从而为制定下一绩效周期的目标及战略制定或战略调整做好准备。反馈结果中管理者对整个绩效周期的回顾可以作为下一个阶段计划目标的参照。

目标管理观念特别重视员工对组织的贡献。在计划目标阶段，员工同他们的管理者一起建立目标；在实施目标阶段，管理者给予员工一定的自由度；在评价结果期间，管理者要保持联系渠道公开；在评价后期，员工和部门主管需要举行一次评价面谈。管理者首先审查员工目标的实现程度，然后审查解决遗留问题需要采取的措施，并为下一个绩效周期建立新的目标。

3. 目标管理成功的关键

组织要想取得目标管理的成功，必须充分把握实施过程中的关键点。目标管理成功的关键主要体现在如下四个方面：

（1）选择最有效的管理风格。许多成功实施目标管理的组织都采用参与式管理的风格。参与式管理是一种分散权力、用小组形式管理的方法，每一个管理人员都充分参与组织的决策过程和管理工作，但又不超出整个组织在特定时期内的要求限制。在参与式管理中，管理者要就对下属要达到的具体目标、实现目标的时限、下属享受的权限以及可以支配的资源与员工达成一致意见，然后让下属独自管理他自己的目标，上级的控制要少，但必须有效。

（2）做到组织层次分明。在目标管理实践中，组织层次分明是目标体系具体明确的前提和基础，在组织层次混乱的情况下，组织很难有效推行目标管理。目标管理取得良好效果的先决条件是所有管理者为已确定的目标负绝对责任。这就需要组织要明确指定每一个管理人员承担的具体目标，并且每一个管理人员承担的目标必须与授予的权限相一致。在为每个组织成员制定目标的过程中，管理者要及时发现组织设计的弱点，即重复授予权限，或授予的权限与职责不一致等，并请最高管理部门进行纠正。

（3）制定有挑战性的目标。大量的理论研究和管理实践都证明，具有挑战性的目标通常能带来高绩效。管理者和下属要经过充分沟通，制定出具有挑战性的目标。目标的难度应当适中，要保证组织中绝大多数的部门和个人通过努力能实现目标。目标难度太高或者太低都不利于激发员工的潜力。

（4）进行及时的工作反馈。在目标管理中，管理者要及时对自己和员工的工作进行反馈，以便及时了解工作结果，进而进行必要的调整，并为下一阶段的目标及战略的制定和调整做好准备。

（二）标杆管理

1. 标杆管理的内涵

标杆管理（Benchmarking）又称基准管理，起源于20世纪70年代末至80年代初，最初由施乐公司使用，后经美国生产力与质量中心系统化和规范化。施乐公司将标杆管理定义为“一个将产品、服务和实践与最强大的竞争对手或行业领导者相比较的持续流程”。美国生产力与质量中心对标杆管理的定义是：“标杆管理是一个系统、持续性的评估过程，它通过不断地将组织流程与世界上居领先地位的组织相比较，以获得帮助组织改善经营绩效的信息。”其实这个定义并不全面深刻，标杆管理不仅是个信息获取过程和评估过程，它还涉及规划和组织实施的过程。

基于前人的研究，本书认为标杆管理的概念可概括为：标杆管理是一个不断寻找和研究同行业一流公司的最佳实践，并以此为基准与本组织进行比较、分析、判断，从而使自己的组织得到不断改进，进入一流公司行列或赶超一流公司，创造优秀业绩的良性循环过程。其核心是向业内或业外最优秀的组织学习。通过学习，组织重新思考和改进经营实践，创造自己的最佳实践。标杆管理实际上是模仿创新的过程。

标杆管理突破了产业界限，模糊了企业性质，重视实际经验，强调具体的环节和流程。其思想就是企业的业务、流程、环节都可以解剖、分解和细化；企业可以根据需要去寻找整体最佳实践或者优秀部分来进行标杆比较；通过比较和学习，企业重新思考和设计经营模式，借鉴先进的模式和理念，创造出适合自己的全新的最佳经营模式。通过标杆管理，企业能够明确产品、服务或流程方面的最高标准，然后做出必要的改进来达到这些标准。因此，标杆管理是一种摆脱传统的封闭式管理方法的有效工具。

2. 标杆管理的类型

标杆管理可以分为内部标杆管理、竞争标杆管理、职能标杆管理和流程标杆管理四类。

（1）内部标杆管理。内部标杆管理以企业内部操作为基准，是最简单且易操作的标杆管理方法之一。辨识企业内部最佳职能或流程及其实践，将其推广到组织的其他部门，从而实现信息共享，是企业提高绩效的最便捷的方法之一。但是，单独执行内部标杆管理的企业往往持有内向视野，容易产生封闭思维，因此内部标杆管理应该与外部标杆管理结合使用。

（2）竞争标杆管理。竞争标杆管理的目标是企业与有相同市场的其他企业在产品、服务和工作流程等方面的绩效和实践进行比较，直接面对竞争者。它实施起来比较困难，原因在于企业在获取公共领域的信息时比较容易，获取有关竞争企业的其他信息时较难。

（3）职能标杆管理。职能标杆管理是以行业领先者或某些企业的优秀职能操作为基准进行的标杆管理。职能标杆管理的合作者常常能相互分享一些技术和市场信息，标杆的基准是非竞争性外部企业及其职能或业务实践。由于没有直接的竞争者，因此合作者往往比较愿意提供和分享技术与市场信息。

（4）流程标杆管理。流程标杆管理是以最佳工作流程为基准进行的标杆管理。由于比较的是类似的工作流程，因此流程标杆管理可以跨不同类型的组织进行。它一般要求企业对整个工作流程和操作有很详细的了解。

3. 标杆管理的实施

标杆管理的规划实施有一整套逻辑严密的实施步骤，其实施步骤大体可分为以下五步：

（1）确认标杆管理的目标。在实施标杆管理的过程中，组织要坚持系统优化的思想，不是追求组织某个局部的优化，而是要着眼于组织总体的最优。另外，组织要制定有效的实践准则，以避免实施中的盲目性。

（2）确定比较目标。比较目标就是能够为组织提供值得借鉴信息的组织或部门。比较目标的规模、性质不一定同组织相似，但应在特定方面为组织提供良好的借鉴作用。

（3）收集与分析数据，确定标杆。分析最佳实践和寻找标杆是一项比较烦琐的工作，但对于标杆管理的成效非常重要。标杆的寻找包括实地调查、数据收集、数据分析、与自身实践比较找出差距、确定标杆指标等步骤。标杆的确定能够为组织找到改进的目标。

（4）系统学习和改进。这是实施标杆管理的关键。标杆管理的精髓在于创造一种环境，使组织中的员工在愿景和战略下工作，自觉学习和变革，创造出一系列有效的计划和行动，以实现组织的目标。另外，标杆管理往往涉及业务流程的重组和一些员工行为方式的变化。这时组织就需要采用培训宣讲等方式，真正调动起员工的积极性。

（5）评价与提高。实施标杆管理是一个长期渐进的过程。每一轮标杆管理完成之后，组织都要重新检查和审视标杆研究的假设、标杆管理的目标和实际达到的效果，分析差距，找出原因，为下一轮改进打下基础。

（三）关键绩效指标

1. 关键绩效指标的内涵

关键绩效指标（Key Performance Indicators，KPI）是指将组织战略目标经过层层分解而产生的、具有可操作性的、用以衡量组织战略实施效果的关键性指标体系。其目的是建立一种机制，将组织战略转化为内部流程和活动，从而促使组织获取持续的竞争优势。

关键绩效指标作为一种绩效管理工具，其核心思想是根据“二八”原则，认为抓住找到组织的关键成功领域（Key Result Areas，KRA），洞悉组织的关键绩效要素（Key Performance Factors，KPF），有效管理组织的关键绩效指标，就能以少治多、以点带面，从而实现组织战略目标，进而打造持续的竞争优势。其中，抓住关键成功领域是为了实现组织战略而必须做好的几方面工作；关键绩效要素是对关键成功领域的细化和定性描述，是制定关键绩效指标的依据。关键成功领域、关键绩效要素和关键绩效指标始终保持着战略导向性，三者的关系如图7-3所示。

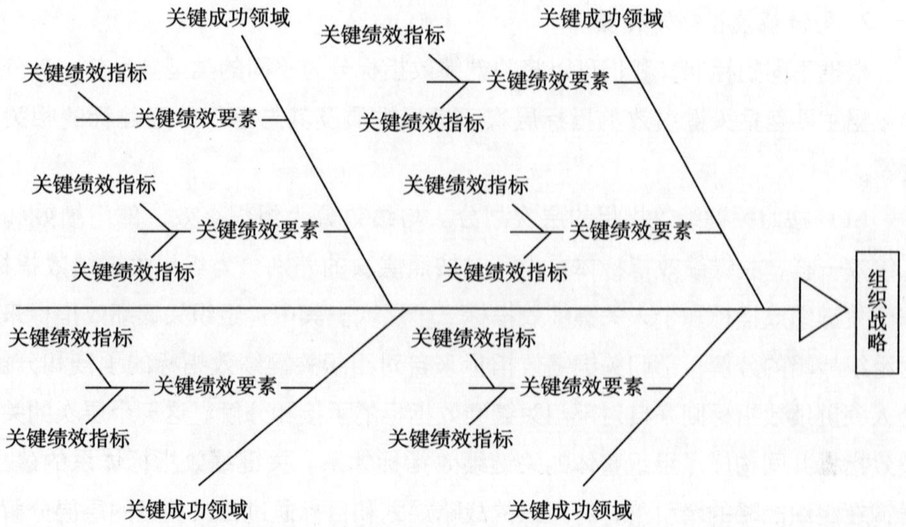

图 7-3　基于组织战略的 KRA、KPF 和 KPI 的关系鱼骨图

关键绩效指标体系的内涵通常包括以下几个方面：

（1）关键绩效指标是衡量组织战略实施效果的关键性指标体系。关键绩效指标以战略为导向，即关键绩效指标是由组织战略层层分解得出的，是对组织战略的进一步分解和细化。当组织战略目标调整或改变的时候，关键绩效指标体系必须根据组织战略目标的变化做出相应的调整或改变，特别是当组织进行战略转型时，关键绩效指标必须及时反映组织战略新的关键成功领域和关键绩效要素。

（2）关键绩效指标反映的是最能有效影响组织价值创造的关键驱动因素。关键绩效指标必须是“关键性的”，是对组织成功具有重要影响的。关键绩效指标可以引导管理者将精力集中在能对绩效产生最大驱动力的经营行为上，并及时了解和判断组织运营过程中出现的问题，及时采取提高绩效水平的改进措施。管理者应该抓住关键绩效指标进行管理，通过关键绩效指标将员工的行为引向组织的战略目标方向。

（3）关键绩效指标体现的是对组织战略目标有增值作用的可衡量的绩效指标体系。关键绩效指标通过可量化或可行为化的方式，对管理者和员工的工作效果和工作行为进行最直接的衡量。组织通过关键绩效指标，可以落实组织的战略目标和业务重点，传递组织的价值导向，有效激励员工，确保对组织有贡献的行为受到鼓励，从而促进组织和员工绩效的整体改进与全面提升。

2. 关键绩效指标的类型

根据不同的标准，我们可以将关键绩效指标分为不同的类型。目前，其分类的依据主要包括关键绩效的指标层次、指标性质及其与组织战略目标的相关程度等。

（1）按照关键绩效指标的层次划分。与绩效分为组织绩效、部门绩效和个人绩效一样，关键绩效指标体系也可以按照层次的差别分为组织关键绩效指标、部门关键绩效指标和个人关键绩效指标三个层次。其中：组织关键绩效指标来自对组织战略的分解；部门关键绩效指标来自对组织关键绩效指标的承接和分解；个人关键绩效指标则来自对部门关键绩效指标的承接和分解。这三个层次的关键绩效指标共同构成了组织整体的关键绩效指标体系。关键绩效指标体系的建立，强调在组织战略的牵引下，将组织的战略规划和目标通过自上而下的层层分解落实为组织、部门和个人的关键绩效指标，并通过在组织系统内推行关键绩效指标，将组织战略规划转化为内部管理过程和具体行动，从而确保战略目标的有效实施。

（2）按照关键绩效指标的性质划分。根据指标性质的不同，我们可以将关键绩效指标分为财务指标、经营指标、服务指标和管理指标。其中：财务指标侧重衡量组织创造的经济价值；经营指标侧重衡量组织经营运作流程的绩效；服务指标侧重衡量利益相关者对组织及其所提供的产品和服务的态度；管理指标侧重衡量组织日常管理的效率和效果。这种分类方式的目标、范例和作用如表 7–2 所示。

表 7–2 关键绩效指标分类

类别	目标	关键绩效指标范例	作用
财务指标	侧重与公司会计职责一致的价值创造	公司投资资本回报 业务单元损益	确保创造财务价值
经营指标	侧重在日常经营运作流程以及跨职能/跨业务辅助流程中创造价值	新品收入占总收入的份额 细分市场的份额 新渠道的收入份额	确保近期和远期的侧重点
服务指标	提供客户对公司经营注意度/满意度的看法	客户满意度指数，如客户对服务质量、购买价值、公司形象的看法	确保近期和远期的侧重点
管理指标	培养与保留人才	员工满意度指数 关键人才流失率 员工培训与发展	包括对公司业绩的内部和外部评判

3. 基于关键绩效指标的绩效指标体系

虽然关键绩效指标根据不同的分类方式可以分为不同的类型，但组织在实际构建以关键绩效指标为基础的绩效管理系统的时候，通常是以组织关键绩效指标、部门关键绩效指标和个人关键绩效指标为主体、其他分类方式为补充的。在管理实践中，关键绩效指标不是绩效指标的全部，还有一类绩效指标来源于部门或个人的工作职责，体现了组织各层次具体工作职责的基本要求，通常被称为一般绩效指标（Performance Indicators，PI）。在设计基于关键绩效指标的绩效管理体系的时候，通常组织层面的绩效指标都是关键绩效指标，而部门层面的绩效指标和个人层面的绩效指标则由关键绩效指标和一般绩效指标共同构成，如图 7-4 所示。但是，不同部门所承担的这两类指标的构成不同，有的部门承担的关键绩效指标多，有的部门承担的关键绩效指标少，有的部门甚至不承担关键绩效指标。例如，对于一些支持性部门（如办公室、财务部、人力资源管理部等）而言，它们所承担的绩效指标更多是来自部门的职能或职责，而不是源于组织战略的分解，因此，这类部门所承担的一般绩效指标所占比重较大，而关键绩效指标所占比重相对较小。个人层面的绩效指标也是由关键绩效指标和一般绩效指标构成的。

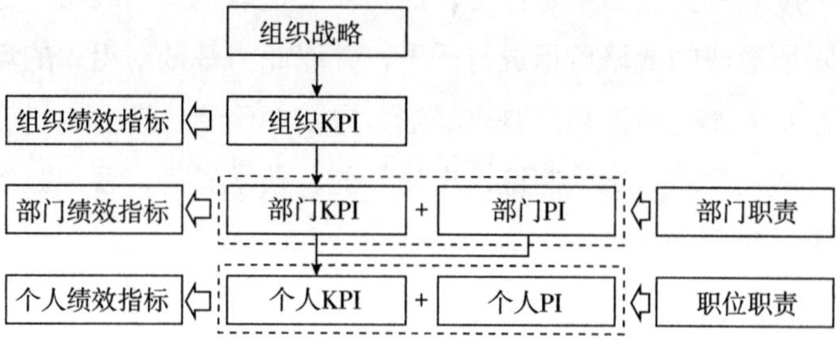

图 7-4　基于 KPI 的绩效指标体系

4. 关键绩效指标的实施

关键绩效指标体系通常是采用画鱼骨图的方法来建立的。其基本思路是通过对组织战略的划分和分析，还须将要素细分为各项指标，即关键绩效指标。组织要把战略置于绩效管理的核心，善用关键绩效指标来推进绩效管理实践，以发挥其战略导向的牵引作用。设计一个完整的基于关键绩效指标的绩效管理系统通常包含六个步骤，即确定关键成功领域、确定关键绩效要素、确定关键绩效指标、构建组织关键绩效指标库、确定部门 KPI 和 PI 以及确定个人 KPI 和 PI，如图 7-5 所示。其中，组织 KPI 的制定涉及关键绩效指标体系建立的前四步，这四步是设计关键绩效指标体系的关键和核心。

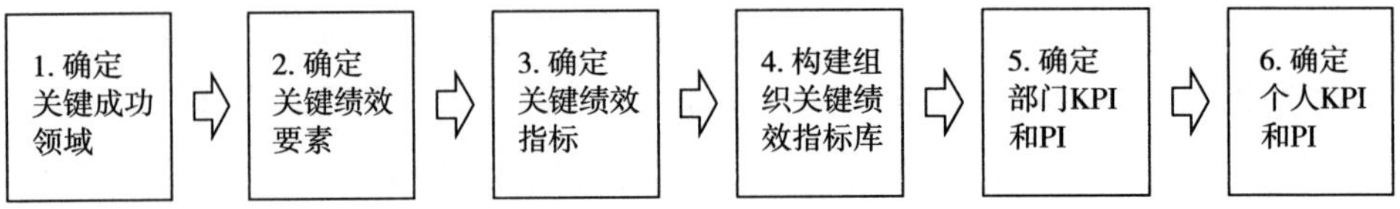

图 7-5 基于 KPI 的绩效指标体系的建立步骤

（1）确定关键成功领域。建立关键绩效指标体系的第一步就是根据组织的战略，通过鱼骨图分析，寻找使组织实现战略目标或保持竞争优势所必需的关键成功领域，即对组织实现战略目标和获得竞争优势有重大影响的领域。确定组织的关键成功领域，还必须明确三个方面的问题：一是这个组织为什么会取得成功，其成功依靠的是什么；二是在过去那些成功因素中，哪些因素能够使组织在未来持续获得成功，哪些因素会成为组织成功的障碍；三是组织未来追求的目标是什么，未来成功的关键因素是什么。这实质上是对组织的战略制定和规划过程进行审视，对所形成的战略目标进行反思，并以此为基础对组织的竞争优势进行剖析。某制造企业通过访谈和头脑风暴法，寻找并确定了该企业能够有效驱动战略目标的关键成功领域：优秀制造、市场领先、技术支持、客户服务、利润与增长和人力资源（见图 7-6）。

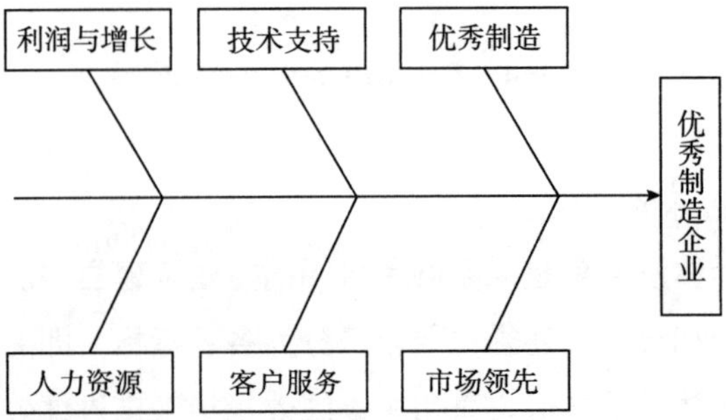

图 7-6 某制造企业关键成功领域的确定（示例）

（2）确定关键绩效要素。关键绩效要素提供了一种描述性的工作要求，是对关键成功领域进行的解析和细化。它主要要解决以下几个问题：第一，每个关键成功领域包含的内容是什么；第二，如何保证在该领域获得成功；第三，达成该领域成功的关键措施和手段是什么；第四，达成该领域成功的标准是什么。上述制造企业的关键绩效要素如图 7-7 所示。

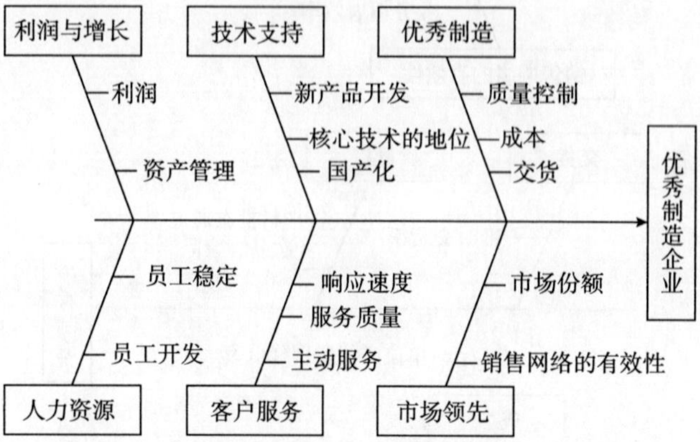

图 7-7　某制造企业关键绩效要素的确定（示例）

（3）确定关键绩效指标。对关键绩效要素进一步细化，经过筛选，关键绩效指标便得以确定。组织在选择关键绩效指标时应遵循三个原则：①指标的有效性，即所设计的指标能够客观地、最为集中地反映要素的要求。②指标的重要性，通过对组织整体价值创造业务流程的分析，找出对其影响较大的指标，以反映其对组织价值的影响程度。③指标的可操作性，即指标必须有明确的定义和计算方法，容易取得可靠和公正的初始数据，尽量避免凭感觉主观判断的影响。以优秀制造和市场领先为例，该企业确定的关键绩效指标如图 7-8 所示。

（4）构建组织关键绩效指标库。通过分析，找出组织获得成功的关键成功领域，再把关键成功领域层层分解为关键绩效要素。组织为了便于对这些要素进行量化，在确定了组织关键绩效指标之后，就需要按照关键成功领域、关键绩效要素和关键绩效指标的三个维度对组织的关键绩效指标进行汇总，建立一个完整的关键绩效指标库，作为整个组织进行绩效管理的依据。

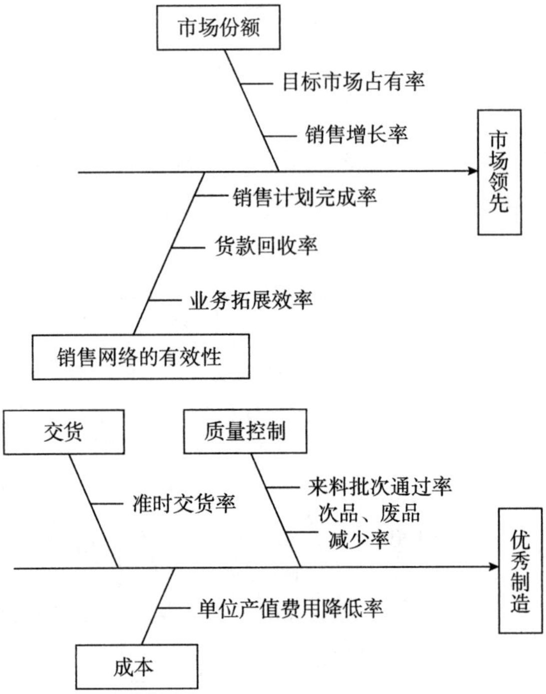

图 7-8　某制造企业关键绩效指标的确定（示例）

（5）确定部门 KPI 和 PI。部门绩效指标一般由关键绩效指标和一般绩效指标构成。关键绩效指标绝大部分来自对组织关键绩效指标的承接或分解，也有一部分是部门自身独有的指标。一般绩效指标通常来源于流程、制度或部门职能。

组织目标的实现需要部门的支持。对组织关键绩效指标的承接和分解是制定部门绩效指标的关键环节。因此，管理者在获得组织关键绩效指标后，就应当考虑将这些指标通过承接和分解两种形式落实到具体部门，形成部门关键绩效指标，如图 7-9 所示。一方面，管理者要确认这些指标能否直接被相关部门承接。有些关键绩效指标是可以直接被部门承接的，如单位产值费用降低率、新产品立项数等，这些关键绩效指标就可以直接被确定为部门关键绩效指标。另一方面，对不能被直接承接的指标，则需要管理者对这些指标进行进一步的分解。对关键绩效指标进行分解的方法通常有两种，一是按照组织结构分解，二是按主要流程分解。例如，“次品废品降低率”这一关键绩效指标需要由采购部门的“采购有效性”、品质保证部的“不合格品再发生率”和生产部的“生产技术问题处理的有效性”几个指标共同支撑才能实现。

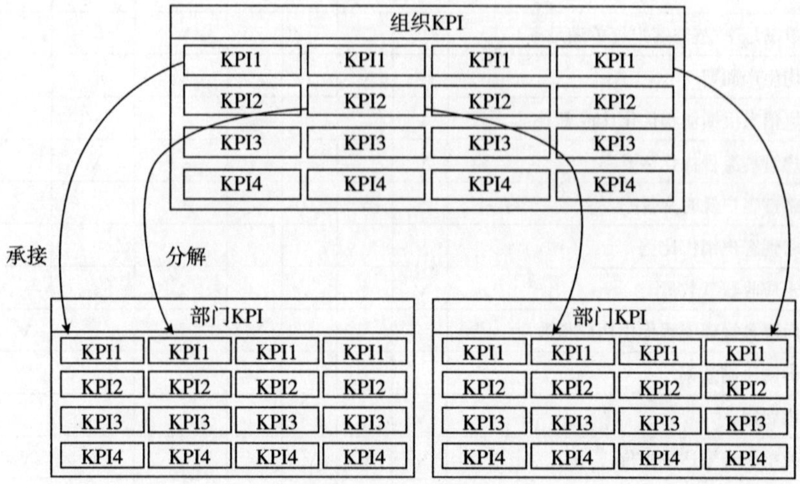

图 7-9　部门关键绩效指标的确定

在一般情况下，组织关键绩效指标需要全部落实到具体的部门，否则必然会导致重要工作遭到忽视。部门关键绩效指标的确定也可以被看作在组织关键绩效指标库中根据分工进行指标选择的过程。例如，某汽车制造厂按照指标承接和分解的原则，将组织关键绩效指标落实到具体的部门，该汽车制造厂关键绩效指标的分解矩阵表如表 7-3 所示。

表 7-3　某汽车制造厂关键绩效指标的分解矩阵表（示例）

序号	指标名称	销售中心	研发中心	采购中心	质保中心	生产管理中心	办公室	财务中心	……
1	营利性产品比率	√	√	√				√	
2	委外设计管理制度建设达成/数量		√				√		
3	供应商评估流程优化达成评价			√			√		
4	产品一次性交验合格率				√				
5	内部质量损失金额				√				
6	优良供应商比率			√					
7	质量体系认证计划达成率				√				
8	零部件按时交货率			√					

续表

序号	指标名称	销售中心	研发中心	采购中心	质保中心	生产管理中心	办公室	财务中心	……
9	订单满足率/战略客户订单满足率					√			
10	平均生产周期					√			
11	市场信息反馈流程优化达成率	√					√		
12	客户管理流程优化达成率	√					√		
13	战略性客户及时交货率					√			
14	战略性客户销售比重	√							
15	期末应收账款数量	√							
16	售后服务管理流程优化达成指数				√			√	
17	客诉解决满意率				√				
18	销售费用	√							
19	整改措施计划达成评价	√	√	√	√	√	√	√	
20	人工成本总额/定额符合率						√		
21	……								

由于部门绩效指标通常包含关键绩效指标和一般绩效指标，并且所有的绩效指标都需要全面体现在部门绩效计划中。上述汽车制造厂的销售中心通过承接或分解组织关键绩效指标确定了部门的关键绩效指标，再补充来自部门职责和工作流程的一般绩效指标，就获得了该部门的绩效指标体系，如表 7-4 所示。

表 7-4 某汽车制造厂销售中心绩效计划表（示意）

序号	关键绩效指标	权重	指标类型	目标值	评价周期	信息来源	实际得分
1	盈利性产品比率		KPI				
2	市场信息反馈流程优化达成率		KPI				
3	客户管理流程优化达成率		KPI				
4	战略性客户销售比重		KPI				
5	期末应收账款数量		KPI				
6	销售费用		KPI				
7	整改措施计划达成评价		KPI				
8	部门行政人员出勤率		PI				
9	……		……				

部门经理签字：　　　　主管领导签字：　　　　年　月　日

（6）确定个人 KPI 和 PI。个人关键绩效指标的确定方式同部门关键绩效指标的设计思路一样，主要是通过对部门关键绩效指标的分解或承接来获得的，如图 7-10 所示。个人绩效指标体系同样包括关键绩效指标和一般绩效指标两类指标。其中一般绩效指标通常来源于员工所承担职位的职责，也有部分来自对部门一般绩效指标的承接和分解。

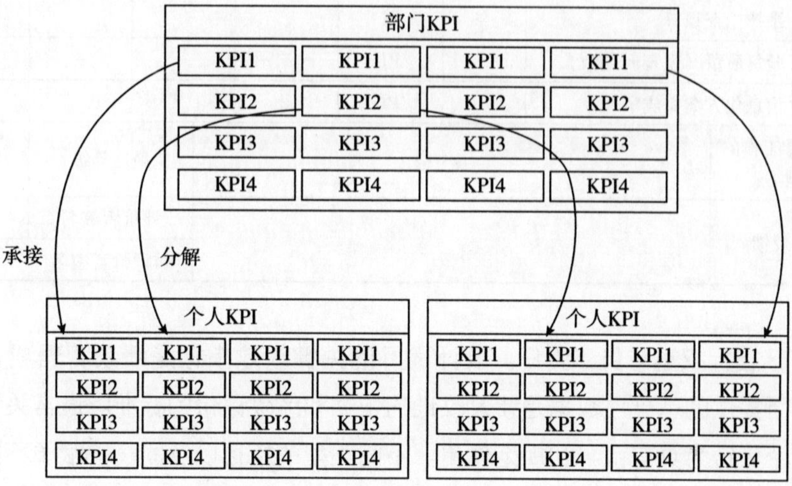

图 7-10 个人关键绩效指标的确定

所有部门关键绩效指标最终都需要有人来承担，这样才能确保组织战略能够有效指导员工的工作行为。但是，不同的岗位承担关键绩效指标的数量有很大的差异，有的岗位承担的关键绩效指标数量多，有的岗位承担的关键绩效指标数量少，甚至有的岗位承担的全是一般绩效指标，没有关键绩效指标。从某公司企管部信息化管理员的绩效评价表中可以看出，该员工承担了六个关键绩效指标和三个一般绩效指标，如表 7-5 所示。

表 7-5 某公司员工月度绩效评价表（示例）

姓名		部门	企管部	职位		信息化管理员	
评价周期							
序号	指标名称	权重	指标类型	目标值	挑战值	完成情况	实际得分
1	硬件故障发生率		KPI				

续表

序号	指标名称	权重	指标类型	目标值	挑战值	完成情况	实际得分
2	故障排除及时率		KPI				
3	硬件、软件升级的及时率		KPI				
4	策划报告的及时率		KPI				
5	增加网络节点的及时率		KPI				
6	网络故障排除的及时率		KPI				
7	维护检查频率		PI				
8	验货质量（发现问题数）		PI				
9	信息化方案完成率		PI				
其他日常工作的完成情况						最后等级	A/B/C
信息反馈						评价者签名	
						被评价者签名	

（7）指标权重与员工责任。设计良好的关键绩效指标是绩效管理成功的保障，它所提供的基础性数据是绩效改进的依据和绩效评价的标准。通常关键绩效指标对个人行为具有引导和规范作用。不同类型的指标以及同一被赋予不同权重的指标，都会对员工产生不同的影响。一个岗位的关键绩效指标的数量一般应该控制为 5~10 个。指标过少可能导致重要工作被忽略，指标过多可能出现指标重复现象，并且可能分散员工的注意力。每个指标权重一般不高于 30%，但是也不能低于 5%。指标权重过高可能导致员工"抓大放小"，而忽视其他与工作质量密切相关的指标；而且权重过高可能造成绩效评价的风险过于集中，万一员工未完成该指标，则其整个绩效周期的奖金薪酬都会受到很大的影响。指标权重太低则对评价结果影响力小，也容易造成无法突出重点工作的问题。为了便于计算，指标权重一般取 5 的倍数，得分也一般使用线性变化计算比例。表 7-6 所示为对每种类型的关键绩效指标的权重分配进行的举例说明。

表 7-6 关键绩效指标类别（示例）

指标类型	关键绩效指标	单位	权重	目标值	完成情况	最后得分
财务指标	业务收入	亿元	25%			
	……	……	……			

续表

指标类型	关键绩效指标	单位	权重	目标值	完成情况	最后得分
经营指标	网络资源利用率	%	5%			
	……	……	……			
服务指标	服务对象满意度	%	5%			
	……	……	……			
管理指标	关键人员流失率	%	5%			
	……	……	……			

（8）员工绩效是结果与行为过程的集合体。对于处在不同层次和担任不同角色的员工而言，反映其工作绩效结果和行为过程的关键绩效指标所占的比重是不一样的。因此，组织在设置关键绩效指标权重时，就要考虑员工所处的不同层级。由于高层管理者对组织的整体经营管理负责，因此对财务指标负有更大的责任，也就是说，在其评价指标中，财务指标所占的权重应较大。中层管理者的经营、服务类指标的权重应该更大，如图 7-11 所示。

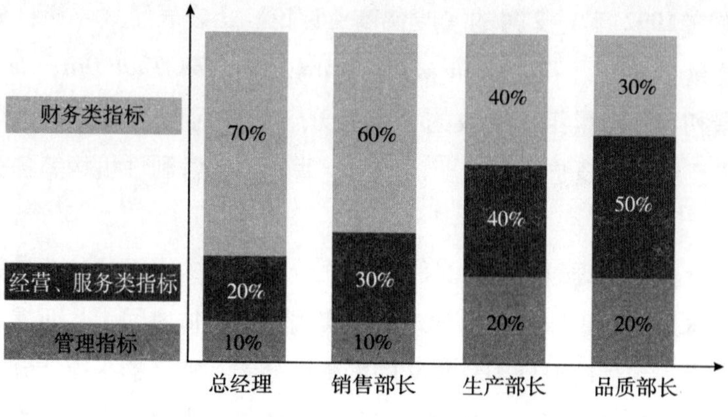

图 7-11 关键绩效指标权重在不同层级员工中的分配

在一个企业中，履行不同职能的员工对企业绩效所发挥的作用是不同的，这决定了其对关键绩效指标的责任也有所不同。企业前端部门（销售等）比后端部门（生产等）的财务指标权重大；一般情况下，职能部门的财务指标权重偏小，经营、服务指标权重偏大，如图 7-12 所示。

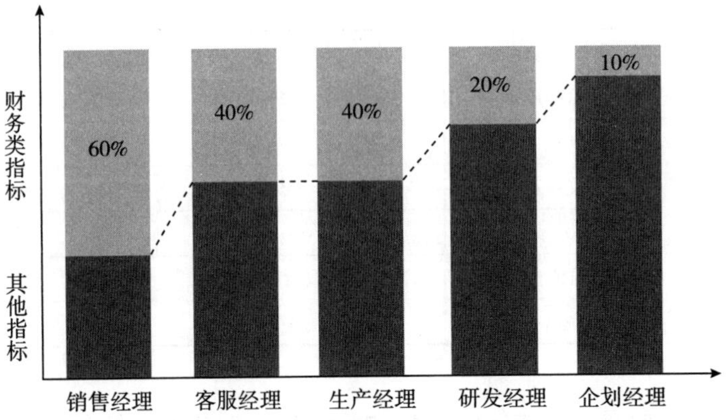

图 7-12 关键绩效指标类别（示例）

（四）平衡计分卡简介

1. 平衡计分卡内涵

平衡计分卡（The Balanced Scorecard，BSC）是美国哈佛大学商学院教授罗伯特·卡普兰和 RSI 公司总裁戴维·诺顿针对企业创建的组织绩效评价工具。卡普兰和诺顿在 1992 年 1~2 月的《哈佛商业评论》上发表了《平衡计分卡——驱动业绩的衡量体系》（*The Balanced Scorecard: Measures That Drive Performance*），这标志着最初用于衡量组织绩效的平衡计分卡正式问世。经过 20 余年的发展，平衡计分卡已经被广泛应用于企业、政府、军队、非营利性机构等各类组织的管理实践。

对平衡计分卡的理解，有广义和狭义之分。广义的平衡计分卡是就理论体系而言的，其本质是通过以战略为管理核心实现组织整体协同，从而提升战略执行力的管理体系，包括战略地图和狭义的平衡计分卡；狭义的平衡计分卡是就管理工具而言的，它是与战略地图并列的一种管理表格。本书从广义的视角出发，对平衡计分卡的内部构件及其组合原理进行全面的介绍，即通过对战略地图和狭义的平衡计分卡的逻辑结构进行全面解读，让大家系统地理解平衡计分卡化战略为行动的过程。

平衡计分卡作为一个以战略为核心的绩效管理工具，在绩效评价方面的应用已经可以覆盖组织中的每个层级和个体。绩效管理的绩效计划、绩效监控、绩效评价和绩效反馈环节都纳入了平衡计分卡理论的范畴，平衡计分卡主要涉及绩效目标的设置和评价指标的选择、绩效沟通和辅导、绩效监测和评估、绩效结果的反馈和应用等内容。

2. 平衡计分卡的主要特点

作为一个新的绩效管理工具，平衡计分卡具有诸多优势。一方面，平衡计分卡克服了传统财务绩效衡量模式的片面性和滞后性。另一方面，与目标管理、关键绩效指标等绩效管理工具相比，平衡计分卡在目标制定、行为引导、绩效提升等方面具有明显的管理优势，能够为组织绩效目标的达成提供有力保证。平衡计分卡具有始终以战略为核心、重视协调一致和强调有效平衡三大特点。

（1）始终以战略为核心。卡普兰和诺顿指出，任何一个衡量系统，其目的都应该是激励所有管理者和员工成功执行战略。平衡计分卡以提升战略执行力为出发点，先后探讨了如何对战略进行衡量、管理、描述、协同以及如何实现战略管理与运营管理的有效结合等难题。战略地图和平衡计分卡为组织提供了一个能够从四个不同的层面来描述战略的管理框架，使组织的管理者能够站在全局的高度审视价值创造的绩效结果和驱动因素。

（2）重视协调一致。为了实现化战略为行动的目的，平衡计分卡将协调一致提升到了战略的高度，认为协同不仅是创造组织衍生价值的根本途径，也是实现客户价值主张的必要保障，因此有必要形成一套严谨的协同机制以确保战略“落地”。战略地图和平衡计分卡是协同的管理工具，也可以说是协同的操作平台，它们从财务、客户、内部业务流程、学习与成长四个层面界定了协同的内容，以及协同效果的衡量指标。

（3）强调有效平衡。平衡计分卡所强调的平衡，不是平均主义，不是为平衡而平衡，而是一种有效平衡。这种有效平衡是指在战略的指导下，组织通过平衡计分卡各层面内部以及各层面之间的目标组合和目标因果关系链，合理设计和组合财务与非财务、长期与短期、外部群体与内部群体、客观与主观判断、前置与滞后等不同类型的目标和指标，以实现组织内外部各方力量和利益的有效平衡。

1）财务指标与非财务指标的平衡。为了弥补传统业绩衡量模式单纯依赖财务绩效指标的局限性，平衡计分卡引入了客户、内部业务流程、人力资源、信息管理、组织发展等方面的非财务指标，对组织绩效进行综合评价，这是平衡计分卡的基本特征。

2）长期目标与短期目标的平衡。组织的主要目标是创造持续增长的股东价值，它意味着一种长期承诺，但是组织必须同时创造出较高的短期业绩。当市场竞争加剧而组织可利用的资源相对短缺时，管理上的短视行为和“寅吃卯粮”的现象时有发生，也就是说，短期结果总是以牺牲长期投资为代价实现的。在平衡计分卡中，内部业务流程层面的每一类内部流程为组织带来益处的时间段都不同，管理者可以通过内部流程的组合，形成不同的战略主题，以确保组织的长短期利益能够得以兼顾，从而实现可持续发展。

3）外部群体评价指标与内部群体评价指标的平衡。首先，作为社会系统的构成单元，组织的经营管理决策和行为总是受到政府、供应商、辅助厂商、消费者、同业竞争者、行业协会等利益相关者的影响，它所生产和提供的产品或服务只有为目标客户认可，才能在市场上占有一席之地。其次，股东和董事会成员能够从根本上影响组织的发展方向。此外，组织内部也是一个由不同群体构成的社会子系统，生产、研发、营销、人力资源等不同单元之间的互动，员工之间的人际沟通和工作协调，以及员工个人的职业发展、公平感受和组织承诺等都会影响组织发展。平衡计分卡认识到了在实施战略的过程中有效平衡这些群体的利益的重要性。

4）客观指标与主观判断指标的平衡。由于传统的业绩衡量模式偏重于从财务数据上考察员工个人的工作成效和组织的整体经营成果，因此目标管理、关键绩效指标等以往的绩效管理工具在指标设计和权重分配上都强调可量化性，倾向于选择定量指标并赋予这些指标较高权重，这样难免忽略一些十分重要的定性指标。而平衡计分卡所倡导的绩效评价指标体系，不仅包括能够即时获取客观数据的财务类指标，还纳入了客户、流程以及无形资产方面的指标。这些指标，尤其是关于无形资产的衡量指标，管理者常常难以根据单一数据对其作出准确判断，而要更多地依赖于亲身体验、主观感受和经验判断。

5）前置指标与滞后指标的平衡。为了加强对于绩效的预测、监测、评价和控制，平衡计分卡对财务、客户、内部业务流程和学习与成长四个层面进行了区分，其中财务和客户层面描述了组织预期达成的绩效结果，而内部业务流程和学习与成长层面则描述了组织如何达成战略的驱动因素。根据这一逻辑，平衡计分卡将前两个层面的指标界定为滞后指标，而将后两个层面的指标界定为前置指标。在此基础上，平衡计分卡依据动态管理的原则，将每一个层面的指标按照因果关系进一步划分为前置指标和滞后指标。一般来说，对工作过程或阶段性成果进行衡量的指标为前置指标，对工作的最终结果进行衡量的指标为滞后指标。

（五）企业组织的平衡计分卡的框架与要素

1. 战略地图的框架

战略地图是对组织战略要素之间因果关系的可视化表示方法，是一个用以描述和沟通战略的管理工具。

（1）战略地图的框架及逻辑结构。

1）战略地图的框架。为便于理解和记忆，我们把通用的战略地图形象地比喻为一座四层楼房。房顶部分由使命、核心价值观、愿景和战略构成，房子的主体部分为四个楼层，从上往下依次是财务层面、客户层面、内部业务流程层面、学习与成长层面，这四个层面是一个“2—4—4—3”的框架，如图 7-13 所示。其中，“2”指的是两大财务战略，即财务层面的生产率提升战略和收入增长战略；第一个“4”指的是四种通用的客户价值主张，即总成本最低战略、产品领先战略、全面客户解决方案、系统锁定战略；第二个“4”指的是四类创造价值的内部业务流程，即运营管理流程、客户管理流程、创新流程、法规与社会流程；“3”指的是三种无形资产，即人力资本、信息资本、组织资本。

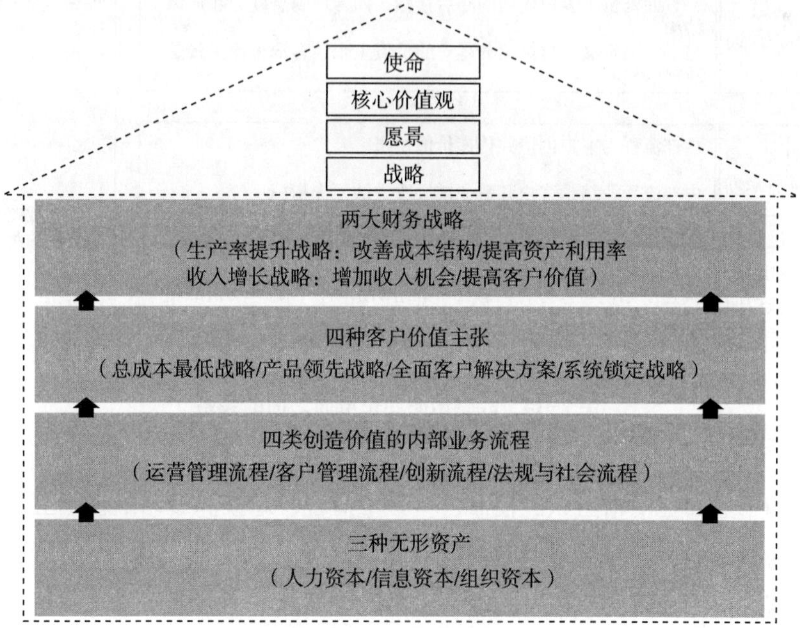

图 7-13 战略地图的框架

2）战略地图的逻辑结构。战略地图的框架不仅包括以方框标示的各构成要素，还包括以箭头标示的用以将各构成要素串联起来的逻辑关系。就房顶部分而言，其中的使命和核心价值观描述了组织长期奉行的核心理念，愿景和战略描述了组织在特定期限内的发展蓝图和战略选择。这四者之间的关系是：使命指引核心价值观的形成，使命和核心价值观指引愿景和战略的形成，愿景指引战略的形成。而房子主体部分四个层面之间的逻辑关系须从两个层次来分析，一是层面之间的关系，二是各层面目标之间的关系。

从层面关系来看，财务层面和客户层面分别描述了组织期望达成的财务绩效和客户（市场）绩效，界定的是战略的绩效结果；内部业务流程层面和学习与成长层面则分别描述了组织创造价值的关键流程和无形资产，界定的是组织达成预期绩效结果的战略性驱动因素，如图 7-14 所示。

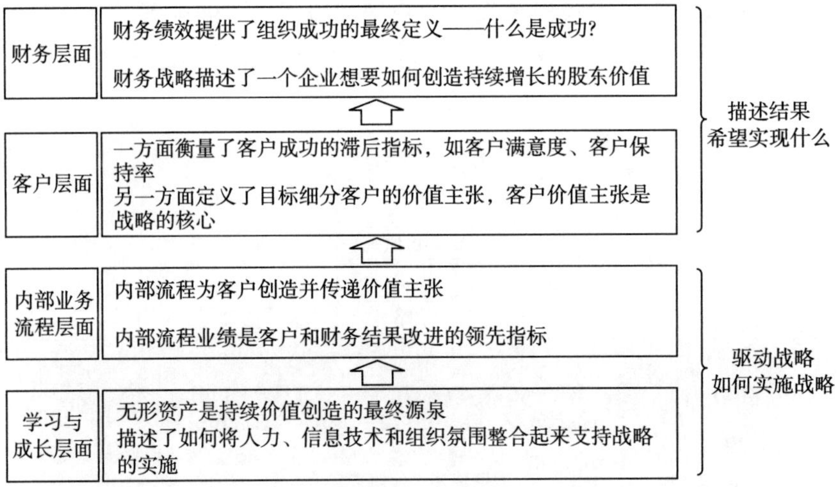

图 7-14　战略地图四个层面之间的关系

这四个层面在明晰组织的使命、核心价值观、愿景和战略的基础上，形成了以战略为核心的、因果关系明确的框架体系，它们的目标从上往下层层牵引，从下往上层层支撑。具体来说，战略地图的四个层面先后回答了四个问题：财务层面回答的是我们如何满足股东期望的问题；客户层面回答的是我们如何满足目标客户需求的问题；内部业务流程层面回答的是我们必须做好哪些重点工作的问题；学习与成长层面回答的是我们必须在哪些无形资产上做好准备的问题。具体如图 7-15 所示。

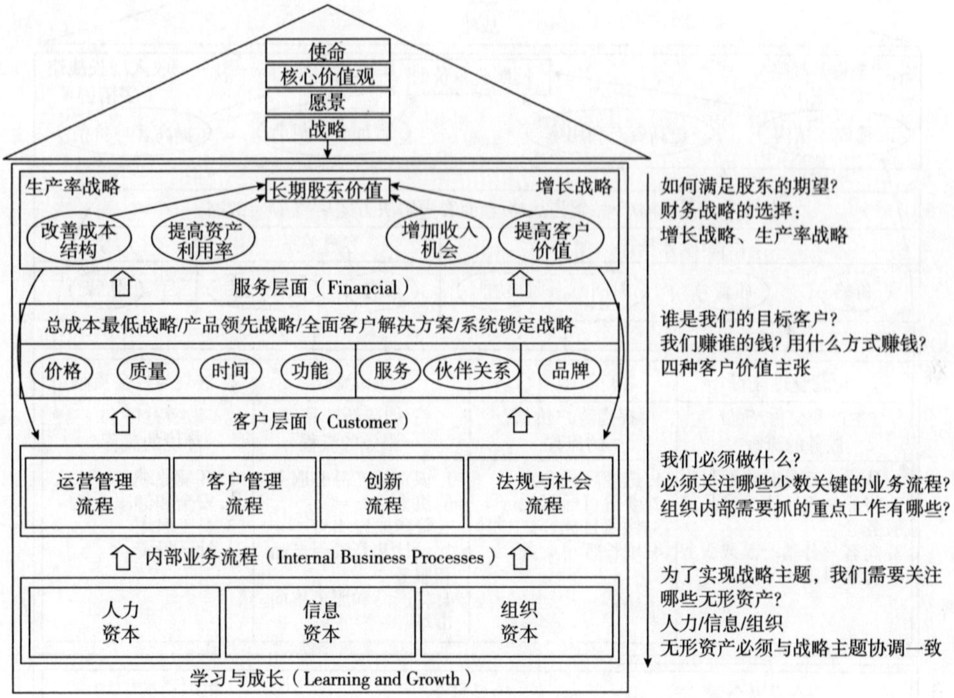

图 7-15 战略地图四个层面回答的四个问题

（2）战略地图的通用模板。在理解战略地图的框架和四个层面的逻辑结构之后，将使命、核心价值观、愿景、战略、四个层面及其构成要素通过因果关系整合起来，就形成了战略地图的通用模板，如图 7-16 所示。这个模板是卡普兰和诺顿通过对营利性企业组织的研究、分析和凝练而提出的，而政府、事业单位、军事机关等公共组织的战略地图的基本模板则需根据组织属性及相应的运营实际进行必要的调整。

2. 战略地图的构成要素

由战略地图的基本框架可知，战略地图包含房顶和房子主体（四个层面）两大部分。战略地图的房顶部分是制定战略地图四个层面的基础和依据，四个层面的具有因果关系的目标体系是战略地图的主体内容。

（1）战略地图的房顶。

1）使命。使命是指组织存在的根本价值和追求的终极目标，它解释了“组

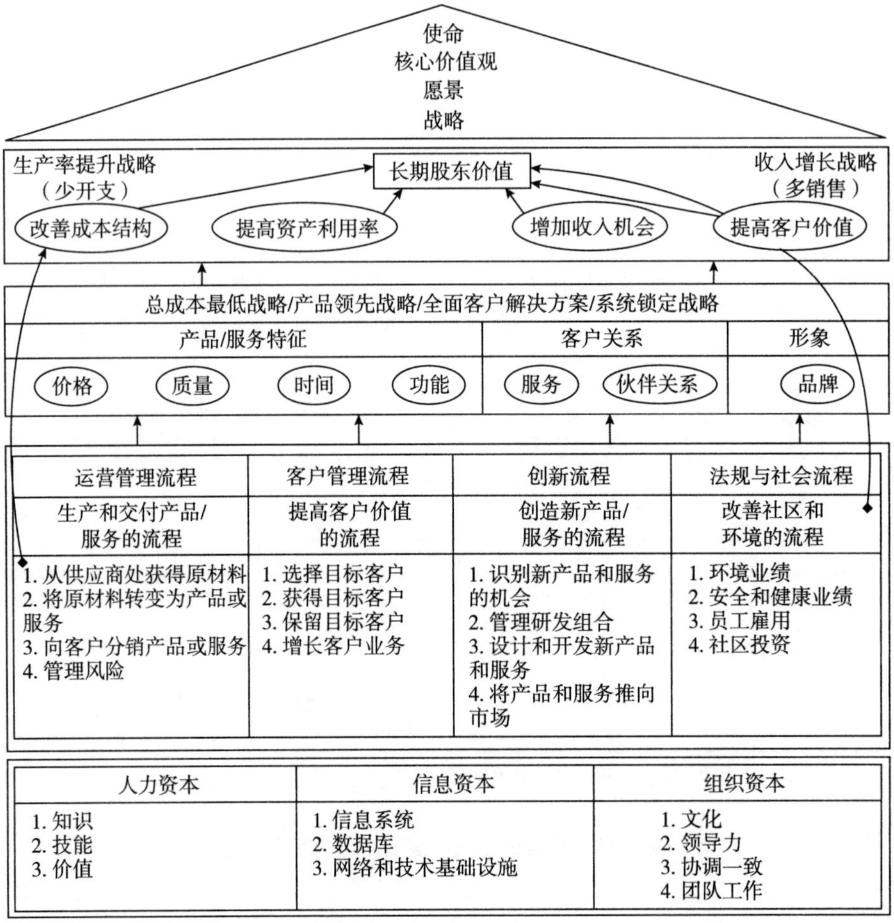

图 7–16　通用战略框架模板

织为人类做出什么样的贡献和创造什么样的价值”这一首要问题。使命是一个简明的、重点清晰的内部陈述，应该说明组织希望如何创造并向客户传递价值。使命及伴随它的核心价值观在一段时间内是保持相对稳定的。

2）核心价值观。核心价值观是指组织中指导决策和行动的永恒原则，它解释了“组织长期奉守的坚定信仰是什么”这一基本问题。组织的价值观体现了组织的态度、行为和特质。核心价值观源于组织领导人的个人信仰，是组织文化长期积累和沉淀的成果，为全体成员共同认可和遵从。

3）愿景。愿景是指组织的发展蓝图，反映了组织对未来的期望，它解释了“组织的中长期目标是什么”这一关键问题。愿景是一个简明的陈述，界定了组织的中长期目标（3~10年）。愿景是实现从使命和核心价值观的稳定性到战略的动态性的中间环节，它阐明了组织的方向，并帮助员工理解他们为什么以及如何支持组织的发展。

4）战略。战略是一种假设，是关于为或不为的选择，是组织在认识其经营环境和实现使命过程中所接受的显著优先权和优先发展方向，描述了组织近一段时期内要抓的重点工作及其实现路径是什么。

（2）战略地图的房子主体（四个层面）。如前所述，战略地图的主体框架由财务、客户、内部业务流程、学习与成长四个层面构成。下面我们按照从上到下的顺序依次介绍这四个层面以及各层面的内部构成要素。

1）财务层面。财务层面用传统财务术语（如投资报酬率、收入增长和单位成本等）描述了战略的有形成果，提供了组织成功的最终定义（针对企业而言）。卡普兰和诺顿认为，为了防止战略假设、经营决策和财务业绩的脱节，平衡计分卡必须继续关注财务结果。平衡计分卡强调财务、客户、内部业务流程、学习与成长层面的目标要按照战略主题形成若干条因果关系链，从而对战略进行清晰的描述。而财务目标和指标就是这一系列因果关系链的终端，为其余三个层面目标的确定和指标的选择提供依据。它们一方面直观地诠释了战略假设的最终成果，另一方面有助于管理者在各种力量和利益之间进行平衡，防止出现经营上的短视或扭曲行为。对于企业来说，平衡计分卡财务层面的最终目标是实现股东价值的持续提升。为了达成这一统领性目标，组织可以通过两种战略来改善财务业绩，即改进收入增长和生产率，如图7-17所示。

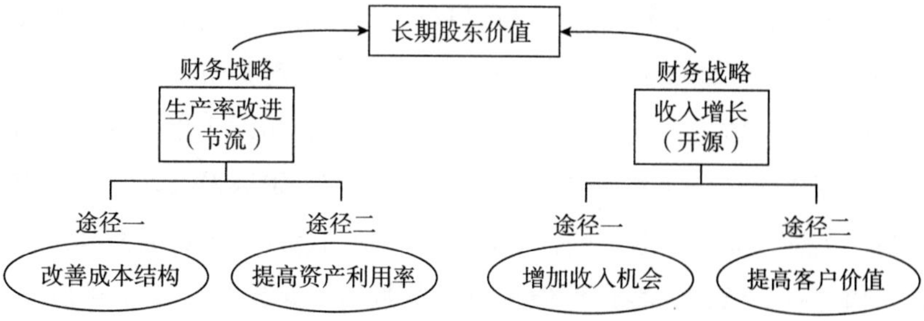

图7-17 平衡计分卡的两大财务战略

第一，收入增长战略。收入增长即“开源”，组织可以通过两种途径实现收入增长。一是增加收入机会，即企业通过销售新产品或发展新的客户创造收入增长。例如，某商业银行在做好传统的中间业务和对外担保业务的基础上，通过业务组合与创新推出了金融期货、远期利率协议、互换等一系列新的金融产品。二是提高客户价值，即加深与现有客户的关系，销售更多的产品和服务。例如，某银行努力使其账户客户使用本行发行的信用卡并从本行借款购房或买车。

第二，生产率改进战略。生产率改进即“节流”，组织也可以通过两种途径实现生产率的改进。一是改善成本结构，即企业可以通过降低直接或间接成本来改善成本结构，这可以使企业生产同样数量的产品却消耗更少的人、财、物等资源。例如，订单式生产在加快资金流转速度的同时，可以使生产制造企业大幅降低材料和成品的储存成本。二是提高资产利用率，即通过更有效地利用财务和实物资产，企业可以减少支持既定业务量水平所必需的流动资金和固定资本。例如，通过减少计划外的设备停工时间，企业可以充分利用现有生产能力，在不增加厂房和设备的情况下生产更多的产品。

相比而言，收入增长通常比生产率改进花费更长的时间。出于向股东显示财务成果的压力，企业通常倾向于支持短期而非长期行为，这对组织发展的可持续性构成了威胁。为此，平衡计分卡强调组织在确定财务层面的目标时，必须同时关注收入增长战略和生产率改进战略，在竞争战略的指引下实现四种途径的有机组合，使企业能够在短期利益和长期目标之间保持平衡。

2）客户层面。客户层面由组织在市场上的预期绩效成果和驱动绩效达成的客户价值主张构成。预期绩效成果代表了组织希望在既定的细分市场上所取得的最终业绩，通常表现为组织针对预期成长和获利能力最大的目标客户群确定的概括性目标和指标。客户价值主张是一种针对竞争对手的战略模式，是组织经过战略分析，在界定细分市场和目标客户的基础上，为客户提供的一整套有关产品与服务特征、关系和形象等方面的独特组合。差异化的客户价值主张不仅决定了战略所瞄准的市场群体，也决定了组织如何使自己比竞争对手更具特色。因此，组织应当通过深入的市场调查，揭示不同的市场和客户群体及其对价格、质量、功能、形象、商誉、关系和服务的偏好，进而针对自己所选择的客户和细分市场确定客户价值主张。通常，客户价值主张特征鲜明，这些特征主要可以归结为三类，即产品/服务特征、客户关系、形象和声誉，如图 7-18 所示。

第一，产品/服务特征。产品/服务特征包括价格、质量、时间和功能。及时交货和上市时间的先后、采购和使用产品或服务的成本差异、产品质量的稳定性和服务承诺的履行状况、产品功能的齐全程度和领先水平体现了不同的客户价值主张在产品或服务特征上的区别。例如，沃尔玛公司采取“天天平价，始终如一”的价值定位，通过低廉的价格来吸引对价格敏感的客户。

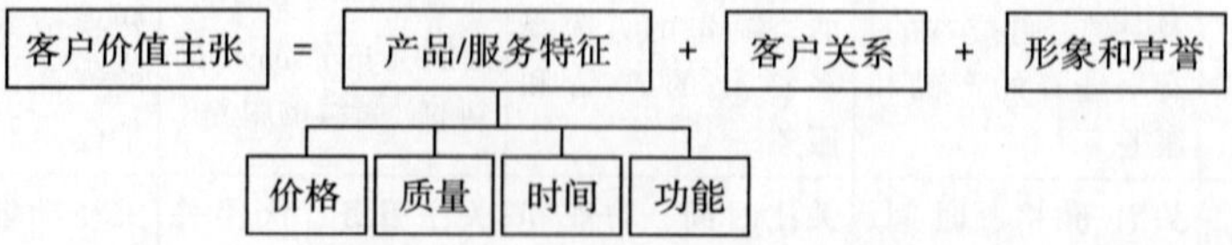

图 7-18　客户价值主张的维度

第二，客户关系。客户关系涉及客户购买产品的体验、产品/服务的交货周期、客户需求的响应时间。例如，IBM 公司采取的服务战略主题为“创新服务，成就客户”，它针对行业客户的需求，提供端到端的行业解决方案，增强开发能力并提供“交钥匙”解决方案，关注中小企业和发展高可用性服务。

第三，形象和声誉。形象和声誉是企业吸引客户的无形因素，有些公司能够利用广告及高质量的产品和服务来提高客户忠诚度，使得客户对其品牌的支持程度远超过产品或服务本身的有形价值。例如迪士尼作为主题游乐园品牌、百事可乐和可口可乐作为饮料品牌、阿迪达斯作为运动服饰品牌等，都对其目标客户具有极强的吸引力。

客户价值主张的选择是战略确定的核心环节。不同的组织通过向目标客户群体提供的独特产品组合（价格、质量、可用性、选择、功能）、关系（服务、伙伴关系）和形象（品牌）等客户价值主张定义其战略选择，并形成与竞争对手的差异化战略。卡普兰和诺顿在前人研究的基础上总结出四种通用的客户价值主张：总成本最低、产品领先、全面客户解决方案以及系统锁定。战略的本质在于选择，因此，组织应当在综合分析环境因素以及自身情况的基础上，选择一种合适的客户价值主张，并将它转化为特定的目标、指标、目标值和行动方案，以便组织成员更深入地认识、更准确地把握体现差异化的战略要素，从而把客户价值主张落实到每个人的具体工作中。四种客户价值主张的内涵及相互间的区别如表 7-7 所示。

3）内部业务流程层面。流程是指一系列活动的组合，这一组合接受各种投入要素，包括信息、资金、人员、技术等，最后产生客户所期望的结果，包括产品、服务或某种决策结果。平衡计分卡的内部业务流程层面阐述了创造价值的少

表 7-7　四种通用的客户价值主张

类型 项目	总成本最低	产品领先	全面客户解决方案	系统锁定
价值定位	为客户提供可靠的、及时的、低成本的、有限选择的产品和服务	为客户提供高品质的、领先的、选择多样化的产品和服务	为客户提供全面的、定制化的产品和周到的、持续的服务	为客户提供需要高额转换成本的、标准化的产品、服务或交流平台
差异化因素	关注价格、时间、质量、功能和品牌	关注时间、功能和品牌	关注服务、伙伴关系和品牌	关注功能、服务、伙伴关系和品牌
代表性企业	丰田、松下电器、西南航空、戴尔、麦当劳、沃尔玛	宝马、奔驰、耐克、索尼、英特尔	IBM、高盛、美孚石油	微软、苹果、思科、eBay、黄页、美国运通、威士、万事达
基本要求	具有很强的成本控制能力，善于调查大众消费偏好	具有很强的创新和产品研发能力，能快速将产品投入市场	善于客户关系管理，强调同客户建立长期的友好关系	拥有专利、许可协议或专有知识，能够创建行业标准并持续创新

数关键业务流程，这些流程驱动着组织的两个关键的战略要素，即向客户生产和传递价值主张，降低并改善成本以实现生产率改进。根据创造价值时间的长短，内部业务流程又被划分为四类，即运营管理流程、客户管理流程、创新流程、法规与社会流程，每类流程都由若干子流程构成，如图 7-19 所示。

运营管理流程	客户管理流程	创新流程	法规与社会流程
生产和交付产品/服务的流程	提高客户价值的流程	创造新产品/服务的流程	改善社区和环境的流程
生产并向客户提供产品和服务	建立并利用客户关系	开发新产品、服务、流程和关系	遵纪守法 满足社会的期望 建立繁荣的社区
1. 从供应商处获得原材料 2. 将原材料转变为产品或提供服务 3. 向客户分销产品或提供服务 4. 风险管理	1. 选择目标客户 2. 获得目标客户 3. 保留目标客户 4. 扩大客户业务	1. 识别新产品和服务的机会 2. 管理研发组合 3. 设计和开发新产品和服务 4. 将新产品和服务推向市场	1. 环境业绩 2. 安全和健康业绩 3. 员工雇用 4. 社区投资
短波	中波	长波	长期

图 7-19　四类创造价值的内部业务流程

第一类，运营管理流程。运营管理流程是指生产和交付产品/服务的流程，包括以下四个子流程：

①从供应商处获得原材料。良好的供应商关系可以降低总获得成本，也就是获得货物、材料和服务的总成本，还可以提高供货和服务的及时性。随着外包业务的发展，提高外包服务的绩效（成本、质量和反应时间）也是运营管理的一个重要目标。有的企业依赖其供应商进行产品革新和设计，或者将自身的产品和服务与供应商的产品与服务集成起来，以强化客户价值主张。在这种情况下，供应商关系管理还应该包括供应商创新或直接向企业的客户提供增值服务的目标。

②将原材料转变为产品或提供服务。运营管理的核心在于高效率、高质量、快速地为客户生产产品并提供服务。这一子流程的目标主要包括：降低生产产品和服务成本、持续改进流程、改进流程反应速度、提高固定资产利用率和提高营运资本效率等。

③向客户分销产品和提供服务。典型的分销流程目标包括企业的成本、质量和时间业绩，如降低服务成本、快速反应、向客户交货、提高质量等。和降低与供应商合作总成本一样，企业在与分销商合作或者直接向客户销售并提供产品和服务的过程中，在确保分销目标达成的前提下，要从整体上控制分销总成本。

④风险管理。企业的潜在风险通常包括财务风险、信用风险、运营风险和技术风险等。当今的组织面临不断变化的社会环境，风险与机遇并存，如果期望零风险，那么很可能就会失去组织发展的大好机遇。因此，加强风险管理是所有组织都要面对的一个重要问题，组织要在其战略地图中设置至少一个风险管理类的目标。

第二类，客户管理流程。客户管理流程是建立并利用客户关系以提高客户价值的流程，它反映了组织选择、获得、保留目标客户并不断扩大客户规模的能力。同样，客户管理流程也包括四个子流程：

①选择目标客户。选择目标客户就是确定对企业有吸引力的细分客户，构思吸引这些客户的价值主张，并且创建吸引这些细分客户的产品和服务的品牌形象。

②获得目标客户。获得目标客户就是向市场宣传公司的价值主张，吸引目标客户购买公司的产品和服务。通常，企业都是利用入门级产品或高折扣产品建立客户关系。

③保留目标客户。保留目标客户就是通过确保产品质量、迅速纠正问题并提供卓越的客户服务，来提高客户的忠诚度。客户的忠诚表现为重复购买、客户参

与（为企业提供有关改善产品和服务的信息反馈）和客户所有（客户参与新产品设计和供应商推荐）三种形式。企业想拥有高度忠诚的客户，一方面是通过持续地传递其基本价值主张，另一方面则是靠万无一失的服务质量。

④扩大客户业务。通过了解客户需求，培育并深化客户关系，企业可以增加客户购买本企业产品的份额。企业应该积极地管理其客户的生命周期价值。也就是说，企业应利用入门级产品获得新客户，并通过向新客户提供其他的高盈利产品和服务来扩大客户的购买份额。

第三类，创新流程。创新流程是指企业开发新产品、新服务、新流程和新关系的流程，它是提升客户获得率和增长率、创造客户忠诚和增加利润的必要条件。不管战略如何，所有企业都应该在战略地图中至少设置一个创新目标，而对于采取产品领先和系统锁定战略的公司，创新流程的业绩可能是其成功的决定性因素。创新流程包括以下四个子流程：

①识别新产品和服务的机会。通过这一流程，企业了解和预测未来的客户需求，从而开发新的、更有效的或更安全的产品与服务。一般情况下，新产品的思想来源于对过去产品和流程创新中所积累的技能和技术的理解。但是，企业不应当仅仅局限于在内部获得创新思想，还必须从外部，如各类实验室、大学，特别是供应商和客户那里获得创新思想。

②管理研发组合。获得新产品/服务的思想后，管理者必须决定应该资助、延迟或否决具体的研发项目。管理者应该在完全依靠内部资源生产、进行合资生产或从其他公司获得许可证和外包等方式中做出选择。

③设计和开发新产品和服务。成功的产品设计和开发能够使产品符合市场的期望从而对客户产生吸引力，在一致的质量和一定的成本条件下它能够为企业赚取令人满意的边际利润。

④将新产品和服务推向市场。新产品上市是产品开发循环的最后阶段，即项目团队发布新产品，并逐步增加产品的生产批量，最终进入商业生产。

第四类，法规与社会流程。法规与社会流程主要是指改善社区和环境的流程，如遵纪守法、满足社会期望、建立繁荣的社区等。有效的法规与社会流程可以驱动长期股东价值创造，也有利于提高效率和降低运营成本。企业一般从以下四个方面管理其法规与社会流程：

①环境业绩。环境业绩主要包括能源和资源消耗、污水排放、废气排放、固体废弃物产生和处理、对上代产品的处理和重新利用、综合的环境指标等。管理

者必须确定那些与客户价值主张相关并对长期价值创造至关重要的环境衡量指标。

②安全和健康业绩。企业在生产和运营过程中必须遵守相关的政策和法规，确保安全生产，为员工健康提供必要的职业保障。当然，并非所有安全、健康、职业等方面的指标都应当纳入平衡计分卡的指标体系。平衡计分卡不是企业唯一的指标体系和监控系统。管理者应当将那些有助于降低成本、增加收入，能够推动战略实现的目标和指标纳入平衡计分卡。

③员工雇用。多样性是组织创新的源泉，多样化的员工队伍能够从不同的视角看待和处理问题，能更有效率、更好地完成工作任务，提高组织的整体竞争力。

④社区投资。为了实现组织的可持续发展，越来越多有实力的企业开始注意到社区投资所带来的收益。其中，大多数企业都通过基金组织，甚至建立基金会，为所在社区的非营利组织系统化地提供资金。但是，很少有企业对社区投资的产出进行衡量，因而无法系统地了解持续性投资所产生的影响。运用平衡计分卡，管理者可以建立在社区投资方面的目标和指标以衡量其产出和成果，从而真正达到社区投资的目的。

4）学习与成长层面。学习与成长层面描述了组织的无形资产及其在战略中的作用。所谓无形资产，是指没有实物形态，但能被所有者占有、使用并带来经济效益的非货币性长期资产。一切与组织生产经营有关，能为组织带来经济效益，不具备物质实体的资产，都属于无形资产。无形资产是组织价值创造的源泉，是任何一个持久转变的真正起点，其重要性容易被大家认可。但是，对如何定义、衡量和实现相关目标，人们的认识程度还较低，且常常难以达成共识。经过对大量实践案例的分析和总结，卡普兰和诺顿将无形资产划分为三种类型，即人力资本、信息资本和组织资本，如图 7-20 所示。

第一种，人力资本。在平衡计分卡中，人力资本被划分为知识、技能、价值观三个方面。其中，知识是指员工拥有完成工作所要求的一般背景知识，既包括具体的工作知识，也包括使具体工作适应环境的外围知识，如“了解客户”；技能是指员工拥有弥补一般基础知识要求的技能，如谈判、协商和项目管理等技能；价值观是指在既定工作中能产生突出业绩的特性和行为，如有些工作要求员工具有团队合作精神，有些则要求员工以客户为导向。

人力资本	信息资本	组织资本
执行战略所需的 知识、技能和才干等	支持战略所需的 信息系统、数据库、 网络和技术基础设施	执行战略所需的 动员和维持变革流程的 组织能力
有用性（战略能力）	有用性（战略信息）	有用性（变革议程）
1. 知识（工作所需的一般知识） 2. 技能（谈判/协商/项目管理） 3. 价值观（价值取向）	1. 信息系统 2. 数据库 3. 网络和技术基础设施	1. 文化 2. 领导力 3. 协调一致 4. 团队工作

图 7-20　三种无形资产

第二种，信息资本。信息资本可以分为“硬件”和“软件”两个部分，即技术基础设施和信息应用程序。技术基础设施包括能有效地传递和利用信息应用程序的技术（如中央服务器和通信网络）以及管理专长。信息应用程序是由信息、知识和技能组成的程序包，它建立在技术基础设施之上，支持组织的内部业务流程。技术基础设施和信息应用程序构成了信息资本组合。不同的信息资本组合可以支持运营管理、客户管理、创新等内部业务流程。例如，供应链管理（SCM）和物料需求计划（MRP）是支持运营管理流程的典型系统。管理者必须知道如何为组织的特定战略选择信息资本组合，以及如何管理支持战略所需的信息资本组合。

第三种，组织资本。组织资本被定义为执行战略所要求的动员和维持变革流程的组织能力，通俗地说，就是将组织拥有的能力和技术协同起来以实现战略目标的能力。有较高组织资本的企业对愿景、使命、价值观和战略有共同的认识，它们围绕战略创造绩效文化，并且在整个企业内共享知识，保证每个员工共同工作并方向一致。管理者通常没有一个统一的框架将注意力集中于组织文化和氛围，使它们与战略保持协调一致。为了便于描述和衡量组织资本，平衡计分卡提供了一个仍处于测试阶段的框架，这个框架将组织资本划分为四个组成部分，即文化、领导力、协调一致和团队工作。其中，文化是指对执行战略所需的使命、核心价值观和愿景的认知和内在化；领导力是指组织各层级中能够动员组织朝着战略方向发展的领导能力的可获得性；协调一致是指个人、团队和部门的目标与战略目标的结合以及激励政策对战略实现的有效性；团队工作则侧重于知识共享，即在整个组织中创造、组织、开发和分配知识。

3. 狭义平衡计分卡的框架及构成要素

狭义的平衡计分卡与战略地图一样，由财务、客户、内部业务流程以及学习与成长四个层面构成，是通过将战略地图四个层面的目标转化为衡量指标和目标值，并制定行动方案和预算计划的管理工具。需要特别注意的是，战略地图所制定的目标与平衡计分卡中的目标需要完全保持一致，这是平衡计分卡体系化战略为行动的重要体现。

（1）平衡计分卡的框架及其逻辑关系。

1）平衡计分卡的框架。平衡计分卡的表现形式是一张二维的表格，如表 7-8 所示。其纵向是财务、客户、内部业务流程、学习与成长四个层面，横向是目标、指标、目标值、行动方案和预算五个要素。由于战略地图和平衡计分卡是相配套使用的，因此在战略地图被开发出来之后，平衡计分卡四个层面的目标也就随之确定，也就是说，制作平衡计分卡的过程实际上就是针对每个目标确定其指标、目标值、行动方案和预算。

表 7-8 平衡计分卡（样表）

要素 层面	目标	指标	目标值	行动方案	预算
财务					
客户					
内部业务流程					
学习与成长					

2）平衡计分卡的逻辑关系。平衡计分卡的逻辑关系包括两个方面：一是四个层面及其目标之间在纵向上因果关系与战略地图是一致的，这里不再赘述；二是目标、指标、目标值、行动方案和预算之间的横向推导关系。具体来说：目标是战略与绩效指标之间的桥梁，它说明了战略期望达成什么，即要想实现战略，组织在各层面中要做好哪些事情；指标则紧随目标，用以衡量该目标的实现程度；目标值是针对指标而言的，说明了该目标在特定指标上的期望绩效水平；行

动方案说明了组织怎么做才能实现预定的战略目标，制定行动方案要综合考虑目标、指标和目标值；预算则说明了实施行动方案所需的人、财、物等资源。由于指标是由目标推导出来的，而目标之间具有因果关系，因此指标之间也形成了一定的关联关系。从整体上看，平衡计分卡的逻辑关系是一个由纵向因果关系、横向推导关系以及指标关联关系构成的网状结构，如图 7-21 所示。

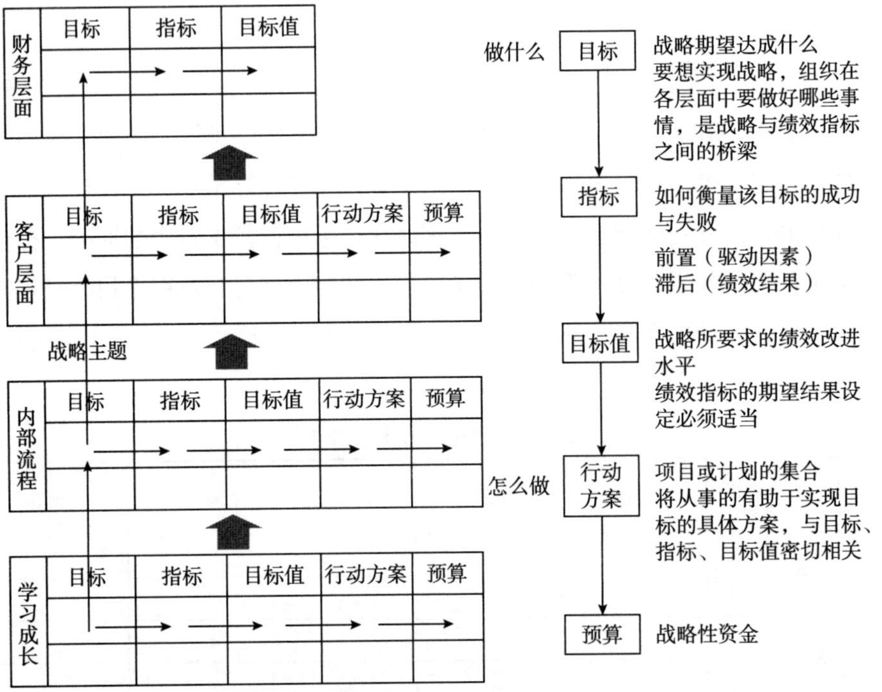

图 7-21　平衡计分卡的逻辑关系

（2）平衡计分卡的构成要素。

从上述的框架中可以看出，平衡计分卡的基本构成要素包括目标、指标、目标值、行动方案和预算。在很多情况下，明确绩效管理责任制也是平衡计分卡的重要构成要素。

1）目标及其类型。目标是组织在一定时期的特定绩效领域内所希望取得的理想成果，是战略的重要组成部分。目标指出了组织有效实施战略所必须做好的事情，是对组织使命、愿景和战略的展开和具体化，在战略所选择的比较宽泛的优先权与用于绩效评价状况的指标之间架起了一座桥梁，它们比战略的内容具体，但比绩效指标抽象。通过战略地图，组织的战略在组织、部门和个人三个层面均被具体化为一整套财务目标、客户目标、内部业务流程目标、学习与成长目标。这些目标围绕战略主题，并与之协同，形成若干战略绩效领域，共同支撑组织战略的实现。下面我们将根据目标的具体类型对平衡计分卡中的目标进行分析。

①长期目标、中期目标、短期目标。从价值创造周期来看，平衡计分卡中内部业务流程层面的目标可以被划分为长期目标、中期目标和短期目标。平衡计分卡的构成是以战略主题为基本单元的，而单个战略主题的确定主要是对内部业务流程层面中少数关键的流程进行组合，继而通过因果关系链与财务、客户以及学习与成长的目标进行连接，这就意味着内部业务流程中价值创造的长短波将决定不同战略主题在时间期限上的区分。不同时限战略主题的组合能够从整体上直接反映战略的意图，保证组织在短期利益和长远发展之间取得有效平衡，从而实现股东价值的持续增长。通常，得益于运营管理流程改善的成本节约一般在 6~12 个月的时间内能显现成效；源于加强客户关系的收入增长通常需要 12~24 个月；创新流程一般需要 24~48 个月的时间才能产生收入和利润改善；法规和社会流程的好处是能规避诉讼和倒闭以及提高组织的社会形象，但这需要更长的时间才能获得。如图 7-22 所示。

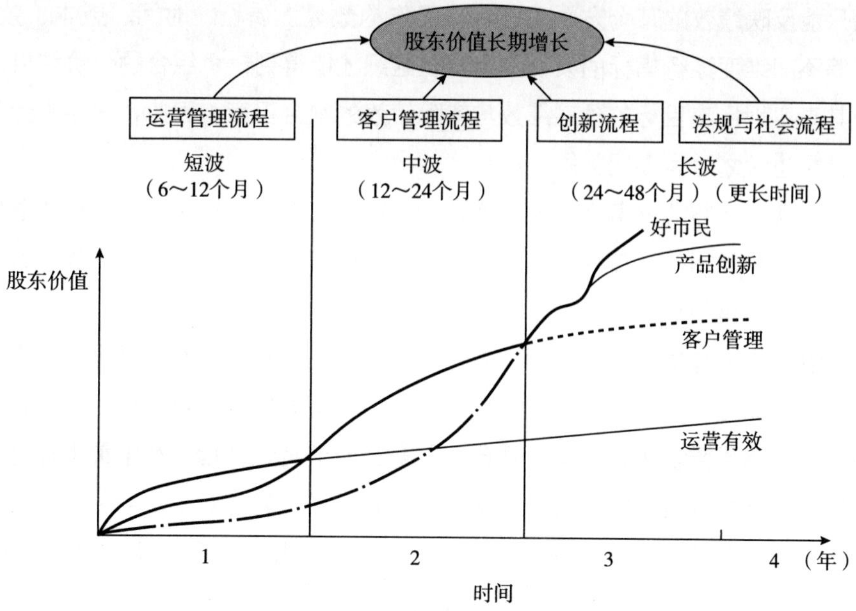

图 7-22　不同的价值创造周期

②组织目标、部门目标、个人目标。从组织的纵向协同来看，平衡计分卡是通过分层进行承接和分解的方式，把战略转化为组织目标、部门目标和个人目标的。根据组织不同层级的主要作用，这三类目标的侧重点有所不同。组织目标主要是创造企业价值，即把各个分散的业务单元和职能部门的不同工作协同起来，实现“1+1>2”的功效；部门目标主要创造客户价值，即通过生产以及提供产品和服务传递客户价值主张，从而创造企业利润；个人目标则是落实战略，即通过决策和执行具体落实战略行动方案和运营计划。

③共享目标、分享目标、特有目标。从组织的横向协同来看，平衡计分卡是按照分工与协作相结合的原则，把部门和个人的目标划分为共享目标、分享目标和特有目标的。共享目标是指目标所确定的事项是一个整体，不可分解，是需要不同部门或不同员工合作才能完成的目标。分享目标是指目标所确定的事项虽然是一个整体，但是可以分解，是不同部门或不同员工根据各自的职责承担部分任务，按照各自所处的流程节点位置进行衔接和配合完成的目标。特有目标则是根据职责、权限的划分，由单个部门或员工独立完成的目标，该目标的完成通常不需要他人协作。

2）指标及其类型。指标是衡量目标实现程度的标尺，是对绩效因子或绩效维度进行提炼后形成的评判绩效状况的媒介。通常对单个指标进行评价所形成的结果只能反映绩效的某个方面，只有从工作的数量、质量、时间、成本、效率、效果等不同维度进行指标的设计和组合，组织才能得到一个综合的评价结果，从而使其真实地反映目标的预期绩效与实际绩效的吻合程度。因此，在平衡计分卡中，指标也被划分为不同类别。

①财务指标与非财务指标。平衡计分卡在保留财务指标的同时，将非财务指标划分为客户类指标、流程类指标和无形资产类指标，从而形成一个基于目标因果关系链的有机指标体系。

②客观指标与主观判断指标。将指标分为定性指标和定量指标是管理实践中最为常见的做法。实际上，定性指标和定量指标都能转化为数值形式，这就模糊了两者之间的界限。为避免这一现象，平衡计分卡将定性指标和定量指标之分改为主观判断指标和客观指标之分。两者的区别在于，组织对主观判断指标的评价建立在对数据和信息的综合分析之上，受制于评价者的知识、经验和主观感受，而对客观指标的评价则依赖于直接的数据。

③前置指标与滞后指标。平衡计分卡为了凸显价值创造过程中绩效结果和驱

动因素之间的因果关系，将指标划分为前置指标和滞后指标，并力求在两者之间取得平衡。平衡计分卡把前置指标纳入到组织绩效管理的体系中，弥补了以往的绩效管理工具只重视滞后指标的片面性，使那些对组织成功有利的、不容易被发现和评价的行为得以衡量，如表 7-9 所示。

表 7-9　滞后指标与前置指标的比较

项目	滞后指标	前置指标
定义	一段时期结束时的结果指标 通常具有历史绩效的特征	驱动或导致滞后指标绩效的指标 通常评价中间过程和活动的绩效
举例	市场份额 销售额 员工满意度	花在客户身上的时间 书面提议 缺勤率
优势	易于辨别和确认	起预测作用 允许组织根据结果随时调整
劣势	侧重于历史，无法反映现时活动 缺乏预测力	难以辨别和确认 许多新指标在组织中缺乏历史数据支持

④计分卡指标和仪表盘指标。计分卡指标涉及财务、客户、业务流程和无形资产四个层面，通常是战略性的、结果性的、员工的日常行为不能直接影响的指标，多为聚焦于跨业务和跨职能的滞后指标。其更新频率往往是以月或年为周期，作用在于牵引组织将资源投入到有限的战略重点上，它对关系组织战略成败的、具有战略意义的目标进行衡量。而仪表盘指标主要涉及内部业务流程，通常是运营性的、过程性的、员工的日常行为可以影响的指标，多为聚焦于局部的部门、职能和流程的前置指标。其更新频率往往是以天甚至小时为周期，作用在于规范员工的具体行为和监测日常运营过程。计分卡指标和仪表盘指标通过目标的衔接相互连接在一起，形成一个有机的整体，而非主次有别的、互不关联的不同指标。计分卡指标和仪表盘指标的比较如表 7-10 所示。

表 7-10　计分卡指标与仪表盘指标比较

计分卡指标	仪表盘指标
• 战略性的 包括财务、客户及人力资本开发等指标	• 运营性的 可能没有财务、客户或人力资本开发指标
• 结果性的 员工的日常行为不能直接影响的指标其更新频率是月度或季度	• 过程性的 员工的日常行为可以影响的流程指标更新频率为天甚至小时

续表

计分卡指标	仪表盘指标
• 聚焦于跨业务和跨职能的结果指标	• 聚焦局部的部门、职能和流程绩效
• 多为滞后指标	• 多为前置指标
• 引导资源分配和衡量目标绩效	• 规范员工行为和监测运营过程

⑤评价指标和监控指标。组织的经营管理所涉及的指标可以说是成百上千，十分复杂。为了从这些名目繁多的指标中找出对战略成败最具影响的指标，平衡计分卡主张将绩效指标划分为评价指标和监控指标。评价指标又称战略指标，是指那些为了取得竞争优势而界定一个战略的指标，这类指标一般均需纳入绩效评价量表，以便组织定期对目标进行衡量。监控指标又称诊断指标，是指那些可以监控组织是否按部就班地运转并在出现异常现象时需要立刻注意的指标。平衡计分卡中的指标多是帮助组织达成战略成功的战略性指标，而不是那些监控组织运行的诊断性指标。正是在此基础上，我们才能将平衡计分卡的指标控制在极为有限的数量范围之内。

3）目标值。目标值是组织所期望的绩效结果，一般用一个带有时间限制的、带有具体数值的表述，将目标和指标转变成在今后一段时期内所期望达成的状态，其作用在于确立既定目标在相应指标上的期望标准。如果说目标描述了组织为实现战略所需做好的事项，指标显示了组织如何追踪和评价目标的实现程度，那么目标值则规定了衡量目标的指标应该达到何种程度。通过有时间限制和量化的目标值，我们就可以把笼统的、描述性的目标转变为明确具体的绩效任务。如同目标一样，目标值既能为组织提供前进的方向，指明需投入的资源规模和应有的努力程度，又能对员工产生内在激励的作用。但是，激励作用的形成取决于目标值设置的合理性。也就是说，目标值要具有一定的挑战性，员工必须经过一定的努力才能达成；同时，目标值也不宜过高，以免使员工望而生畏，产生过大的压力。如果目标值定得过高而使员工无法达成，这必将会影响员工的绩效评价结果，从而对其薪酬和个人发展产生影响。久而久之，就会使员工产生焦虑，不满意感上升，进而导致员工流失。

4）行动方案。战略行动方案是指有时间限制的、自主决定的项目或计划，旨在确定达成战略目标的途径，从而帮助组织实现目标绩效，我们应将它与组织的日常运营计划和活动区分开来。一般来说，每个非财务目标至少有一个行动方案来支撑。行动方案的制定要兼顾目标、指标、目标值的要求，因为目标界定向度，指标描述维度，目标值说明力度，行动方案则将具有时间限制的、量化的目标值转化为具体的行动。至此，组织的战略经过目标、指标、目标值和行动方案的步步阐述，已经从一个静态的、笼统的战略思维转变成组织在某一个时间段内必须完成的若干具体的计划或项目。不同目标的行动方案通过战略主题捆绑起来，形成一个整体性的行动方案组合，基于同一个战略主题的所有行动方案必须同步实施。需要注意的是，组织中存在数量众多、形式多样的行动方案，管理者必须对行动方案进行筛选、管理和评估，确保所选择的行动方案能够有效支撑战略目标并切实得到有效执行。

5）预算和责任制。与行动方案密切相关的是预算和责任制，其中预算要解决的问题是为战略行动方案提供资金支持，责任制的目的则是明确战略行动方案管理和执行的责任人及其职责。在确定行动方案之后，组织需要为这些行动方案编制预算。平衡计分卡主张将组织的战略规划过程和预算制定过程结合起来进行，而不是作为两个完全独立的流程进行。利用平衡计分卡来驱动预算程序，可以使组织明确制定预算的根本目的是什么，确保组织将有限的资金分配给那些最重要的战略行动方案。在为战略行动方案提供资金保证的同时，组织应该建立起有关战略执行的责任机制。平衡计分卡要求组织根据管理层级、职责权限以及执行和管理跨业务和跨职能流程的需要，以战略主题为单元，为相应的战略行动方案选择主题负责人和团队，以执行战略行动方案，并通过一系列管理会议来定期回顾战略行动方案的进程和效果。由此，组织的战略管理形成了一个包括计划、执行、监测、评价、调整和问责等环节在内的封闭循环，这为战略的实现提供了清晰的路线和有力保障。

第二节　绩效管理体系建设

一、公司经营计划与目标管理

（一）公司经营计划

计划管理就是解决目标与资源的匹配问题。

企业最基础的管理活动是目标和资源、人和事，以及权力和责任之间的关系。他们都是因目标而起。因此组织目标决定管理的所有活动的出现以及这些活动的价值。企业经营计划按时间可分为长期经营计划、中期经营计划和短期经营计划三种；按管理层次可分为全厂经营计划、职能部门经营计划和车间经营计划；按计划内容又可分为供应、销售、生产、劳动、财务、产品开发、技术改造和设备投资等计划。经济计划的特征具有决策性、外向性、综合性、激励性。

（1）决策性。它是以企业作为相对独立的商品生产者和经营者为前提，根据企业外部环境和内部实力制定和编制的，它直接关系到企业的生存与发展。

（2）外向性。它与社会、市场和用户有着密切的联系，其基本目的就是实现企业与外部环境的动态平衡，并获得良好的经济效益和社会效益。

（3）综合性。它的基本内容既包括市场调查、预测、生产、销售，也包括技术、财务和后勤，是指导企业全部生产经营活动的纲领。

（4）激励性。它把国家利益、企业利益和职工个人利益有机结合起来，形成一股强大的动力，能激励企业全体职工为之而奋斗。

（二）目标管理

运营管理的目标是支持和完成企业的总体战略目标。实质是对基本问题进行根本性谋划，包括生产管理运营过程和生产管理运营系统的长远目标、发展方向和重点、基本行动方针、基本步骤等一系列指导思想和决策原则。

运营战略作为企业整体战略体系中的一项职能战略，它主要解决在运营管理职能领域内如何支持和配合企业在市场中获得竞争优势。

通过外部环境（市场、竞争对手、产业环境等）及内部环境（产品成本、组织机构、财务等）的分析，根据公司的长远发展需求，规划公司未来发展前景，并明确公司阶段性业务计划和经营目标及发展战略，不断增强企业的竞争力，使企业在稳定中求发展，在发展中求提升，以促进公司持续发展和永续经营。

二、绩效指标词典

绩效指标词典是指公司根据战略地图进行目标分解、衡量指标确定、指标定义、指标应用一系列工作的总和。

编写绩效指标词典的核心环节包括衡量指标确定、指标定义、指标应用等指标词典不仅可以应用于对部门绩效的考核中，对岗位、对员工的绩效管理过程中，还可以应用于对公司的绩效改进和调整、部门计划管理、员工培训、员工职业生涯规划等环节。

绩效指标词典因为公司的发展战略而存在，也必将因为公司战略目标的不断调整而完善。绩效指标词典不是静止的，它需要根据公司战略重点的变化与调整进行动态完善。一般来讲，绩效指标词典会根据每月、每季各部门绩效状况和公司绩效状况进行调整。

绩效指标分为基于战略的 KPIs（Key Performance Indicators of Strat）、基于流程的 KPIp（Key Performance Indicators of Process）、基于职能的 KPIo（Key Performance Indicators of Organization）以及基于能力的 KCIs（Key Competency Indicators of Skill）、基于态度的 KCIa（Key Competency Indicators of Attitude），不同的绩效指标词典建立的方法有所不同。

（一）KPIs 词典

战略绩效指标（KPIs）来源于公司发展战略与年度经营计划，是衡量企业战略及年度经营计划顺利实现的标尺。根据多年的管理实践，我们将战略绩效指标的建立分为以下五个步骤：年度经营计划制订、战略地图绘制、战略绩效指标识别、战略绩效指标责任分解、战略绩效指标定义（见图 7-23）。

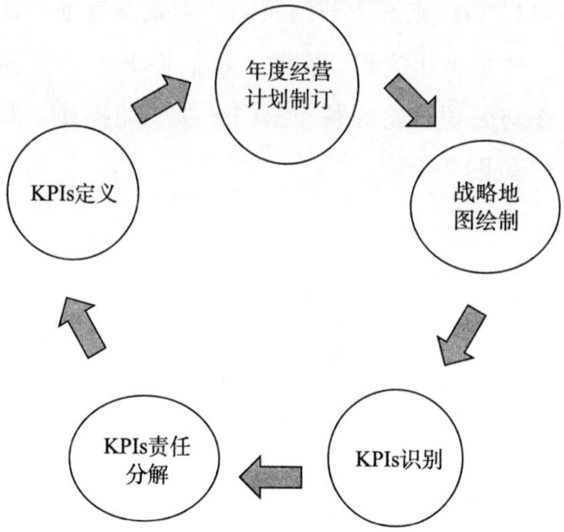

图 7-23 KPIs 词典建立"五步法"

（二）KPIp 词典

流程绩效指标（KPIp）来源于公司核心业务流程，根据多年的管理实践，我们将流程绩效指标的建立分为四个步骤：业务蓝图与流程规划、流程优化与再造、流程绩效指标识别、流程绩效指标定义（见图 7-24）。

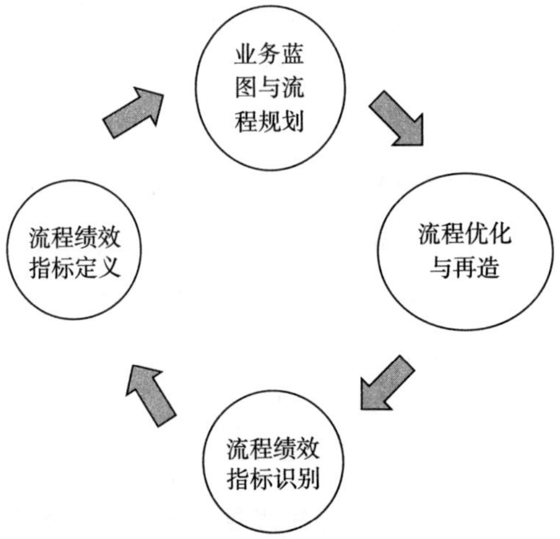

图 7-24　KPIp 词典建立“四步法”

（三）KPIo 词典

职能绩效指标（KPIo）来源于部门职能，用来衡量部门职能是否有效履行，或者履行效果如何。根据多年的管理实践，我们将职能绩效指标的建立分为以下四个步骤：业务蓝图与公司职能分解、部门三级职能描述、职能绩效指标识别、职能绩效指标定义（见图 7-25）。

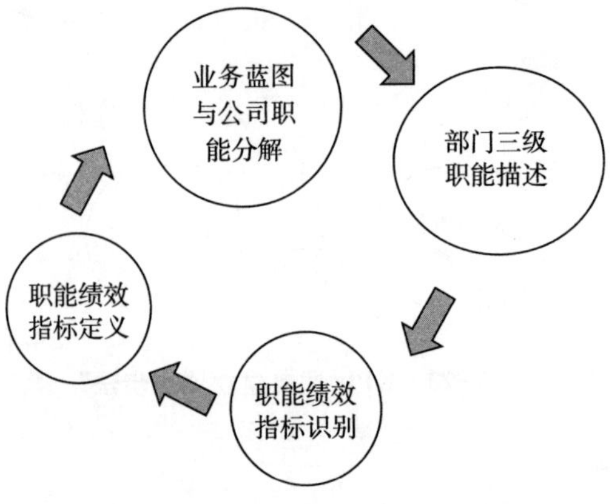

图 7-25　KPIo 词典建立“四步法”

（四）KCI 词典

素质指标（KCIs、KCIa）与前文提到的 KPIs、KPIp、KPIo 都不同，KPI 都是对事不对人，而 KCI 是对人不对事的指标，KCI 也用来衡量岗位任职者是否能够满足岗位任职标准，是否能够圆满完成岗位、部门履行职责及相关流程要求，为客户提供最有价值的服务和产品体验。

三、绩效计划与绩效辅导

绩效指标词典确定后，公司需要组织各部门编制达成本部门 KPI、KCI 的绩效计划。绩效计划应该包括 KPI、KCI 实现的具体措施，计划项目，起止时间，责任人等，绩效计划编制完成后，还需要在公司各部门之间进行评审，以保证计划项目的可实施性和对 KPI、KCI 的支撑程度。

各部门在制订绩效计划时，一定要学会并运用 SMART 原则。

S（Specific）：具体，就是要用具体的语言清楚地说明要达成目标的行为标准明确的目标几乎是所有成功团队的一致特点。很多团队不成功的重要原因之一就是目标定得模棱两可，或没有将目标有效地传达给相关成员。

M（Measurable）：可衡量，就是指目标应该是明确的，而不是模糊的。应该有组明确的数据作为衡量是否达成目标的依据。

A（Attainable）：可以达到，计划是可以让执行人实现、达到的，如果上司利用行政手段、权力一厢情愿地把自己所制订的计划强压给下属，下属典型的反应是一种心理行为上的抗拒：我可以接受，但能否完成这个计划，有没有最终的把握，这个可不好说，一旦这个计划完不成，下属有一百个理由推卸责任：你看我早就说了，这个计划肯定完成不了，但你坚持要压给我。

R（Relevant）：相关性，就是指实现此计划与其他计划的关联情况。如果实现了这个计划，但与其他的计划完全不相关，或者相关度很低，即使完成了这个计划意义也不是很大。

T（Time-based）：有时间限制，是指计划的实现有明确的时间限制。

四、绩效数据采集

绩效考核最重要的一项工作就是绩效考核数据的采集，为使绩效管理有效、有序地贯彻并执行，须保证关键绩效指标统计数据的公平性、真实性。

（一）绩效考核数据收集管理权责

（1）人力资源部负责绩效考核指标、权重、考核标准、计算公式的解释，考核结果与各部门反馈，协调解决绩效考核过程中出现的问题，主动介入各部门员工绩效考核面谈。

（2）各部门负责提报本部门考核数据及其他部门需要协助提报的数据，负责本部门人员绩效考核面谈。

（3）绩效委员会负责制定考核标准的数据，负责监督各部门按时提报数据及审核各部门所提报数据的真实性。

（4）财务部负责各部门财务数据的审核，依人力资源部提报的经审批的考核数据核算绩效工资。

（二）绩效考核数据采集来源及流程

（1）各级部门需了解本部门应该提供的 KPl 考核数据，并为其他部门（一级部门、科室及关键岗位）提供相关 KPI 考核数据。

（2）数据采集部门与被考核部门及人力资源部一起明确各指标的定义、内容、公式等，包括指标中相关名词的解释和定义，建立衡量指标的有关标准，确立合理、科学的指标计算方法。

（3）数据采集部门应提交关键绩效指标数据形成的过程，供被考核部门及人力资源部确认，包括数据的采集方式、采集频率、原始数据来源及精确程度等均应明确并经三方认同，不可随意更改。

（4）绩效数据收集的程序。

第一，人力资源部于每个月末给有关职能部门或下一级单位人力资源部下达书面通知，对数据收集提出具体要求，于每个月末将员工绩效计划完成情况数据报有关业务管理部门审核，然后报人力资源部。

第二，人力资源部负责组织数据收集并汇总。职能部门或相关业务部门负责业务指标的审计确认，保证数据的真实可靠，最后将审定后数据报人力资源部。

第三，为保证数据采集结果的真实性和可靠性，对上报的考核指标数据，必须经过严格审查、审计，也可采取个别谈话、征求内外部客户意见、审查工作报告、调阅有关材料和数据、听取监督部门意见等方式，对所采集的数据进行核查，发现数据与事实不符或有舞弊行为的，要及时采取措施予以更正。需要平衡调整的，按程序报批。对出现的虚报浮夸、弄虚作假等问题要及时进行调查核实，凡情况属实的，要采取果断措施，及时予以纠正处理。

（三）按照考核周期确定数据提交时间

（1）月度考核：数据提供部门在月度考核结束后 3 个工作日内将采集结果提交给人力资源部及被考核部门。

（2）季度考核：数据提供部门在季度考核结束后 4 个工作日内将采集结果提交给人力资源部及被考核部门。

（3）年底考核：数据提供部门在年度考核结束后 5 个工作日内将采集结果提交给人力资源部及被考核部门。

（四）数据审核

（1）人力资源部/被考核部门/绩效委员会对收集数据进行审核，对有疑义的数据可直接要求数据提供部门给出解释，获得双方认可后更改数据考核表内容并签字确认，同时知会被考核部门。

（2）若被考核部门或个人对本部门的 KPI 数据有疑义，可提出绩效申诉，与数据提供部门/人力资源部/绩效委员会进行绩效沟通，达成一致。

（3）人力资源部/绩效委员会根据汇总数据考核表结果，对各个部门的关键绩效评分，并将考核指标结果和评分情况反馈给被考核部门。

（4）按照考核周期确定绩效面谈必须完成时间：①月度考核：月度结束后 5 个工作日内。②季度考核：季度结束后 7 个工作日内。③年度考核：年度结束后 9 个工作日内。

（5）考核结果。①在被考核部门或被考核员工就考核结果达成一致后，被考核部门或被考核个人在考核表上签字生效。②人力资源部最终统计 KPI 评分表交于绩效管理委员会，进行审批。将审核后的 KPI 评分表汇总交财务部作为计算绩效薪酬的依据，副本存于人力资源部，对考核情况及各种资料整理归档。

五、绩效评价与绩效考核

绩效评价是目标绩效管理体系的核心，在很多公司由于缺乏科学的绩效评价和考核机制，最终导致目标绩效管理体系流于形式。在评价和考核的过程中需要注意以下几个问题：指标权重设置、指标考核方法、绩效数据收集、绩效面谈等。

（一）指标权重设置

指标权重的大小代表此项指标的重要性，指标权重的确定直接影响责任部门和责任者的工作重点与倾向。一般来讲，越重要的指标，其权重应该越大。但究竟如何具体确定呢？这里简单介绍四种常见的方法：直接判断法、重要性排序法、三维确定法和权值因子分析法（见图 7-26）。

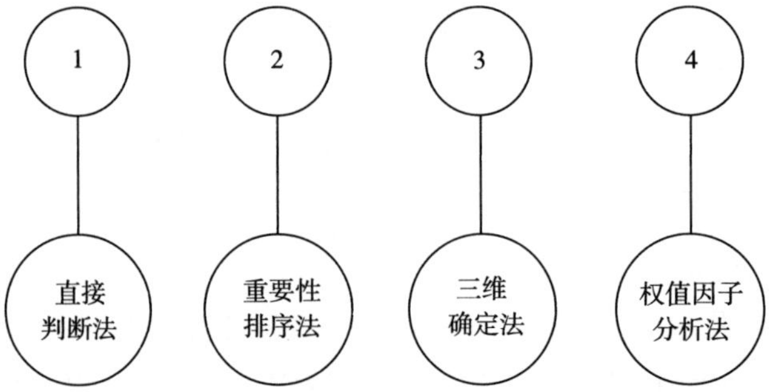

图 7-26　常用指标确定方法

1. 直接判断法

直接判断法是指由决策者根据自己的经验和对各项考核指标重要程度的认识或者从领导意图出发对各项考核指标的权重直接进行分配的方法。

根据以上原则，人力资源经理可以直接对人力资源部的几个指标进行简单判断。假如人力资源部有培训规划通过总经理批准的时间、核心员工平均培训时间、普通员工平均培训时间、培训计划达成率和培训费用控制率 5 个指标，如果他觉得这 5 个新的重要程度依次为培训费用控制率、培训规划通过总经理批准的时间、核心员工平均培训时间、培训计划达成率和普通员工平均培训时间，就可简单得出它们的权重分别为：30%、25%、20%、15% 和 10%。

直接判断法是一种非常简单的定性分析方法。如果要使其达到预期的效果，就要求决策者对各个指标的情况非常了解。因此，直接判断法的最大优点就是省时省力、简单易行，而且，排除其他因素的影响，决策效率很高。但其缺点也是显而易见的，在这种方法中，权重分配仅凭个人经验和判断而定，带有非常强烈的主观色彩，不够客观，容易招致员工的不满和质疑。因此，这种方法通常在一些规模比较小、绩效指标比较简单的企业中应用。

2. 重要性排序法

顾名思义，重要性排序法就是将考核指标按照其重要性依次排序，最终根据每个考核指标的重要程度得分在绩效指标体系整体重要程度得分之和中所占比重来确定各个考核指标的权重。

例如：有三个指标A、B、C。首先通过比较找出最重要的指标B，并赋予其分值为4分，然后找出次重要的指标A，赋予其分值为2分，最后赋予最不重要的指标C分值为1分，则指标A的权重为2/（4+2+1）=0.29，指标B的权重为4/（4+2+1）=0.57，指标C的权重为1/（4+2+1）=0.14。

重要性排序法也是一种比较简单易行的权重分配方法，这种方法允许多个决策者各自做出判断，并将其判断结果以定量的方式进行综合处理，可以在一定程度上消除主观片面性。但这种方法的缺点在于其打分过程仍然在较大程度上受到主观判断的影响，因此，其结果的客观性、准确性仍然不够。

3. 三维确定法

三维确定法是一种定性与定量相结合的权重确定方法，也是企业在确定每个指标权重时最常用的一种方法。三维确定法认为，决定一个指标权重的主要因素有三个：在目前现有资源配置和条件下该指标可实现程度、该指标的重要程度和该指标的紧急程度，只有将三者综合起来考虑才能得出合理的权重系数。

三维确定法的主要操作步骤如下：①将一组指标区分重要程度、紧急程度、可实现程度，并采用“五点打分法”分别进行打分。②将每个指标的重要程度得分、紧急程度得分和可实现程度得分相乘，得出该指标的综合分数。③将每个指标的综合分数相加，然后确定每个指标综合分数在总综合分数中所占的比例。④得出每个指标的权重值。

4. 权值因子分析法

这种方法的操作步骤如下：①组成评价小组，包括人力资源专家、评估专家和其他相关人员，根据对象和目的的不同，可以确定不同的专家构成。②由专家填写评价权值因子判断表，评价的方法是将行因子和列因子进行比较，如果采用分值时，非常重要的指标分值为4分，比较重要的指标为3分，一般重要的指标为2分，不太重要的指标为1分，很不重要的指标为0分。③对各位专家所填结果进行统计，将结果折算为权重。

（二）指标考核方法

通常来说，对指标的考核，我们会考虑指标的性质和公司对该指标的要求，采取不同的考核方法。常见的考核方法有百分比率法、非此即彼法、层差法、说明法、加分法、减分法等（见图7-27）。

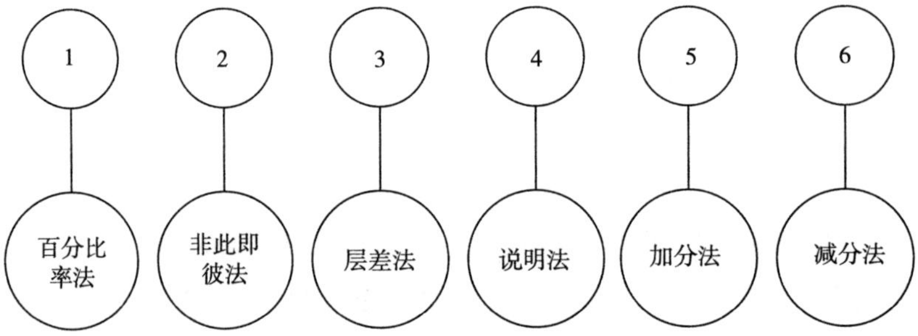

图 7-27　常见指标考核方法

（1）百分比率法。按照相应的比率来计算绩效结果的一种方法。计算公式：A/B×100%×相应的分数。

（2）非此即彼法。结果只有两种可能，要么没有完成，要么完成，考核结果只有两种可能，要么零分，要么满分。

（3）层差法。将结果分为几个层次，每个层次对应相应的分数。

（4）说明法。根据绩效结果可能出现的情况，对得分的规则分别加以说明。

（5）加分/减分法。对不占权重分数的指标进行考核的一种方法。这类指标在考核期内不一定发生，一旦发生，按照事先设定的加减分标准对指标进行加减分。

（三）绩效数据收集

企业在进行绩效评价的过程中，另外一个难题就是绩效数据的收集，因为大家都知道，绩效评价需要建立在相关数据的基础上，如果没有相关指标的达成数据，量化的绩效评价就很难实现。

根据我们的经验，企业在进行 KPI 定义的时候，首先需要对每个 KPI 的数据输出和输入渠道，周期进行明确的定义，在实施考核前，企业还需编制《绩效数据输入/输出表》，明确数据统计口径、输出日期等。

另外，绩效数据的收集可以借助公司信息系统去实现，如 CRM、ERP、MRP、PLM、DRP、SRM、OA 等都可以作为绩效数据收集的渠道。

（四）绩效面谈

绩效面谈是目标绩效管理工作中非常重要的环节，通过绩效面谈实现上级主管和下属之间对工作情况的沟通和确认，找出工作中的优势及不足，并制订相应的改进方案。就某一项完整的工作而言，根据工作的进展程度，绩效面谈可以分为三类。绩效计划面谈、绩效指导面谈、绩效考评总结面谈。

六、绩效激励与绩效改进

评价一个目标绩效管理体系是否合理，最重要的一项指标就是对员工是否具有激励性，根据企业的实际状况，合理设置激励措施是非常必要的，由图 7-28 可知，绩效结果可以应用在短期绩效奖金（月度绩效奖金、季度绩效奖金、项目奖金等）、年终奖金、薪酬调整、员工福利（年度旅游、弹性福利、培训基金等）、职位异动（升迁、降级、调岗、辞退等）、员工发展计划（优才计划、梯队建设等）、支持管理决策（年度经营目标调整、年度经营措施优化等）以及其他方向。

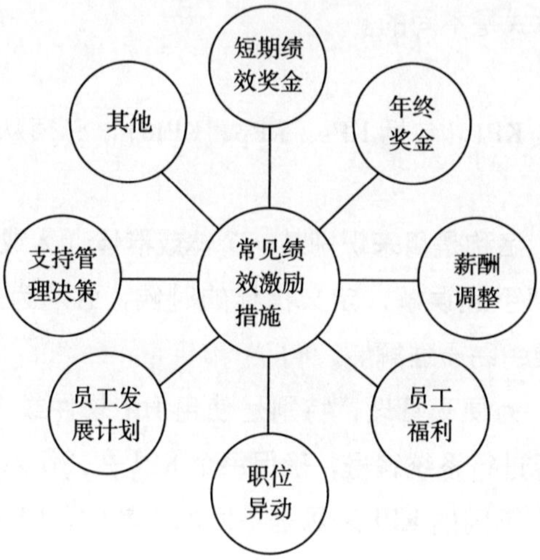

图 7-28　常见绩效激励措施

另外，通过绩效排名，我们可以将员工分为不同的类型：

第一，明日之星（适合提升）：KPI/KCI 评价结果均为优秀，可以考虑给予这类员工更高的职位和更广阔的发展平台。

第二，可造之才（发挥困难）：KPI 评价为差，而 KCI 评价为优秀，这类员工具有良好的职业技能，需要更加明确其工作目标，同时加强过程监控。

第三，可用之材（潜力有限）：KPI 评价为优秀，但 KCI 评价为差，这类员工是典型的“老黄牛”，限于自身的知识和技能积累不足，虽然勤勤恳恳、任劳任怨，但成长潜力有限，企业需要为这类员工提供更多的学习机会。

第四，强弩之末（职位不适）：KPI 与 KCI 评价结果均为差，对待这类员工有两种办法：一是将其调整到要求较低的职位；二是予以淘汰。

第三节　绩效体系设计相关核心问题

一、绩效指标定义

本书提出的绩效指标有 KPIs、KPIp、KPIo 和 KCIs、KCIa，其中 KPI 和 KCI 的定义维度与定义方式是不同的。

（一）KPI 定义

要想清晰地定义 KPI（包括 KPs、KPp、KPIo），必须从以下 15 个维度进行描述。

（1）指标名称。名称是用来识别某一个体或群体（人或事物）的专门称呼，为了避免在公司内部引起误解，定义指标的时候，必须为每个 KPI 指定名称，而且名称要简明扼要、易于理解。

（2）指标编号。为便于管理，特别是使用 HR 软件或者绩效管理软件的企业，通常需要对指标进行系统编号，确保每个 KPI 在公司内部只有唯一编号。

（3）指标来源。不同的 KPI 来源是不同的，其中，KPIs 来源有两个，分别为企业发展战略、公司年度经营计划；KPIp 来源则有三个，分别为公司核心业务流程、关键管理流程、辅助流程；KPIo 来源有两个，分别为部门职能、岗位职责。

（4）相关部门。相关部门是指与每个指标有关系的责任主体，通常情况下，KPIs 可能会有一个或多个责任主体，KPIp 一定会有多个责任主体，而 KPIo 只有一个责任主体。

（5）指标目的。对指标的内在性质、范围，以及设置指标的目的与意义等方面的内容进行界定和说明，避免理解上的差异。

（6）计算公式。清晰界定指标量化评价的方法，一般将完成结果输入公式中就可以产生结果。

（7）特殊说明。许多备注信息需要在本栏目中阐述清楚或者标明需要参考的相关附件等。

（8）计量单位。常用的指标计量单位有：数量单位（个、次、条、台、分）、量单位（千克、吨等）、面积单位（平方分米、平方米、平方千米、公顷等）、货币单位（元、亿元等）、时间单位（小时、日、月、年等）、比例单位（%、PM 等）

（9）统计周期。相关数据取数的频次，常见的 KPs 统计周期有天、周、月、季、半年、年。

（10）指标极性。极性代表判定某项 KP 好坏的方向，指标极性有三种可能：越大越好、越小越好、控制在一定范围之内。例如，产品合格率的指标极性为越大越好，产品不良率的指标极性为越小越好，费用预算控制的指标极性为控制在一定范围之内。

（11）数据输出部门。确定 KPI 评价数据是由哪个部门或岗位负责输出的。根据我们的经验，指标数据输出的常见部门或岗位有：专业管理部门、总经理或副总经理、财务部门、人力资源部门、企业综合管理部门，或由公司专门成立的专查组等输出。

（12）数据输出时间。数据输出部门输出 KPI 对应数据的具体时间，如每周一、下月 5 日、下季度首月 10 日等固定周期输出时间，还有专项工作或项目周期等非固定周期输出时间。

（13）指标考核周期。因为公司对每个指标的关注程度不同，每个指标涵盖的内容和范围不同，需要对每个指标的考核周期在年初进行充分识别，通常我们对指标考核周期的描述有月度、季度、半年度和年度四种。

（14）指标考核方法。对指标的考核，我们会考虑根据指标性质和公司对该指标的要求，采取不同的考核方法，常见的考核方法有比率法、层差法、说明法、非此即彼法、加分法、减分法等。

（15）指标性质。指标性质可分为定量指标、定性指标两种。企业在定义 KPI 的时候，往往会遇到有些指标很难做到量化考核，只能采用定性的方式进行，这时候就面临着对定性指标进行量化问题，那么如何才能对定性指标进行量化呢？通常需要先识别影响这个指标的关键因素，然后对这些关键因素进行分级，并赋予一定的权重，在评价该指标的时候，通过对每个关键因素进行等级评价，然后按照对应的权重确定该指标的达成状况。

(二) KCI 定义

KCI 定义方式与 KPI 不同，KCI 定义相对比较简单。KCI 是对人不对事的指标，与人有关，而人又必须与岗位及岗位任职资格挂钩，一名员工针对一个低素质要求的岗位而言，他的 KCI 得分可能会很高，同一个人如果针对一个高素质要求的岗位而言，他的 KCI 得分可能会很低。例如，在企业内部可能会有技术员、助理工程师、工程师、高级工程师、主任工程师、总工程师等不同等级的技术岗位，不同等级技术岗位的任职资格会存在很大的差异，因此我们不能用工程师的任职资格要求去评价一名助理工程师，同样也不能用高级工程师的任职资格要求去评价一名主任工程师。

对 KCI 的定义，通常从以下八个维度进行：

(1) 指标名称。如 KPI 一样，企业也需要为每项 KCI 指定名称。

(2) 指标编号。就是给每项 KCI 确定一个公司范围内的唯一编号。

(3) 指标含义。就是为每项 KCI 确定企业内部的标准定义。

(4) 指标等级。与岗位任职资格中对各项素质的要求相似，企业在进行 KCI 定义的时候必须对每项 KCI 分级，并对每级对应标准进行描述，通常可以分为 1 级、2 级、3 级、4 级，不同级别对应岗位可以参考岗位任职资格。

(5) 考核周期。对于 KCI 的考核，在绩效管理体系中一般情况下按年、半年即可。但 KCI 还可以用于员工面试、试用期、试岗期、适岗率评价环节，这些环节的考核周期要根据具体情况确定。

(6) 数据输出部门。KCI 的数据输出部门通常有两个，一是员工直接上级，二是公司人力资源部。

(7) 数据输出时间。如果 KCI 用于绩效管理，则数据输出时间与公司绩效管理体系要求时间一致；如果 KCI 用于其他领域，数据输出不同的考核方法，常见的考核方法有比率法、层差法、说明法、非此即彼法、加分法、减分法等。时间则需要根据具体情况确定。

(8) 评价模型。由于 KCI 全部都是定性指标，为了清晰、便于操作，企业可以参考 KPI 定性指标定义办法对每项 KCI 建立评估模型。

二、绩效指标量化

绩效指标既有定量指标，也有定性指标，如何对一项指标进行定量定义？根据我们的经验，企业可以从四个维度进行定义，即数量、质量、时间、成本，也就是我们通常所说的 QQTC 模型。

Q（Quality，数量）：在规定条件下完成工作的数量，数量维度指标，一般采用个数、时数、次数、人数、项数、额度等表示。

Q（Quality，质量）：在规定条件下完成工作的质量，质量维度指标，通常采用比率、评估结果、及时性、满意度、准确性、达成率、完成情况、合格率、周转次数等表示。

T（Time，时间）：在规定条件下完成工作的时间，时间维度指标，通常采用完成时间、批准时间、开始时间、结束时间、最早开始时间、最迟开始时间、最早结束时间、最迟结束时间等表示。

C（Cost，成本）：在规定条件下完成工作所耗费的成本，成本维度指标，通常采用费用额、预算控制等表示。

其实，我们在评估一项工作好坏的时候，通常都是根据以上几个维度进行评估的，只不过有时是单独从某一个维度进行评估，而有时是从两个或三个甚至四个维度进行评估的。

三、绩效指标有效性分析

每个部门可能有很多指标，每个战略主题也可能分解出很多指标，但这些指标能否支撑公司的战略实现呢？这就需要我们对指标的有效性进行分析，指标的有效性分析包括指标的充分性、科学性和适宜性分析以及指标性质分析两种。

（一）指标的充分性、科学性和适宜性分析

首先，我们将分解出来的所有指标按照平衡计分卡的四个维度进行分类，然后按照重要性程度对各个指标进行排序。

按照同样的道理，对所有指标按照战略主题和各个部门进行归类和重要性排序。通过以上不同维度的归类和排序，我们不难发现，分解出来的指标可能是不平衡的：要么财务指标太多，要么客户指标太少；要么某一个战略主题有几个甚至多个指标，要么某一个战略主题只有一个指标甚至连一个都没有；要么某个部门有十几个甚至几十个指标，而有些部门只有一两个指标。

根据多年的操作经验，我们认为，无论从哪个维度进行分析，指标应该基本上保持平衡，不能太多，也不要太少。同时，通过上面的分析，我们还可以采用反推的办法，将每个指标值归类相加，看看如果这些指标达到了要求，能不能满足公司战略主题的需要。如果发现某一项或几项战略主题无法实现的话，就说明

我们进行目标分解和目标指标化的过程是不科学的。这时候就需要对个别战略主题重新进行强相关识别和分解，直到所有指标都能够支撑战略主题的实现为止。

总之，通过对指标的充分性分析，就可以衡量公司目标分解是否到位；通过对指标的科学性分析，便可验证每个战略主题和各个部门考核指标是否平衡；同时，通过对指标适宜性的分析，可以保障指标的顺利达成。

（二）指标性质分析

除了上面提到的对指标的充分性、科学性和适宜性进行分析外，为了防止考核过程中出现指标结果很难测量和测量成本过高的问题，我们还需要对每个指标进行性质分析。一般我们将指标划分为：定性指标和定量指标；滞后指标和前置指标；维持性指标和发展性指标；短指标和长指标；等等。一般来说，企业应该尽量采用定量指标，而减少定性指标的数量；更多关注成长性指标，而适当降低维持性指标的数量；长指标和短指标也应该控制在一定的比例范围之内。

四、绩效指标均衡性分析

KPI 定义好之后，每个 KPI 如何在各个部门月度、季度或者年度绩效考核中体现出来呢？这就需要对每个 KPI 进行规划识别。

如果不对 KPI 进行规划识别的话，可能每个人对这些指标的优先次序、轻重缓急的理解和安排都是不一样的——哪些指标应该先做，哪些指标应该后做？哪些指标应该第一季度做，哪些指标应该第二季度做？哪些指标应该第一季度考核，哪些指标应该年底考核？哪些指标应该只考核一次就可以了，哪些指标需要多次考……所有这些问题都需要通过对 KPI 进行统一规划识别来系统地解决。

对 KPI 进行规划识别的另一项内容就是确定每一个指标的具体标准，通常我们建议在设置指标的时候不要只设置一个僵化的指标值，而要设置一个比较活的指标区间即指标有个最低值和期望值，最低值是指部门必须达到的涉及企业生存问题的最低标准，期望值则是指经过努力应该可以达到的基本标准。

对指标管理部门来说，仅仅制定年度指标是不够的，还需要制定季度或月度指标。由于季度或月度指标经常需要修改和调整，因此一般我们不把这部分内容放在规划识别表中，只把它当作附件，放在 KPI 定义表中去阐述。

对 KPI 进行规划识别时，指标的均衡性问题、指标的难易程度问题及部门与部门之间指标的协作性问题是需要特别关注的。否则，整个绩效管理体系的运作有效性将会大打折扣。

指标的均衡性问题。将年度指标按照考核周期规划到各个考核单元时，需要考虑各个考核周期指标的均衡性问题，如果一些考核周期指标太多，而一些考核周期指标很少，甚至没有考核指标，对绩效系统的有效推进是非常不利的。一般来讲，我们建议企业在每个考核周期各考核单元的指标保持在 4~8 个，不要太多，也不能太少。

指标的难易程度问题。总体指标的难易程度要把握好，不要过高或过低。对不同类别的 KPI 来说，其难易程度更要把握好，最终要做到管理类指标、财务类指标、业务类指标的难易程度基本保持一致。

指标的协作性问题。KPI 与 KPI 之间、部门与部门之间存在各种协调发展的关系，这种协作关系有可能是时间上的，也有可能是资源共享上的，在 KPI 规划时，也要特别注意这一点。

五、部门之间如何确保考核尺度的一致性

在进行绩效考核的过程中，我们道常会遇到这样的问题，不同的部门，因为它们对考核尺度的把握不同，可能造成在不同部门员工考核成绩出现普遍偏高或偏低，也就是说，如果部门考核尺度比较严格，部门内部员工的考核成绩就低，如果部门考核尺度比较宽松，部门内部员工的考核成绩就会偏高。

如何解决这样的问题呢？根据我们的经验，以下三种方法有助于企业解决上述问题：

（1）可以通过加强对部门经理的培训，让其掌握绩效目标确定、绩效考核的基本方法，统一评价方法。

（2）公司可以按照正态分布的原则限定部门内部员工绩效等级分布比例。

（3）根据部门绩效成绩，确定部门内部员工绩效分布比例。

六、绩效文化培养

什么样的土壤长出什么样的庄稼，企业内部也是如此，什么样的文化成就什么样的目标绩效管理体系，为了确保目标绩效管理体系的有效执行，企业需要根据目标绩效管理需求培养积极、健康的目标绩效管理文化。

通常而言，目标绩效管理文化的核心为结果导向、高效协同、全员参与、以人为本。其中，结果导向是最高境界，高效协同是手段，全员参与为方法，以人为本是基础。

第八章　薪酬激励与员工福利

第一节　薪酬激励与员工福利概论

一、相关概念含义

薪酬与福利管理是组织在战略的指导下，对薪酬和福利的原则、策略、结构等进行的一系列设计和调整的管理过程。其目的是有效地吸引人才、留住人才、激励人才，营造良好的文化氛围，鼓励和提高人才的技能；提升工作效率，让员工创造更好的工作绩效，同时保持企业人力成本的相对稳定。

（一）员工薪酬

员工薪酬的概念有狭义和广义之分。

（1）狭义的员工薪酬是指员工个人获得的工资、奖金等以金钱或实物形式支付的劳动回报。

（2）广义的员工薪酬是指经济性报酬和非经济性报酬的总和。其中经济性报酬是指工资、奖金和福利等，而非经济性报酬则是指员工个人对企业及对工作本身在心理上的一种感受。

此外，还可以从以下两个角度理解员工薪酬的概念。

（1）员工薪酬是指员工所获得的一切有形的（财物形式）和无形的（非财物形式）劳动报酬，包括工资、奖金等现金收入，也包括各种形式的福利和奖励。

（2）员工薪酬是指员工为企业提供劳动而得到的各种货币与实物报酬的总

和，包括工资、奖金、津贴、提成工资、劳动分红和福利等。

综上，员工薪酬可以理解为员工因向其所在的单位提供劳动或劳务而获得的各种形式的酬劳或答谢，其实质是一种公平的交易或交换关系，用人单位是购买者，员工是出卖者，薪酬是劳动或劳务的价格，是员工在向单位让渡其劳动或劳务使用权后获得的报偿。在这个交换关系中，单位承担的是劳动或劳务的购买者的角色，员工承担的是劳动或劳务的出卖者的角色，员工薪酬是劳动或劳务的价格表现。

（二）激励薪酬

激励薪酬也叫可变薪酬、诱惑薪酬或业绩薪酬，是指员工在达到某个具体目标或绩效水准或创造某种盈利后所增加的薪酬收入部分，它是以员工、团队或者组织的短期或长期绩效为依据而支付给员工个人或团体的薪酬。相对于基本薪酬而言，激励薪酬具有一定的可变性，经营者薪酬实施的前提是业绩考核，而激励薪酬是和业绩密切联系在一起的。因此，它对员工的激励作用更强。

激励薪酬的形式包括奖金等短期激励薪酬，也包括股权、期权、利润分享等长期激励薪酬。激励薪酬对员工积极性有很大的影响，由于激励薪酬是额外的薪酬给付，同时不具有普遍性，当激励薪酬增加的时候，员工的积极性通常会因受到激励而提高。

关注激励机制，保障上市动力。一般企业上市前都会做一个长期激励计划来实现财富的共享。到底要不要做这个东西以及到底要怎么做，其实还是有很多考量因素的。“先要看激励的目的是什么？总体来讲，国内民企激励计划主要有四个特征。分别是激励员工达成业绩目标，吸引核心人员，鼓励大家风险共担利益共享，最后是人员的保留，强化激励对象的归属感。”

【案例】中国持续快速成长民营企业高管激励特征及典型案例

特征 1：激励——认可高层对公司业绩的驱动作用，对高层薪酬具有明显的倾斜性。

典型企业：某家电制造行业领先企业，一般员工的薪酬定位为市场 25 分位，高管层的薪酬定位于市场 90 分位水平，拉开差距，强化对高管的激励作用。

特征 2：吸引——利用民营企业股权结构简单，分配灵活的特点，通过股权激励的差异化薪酬竞争优势吸引人才。

典型企业：某化工细分行业领先企业，通过业绩股票计划从相关竞争对手处直接吸引两名高管人员。

特征3：分享——通过建立与公司成长绑定的长期激励机制实现利益分享，风险共担。

典型企业：某运营地产行业领先企业，通过引入“虚拟股权”模式（现金型长期激励），使高管收益与公司业绩成长直接关联，避免因为短期收益损害长期利益的行为。

特征4：留用——综合利用长期激励和特殊福利的“金手铐”作用，强化高管人员的归属感。

典型企业：某船舶制造行业领先企业，为保证高层人才的稳定性，为高管提供“业绩股票+补充商业保险”福利计划。

（三）员工福利

员工福利是指用人单位支付给员工的除工资或薪金之外的劳动报酬，往往不以货币形式直接支付，而多以实物或服务的形式支付，如社会保险（医疗保险、失业保险、养老保险等）、带薪休假、廉价住房、单位提供的子女入托服务、工伤事故补偿、免费午餐、免费交通等。从支付对象来看，福利可分为全员福利和只供某一特殊群体享受的特种福利和特困福利。全员福利是所有员工都能享受的待遇。特种福利是针对单位中的高级人才设计的，如高层经营管理人员或具有专门技能的高级专业人员等。这种福利的依据实际上是贡献率，是对这类人员的特殊贡献的回报。常见的特种福利有高档轿车服务、出差时高级宾馆及饭店服务、股票优惠购买权、高级住宅津贴等。特困福利是为有特殊困难的员工（如工伤残疾、重病患者）提供的，这种福利的依据是需要率。

员工福利不是雇主的恩惠，它同工资或薪金一样是员工劳动所得，属于劳动报酬的范畴。但是它不属于工资，因为工资是按劳动付酬，员工之间工资存在差别，而员工福利是根据用人单位工作和员工的需要支付，员工之间福利差别不大；工资是直接的劳动力再生产费用，而员工福利是间接的劳动力生产费用；工资金额与岗位需求和劳动素质相关，而员工福利则与之无关；工资作为人工成本随工作时间的变化而发生变化，员工福利作为人工成本则随人数而非工作时间发生变化，有些福利项目从利润中支付，不列入成本；工资具有个别性、稳定性，而员工福利则具有集体性和随机性。

二、薪酬福利模型

由于薪酬构成各不相同，所以不同构成的薪酬模型其特点也各不相同。典型的薪酬模型包括以下三种：高弹性薪酬模型（高激励低保健）、高稳定性薪酬模型（低激励高保健）、调和性薪酬模型，如表 8-1 所示。

表 8-1 典型的薪酬模型

	高弹性薪酬模型	高稳定性薪酬模型	调和性薪酬模型
特点	绩效薪酬所占比例很高，基本薪酬等所占比例很低	基本薪酬所占比例很高，绩效薪酬等所占比例很低	绩效薪酬与基本薪酬等各占一定的合理比例
优点	激励性很强与员工业绩密切联系	员工收入波动很小，员工安全感很强	对员工有激励性，也有安全感
缺点	员工收入波动很大，员工缺乏安全感及保障	缺乏激励功能，容易导致员工懒惰	须设计科学合理的薪酬系统

1. 高弹性薪酬模型（高激励低保健）

这是一种激励性很强的薪酬模型，绩效薪酬是薪酬结构的主要组成部分，基本薪酬等处于非常次要的地位，所占的比例非常低（甚至为零）。这种薪酬模型，员工能获得多少薪酬完全依赖于工作绩效的好坏。当员工的绩效非常优秀时，薪酬则非常高；当绩效非常差时，薪酬非常低甚至为零。

2. 高稳定性薪酬模型（低激励高保健）

这是一种稳定性很强的薪酬模型，基本薪酬是薪酬结构的主要组成部分，绩效等处于非常次要的地位，所占的比例也非常低（甚至为零）。这种薪酬模型，员工的收入非常稳定，几乎不用努力就能获得全额的薪酬。

3. 调和性薪酬模型

这是一种既有激励性又有稳定性的薪酬模型，绩效和基本薪酬各占一定的比例。当二者比例不断调和变化时，这种薪酬模型可以演变为以激励为主的薪酬模型，也可以演变为以稳定为主的薪酬模型。

这种薪酬模型目前应用非常普遍，但两者的比例调和是应用好这种模型的关键。图 8-1 是这三种模型的示意图。

为实现不同岗位的有效激励，应设置不同模型的薪酬结构，一些岗位应采取低激励的薪酬结构，一些岗位应采取低保健高激励的薪酬结构，那么如何去建立这些不同岗位的薪酬结构呢？通常系统并有效解决这个问题的工具是“薪酬结构划分矩阵图”。如图 8-2 所示。

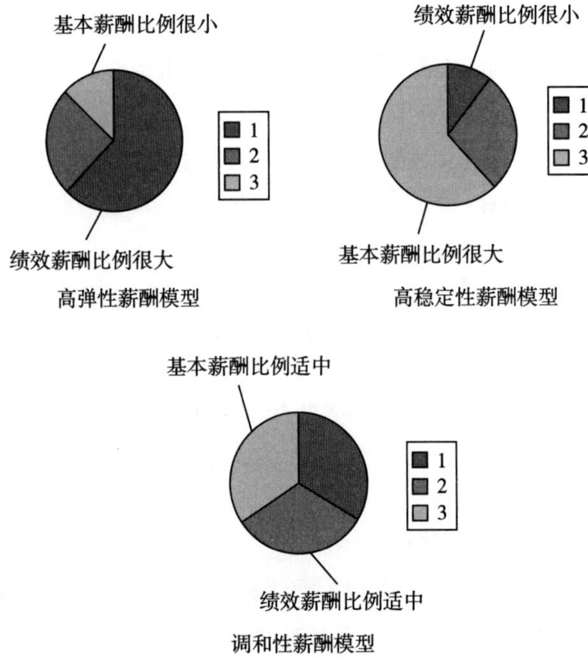

图 8-1　三种模型示意图

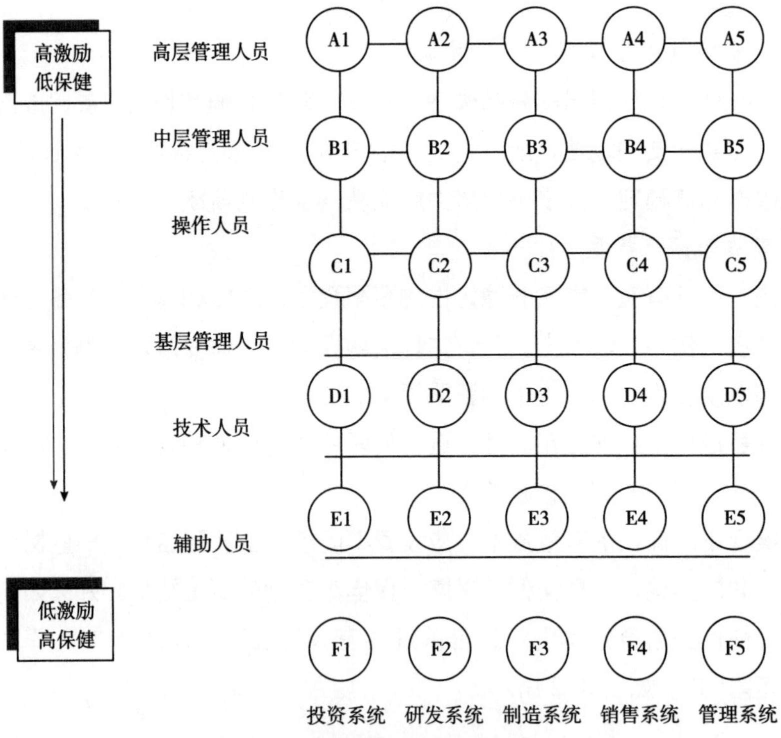

图 8-2　低保健高激励的薪酬结构

不同企业的“薪酬结构划分矩阵图”通常是不一样的，“薪酬结构划分矩阵图”的横坐标表示职能机构，一般可根据企业的组织结构来设置，“薪酬结构划分矩阵图”的纵坐标在排列时，没有逻辑上的先后顺序关系，可任意排列，但纵坐标在排列时，应遵循激励强弱程度来排列，这样就给薪酬结构中确定不同模块比例提供了横向和纵向的可比性。以 J 公司的薪酬结构案例为例，具体如表 8-2 所示。

表 8-2　J 公司的薪酬结构案例（部分）

职位		岗位工资	绩效工资	加班工资	福利津贴	备注
		A	B	C	D	
生产系统	操作长	40%	60%	有	部分项目	
	班组长	60%	40%	有	部分项目	
	主任	60%	40%	有	部分项目	
	工程人员	80%	20%	有	部分项目	
	技术人员	80%	20%	有	部分项目	
	经理	80%	20%	有	部分项目	
	辅助人员	80%	20%	有	部分项目	
	一线销售员	40%	60%	有	部分项目	
	销售管理人员	60%	40%	有	部分项目	
	一般管理人员	60%	40%	有	部分项目	
	部门经理	80%	20%	有	部分项目	
	辅助人员	80%	20%	有	部分项目	

三、薪酬福利的作用

（一）调动员工工作的积极性与主动性

合理的薪酬对于员工在工作上的表现有着极大的激励作用，员工对工作有着很大的动力，提高了工作的效率与工作质量，保证了个人绩效的提升，进而促进了企业的绩效，员工在工作上的表现优秀，薪酬就会不断地增加，薪酬增加了，积极性与主动性又在不断提高，又能够很好地完成工作任务，这样循环往复，员工的工作积极性与主动性就能够长久地保持。

（二）加强企业的凝聚力

激励作用不仅能影响到个人，也能够影响到其他人，一个人通过薪酬激励而更好地完成工作任务，为自己在工作方面提供了很大的动力，渐渐地也会影响其他人，员工与员工之间达成了共同进步的目标，加强了员工与员工之间团结协作的能力，在此情况下企业就自然而然形成了向心力与凝聚力，激励机制在提升企业员工的团结凝聚力方面发挥着不可替代的作用。

（三）帮助企业不断地吸引人才

拥有人才是企业提高竞争力的主要动力之一，通过对人才的招揽，再进行一定的培训，符合企业对人才的要求，在薪酬方面对员工加以鼓励，避免了人才的流失，以及一定程度上避免了员工跳槽的现象，让员工能够感受到在企业有用武之地，在企业能够最大化地提高自己的能力与发展空间，员工在企业中能够享受到其他企业所没有的福利，让员工能够尽心尽力为企业服务，企业在员工心里留下了很好的口碑，一传十，十传百，企业的名声在外，自然而然地吸引着大量的人才，因此一个有效的激励机制是吸引人才的重要因素。

第二节　薪酬福利管理的理论发展与原则

一、薪酬福利管理理论的发展

（一）员工薪酬管理的历史沿革

薪酬管理大致经历了四个发展阶段，即专制阶段、“温情主义”阶段、科学管理阶段和现代管理阶段。

1. 专制阶段

在薪酬管理历史上，这种专制管理维持时间最长。当时企业管理者与所有者基本上是合一的。在观念上，管理者对薪酬的激励作用认识不足。在管理风格上是管理者单方说了算，企业员工没有参与企业薪酬管理的权力，即使有意见、发牢骚，甚至罢工，也无法改变企业管理者决定员工薪酬的地位。政府与企业是一致的，只有宏观调控。员工的薪酬水平往往被压到极限。员工们要求改善工作条件，改与不改，改到什么程度，都是由雇主单方来决定的。有的雇主无端地延长员工的工作时间，甚至动用粗暴的手段对员工进行管束，他们没有意识到人格上的平等在薪酬管理中的作用。对员工来说，一般人都会把工作看作谋生的手段，为了生计而被动地付出代价。

2. “温情主义”阶段

这一阶段发生在古典市场经济时期。在西欧，约在19世纪后半叶，这一阶段虽然企业管理者与所有者基本上合一，但在薪酬管理中产生了“温情主义”。其原因是经济发展，受雇员工越来越多，雇员与雇主的摩擦也愈演愈烈。为减少摩擦、化解矛盾，企业管理者不得不对薪酬管理的理念、风格，及由之决定的管理方式方法做出必要的让步和理性化的调整。政府也推出了一些保护员工某些利益的法律或法规，员工的工作条件在一定程度上得到了改善，工作时间的延长得到了一定的节制，雇主对员工的暴力性管束也在一定程度上有所收敛。与薪酬管理的专制阶段比较，有了一定进步，雇主对员工推出了一些优惠的薪酬措施。在货币形式的薪酬外，又加进了福利等非货币形式的薪酬。

3. 科学管理阶段

薪酬实现科学管理的时间大约是20世纪上半叶。其原因有三：第一，泰罗的企业管理革命，形成了科学管理论，并得到广泛的应用。第二，员工关心薪酬的力量，已经形成有组织性的要求提高薪酬水平的行为，并且声势高涨。第三，公司革命，出现经营权和所有权发生分离现象。

在薪酬管理中，企业管理者发现克扣员工的薪酬实属不明智之举，薪酬是激发员工潜力的杠杆。由此产生新的理念：支付给员工的较高薪酬有可能使企业得到更多的回报。所以在实践上有些企业管理者开始建立企业员工的薪酬提高与企业发展良性循环的互动机制。经过科学的薪酬管理，不仅改善了员工的工作条件，相对提高了他们的薪酬水平和福利待遇，而且更进一步地减少了人力资源的摩擦性耗费。

4. 现代管理阶段

现代薪酬管理阶段产生的原因有三个：第一，人们生活水平的提高和多样化，需要的多层次性表现突出。第二，管理科学的细化，由行为科学和管理心理学及企业管理学交融产生了人力资源管理理论，使企业员工薪酬管理理论更完善，人们对薪酬激励作用认识更加深刻。第三，企业管理者更加提倡“人道”的薪酬管理，许多企业产生了“福利国家”的理念和实践。

现代薪酬管理阶段，企业出现三个显著标志：第一，一些发达的市场经济国家的企业，薪酬水平提高惊人。第二，企业员工薪酬形式实现了多元化。第三，管理者认识到金钱的作用是有限的，因而对员工的内在薪酬有了较多的关注，他们深信“工作的报酬就是工作本身”的薪酬管理哲学。

（二）员工薪酬管理的发展趋势

自20世纪末以来，悄然兴起的新经济逐渐对现代企业人力资源管理，尤其是薪酬管理提出了更高的要求。经济全球化在增加适应、创新和竞争力方面，对人才管理产生了深刻的影响。专门知识的价值被确认，并融入组织和日常管理以应对上述影响；智力资本作为独特的生产要素，取代人力资本，排在产业资本、金融资本之前。所有这些都将给企业的薪酬管理带来根本性的变革，主要体现在如下几个方面：

（1）企业的人才竞争和知识激励使人力成本逐步上升。根据“80/20定律”，企业20%的人才为企业创造80%的效益。企业管理者越来越认识到人才创造财富的重要性和知识对企业员工的重要性。企业的竞争实质是人才的竞争和新知识的竞争。人才竞争使企业愿意付高薪给“专才”和“通才”；知识竞争使企业愿意给员工学习知识的机会和资金投入。这样就导致人力资源的价格滚动攀升。

（2）薪酬制定的依据将更多地反映市场而不是工作本身的价值。传统的工作价值论将逐渐向市场价值论过渡，依靠工作分析计算工作价值的传统做法将向更高层次发展，薪酬将更多地反映知识市场化的要求，薪酬管理将形成动态的分析机制，以适应市场变化的需求。

（3）薪酬福利设计更富弹性并走向多轨化。薪酬福利设计方面，弹性设计和多轨制将更加流行，其中蕴含的规则将更加复杂，“分化”现象将更加普遍。在薪酬管理中，人文化设计色彩将更加浓厚，心理学原理将起更重要的作用。在主要基于脑力劳动的知识经济时代，薪酬不仅是纯粹经济学的计算问题，而更主要是人的心理学问题。薪酬的含义更加注重人的价值而不是工作的经济价值。

（4）薪酬分配形式由货币主导型向资本主导型过渡。以股票期权为主要形式的资本分配在未来人们薪酬中的比重会不断扩大，并成为主导型分配方式。近来甚至有人提出以自然资本包括环境、生态等非货币化方式作为奖励的手段。

（5）薪酬支付方式将呈现多样化。网上考核和网上支付模式将被一部分企业所推崇。随着互联网、宽频、无线通信技术的发展，人们的工作模式、员工的概念和企业的运作模式将发生很大的变化。工作家庭化、弹性工作制和虚拟企业将成为一种新潮，被一部分企业所追随，网上考核和网上支付将被很多企业广泛采用。

（6）从原来注重岗位薪酬转变为注重绩效薪酬。原先是在什么样的岗位拿什么样的薪酬，岗位变化薪酬随之变化，更加注重的是岗位概念。现在采取的宽带薪酬，更注重的是绩效概念，职级减少，很多岗位被归类到同一个职级当中，带宽拉大，员工薪水有了更加灵活的升降幅度。这样带来的一个直接后果就是一个能力强的业务员可能收入高于市场部经理，一个普通技师的薪水可能让高级工程师瞠目结舌，有许多企业采用了宽带薪酬制，最大限度地调动了员工的工作积极性。

二、薪酬福利管理的原则

企业应根据企业战略、企业价值观对员工的要求，以及企业生产经营特点和员工特点，考虑竞争对手的人才竞争策略以及劳动市场上的人才的供求状况，在保证企业财力能够支付的前提下确定薪酬管理的原则。比如，通用电气公司的薪酬分配原则是把薪酬中的一大部分与工作表现直接挂钩，公司按实际绩效付酬，不把薪酬与职位联系在一起，让员工更清楚地理解薪酬制度等。

企业薪酬政策的内容涉及薪酬体系、薪酬结构、福利和保险政策。薪酬调查报告可以清楚地显示目前本地区不同性质的企业、不同行业的企业所执行的薪酬政策。例如，有的薪酬调查报告表明，当前市场中通行的薪资体系有年工资体系、职务工资体系和职务职能工资体系。薪酬结构呈现多元化倾向，有基本工资+奖金+福利，有基本工资+奖金+福利+业绩提成，有“基本工资+奖金+福利+内部股权”等。企业应根据自己的基本管理模式、行业经营特点以及企业发展需要，确定最适合自己的薪酬政策。薪酬福利管理的原则如表 8-3 所示。

表 8-3　薪酬福利管理的原则

原则	操作内容
公平性	员工应享受的待遇、平台相同，同岗同工同酬，多劳多得，奖罚分明，与绩效挂钩。薪酬标准公平是总体上公平
舒适度	薪酬的等级有上限和下限，但差距不易设计过大，一般为 30 元、50 元或 100 元
认可性	薪酬系统应由企业管理层和员工共同制定，只有使广大员工和企业决策层人员都认可，才能更好地起到激励作用。当然也要符合法律规定
安全性	在薪酬系统中应有正常的等级制度和晋级制度，保持薪酬制度和政策的相对稳定性，使员工感到安全。变动重要内容要慎重，权衡利弊

续表

原则	操作内容
成本性	制定薪酬水平、提高员工待遇时，薪酬管理层要考虑企业薪酬的支付能力，不能突破企业薪酬的总额，适当地控制薪酬的增长幅度
平衡性	薪酬系统诸方面要平衡，注意直接薪酬和非直接薪酬的均衡，注意金钱薪酬和非金钱奖励的均衡，从而达到各阶层员工薪酬大体合理、平衡
交换性	一个企业的薪酬系统与外部市场应有可交换性的内容，主要的东西应该一样，不能自行一套，我行我素，甚至人为地降低员工的收入
激励性	一个企业的薪酬系统对员工要有强烈的激励作用，促进员工努力工作，拿到目标薪酬，使员工有成就感、责任感和奋发动力

第三节　薪酬体系设计原则及需要解决的问题

无论对企业还是对员工，薪酬都是至关重要的，企业可以通过薪酬激励员工企业创造更大的价值，而员工可以通过薪酬改善自己的生活品质以及体现自身的价值。

一、薪酬体系设计原则

企业在进行薪酬体系设计时，通常会遵循以下原则（见图8-3）：

1. 公平性原则

企业员工对薪酬的公平感，也就是对薪酬发放是否公平的认识与判断，是现代企业设计薪酬制度和进行薪酬管理时首要考虑的因素。公平性原则包含内部公平、外部公平、过程公平、结果公平等内容。

2. 竞争性原则

在社会上和人才市场中，企业的薪酬标准要有吸引力，才足以胜过竞争对手，招到企业所需的人才，同时也才能留住人才。竞争性原则包含薪酬水平领先、薪酬结构多元化、薪酬价值取向合理等内容。

3. 激励性原则

要在内部各类、各级岗位的薪酬水准上，适当拉开差距，真正体现薪酬的激励效果，从而激发员工的工作热情，使其为企业做出更大的贡献。激励性原则包含个人能力激励、团队责任激励、企业业绩激励等内容。

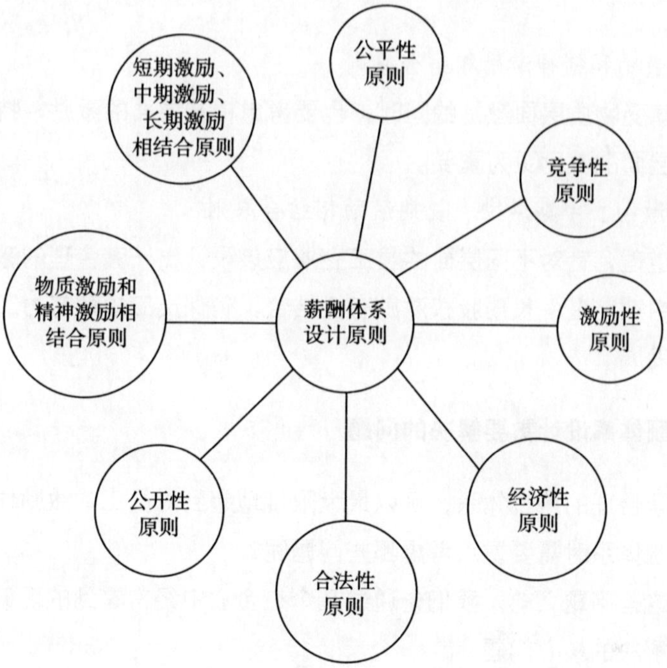

图 8-3 薪酬体系设计原则

4. 经济性原则

提高企业的薪酬水准，固然可以提高其竞争性与激励性，但同时不可避免地导致企业人力成本的上升，因此，薪酬水平的高低不能不受经济性的制约，即要考虑企业实际承受能力的大小。经济性原则包含薪酬总额控制、利润合理积累、劳动力价值平衡等内容。

5. 合法性原则

现代企业的薪酬系统必须符合现行的政策与法律，否则将难以顺利地推行。合法性原则包含符合国家和地方政府的法律法规、符合企业自身各项规章制度等内容。

6. 公开性原则

薪酬方案必须公开，能让员工了解自己已从中得到的全部利益，了解其利益与其贡献、能力、表现的联系，以充分发挥物质利益的激励作用。如果平均发放一些名目不详的实物，奖金、补贴、住房分配也与个人表现无关，显然，这只能徒然增加人工成本费用，提高员工对物质利益的期望水平，甚至产生不必要的矛盾。

7. 物质激励和精神激励相结合原则

让员工享受物质层面激励的同时，也要考虑精神层面的激励，特别是中高层干部，精神层面的激励更为重要。

8. 短期激励、中期激励、长期激励相结合原则

同样的道理，针对不同层面的员工企业应该设计出一套合理的激励矩阵，将短期工资、中期奖金、长期股权激励有机结合，确保员工短期努力工作，同时长期跟随企业发展。

二、薪酬体系设计需要解决的问题

一套科学合理的薪酬体系，可以最大限度地起到对员工的激励作用，那么企业在设计薪酬体系时需要重点考虑哪些问题呢？

在弄清这些问题之前，我们先通过几个在企业中经常看到的现象分析一下薪酬体系应该解决的核心问题：

（1）拿多少钱，干多少事。因为觉得自己的收入比付出少，就会消极工作。

（2）谁拿得多谁干。因为觉得自己的收入比同事少，付出比同事多，就会不配合同事的工作，在工作中拖拉扯皮。

（3）干好干坏都一样。因为觉得自己的业绩好，但业绩和自己的收入不成比例，进而工作积极性受到影响。

（4）此处不留爷，自有留爷处。有的人觉得自己的能力很强，不应该只拿这样水平的薪酬，就会产生怀才不遇、有抱负不能施展的心理。进而就会跳槽，寻找新的出路。

（5）树挪死，人挪活。有的人会觉得自己的运气不好，因为相同的付出在别的企业或行业收入会高得多，就会这山望着那山高，经常跳槽。

以上现象几乎在每家企业都普遍存在，这些现象也基本上很直观地揭示出企业薪酬管理中存在的核心问题，该如何解决呢？

（1）薪酬的外部公平性问题。薪酬的外部公平是指企业内部薪酬水平与外部市场水平之间的平衡问题。如果内部薪酬水平偏低，就很有可能导致内部优秀员工流失，同时企业也很难吸引优秀的人才加盟；同样，如果内部薪酬水平过

高，就可能造成企业薪酬支付负担加重。选择合适的薪酬策略，保证薪酬的外部公平是企业进行薪酬体系设计时需要重点考虑的因素之一。

（2）薪酬的内部公平性问题。薪酬的内部公平是指企业内部不同岗位之间的薪酬平衡问题。在企业内部可能有几十个、几百个岗位，如何保证岗位之间的薪酬公平也是非常关键的。

（3）薪酬与绩效的匹配问题。如何保证“干好干坏不一样”，打破“干与不干一个样”的局面，体现“多劳多得”的分配思想是企业在设计薪酬体系时需要思考的另外一个问题，而解决这一问题的有效办法就是绩效薪酬。

（4）薪酬与能力的匹配问题。薪酬与能力的匹配需要解决两个核心问题：第一，同一员工随着其工作能力的提升，如何在薪酬体系中得以体现。第二，同一岗位上不同员工的能力大小不同，在确定每个人薪酬时如何体现。

（5）薪酬与企业发展阶段匹配的问题。企业的发展分为初创期、成长期、成熟期、衰退期等，企业在不同的发展阶段，薪酬水平、固定薪酬和浮动薪酬的比例如何确定，这是企业在设计薪酬体系时也要考虑的问题。

（6）薪酬与企业管理模式融合的问题。由于不同企业的业务模式不同，其管理模式也会存在很大的差异，有些企业强调功能圈运作，有些企业强调项目型运作，有些企业注重组织运作的时效性，而有些企业更加注重网络型的运作，为了使薪酬对员工的激励作用最大化，企业在设计薪酬体系时，需要根据不同的管理模式设计与之对应的薪酬模型。不同管理模式的特点分析如表 8-4 所示。

表 8-4 不同管理模式的特点分析

管理模式	功能型	项目型	网络型	时效型
工作目的	保证工作可靠、应用满足封闭目标、改进专业化技术、控制风险	满足封闭目标、改进客户满意度、稳定回报	整体目标、开拓创新、机动性	追求最大回报、市场导向、技术灵活
工作特点	职业化、组织界限明确、以客户为中心的工作等级严格	以客户为中心的流程、团队工作、强调人际关系	风险驱动、强调工作	项目组织、扁平化组织需多功能专业人才
工作者特点	职业化专业人才、自我控制、等级制、安全	团结协作、坚韧不拔、施加个人影响力、服务意识	主动性、建立人际关系、实用主义、勇于尝试	主动性、自信、灵活性、个人影响力
工作关系	规定权限、专业性分工	工作协议、价值一致	重要素质、战略一致	个人负责制、根据资源与机遇定工作

续表

管理模式	功能型	项目型	网络型	时效型
工作文化结合特征	组织结构和等级制度非常清晰、强调授权与控制、结果取决于知识技能和认知	以客户满意为导向、团队工作、强调数量与质量、组织围绕工作需要的流程而建立	基于合同加入组织、成员平等、轮流主持、着重整体目标	分职能与项目管理、注重市场机遇与反应速度、资源优先、机遇控制

1）功能型薪酬模型。功能型工作文化适用于稳定而管理规范的组织，其薪酬模型的特点为：

①确定岗位相对值。企业对职位的管理严格，岗位职责明确，必须进行岗位价值分析，确定各个岗位对组织的贡献，从而确定岗位的相对价值。

确定能力相对值。对职位管理也意味着只有合适的人才能在此岗位任职，即从事该岗位的人必须具备一定的能力，因此可建立岗位素质模型，对于企业就是建立任职资格体系，设计薪酬时必须考虑不同能力的相对价值。

②与组织层级对应。严密而管理规范的组织，每一级组织层级都有严格的划分，职位所在的层级与职位的贡献和地位相关联，因此薪酬与组织层级对应，薪酬的幅度一般不跨层级。

③窄带（各个岗位薪酬的上下变化幅度较小）。由于有严格的组织层级和职位管理，薪酬设计倾向于窄带，激励体现在因能力变化而引发的职位变化上。由于功能型工作文化对职位、组织、职责、薪酬变化管理得比较严密，因此其薪酬分析和设计工具，如岗位价值分析、能力模型定价、基础工资等常被借鉴用于功能型薪酬模型。

2）项目型薪酬模型。项目型工作文化适用于进行项目管理、以流程为基础的组织以及其他薪酬模型。

①协议职责价格。对项目工作进行分解，分配给不同的项目成员，这涉及项目的工作量和工作内容，形成工作职责。如果是固定的项目，可参照功能型的岗位价值确定，分出各项目职责对应的岗位，确定职责价值，若项目经常在变化，则只能是协议定价。

②能力定价作基础。参加项目是由于该成员具有可以应用的能力，应该为此能力付酬。如果都是通常内容的项目，能力定价可参考功能型的能力相对价值确定，如果是特定的项目，能力相对价值可与职责一起为协议价格。

组织层级较少。项目型工作根据流程需要的责任确定，组织也是根据流程进行的，因此无传统的等级组织，薪酬即根据责任和绩效确定。

③有绩效奖金。项目型薪酬的激励主要体现在绩效奖金上，完成规定的工作应该获得项目提成，为使工作完成得更优秀，还有绩效奖金。各种组织都会有阶段性的工作任务或由此派生的类似下级组织，因此项目型薪酬普遍应用于这类情况，特别是在设计绩效奖金时，体现薪酬的激励作用。

3）网络型薪酬模型。网络型组织是为共同目标建立并分享成果的组织，其薪酬模型的特点为：

①协议职责。签订协议的职责是一种工作角色，其不确定性较大，工作是根据实际发生的情况进行的，因此职责不一定代表工作价值，只能是薪酬设计的参考因素。

②分享报酬。工作的目标在于使整体目标达到更高值，然后分享报酬。为体现激励性和促进利益最大化，分享报酬的规则显得极其重要，它综合项目绩效奖金及时效型绩效报酬的特点，使共同结果和个人绩效相结合，达到激励和发展的目的。

③基础薪酬。网络型组织成员的基础薪酬与成员正常情况下的保健收入有关，但不表示成员的工作价值，因此可参照岗位定价和能力定价确定基本收入，但这个基础薪酬影响和作用都不大。

④不注重层级。网络型组织通过协议进行工作分工和工作分配，薪酬不考虑层级关系。网络型组织是利润分享型组织，其分享规则和激励机制常用于其他类似情况。

4）时效型薪酬模型。时效型组织的目的是获得最大利润，为此它打破组织原有的管理方式而突出项目运作，其薪酬模型的特点为：

①协议绩效定价。协议绩效定价参照项目型绩效工资的模式，并加入工作开始前的协议内容，因此体现了一定的灵活性。

②能力定价作基础。进入工作体系的成员，依据的是其为项目所做的贡献，因此其薪酬中有重要的能力定价的因素，能力定价参照功能型组织。

③不注重层级。工作成员按承担的职责来工作，因此薪酬体系不注重层级。

④宽带（变化较大）。工作成员在稳定的组织中的薪酬为宽带，薪酬幅度变化较大，主要依据其在不同项目中的角色和绩效贡献而定。

时效型薪酬模型比较灵活，对当前需要进行薪酬体系改善和完善激励机制的各种组织，都有借鉴指导作用。

不同类型员工的激励问题。企业内部有管理职位族、技术职位族、市场营销职位族、供应链职位族、专业事务职位族等不同类型的员工，他们的工作性质各不相同，企业在设计薪酬体系时一定要根据不同类型员工的工作特点“量体裁衣”。

第四节　薪酬体系设计核心步骤

要设计一个科学合理的薪酬体系，一般要经历以下几个关键步骤，即岗位价值评估与薪酬宽带设计、薪酬调查与薪酬水平设计、员工能力评价与薪酬定级、薪酬模式选择及多元化薪酬结构设计、薪酬套算及薪酬体系实施等，我们把企业薪酬体系设计总结为“五步法”（见图 8-4）。

1. 岗位价值评估与薪酬宽带设计	（1）岗位梳理及岗位清单 （2）确定岗位价值评估原则 （3）岗位价值评估模型设计与选择 （4）建立岗位价值评估小组 （5）岗位价值评估实施 （6）岗位价值评估结果处理及薪酬宽带设计
2. 薪酬调查与薪酬水平设计	（1）市场调查基准岗位选择 （2）市场薪酬调查 （3）薪酬水平矩阵设计 （4）薪酬水平确定 （5）岗位价值评估结果处理及薪酬宽带设计
3. 员工能力评价与薪酬定级	（1）基于岗位任职资格的员工能力评价 （2）员工能力评价结果与薪酬定位及薪酬宽带设计
4. 薪酬模式选择及多元化薪酬结构设计	（1）常见的薪酬模式 （2）薪酬结构与薪酬结构划分矩阵
5. 薪酬套算及薪酬体系实施	（1）薪酬套算原则 （2）薪酬水平调整 （3）员工薪酬层级的异动管理

图 8-4　薪酬体系设计“五步法”

一、岗位价值评估与薪酬宽带设计

岗位价值评估又称职位价值评估或工作评价，是指在工作分析的基础上，采取特定的方法，对岗位在组织中的影响范围、职责大小、工作强度、工作难度、任职条件、岗位工作条件等进行评价，以确定岗位在组织中的相对价值，并据此建立岗位价值序列的过程。

岗位价值评估着眼于从事该岗位工作人员的最佳特质，而非目前在职人员的情况。岗位价值评估具有以下三个明显的特点：

第一，岗位价值衡量的是公司所有岗位之间的相对价值，而不是某一个岗位的绝对价值。如果岗位价值衡量的结果脱离了企业这个特定环境，则没有任何意义。岗位价值评估是根据预先已经设计好的评估模型，对每一个岗位的主要影响因素逐一进行测定、评估，由此得到每个岗位的相对价值。这样一来，公司的所有岗位之间也就有了对比的基础，最后再按照评定结果，对岗位划分出不同的等级。

第二，岗位评价结果具有一定的稳定性和可比性。由于公司发展目标、组织结构、岗位设置等都具有一定的稳定性，因此，岗位价值的评估结果也存在相对的稳定性。但随着企业发展战略的转变，公司的流程设计发生变化，进而导致公司组织结构、岗位设置、岗位工作内容的变化，岗位价值也会随之变化。如果公司只是小范围的调整而导致新增加个别岗位，则可以根据以前的岗位价值评估结果，选定一个参照点，具体确定新增岗位的岗位价值而不需要重新进行评估。

第三，岗位价值评估的过程中需要运用多种评价技术和手段。一般来说，一次比较成功的岗位价值评估过程，需要综合运用组织设计与管理、流程设计与优化、数理统计和计算机数据处理等技术，同时，也需要运用排序法、分类法、因素比较法等多种岗位价值评估方法，才能对所有岗位做出相对比较客观公正的评估。

那么企业应该如何进行岗位价值评估呢？可以将岗位价值评估的方法归结为以下六种：

1. 岗位梳理及岗位清单

岗位价值评估的基础是岗位，因此在岗位价值评估之前需要对公司岗位清单进行系统梳理，包括部门、岗位名称、管理层级、岗位说明书、岗位任职资格等。

2. 确定岗位价值评估原则

岗位价值评估是一项技术性非常强、涉及面广、工作量大的工作，岗位价值评估是现代人力资源管理薪酬体系设计的关键，为了保证岗位价值评估工作的顺利开展，提高评估的科学性和合理性，并获得公司内部绝大多数员工的认同，一般来说，公司在实施岗位价值评估的过程中需要遵循以下 5 个原则（见图 8-5）：

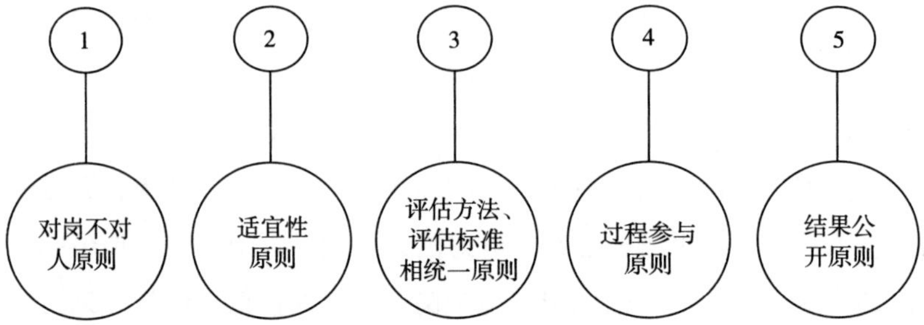

图 8-5　岗位价值评估原则

（1）对岗不对人原则。岗位价值评估的对象是公司中所有的岗位，而非从事某个岗位的具体某一个人。在一般的岗位价值评估过程中，往往在考虑岗位重要性的同时，许多人就自然而然地将目前从事该岗位的员工联系在一起进行考虑，这个观念是不对的。因为，岗位承担了公司战略目标实现的所有事项，只有将每个岗位的工作职责加起来才能形成整个公司实现盈利的运行模式。但在这个过程中，每个岗位承担的工作会有差异，其重要程度也有所不同，例如，在一个传统的制造企业，销售员岗位和生产工人、后勤服务员工，他们在岗位上承担的职责差别很大，那么他们之间的重要程度如何衡量，就需要对他们进行岗位价值评估。

（2）适宜性原则。岗位价值评估必须从公司实际出发，选择适合公司实际的评估模型、评估方法、评估技术和评估程序，只有这样，评估结果才会体现出合理性。

（3）评估方法、评估标准相统一原则。为了保证岗位价值评估工作的规范化和评估结果的可比性，提高评估工作的科学性和工作效率，岗位价值评估必须采用统一的评估方法和评估标准，在规定范围内作为评估工作中共同遵守的准则和依据。

（4）过程参与原则。岗位价值评估工作涉及公司内部所有岗位，评估结果也会影响公司所有员工的薪资水平，所以岗位价值评估方法的科学性、岗位价值评估要素和评估标准的准确性，以及评估数据处理的规范性等都会影响公司中所有岗位的相对重要程度和地位，因此，员工对此都非常重视和关心。同时，员工也最了解他所从事的岗位，所以，适当地让员工参与到岗位价值评估工作中来，更容易让他们对岗位价值评估的结果产生认同感，也有利于增强岗位价值评估结果。

（5）结果公开原则。岗位价值评估结果应该向员工公开，因为透明化的岗位价值评估标准、评估标准、评估程序和评估结果有利于员工对企业的价值取向达成理解和认同，明确自己的努力方向，并可降低薪酬管理中可能出现的随意性大等风险，同时提高员工对薪酬的满意度，减少员工对薪酬的抱怨。

3. 岗位价值评估模型设计与选择

在进行岗位评估之前，设计与选择岗位价值评估模型至关重要。岗位价值评估模型是基于企业各岗位的共同特点建立起来的一系列评价要素的组合，它的重要作用在于解决不同岗位之间的可比性问题。

在操作的过程中，我们会根据企业规模、企业性质以及企业的具体要求选择合适的评估模型，常见的岗位价值评估模型有 HAY 评估模型、CRG7 因素评价法、MERCER4 因素评价法、日内瓦 4 因素评价法、TAIHE6 因素评价法、北大纵横 4 因素评价法等。当然，企业也可以根据自身特点进行岗位价值评估模型设计，如表 8-5 所示。

表 8-5　不同岗位价值评估模型适用企业对比

模型名称	一级因素	二级因素	模型适用范围
CRG7 因素评估模型	7 个	16 个	跨区域、多行业、大型（特大型）企业
HAY3 因素评估模型	3 个	8 个	知识型、高科技、金融等大型企业
ANDERSEN10 因素评估模型	10 个	—	中小规模企业
MERCER4 因素评估模型	4 个	10 个	跨区域、多行业、大型（特大型）企业
日内瓦 4 因素评估模型	4 个	12 个	只适用于生产作业岗位
TAIHE6 因素评估模型	6 个	12 个	知识型、高科技、金融等企业总部职位
北大纵横 4 因素评估模型	4 个	28 个	制造型企业
SINO-WISDOM7 因素评估模型	7 个	20 个	中等规模生产制造型企业

注：SINO-WISDOM7 因素评估模型是由深圳信睿咨询结合国内企业实际开发出来的。

企业在选择和设计岗位价值评估模型时，需要把握以下 8 个原则（见图 8-6）：

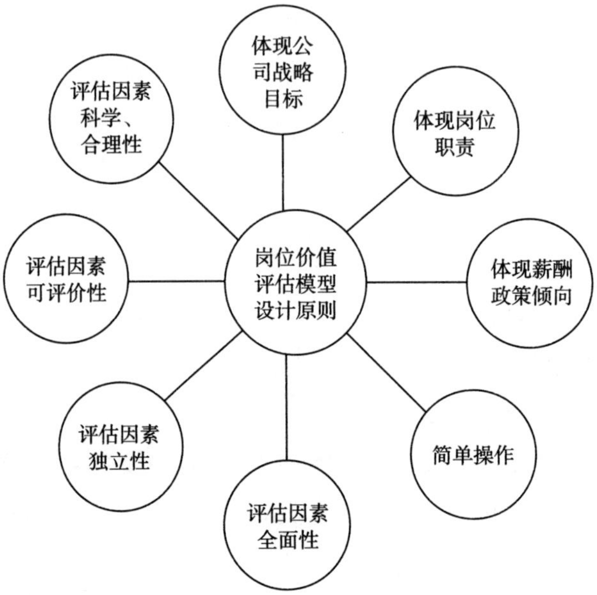

图 8-6 岗位价值评估模型设计原则

（1）体现公司战略目标原则。使用的岗位价值评估模型必须体现公司未来的重点发展目标，因为岗位价值评估的结果会直接决定从事各岗位员工的收入，当然，公司期望激励的员工是对未来公司发展起关键作用的岗位和员工。

（2）体现岗位职责原则。使用的岗位评估模型应该涵盖公司所有岗位的共同点，这样才可以保证评估结果的公正性。

（3）体现薪酬政策倾向原则。在确定各价值因素权重的时候，尽量考虑公司未来薪酬政策关注的重点在哪里，对于比较重要的环节应刻意加大它的权重。

（4）简单操作原则。一个合理有效的岗位价值评估模型不在于它选择的价值因素的多少和评估过程的复杂程度，而在于运用它评估的结果是否满足公司的整体需要。从这个意义上讲，在选择和设计岗位价值评估模型的过程中，应力求简单、有效。

（5）评估因素全面性原则。岗位价值评估因素应能够全面反映所有待评估岗位的工作特性，对于不同的岗位应该具有普遍的适用性和代表性，而不是仅仅适用或反映个别的特殊岗位。因此，评估因素的全面性原则要求所选择的岗位价值评估因素既能涵盖所有岗位的共性，又能体现不同岗位之间的个性。

（6）评估因素独立性原则。各个岗位价值评估因素之间应该相互独立，而不应存在交叉。相互交叉的评估因素使评估结果中包含了重复评估的部分，会导致评估结果产生偏差。因此，在确定因素时，要全面写出所有因素的准确定义，并且保证参加评估的人员充分理解。

（7）评估因素可评价性原则。可评价性是指公司能够为所选择的评估因素制定统一的评价标准，而且，这些评价标准是公司能够运用有关技术和方法进行评定或测评的。

（8）评估因素科学、合理性原则。评估因素的科学性、合理性体现在不同的评定人员对同一个评估对象，其评估结果应该基本接近，而不应该差异过大。

【案例】SINO-WISDOM 岗位价值评估模型

SINO-WISDOM 岗位价值评估模型维度规划和岗位价值评估因素如表 8-6 至表 8-13 所示。

表 8-6 SINO-WISDOM 岗位价值评估模型维度规划

序号	岗位价值评估因素	权重 A	分值 A	评估因子（子因素）	权重 B	分值 B
1	对企业的影响	40%	400 分	1.1 对收入的影响	24%	96 分
				1.2 对成本、费用的影响	24%	96 分
				1.3 对产品和服务质量、安全的影响	12%	48 分
				1.4 成长促进性	40%	160 分
2	解决问题	21%	210 分	2.1 复杂性	50%	105 分
				2.2 创造性	50%	105 分
3	责任范围	10%	100 分	3.1 工作内容的广度	40%	40 分
				3.2 工作独立性	40%	40 分
				3.3 知识的广度	20%	20 分
4	监督	9%	90 分	4.1 层次类别	40%	36 分
				4.2 人数	60%	54 分
5	学历经验	9%	90 分	5.1 学历	40%	46 分
				5.2 行业经验	30%	27 分
				5.3 岗位经验	30%	27 分
6	沟通	6%	60 分	6.1 沟通频率	30%	18 分
				6.2 沟通技巧	40%	24 分
				6.3 内外因素	30%	18 分

续表

序号	岗位价值评估因素	权重 A	分值 A	评估因子（子因素）	权重 B	分值 B
7	环境风险	5%	50 分	7.1 生理环境	30%	15 分
				7.2 自然环境	30%	15 分
				7.3 工作风险	40%	20 分
合计	—	100%	1000 分		—	1000 分

表 8-7 岗位价值评估第 1 因素（对企业的影响）

因素定义	对企业的影响指本岗位工作结果给企业带来的影响程度，其包括两方面子因素，基本影响和成长促进。衡量一个岗位对企业的重要性以及对企业贡献的大小					
子因素名称	1.1 对收入的影响（24% 96 分）					
子因素定义	按该岗位对公司销售收入的影响程度，分为 6 级					
等级划分	1 级	2 级	3 级	4 级	5 级	6 级
级别说明	无直接的影响	关系到公司的销售收入（10%以下）	关系到公司的销售收入（30%以下）	关系到公司的销售收入（50%以下）	关系到公司的销售收入（80%以下）	关系到公司的销售收入
对应分值	16 分	32 分	48 分	64 分	80 分	96 分
备注	“关系到”是指直接的影响					

子因素名称	1.2 对成本费用的影响（24% 96 分）				
子因素定义	按该岗位工作中的成本（费用）管控范围对公司整体成本（费用）的影响				
等级划分	1 级	2 级	3 级	4 级	5 级
级别说明	关系到某一项工作的部分成本，或间接控制和影响某个职能领域的局部成本	关系到某个领域的部分成本，或间接控制和影响某个职能领域的局部成本	关系到某个领域的部分成本，或间接控制和影响几个职能领域的成本	关系到某几个职能领域的成本，或间接控制和影响全公司成本	关系到全公司成本
对应分值	16 分	36 分	56 分	76 分	96 分
备注	（1）方面：指相同或不相同的基本业务单元，如培训、招聘 （2）领域：指某个专业职能领域（包括质量及安全管理、客户服务、产品研发、生产制造、物流管理、市场营销、人力资源、综合管理、财务管理等）				

子因素名称	1.3 对产品和服务质量、安全的影响（12% 48 分）						
子因素定义	质量是指产品与服务质量等，安全是指产品安全、工业安全及环保安全。按质量和安全责任大小分为 7 级						
等级划分	0 级	1 级	2 级	3 级	4 级	5 级	6 级
级别说明	对质量或安全没有任何影响	对某类作业活动过程中的局部环境质量或安全负责	对某类作业活动的质量或安全负责	对质量或安全的控制负责	对质量或安全体系的一个方面负责	对质量或安全体系的两个以上方面负责	对质量或安全体系整体负责

续表

对应分值	0分	8分	16分	24分	32分	40分	48分
子因素名称	1.4成长促进性（40%　160分）						
子因素定义	按该岗位对公司中长期发展战略的贡献，或对公司整体运营风险的控制程度分为7级						
等级划分	1级	2级	3级	4级	5级	6级	7级
级别说明	无明显贡献	岗位的关键业绩贡献	某个领域的单个方面的关键业绩贡献	某个领域的多个方面的关键业绩贡献	某个领域的关键业绩贡献	子战略贡献	整体战略性贡献
对应分值	10分	30分	55分	80分	105分	130分	160分
备注	（1）方面：指相同或不相同的基本业务单元，如培训、招聘 （2）领域：指某个专业领域（包括质量及安全管理、客户服务、产品研发、生产制造、物流管理、市场营销、人力资源、综合管理、财务管理等）						

表8-8　岗位价值评估第2因素（解决问题）

因素定义	指本岗位经常面临并要解决的专业业务问题的复杂性和创造性，故影响岗位问题解决难度的子因素有两个：复杂性和创造性				
子因素名称	2.1复杂性（50%　105分）				
子因素定义	按该岗位要解决问题的性质、管理幅度和难度决定的工作内容、工作过程和方法的复杂程度，分为5级				
等级划分	1级	2级	3级	4级	5级
级别说明	问题已经确定：该岗位在工作中经常面临问题的解决具备明确的操作步骤及方法	问题需要一定的方法判定：问题需要依据常规的方法判断	问题需要深入研究确定：通过大量信息数据的收集进一步分析、讨论和判断	问题判断有一定明确概率：问题原因、出处或正确性的判断可遵循一定的规律性	问题判断无明确概率：问题所涉及的因素难以把握、判断本质的难度大、无规律可循
对应分值	10分	30分	60分	90分	105分
子因素名称	2.2创造性（50%　105分）				
子因素定义	按该岗位完成工作任务必须融合各种信息而做出有关的判断和创新的程度，分为5级				
等级划分	1级	2级	3级	4级	5级
级别说明	按程序制度解决：不需要或较少需要判断，发生意外务必请示，如生产作业	按政策规定解决：要根据有关环境条件的要求和现址进行简单判断，确定工作步骤和过程	需要寻求新的解决方法：要通过深入调研和思考，在涉及的工作分析中，做出有效的判断，即在现有政策规定之外寻找更合理的解决方法	需要进行预测判断解决：要通过全盘分析和思考，在涉及大量复杂概念和相关因素的重新组合与协调工作中，做出正确的判断和较大的创新	需要进行风险性决策解决：需要通过较为艰辛的研究和探索，在解决重大实际问题中，做出有价值的判断和重大创新
对应分值	10分	40分	70分	90分	105分

表 8-9　岗位价值评估第 3 因素（责任范围）

<table>
<tr><td>因素定义</td><td colspan="8">指赋予本岗位责任职权的大小及其履行职责进行沟通和工作联系的范围目的，以及所需要的岗位专业知识内容和水平。其中包括三个子因素，分别是工作内容的广度、工作独立性、知识的广度</td></tr>
<tr><td>子因素名称</td><td colspan="8">3.1 工作内容的广度（40%　40 分）</td></tr>
<tr><td>子因素定义</td><td colspan="8">根据该岗位的工作难易程度和涉及范围大小将工作内容广度分为 8 个等级</td></tr>
<tr><td>等级划分</td><td>1 级</td><td>2 级</td><td>3 级</td><td>4 级</td><td>5 级</td><td>6 级</td><td>7 级</td><td>8 级</td></tr>
<tr><td>级别说明</td><td>重复的简单劳动</td><td>从事某一方面的单项工作</td><td>从事某一方面的几项工作</td><td>从事某一方面的管理工作</td><td>从事两个以上方面的管理工作</td><td>领导一个领域的工作</td><td>领导两个领域的工作</td><td>全面负责所有工作</td></tr>
<tr><td>对应分值</td><td>5 分</td><td>10 分</td><td>15 分</td><td>20 分</td><td>25 分</td><td>30 分</td><td>35 分</td><td>40 分</td></tr>
<tr><td>子因素名称</td><td colspan="8">3.2 工作独立性（40%　40 分）</td></tr>
<tr><td>子因素定义</td><td colspan="8">根据岗位的上级关系性质将岗位工作时的独立程度分为 6 个等级</td></tr>
<tr><td>等级划分</td><td>1 级</td><td>2 级</td><td>3 级</td><td>4 级</td><td>5 级</td><td>6 级</td></tr>
<tr><td>级别说明</td><td>分工明确受到控制</td><td>阶段性受控</td><td>根据指令阶段性受控制</td><td>按照阶段性目标工作</td><td>按照策略目标与成效工作</td><td>按照战略目标工作</td></tr>
<tr><td>对应分值</td><td>5 分</td><td>10 分</td><td>20 分</td><td>25 分</td><td>35 分</td><td>40 分</td></tr>
<tr><td>子因素名称</td><td colspan="8">3.3 知识的广度（20%　20 分）</td></tr>
<tr><td>子因素定义</td><td colspan="8">指岗位工作所需要掌握的专业知识，主要包括以下几个方面的专业知识：财务及投资、市场营销及客户服务、研发管理、人力资源管理、战略管理、供应链管理（包括采购、生产、PMC、仓储等）、技术管理（包括工艺、品质、设备等）、信息管理等，分为 5 个等级</td></tr>
<tr><td>等级划分</td><td>1 级</td><td>2 级</td><td>3 级</td><td>4 级</td><td>5 级</td></tr>
<tr><td>级别说明</td><td>需要其中任意 1 个知识的岗位</td><td>需要其中任意 2 个知识的岗位</td><td>需要其中任意 3 个知识的岗位</td><td>需要其中任意 4 个知识的岗位</td><td>需要其中任意 5 个知识的岗位</td></tr>
<tr><td>对应分值</td><td>0 分</td><td>5 分</td><td>10 分</td><td>15 分</td><td>20 分</td></tr>
</table>

表 8-10　岗位价值评估第 4 因素（监督）

<table>
<tr><td>因素定义</td><td colspan="6">指岗位必须指导、培养人员从事专业工作与学习，并对其工作学习情况进行管理、考核的责任，包括子因素有层级类别、人数</td></tr>
<tr><td>子因素名称</td><td colspan="6">4.1 层级类别（40%　36 分）</td></tr>
<tr><td>子因素定义</td><td colspan="6">指岗位所在的岗位级别，根据岗位组织结构设计将层级分为 6 个等级</td></tr>
<tr><td>等级划分</td><td>1 级</td><td>2 级</td><td>3 级</td><td>4 级</td><td>5 级</td><td>6 级</td></tr>
<tr><td>级别说明</td><td>作业员级</td><td>专员级</td><td>主管级</td><td>经理级</td><td>高管级</td><td>总裁级</td></tr>
<tr><td>对应分值</td><td>6 分</td><td>12 分</td><td>18 分</td><td>24 分</td><td>30 分</td><td>36 分</td></tr>
<tr><td>子因素名称</td><td colspan="6">4.2 人数（60%　54 分）</td></tr>
</table>

续表

子因素定义	根据公司人数（直接下属或间接下属的人数）分为8级							
等级划分	1级	2级	3级	4级	5级	6级	7级	8级
级别说明	无下级	5人以下	10人以下	30人以下	50人以下	100人以下	500人以下	500人以上
对应分值	0分	14分	20分	26分	32分	40分	46分	54分

表8-11　岗位价值评估第5因素（学历经验）

因素定义	从事本岗位工作对基础学校教育和工作经验的要求，包含学历和经验两大因素				
子因素名称	5.1学历（40%　36分）				
子因素定义	指从事本岗位工作必须具备的基础学校教育，其他进修所获得的学历，即国家承认的高中、中技、中专、大专、本科、研究生等学历证明，分为5个等级				
等级划分	1级	2级	3级	4级	5级
级别说明	初中及以下	高中、中级及中专	大专	本科	硕士及以上
对应分值	8分	15分	22分	29分	36分
子因素名称	5.2行业经验（30%　27分）				
子因素定义	指从事过与本公司同行业的工作年限，分为5个等级				
等级划分	1级	2级	3级	4级	5级
级别说明	0~1年	1~3年	3~5年	5~8年	8年以上
对应分值	5分	12分	18分	23分	27分
子因素名称	5.3岗位经验（30%　27分）				
子因素定义	指从事本岗位职责要求相同的工作年限，分为5个等级				
等级划分	1级	2级	3级	4级	5级
级别说明	0~1年	1~3年	3~5年	5~8年	8年以上
对应分值	5分	12分	18分	23分	27分

表8-12　岗位价值评估第6因素（沟通）

因素定义	是信息的传达和理解的过程，也是情感交流的过程，要通过使用一定的沟通技巧、沟通频率和内外条件因素（与内部沟通）进行思想情感交流或对问题解决方法的探讨，从而更好地实现工作目标。沟通的子因素有三个：沟通频率、沟通技巧、内外因素（与内部沟通）		
子因素名称	6.1沟通频率（30%　18分）		
子因素定义	本岗位与其他岗位沟通的频繁程度，分为3个等级		
等级划分	1级	2级	3级
级别说明	较少：工作职责明确、基本根据标准、制度工作。工作中与其他岗位人员交流少	经常：工作中面临的变化比较多，经常与其他岗位交流	频繁：工作内容和工作效果主要需要多次与其他岗位交流才能完成
对应分值	6分	12分	18分

续表

子因素名称	6.2 沟通技巧（40%　24 分）			
子因素定义	根据沟通中的语言表达能力、思维能力、理解能力、交流亲切性、反应敏捷度等各项技能运用的表现效果程度分为 3 个等级			
等级划分	1 级	2 级	3 级	
级别说明	普通级：能够为工作事项与他人进行较为清晰的思想交流，能够在书面沟通时抓住重点，让他人易于理解	中级：能够进行较为深入的交流，沟通技巧较强，具有较强的说服力与影响力，书面沟通文笔规范，表达清晰	高级：沟通时有较强的个人魅力，影响力极强、书面沟通时有很强的感召力	
对应分值	8 分	16 分	24 分	
子因素名称	6.3 内外因素（30%　18 分）			
子因素定义	根据沟通范围和对象分为 4 个等级			
等级划分	1 级	2 级	3 级	4 级
级别说明	内部沟通	部门间沟通	与外部一般沟通	与外部复杂沟通
对应分值	68 分	10 分	14 分	18 分

表 8-13　岗位价值评估第 7 因素（环境风险）

因素定义	指本岗位所处环境对人员的有害、无害影响和潜在危险程度以及工作场所接触有害环境的概率，包括生理环境、自然环境和工作风险 3 个子因素		
子因素名称	7.1 生理环境（30%　15 分）		
子因素定义	不同强度的体力、脑力劳动等，分为 3 个等级		
等级划分	1 级	2 级	3 级
级别说明	较好：简单轻度体力劳动或无难度脑力劳动	正常：经常性中度的体力劳动以及难度、深度的脑力劳动	较差：经常性高强度的体力劳动（包括可能会影响身心健康的劳动）、需要脑力高度投入并运用发挥的劳动
对应分值	5 分	10 分	15 分
子因素名称	7.2 自然环境（30%　15 分）		
子因素定义	户内外高温、严寒、噪声及恶劣气候、其他作业或施工现场接触有害物质、不同程度危险性设施、科学实验的操作、外地陌生环境，分为 3 个等级		
等级划分	1 级	2 级	3 级
级别说明	较好：岗位工作环境只要求一般的安全措施、不需要特别的健康安全预防措施或长期户外工作	一般：岗位工作环境存在一定程度的危险性，只要求一般的安全预防措施或间隔的户外工作	恶劣：岗位环境存在一定的风险性和不适性，需要特别的安全措施
对应分值	5 分	10 分	15 分
子因素名称	7.3 工作风险（40%　20 分）		
子因素定义	指岗位的责任风险以及所面临的或将承担的公司内部政法、关系等风险，分为 3 个等级		

续表

等级划分	1级	2级	3级
级别说明	一般：无明显的工种风险，不直接面对工作矛盾冲突的工作岗位	较大：具有一定的工种风险、工作中经常面对内部、外部矛盾	恶劣：具有高竞争性、淘汰率高、工作矛盾冲突大、要求精确率高的工作岗位
对应分值	5分	13分	20分

4. 建立岗位价值评估小组

在进行岗位价值评估工作前，通常需要建立一个5~7人（每组两人）的评估组织，这是非常必要也是非常重要的一个环节。一方面可以避免因为个体对岗位价值认识的片面性和局限性所带来的评价偏差；另一方面也可以避免个体评价过程中的差异性和不确定性，从而确保评价数据的客观、公正和准确。同时，它还有一个重要意义在于能够确保评价数据和结果在员工心目中具有足够的公信力。

（1）岗位价值评估小组成立原则。为了保证岗位价值评估结果的公正性，通常在成立岗位价值评估组织的过程中，需要遵循以下原则：

1）熟悉评估岗位知识。岗位价值评估组织成员应该非常了解所有被评估岗位知识是客观公正地进行岗位价值评估的前提，所以，在选择评估组织成员的时候，一定要考虑到他们对公司各岗位的熟悉程度。

2）多人参与。为了避免岗位价值评估过程中出现人为因素，降低评估偏差，我们建议公司在成立岗位价值评估组织的时候安排多人参与，评估成员不仅包括公司高层、中层，还应包括工会部门和员工代表。

3）外部专家参与。专家参与也是非常有必要的，由于评估组织成员理解上的差异，有时候会导致评估进度缓慢、评估过程不公、评估结果差异，这时候就需要外部专家帮助解决这些问题。

4）培训评估内容。对评估组织成员的集中培训是保证评估结果公正的重要环节之一，只有评估小组成员完全掌握评估细节和被评估岗位的全部知识，才能保证评估结果的客观性。

5）评估组织公开。评估组织成立后，公司应当公开评估组织成员，这样不仅可以使其他员工了解自己岗位价值评估的来源，也对评估组织成员施加压力，使其更深入地进行调研和评估。

（2）岗位价值评估组织的构成。评估小组成员选定后，一定要交由公司高层讨论通过，经高层批准后，最好以公司文件的形式公之于众，以保证在评估的过程中，随时接受员工的监督。岗位价值评估组织成员一般由公司总经理、各分管副总、企业发展与管理部经理、人力资源部经理、员工代表和工会代表构成，人数保持在 10~15 人为宜。

（3）岗位价值评估组织的职责。由于岗位价值评估工作对企业来讲是非常重要的，而评估组织在岗位价值评估过程中又起到了非常重要的作用，所以企业在成立岗位价值评估组织之后，非常有必要明确评估组织的具体职责。一般来讲，岗位价值评估组织的职责如下：

1）熟悉岗位价值评估模型内容及操作原理。

2）进行岗位价值评估，并对自己的评估结果负责。

3）评估过程异常情况处理。

4）负责为其他员工解释评估结果和评估过程，使员工充分理解岗位价值评估工作。

（4）岗位价值评估组织的培训。评估组织成立后，还不能正式进行岗位价值评估，需要对评估组织的成员进行统一的培训，培训主要包括理论知识方面的培训和评价原则方面的培训。作为评价者最主要的是熟悉和掌握评价的流程与基本方法，以及岗位价值模型的内容、每一个岗位的工作职责和能力素质要求等内容，同时还要把握好评价的两个基本原则，即公平公正和以事实为依据的原则。评价者只有在熟悉和掌握了上述各项内容的基础上，才能进行有效和正确的评价，任何环节的不理解或误解，都有可能导致岗位价值评估数据不准确或评估工作失败。

5. 岗位价值评估实施

常见的岗位价值评估方法有两种，一种是评估成员面对面评估法，另一种是评估成员背对背评估法。企业无论采用哪种方法，都要保证评估小组成员在一起，根据评估对象的多寡，利用一天或两天的时间集中进行评估，并且要保证评估过程免受他人影响。

6. 岗位价值评估结果处理及薪酬宽带设计

（1）岗位价值评估结果处理。岗位价值评估结束后，需要对数据进行处理和有效性分析，在这个过程中需要注意以下几点：

1）岗位价值评估过程中往往会有几千个甚至几万个数据，数据的统计与处理过程是一件比较繁杂的工作，一般我们建议企业在进行数据统计时，利用计算机进行，这样可以保证数据统计与处理的效率。

2）数据统计过程控制。为了保证数据处理的正确性，我们建议企业组织成立一个2~3人组成的工作组进行统计，以便互相监督，保证数据输入、处理的准确性。

3）评估数据差异性分析。评估数据统计出来之后，还需要对评估数据进行差异性分析，以保证数据的一致性。在进行差异性分析时，我们经常采用数理统计的办法，将所有评估组成员对每一个岗位评估的数据进行分析，以保证数据的有效性。

4）个别岗位重新评估。对一些确实因评估小组成员对评估岗位情况不熟悉而造成的数据无效，应该组织相关人员对这些岗位进行重新评估。

5）岗位价值评估数据处理结束后，企业还需要对所有岗位按照岗位价值进行排名，并进行薪酬宽带设计。

6）岗位价值排名。岗位价值排名的基本方法是按照不同层级的岗位分别进行排名，如可以将A层级（高管）、B层级（经理级）、C层级（主管级）、D层级（专员级）、E层级（作业员级）进行单独排名。

（2）薪酬宽带设计。通常情况下，根据企业规模大小，每个层级的薪酬可以设置11级、13级、15级或者17级，每个岗位的薪酬宽带可以设置5级或者7级。

二、薪酬调查与薪酬水平设计

市场薪酬水平调查是指应用各种合法的手段，来获取相关企业各岗位的薪酬水平及相关信息。再对所搜集到的信息进行统计和分析，进而结合企业自身的战略目标和经营绩效，确定企业薪酬水平定位的过程。

企业在进行外部市场薪酬水平调查时，由于每个企业的经营规模不同、发展阶段不同、经营效益不同、员工整体素质不同、所处地域不同，可能会存在很大的差异，为了减小这些因素对调查结果的影响，企业应该选定调查行业、调查企业规模、调查基准岗位，完成调查后，再进行相关技术处理，只有这样，调查的结果对企业才有指导意义。

（一）市场调查基准岗位选择

在正式实施薪酬调查前，对需要调查的岗位进行详细说明，包括岗位的使命、职责，尤其要对岗位任职者的技能、学历、经验、知识要求进行明确，否则调查结果没有可比性。

同样是一个工程师职位，在A公司他可能需要承担新产品的研发、新技术的引进、技术改造、技术项目管理等工作，但凡与技术有关的工作都需要这个岗位来做；而在B公司中，工程师可能只需要解决日常的技术工作就可以了，如生产工艺技术管理、产品技术管理等。从表面上看，两位都是工程师，既然都是工程师，那就应该拿同样的工资。其实，如果我们仔细分析，就可以看出，看似"同工"，其实不"同工"，相应地，工资也就应该有所差异。所以，选定薪酬调查基准岗位是至关重要的。

（二）市场薪酬调查

薪酬调查的方法很多，企业可以选择通过和其他公司管理者非正式的交流获得薪酬信息，可以通过报纸、杂志、网络来收集薪酬信息，可以通过薪酬调查问卷收集薪酬信息，也可以委托专门的薪酬调查组织或机构收集薪酬信息。

一般情况下，单靠企业自己的力量去做调查是很困难的，大多数企业往往会选择采用委托外部机构调查的方式进行，原因如下：

（1）大多数公司没有合格的员工来做此项工作。进行有效的调查需要问卷设计、采样方法和统计方法方面的专业知识和特长。

（2）对方不愿将自己的总体薪酬信息透露给竞争对手。因为薪酬体制是一个公司获得竞争优势的工具。即使其他公司愿意将自己的薪酬水平告诉你，得到的结果也可能是不完全或不准确的。

（3）自己组织调查会耗费大量的精力、财力和物力。

在我国，专门做薪酬调查的机构有华信惠悦、美世、外企太和顾问、51job等。

（三）薪酬水平矩阵设计

在确定每个岗位薪酬水平之前，企业还需要根据发展战略、经营需要制定相应的薪酬激励策略，明确未来薪酬着重激励的对象，企业在制定薪酬策略时可以按照管理层级确定，也可以按照职位族类别确定。通常情况下，企业的薪酬策略往往会是A层级员工采用90P，即市场高位值，B层级员工采用市场75P，C层级、D层级员工都是采用市场50P，即市场中位值。而从职位族来看，管理类、技术类和营销类采用相对比较高的分位值，专业事务类和辅助类则采用比较低的分位值（见表8-14）。

表 8-14　企业薪酬水平矩阵（示意）

管理层级	管理职位族	营销职位族	技术职位族	专业事务职位族	辅助职位族
A 层级（高管级）	90P	—	—	—	—
B 层级（经理级）	75P	—	—	—	—
C 层级（主管级）	75P	90P	90P	75P	50P
D 层级（专员级）	—	75P	75P	50P	50P
E 层级（作业员级）	—	—	—	—	50P

三、员工能力评价与薪酬定级

每个岗位的薪酬宽带一般有 7 级，那么如何确定员工究竟对应哪个级别呢？这就需要对员工的能力进行评价，然后根据评价结果进行员工薪酬定位。以图 8-7 为例，进行说明。

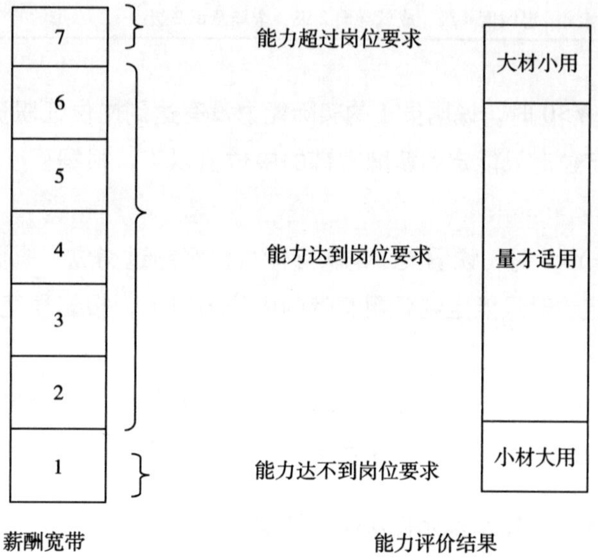

图 8-7　员工薪酬宽带示意

如表 8-15 所示，基于任职资格的员工能力评价结果有 3 种可能：大材小用、量才适用、小材大用，根据 3 种结果，在确定员工薪酬层级的时候，我们假设每个岗位的薪酬宽带为 7 级，岗位任职要求为 X，员工实际能力状况为 Y：

表 8-15 员工能力评价与薪酬定级（示意）

基本要求	学历：大专或本科 专业：市场营销、工商管理（企业管理）、其他	
经验	工作经验：8 年以上 行业经验：5 年以上 岗位经验：3 年以上	
知识	基本知识	规章制度知识 4 级、公司文化知识 4 级、工作流程知识 4 级、公司产品知识 4 级、行业基础知识 3 级
	专业知识	市场营销知识 4 级、品牌管理知识 3 级、战略管理知识 3 级、保密知识 3 级、合同管理知识 3 级、管理学知识 3 级、人力资源知识 2 级、企业文化知识 2 级
技能	基本技能	口头表达能力 3 级、书面写作能力 2 级
	专业技能	培养下属能力 4 级、决策能力 3 级、沟通能力 3 级、分析判断能力 3 级、团队领导能力 3 级、督导控制能力 3 级、组织协调能力 2 级
	潜在能力	人际理解能力 4 级、抗压能力 4 级、应变能力 4 级、学习能力 2 级
职业素养	基本素养	诚信 4 级、敬业精神 4 级、服务意识 4 级、责任感 4 级、客服导向 4 级、团队合作 3 级、廉洁 3 级、保密意识 2 级
	特殊素养	忠诚度 4 级、成就导向 2 级、全局意识 2 级

（1）当 X−Y>0 时，说明员工的实际能力没有达到岗位任职资格要求，这时为员工做薪酬定位时只能定到薪酬宽带的中位值以下，根据程度可以定为 1 级、2 级或 3 级。

（2）当 X−Y<0 时，说明员工的实际能力已经超过岗位任职资格要求，这时为员工做薪酬定位时只能定到薪酬宽带的中位值以上，根据程度可以定为 5 级、6 级或 7 级。

（3）当 X−Y=0 时，说明员工实际能力刚好达到岗位任职资格要求。这时为员工做薪酬定位时就可以定在薪酬宽带的中位值 4 级。

四、薪酬模式选择及多元化薪酬结构设计

薪酬福利体系岗位薪酬宽带和员工薪酬定级确定后，每位员工对应的基本年薪就明确了，接下来的工作就是要根据不同岗位的特点选择合适的薪酬模式，设计多元薪酬结构。

（一）常见的薪酬模式

（1）年薪制。年薪制是指在年度开始前，雇佣双方根据事先设定的目标决定员工薪酬水平，年薪制一般需要通过绩效合同来约定，年薪制工资一般适用于

公司高层及董事会成员。

（2）结构工资制。相对比较复杂，它将原来岗位工资、技能工资、绩效工资的优点综合起来，目前被大多数企业使用，结构工资制通常包括岗位工资、绩效工资、津贴、福利、加班工资等。

（3）提成制。提成制适合营销、研发等以业绩为导向的岗位。

（4）计时计件制。计时计件制根据员工的劳动时间来计量工资的数额，主要分为小时工资制、日工资制、周工资制和月工资制四种。计件制预先规定好计件单价，根据员工生产的合格产品的数量或完成一定工作量来计量工资的数额。与计时工资相比，计件工资的优点是能够更加密切地将员工的劳动贡献与员工的薪酬结合起来，提高员工的劳动生产率。

（5）协议制。协议制也称协商薪酬制或谈判薪酬制，是指以劳动者为一方，用人单位为另一方，通过直接协商或谈判来确定薪酬支付标准，并将确定的薪酬标准写入劳动合同的一种制度。这是我国劳动力市场建立和发展的产物，能够真实地反映各类劳动力的价值和供求关系，薪酬随行就市，劳动者与用人单位双方都比较满意。协议薪酬制可以使企业在人才市场上的人才竞争中处于有利地位，一般适用于企业急需的高级技术人才或管理人才。

不同的薪酬模式其适用范围是不同的，企业需要根据岗位特点进行识别和设计。

（二）薪酬结构设计

一般而言，企业的薪酬结构都是多元化的，这些多元化的构成包括岗位工资、浮动工资、加班工资、福利、津贴等（见表8-16）。很多企业甚至将它划分得很细，包含多个层次及多个项目。每个企业对薪酬概念的理解不同，对薪酬构成的划分也不尽相同。从薪酬结构可以看出企业的一些个性，因为不同的薪酬构成体现出不同企业对人才价值取向的不同。

表8-16　常见薪酬结构

薪酬体系	岗位工资	浮动工资					加班工资	福利	津贴	社会保险
		计时计件工资	月度绩效工资	季度绩效工资	年度绩效工资	业绩提成				
年薪制	√				√			√	√	√
结构工资制	√		√	√				√	√	√

续表

薪酬体系	岗位工资	浮动工资					加班工资	福利	津贴	社会保险
		计时计件工资	月度绩效工资	季度绩效工资	年度绩效工资	业绩提成				
提成制	√					√		√	√	√
计时计件制	√	√					√	√	√	√
协议制	√							部分	部分	部分

薪酬结构确定后，企业还需要确定不同人员的固定薪酬与浮动薪酬的比例，按照固定和浮动比例，可以分为：高弹性薪酬结构（固定部分比例低，浮动部分比例高）、高稳定性薪酬结构（固定部分比例高，浮动部分比例低）和调和性薪酬结构（固定和浮动比例相当）。不同的薪酬结构比较如表 8-17 所示。

表 8-17　不同薪酬结构比较

薪酬结构	高弹性薪酬结构	高稳定性薪酬结构	调和性薪酬结构
特点	浮动工资所占比例很高，固定工资等所占比例很低	固定工资所占比例很高，浮动工资等所占比例很低	浮动工资与固定工资等各占一定的合理比例
优点	激励性很强，与员工业绩密切联系	员工收入波动很小，员工安全感很强	对员工有激励性，也有安全感
缺点	员工收入波动很大，员工缺乏安全感及保障	员工收入波动很大，员工缺乏激励功能，容易导致员工懒惰	必须以科学合理的薪酬系统为前提
适用范围	业务人员、生产一线人员	职能部门基层员工、协议制员工	公司高管、部分中层管理人员

究竟在企业哪些岗位采用高弹性薪酬结构，哪些岗位采用高稳定性薪酬结构，这需要企业在设计薪酬体系时一并予以规划。薪酬结构矩阵设计（示意）如表 8-18 所示。

表 8-18　薪酬结构矩阵设计（示意）

职族	管理类	财务类	营销类	技术类	专业事务类	辅助类
A 层级	50：(0+50)	—	—	—	—	—
B 层级	60：(20+20)	—	—	—	—	—
C 层级	60：(20+20)	—	—	—	—	—

续表

职族	管理类	财务类	营销类	技术类	专业事务类	辅助类
D 层级	—	—	70：（20+10）	40：（20+40）	70：（20+10）	70：（20+10）
E 层级	—	—	70：（20+10）	40：（20+40）	70：（20+10）	70：（20+10）
备注	为了解决对不同职位族的激励差异性问题，不同职位族的薪酬构成比例［12 个月职位总和（4 个季度的绩效工资总和或业绩提成基数+年度绩效工资或年度业绩奖金）］是不同的					

（1）岗位工资。岗位工资是员工薪酬构成中最基本也是最重要的单元，岗位工资是确定其他工资的基础，岗位工资是相对稳定的，这种稳定会维持 2~3 年或者更长的时间，维持岗位工资的稳定有助于企业薪酬总额的控制及日常薪酬管理。

（2）绩效工资。绩效管理是人力资源管理活动中一个非常重要和基础的工具。现代绩效管理正在朝着管理人、激励人不断创造优秀业绩的方向发展。绩效管理已经演变为一门科学，越来越多的企业正在引入绩效管理系统，绩效管理这一科学管理工具也发挥着越来越重要的作用。

绩效工资可以分为年度绩效工资、季度绩效工资及月度绩效工资，不同的绩效管理系统可以采用不同的组合形式。绩效工资的计算取决于两个因素，一是标准绩效工资，二是绩效考核结果。一般而言，企业绩效管理系统会对绩效工资的计算做出详细的规定。企业绩效管理的方法不同，绩效工资的计算方法也将有所区别。

（3）业绩提成。业绩提成可以看作一种特殊的绩效工资。

（4）工龄工资。工龄工资（又称年资）是指随着员工工作年限增长而变动的薪酬部分。年资是对长期工作员工的一种报酬奖励形式，其目的是承认员工以往劳动的积累，激励他们长期为企业工作。年资是薪酬结构的辅助单元，一般企业年资的设计比较简单，通常采用递增法来设计年资。

（5）加班工资。一般将在法定节假日和公休日内进行工作称为加班；在标准工作日内的标准工作时间外进行工作，称为加点。但习惯把加班和加点统称为加班。加班加点工资是指因加班加点而支付的工资。

（6）津贴。津贴是指补偿劳动者在特殊条件下的劳动消耗额外支出的工资补充形式，津贴不与劳动的数量和质量发生直接联系，其发放的原则与依据是劳动者劳动环境与条件的优劣。津贴可以分为通信津贴、车辆津贴、夜班津贴等。

（7）社保。这里我们所讲的社保体系仅仅是指社会保险部分，社会保险是企业员工主要的社会保障待遇，员工因为面临的劳动风险不同，所以得到的保险待遇也有所不同。鉴于各国的发展水平和社会保险制度的完善程度不同，所提供的承保项目也不完全一致。社保包括养老保险、失业保险、工伤保险、医疗保险和生育保险。

（8）福利。良好的福利对企业发展的意义非常重大，一方面可以吸引外部的优秀人才，另一方面还可增强企业凝聚力，提高员工士气。一些企业越来越清晰地认识到，良好的福利有时比高工资更能激励员工。为员工创造良好的福利、津贴是企业以人为本经营思想的重要体现，也是政府一直大力提倡的。福利一般包括两种方式：一种是政府通过立法形式，要求企业必须提供给员工的福利和待遇，称为法定福利；另一种是企业提供给本企业员工的福利，称为企业福利。企业福利还可分为两种形式：一种是由企业兴办的各种集体福利；另一种是企业为员工及其家庭所提供的实物和服务等福利待遇。

五、薪酬套算及薪酬体系实施

新的薪酬体系的实施，意味着企业同时要废止原来执行的薪酬方案，为了避免引起不必要的震动，企业在薪测体系切换及实施时还需要注意以下问题：

（一）薪酬切换

对每个员工而言，如果实施新的薪酬体系，其薪酬水平有可能提升，也有可能降低，那么如何才能保证顺利切换呢。

假设某一位员工按照原来的薪酬体系其基本年薪为 6000 元，新的体系中该岗位薪酬层级及对应基本年薪如表 8-19 所示。

表 8-19　某岗位薪酬层级及对应基本年薪　　单位：元

薪酬宽带	7 级	6 级	5 级	4 级	3 级	2 级	1 级
基本年薪	73000	69000	65000	61000	58000	55000	52000
薪酬定级					√		

注：该员工薪酬定级为 3 级，对应基本年薪为 58000 元。

在这种情况下，如何确定员工薪酬水平呢？根据我们的经验，企业有三种选择。

（1）严格按照薪酬定级执行，基本年薪为58000元。

（2）采用就高不就低的原则，虽然员工的能力级别只能达到58000元，但为了稳定员工，企业还是按照原薪酬水平60000元执行。这种做法的结果就是给员工确定的薪酬水平（60000元）无法直接对应到新的薪酬宽带中。

（3）采取就高不就低的原则，按照薪酬宽带的4级（61000元）执行。

很明显：第（1）种方法看似科学，但在执行过程中会存在一定的风险；第（2）种、第（3）种方法表面上看似不合理，但更具可操作性，如果企业采用第（2）种或者第（3）种方式，可能会担心这样会造成不公平，关于这个问题企业可以采取薪酬层级异动的方式加以解决。

（二）薪酬水平调整

公司总体薪酬水平确定的依据是同期市场水平和企业自身的支付能力，薪酬体系在实际运行过程中，根据企业实际经营状况、通货膨胀状况和对未来经营的预期，原则上每1~2年企业就需要对总体薪酬水平进行评估和调整，确定薪酬水平增长幅度，薪酬增长幅度可能为正数、零，也可能为负数。

这里需要特别注意的是，企业在进行薪酬水平调整时，一定要注意保证最低限度的有意义的加薪。在实际操作过程中，很多企业会碰到很多类似的问题，企业每年都为员工加薪，并且在这方面的支出也不少，但结果并不理想，因为员工都觉得这是他们应该得到的，甚至会觉得公司的加薪幅度根本不足以弥补因通货膨胀、社会经济增长、当地消费水平的提高等外部因素的影响而使员工日常开支的增长幅度。但这个结果是企业不愿意看到的，因为毕竟企业是通过减少当期利润来为员工涨工资，也期望通过涨工资来进一步激发员工工作的积极性和主动性。

（三）员工薪酬层级的异动管理

除了整体薪酬水平的调整，企业每年还需要根据员工个人绩效表现，对员工个人薪酬层级进行动态管理。薪酬层级的异动分为常规性异动和非常规性异动两种：①常规性薪酬层级异动是指企业根据员工上一年度绩效成绩对员工薪酬层级进行调整，常规性异动又分为三种，薪酬层级晋升、薪酬层级降低、薪酬层级维持不变，常规性层级异动每年进行1次。②非常规性薪酬层级异动是指企业对为企业做出特殊贡献或者存在重大工作过失的员工进行的薪酬层级晋升或降低，非常规性薪酬层级异动可以根据实际情况随时进行。

第五节　员工福利体系设计

在企业内部往往存在这样一种认知，薪酬与每个员工都密切相关，薪酬的高低直接决定员工是否能够进得来、留得住，所以企业会高度重视；中长期激励和专项激励对做得好的员工的一种激励，也很重要，所以企业也会比较重视；福利很多时候没有像薪酬、奖金那样具有明显的激励作用，甚至有些员工根本就没有感受到福利的价值，因此企业对福利往往不太重视。

一、客观认知福利的价值

我们经常这样说：薪酬决定员工来不来，奖金体现员工好不好、福利影响员工走不走。根据赫茨伯格的双因素理论可以看到，薪酬对员工而言只是一种保健因素，那么如何才能让员工更满意，充分调动员工积极性呢？企业需要从激励因素着手，因此，越来越多的企业开始注意到并重视员工福利体系的设计。

福利是员工的间接报酬，一般包括健康保险、带薪假期、过节礼物或退休金等形式。在中国绝大多数企业经常会面临这样的困惑，企业每年对员工福利投入都很大，但很多员工并没有感受到，甚至有些员工认为企业根本就没有什么福利，最终导致企业不满意，员工也不满意，造成这种结果的主要原因还在于企业没有对福利体系进行系统规划和实施。

二、常见的福利类型

福利不仅仅局限于法定福利，如社会保险、公积金，还包括员工关怀、员工家庭福利等，常见的福利项目如表 8-20 所示。

表 8-20　常见的福利项目

福利类别	福利项目
健康管理	健康体检、预约挂号、医疗门诊、健齿、心理咨询等
商业保险	人身意外、子女教育、大病医疗、补充养老等
员工关爱	生日会、旅游、部门活动等

续表

福利类别	福利项目
文体活动	健身、员工运动会、企业联谊球赛、高尔夫球赛、网球赛、羽毛球赛、乒乓球赛等
学习	企业大学、在线学习、培训课程、拓展、企业图书馆等
节假日福利	春节、端午、中秋、国庆等节假日福利
生活服务	电影票、机票、火车票、购物优惠、费用代缴、移民服务等
员工家庭福利	家庭理财、员工子女教育、员工父母关怀等

三、企业福利体系设计

随着员工需求的多元化，员工福利费用与工资的比例不断提高，有些公司这个比例几乎接近，同时员工福利项目的弹性越来越强，向“自助式”方向发展。这说明员工福利体系在企业管理中的作用越来越大，是解决企业管理问题的有效“良药”。

决定企业获得可持续发展的因素在于内部必须有一支致力于企业长远发展的核心员工团队，这就要求企业必须建立完善的福利系统，尽可能满足和保证员工生活上的需要，解除员工的后顾之忧，让员工心情愉快地投入到工作中去，获得源源不断的动力。

员工福利体系激励作用主要表现在：

（1）可以满足员工生活上的需要，解除员工的后顾之忧，从而调动员工的积极性，提高其工作效率。

（2）完善的福利体系可以营造出积极向上的竞争氛围，激励员工的进取心和吸引更多更好的人才加盟，从而激活组织的创造性和动态性。

（3）由于全体员工都享有充分的福利，可以减少由于薪资不同而造成的差别感，从而减少员工之间的利益摩擦，增强员工之间的集体感和团队意识。

一般来说，员工的福利项目分为两类：一类是强制性福利，企业必须按政府规定的标准执行，如养老保险、失业保险、生育保险、医疗保险、工伤保险、住房公积金等。另一类是企业自行设计的补充福利项目，常见的有人身意外保险、家庭财产保险、旅游、餐补、提供住房、过年过节费、购房支持计划、带薪假期、培训费、补充养老计划或企业年金等。

由于员工的年龄阶段不同、家庭背景不同，对福利项目的需求也是不同的。年轻的员工可能面临着购房和竞争压力，自然希望公司提供住房资助，也会考虑选择那些对提升工作竞争力有帮助的福利，如放弃旅游和休假，转向选择培训或进修，让福利成为提升竞争力的润滑剂。而中年员工则偏重于医疗和养老方面的需求。如果企业统一给定，而员工无选择的权利，那么员工并不一定满意，也不能很好地激励员工。所以要想让福利项目起到较好的激励效果，首先要对员工的需求情况进行分析，再设计出有针对性的福利计划。

现在有些公司已经出现了菜单式的福利形式，在每一项福利项目中都会标上一个“金额”作为“售价”，每一个员工则根据自己的薪资水准、绩效成果、服务年限、职务高低或家庭情况等因素，得到数目不等的福利限额，员工再以分配到的限额去认购所需要的额外福利，有的企业甚至还规定，员工如未用完自己的限额，其余额还可折成现金发放。无论对企业还是对员工来说，这无疑是一个双赢结果。

第九章　任职资格管理与职业发展

第一节　任职资格体系

通过岗位分析可以编制或完善岗位说明书，通过岗位评价可以对薪酬体系进行设计，岗位分析和评价的成果也可以为组织结构设计和人力资源配置提供依据。然而，企业人力资源管理更需要体系性建设，需要将人力资源招聘配置、薪酬福利、绩效考核、培训开发和企业文化有机地结合在一起。借助岗位分析和评价工具开展任职资格管理系统的建设能够有效打造企业人力资源管理体系。

一、任职资格管理概念

（一）任职资格管理概念

实施任职资格管理需要建立标准，任职资格标准是岗位任职者为完成岗位工作任务和承担职责所必须具备的知识、经验、技能、素质与工作行为的总和，反映了岗位任职者从事岗位工作的能力，是任职者取得优秀业绩的重要条件。

任职资格管理是依据任职资格标准的规定，对岗位任职者的任职资格实施系统化管理的过程，具体包括如下四方面内容。

（1）搭建职业发展通道。通过搭建专业和管理两个职业发展通道，明晰员工在公司中的职业跑道及关键里程碑。

（2）制定任职资格标准。建设各职业通道和各级别的任职资格标准，作为衡量员工职业化水平的标尺。

(3) 开展能力评价。组织实施任职资格认证活动，帮助员工明晰个人的职业化能力状态及阶段性成长目标。

(4) 促进能力发展。实现任职资格与人力资源招聘配置、培训管理和薪酬管理等工作的有机融合，通过搭建长效的任职资格管理系统，用机制来牵引员工持续提升工作能力，从而为公司发展贡献更大价值。

(二) 任职资格管理的理论基础

任职资格管理的意义在于，以驱动员工取得优秀业绩的核心因素为对象，通过一系列管理机制的牵引与约束，引导员工产生职业行为、高效履行职责，从而实现员工个人与组织的共赢发展。因此，如何有效挖掘、演绎驱动高绩效行为的关键因素作为任职资格标准的内容，是科学开展任职资格管理的重要环节。

美国著名组织行为研究者麦克利兰（McClelland）提出的冰山模型理论绝佳地诠释了任职资格管理的内涵。麦克利兰认为，高绩效者运用了某些特定的知识、技能、特质、动机等以取得出色的工作业绩。他把驱动员工产生工作业绩的因素形象地描述为一座漂浮在海面上的冰山，海面以上的部分为员工的知识、技能、经验等因素，是显性的，是易于观察与测量的，是产生工作业绩的直接驱动因素；海面以下的部分为软性素质，这部分是掩藏在水下的深层次潜在特征，如员工的价值观、态度、行为倾向等，是不易被观察和改变的，但对员工工作业绩的影响是巨大的。冰山整体所涵盖的多种因素交互作用于员工的行为，决定了员工工作业绩的优劣。冰山模型如图 9-1 所示。

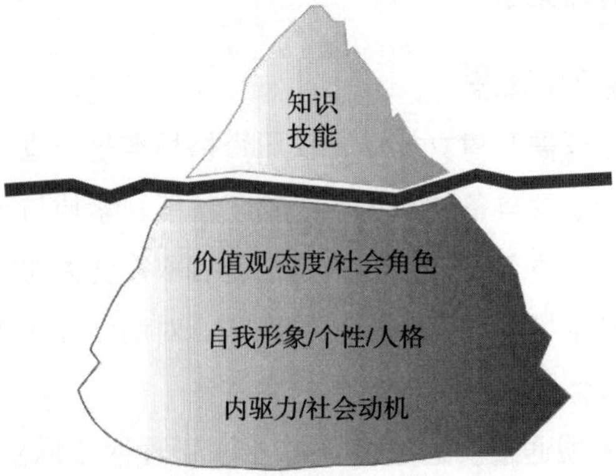

图 9-1　冰山模型

基于冰山模型理论，我们认为员工的任职资格标准由知识标准、技能标准、素质标准和硬件资质标准 4 个部分组成。任职资格标准描述的是：员工为了成功地、职业地履行岗位工作所需要具备的“应知”“应会”“应善”和“应备”。任职资格标准的内容如表 9-1 所示。

表 9-1　任职资格标准

任职资格标准内容	内涵界定	
应知：知识标准	在某一领域应掌握的事实型及经验型信息，包括行业知识、公司知识、专业知识、产品知识等方面	
应会：技能标准	结构化地运用知识完成具体工作的能力，包括通用技能、专业技能等方面	
应善：素质标准	通用素质	公司全员应具备的软性素质，体现的是公司文化、价值观的要求，主要体现在工作态度层面，是对员工素质最基础且重要的要求
	专业素质	不同类别员工应具备的软性素质，体现的是特定工作内容对于员工思维方式、行为方式、人际方式的要求
应备：硬件标准	资质条件，作为任职资格等级的门槛要求，包括学历、工作年限、项目经历、专业贡献、培训积分等方面	

（三）任职资格管理系统的作用

任职资格管理系统是企业建立的员工能力管理系统，对于企业人力资源优化与开发具有十分重要的作用，主要表现为以下几点：

（1）从管理的角度来说，任职资格管理系统作为管理工具，能够帮助管理者提升管理水平、促进管理工作的标准化与规范化。其中，任职资格标准能够清晰传递企业的用人导向、价值观念，为管理者的选人、育人提供明确的标准；任职资格认证结果能够帮助管理者把握员工的能力状态、厘清员工队伍的“家底”，为管理决策和人力资源规划、人员调配、员工培训、薪酬调整等提供客观的依据。

（2）从机制的角度来说，职业生涯通道建设能够从组织层面提升员工晋升机制的规范化与科学化。通过任职资格认证结果与薪酬体系的有效对接，能够有效牵引员工终生学习、不断改进；通过任职资格管理系统与培训体系的有机融合，能够帮助员工提升职业化水平，持续激发员工活力、提升团队效能，逐步形成能力优良、布局合理的人才梯队。

（3）从员工的角度来说，任职资格管理系统是开展员工职业生涯管理的抓手，职业生涯通道建设能够帮助员工明晰个人在公司的职业成长方向；任职资格标准能够帮助员工了解公司对于个人职业化能力的期望，是自我审视的能力标尺；任职资格认证能够帮助员工把握个人优劣势和阶段性成长目标；基于任职资格管理系统的培训体系建设能够促使员工的职业化水平加速提升。

二、职业发展通道设计

基于任职资格管理的员工职业生涯发展通道设计是指打破组织的概念，以员工能力提升为根本目的，不论员工就职在公司什么部门、什么岗位，只要从事相同或类似的岗位工作，都可以归结到相同的职业发展通道中。

（一）职业生涯通道设计的理念

在实施员工职业生涯通道设计时，需要开展岗位的重新梳理与归类。依据岗位对员工能力要求的不同，自上而下、由粗及细地可以将公司的全部岗位划分为职位族、职位类、职位子类、职种或亚职种。对于一般规模的企业而言，职位类中包含着能力要求相近的若干个职种，某些职种又依据工作内容差异细分为若干个亚职种，职种或亚职种中包含着若干个职位。其中，职种或亚职种是员工职业生涯通道规划设计的基本单位。

（二）职业生涯通道的横向划分

员工职业通道的横向划分包括职位类设计以及职种和亚职种设计。

（1）职位类设计。职位类是根据公司战略要求与业务模式形成的各种相关职种的集合。同一职位类要求任职者需具备的能力种类、履行的功能相同或相似。职位类是依据公司不同业务系统的能力要求进行划分的，业务系统指的是公司的业务功能模块，由公司的经营模式决定，不同的经营模式包括不同的职位类。

通常来说，职位类可划分为管理类、专业类、市场类、技术类、生产类，不同类别的核心界定如表 9-2 所示。

表 9-2　职位类的界定

职位类	核心界定
管理类	基于领导力的技术、方法，计划、组织、协调和控制的方法与手段以及相关经验，承担决策、管理与监督职能，为企业经营和管理系统的高效运行和各项经营决策的正确性承担责任
技术类	基于产品相关的专业领域的技术、方法和相关经验，进行技术、产品研发，以及在研发过程及相关过程中进行质量控制、市场推广等，对企业产品和技术在行业的先进性承担责任

续表

职位类	核心界定
市场类	基于专业营销技能和商业手段、方法和相关经验，面对客户或供应商，为内部或外部客户提供专业的产品和服务，对企业产品的品牌及市场占有率承担责任
生产类	基于生产技能/专业技能操作，提供产品/服务，对产品/服务的产量、质量和成本承担直接责任
专业类	基于专业领域的技术、方法和相关经验，提供人事、财务、行政后勤等专业化服务，或者为管理者行使决策、管理与监督职能提供专业性参谋服务，对专业性参谋服务的质量承担责任

（2）职种和亚职种设计。划分职位类之后，根据职位类所包含的职位的特点可以细化分解为职种，职种所涵盖的职位要求、任职者需要具备的能力类别相同或相关，承担的职责与职能相似或相同。职种划分原则上打破了部门的框架，对于不同职位类的岗位，只要对任职者能力要求相似就可以归类为同一个职种。例如，不同部门的助理都可以归为行政职种。如果某些职种涵盖的职位对于员工任职资格的要求的差异仍然较大，可以进一步划分为亚职种。例如，在软件开发公司中，依据不同工程师使用的不同专业语言，可细分为 PHP 开发工程师、移动开发工程师等，移动开发工程师又可以进一步细分为 iOS 开发工程师和 Android 开发工程师。

职种或亚职种是进行职业生涯通道设计的基本单位。由于同一职种的员工在职业发展诉求及价值取向上比较类似，按照职种或亚职种进行人力资源管理可以满足不同类型员工的职业发展需要，更具针对性与实效性，表 9-3 为某公司职位类及职种的分布。

表 9-3　某公司职位类及职种分布

职位类	管理类	市场类	技术类	生产类	专业类
职种	战略决策 运营决策 运营执行	市场 公关 销售	产品设计 软件开发 软件测试 专项技术	仓储 物流 质量检验 设备维护 技师 技工	财务 法务 采购 人力资源 信息管理 公共关系

（三）职业生涯通道的纵向设计

对于每个职种的纵向职业生涯通道设计，可依据岗位工作性质及员工能力成长曲线，划分关键的职业成长阶段作为员工职业发展的里程碑，即确定每个通道的任职资格等级，通常以3~5个为宜。需要注意的是，在进行职业生涯通道设计的同时一定要保证专业与管理两个职业发展通道所对应的薪酬体系是互通的，也就是说，员工即使不做管理者，只要自身的专业能力有所提高、达到一定的专业任职等级也可以拿到与管理者对应的薪酬，从而激励员工持续提升专业能力。

纵向任职资格等级数量的确定主要以如下两个方面为依据：

一方面，是公司对该职种的阶段性发展需要，对于重要、核心职种的职业生涯通道等级设置要多、级别相应拔高，同时配套资源也需要加大投入。

另一方面，还要充分考虑每个职种内的员工的专业能力成长规律，只有当专业能力产生“质”的差别时才能划分为不同的等级。这些差异可以体现在应负责任不同、解决问题的难度与复杂度不同、所辖模块数量不同以及知识与技能的掌握程度不同等多个方面。

依据员工能力成长曲线，对于不同等级的能力定位如表9-4所示，我们可以看出，在从任职资格较低级别走向任职资格较高级别的过程中，能力要求逐步提高，级别之间呈现质变的趋势。

表9-4　任职资格等级的整体定位

任职资格等级	整体定位
初级	新手：具备基础的专业知识技能，能够按照规范及要求开展基本工作，从事复杂工作时需要他人指导与支持
中级	熟手：熟练应用专业知识技能，熟悉内部运作流程，能够独当一面地开展工作，能够完成大部分工作
高级	能手：扎实掌握专业知识技能，能够成熟、独立地完成工作并能够带领和指导他人，能够就本领域的业务运作提出合理化建议
资深	高手：精通本领域绝大部分的专业知识与技能，熟悉相关领域的专业知识与技能，能够解决重大疑难问题，对于业务的发展策略能够献计献策
首席	专家：精通本领域专业知识与技能，能娴熟解决跨领域的重大问题，能够有效推进本领域的体系优化与变革，是本领域的战略参谋

为了实现员工任职资格认证的“小步快跑”，强化对员工点滴进步的鼓励，在任职资格等级设计时要更加准确地表示不同等级人员的达标程度，即虽然不能体现为员工任职资格等级的差异，但可以在每个等级内部设定若干个级等，比如职业等、基础等和预备等。

级等的确定是从员工能力达标的全面度和均衡度两个方面综合考察的。这种设计方法可以满足员工的短期激励需求，帮助员工从个人的逐步成长中获得满足感和成就感。

（1）职业等的能力状态为整体优秀、均衡，完全符合任职资格标准要求并有部分超出预期，能成熟、独立地履行角色职责，工作输出优质、高效。

（2）基础等的能力状态为整体能力尚好，能够满足任职资格标准的要求，能够较好地履行角色职责，工作输出较好，但在一些细节方面可以持续优化、提升。

（3）预备等的能力状态为整体能力尚可，大部分维度符合任职资格标准，基本能够履行角色职责，但存在一些小短板，有一定的改进空间。

（四）职业生涯通道的转换设计

任职资格通道设计需要体现多通道的发展特征，不是单一的纵向职种发展，不是“千军万马过管理独木桥”，而是当员工能力发展到一定程度时可以进行跨职种发展，依据个人的成长意愿可以进行关联职种的跨通道转换以及专业通道与管理通道的转换。职业生涯转换通道设计如图 9-2 所示。

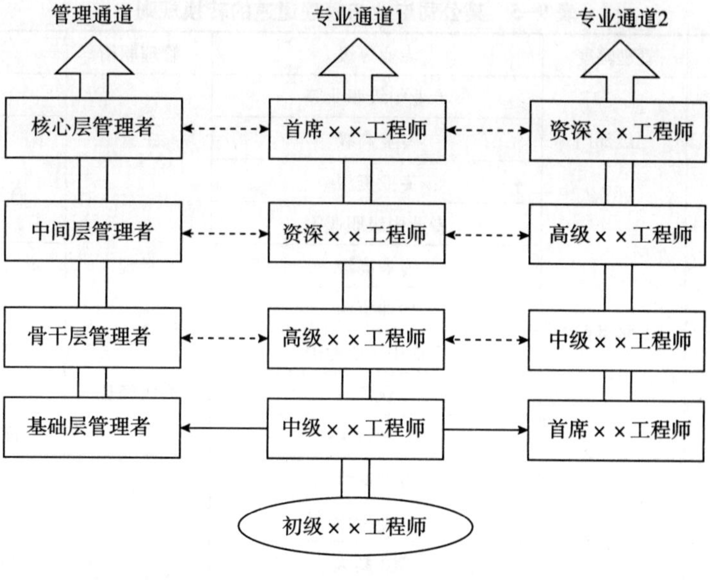

图 9-2　职业生涯通道的转换设计

在进行专业通道间的转换设计时，要清晰理解各业务系统、各职种和职位类的关联性，清晰把握员工达到哪个能力阶段才会具备向关联职种或职位类进行转换的基础，经过综合权衡后找到通道间的最佳转换节点。

通常来说，初级员工是进入该通道一年左右的员工，不需要具备相关的工作经验；中级员工是担任该职位两年左右的员工，具备可重复的经验。依据员工的发展和离职特征，在两到三年，也就是处于中级状态时，员工会进入迷茫和离职高峰期，这个时候就需要做职业生涯通道的分流设计，打通员工的横向通道转换机制。同时，需要在组织层面为员工提供跨职位类的专业培训，帮助员工积累相关专业知识与技能，帮助员工实现转型。

在进行专业与管理通道的转换设计时，首先要确定转换的起点，即具备怎样的专业能力水平能够让他人在专业方面信服并能够有效指导下属成为管理人员。通常来说，我们建议转换的最佳节点是中级职业等，在此状态下可以依据个人成长意愿选择走专业通道或者管理通道。此处需要注意的是，务必要设计好专业与管理的转换规则，明确管理职衔的主要衡量依据，即传递企业对于管理人员的能力导向。我们认为管理职衔的确定应先从管理能力和管理幅度两方面综合把握，同时兼顾专业能力。某公司专业与管理通道的转换规则如表 9-5 所示。

表 9-5　某公司专业与管理通道的转换规则

管理等级	管理幅度	专业等级	管理职衔	级等
管理初级	二级部门	专业中级职业等	主管	主管 1
		专业高级		主管 2
		专业资深		主管 3
管理中级	二级部门	专业中级职业等	经理	经理 1
		专业高级		经理 2
		专业资深		经理 3
管理高级		专业中级职业等	高级经理	高级经理 1
		专业高级		高级经理 2
		专业资深		高级经理 3
管理高级	一级部门	专业高级	总监	总监 1
		专业资深		总监 2
管理资深		专业高级	高级总监	高级总监 1
		专业资深		高级总监 2

由表 9-5 可知，该公司的管理职衔的主要确定依据为管理等级及管理幅度，将不同等级的管理人员定义为不同的管理职衔，同时对于更大的管理幅度应该设

置管理与专业等级的转换门槛条件，例如，转换门槛条件可以设定为必须达到管理等级及专业等级的高级及以上。而专业等级则作为调节因素，是划分管理职衔内部级等的依据，同时也是确定不同管理职衔、不同级等管理人员薪酬的依据。

（五）职业生涯通道设计的成果

职业生涯通道设计可帮助员工了解个人在公司内的职业成长方向，具体成果包括公司级职业生涯通道全景图和各职种的职业生涯通道转换图，分别如图 9-3 和图 9-4 所示。

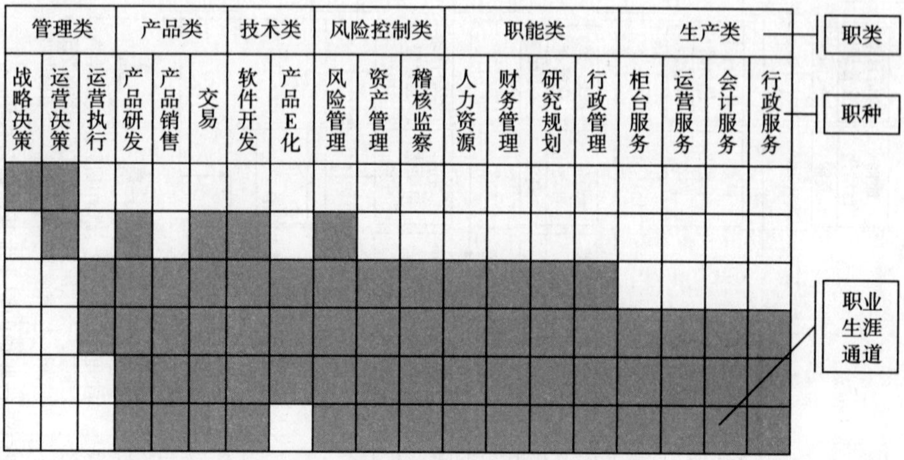

图 9-3　某公司职业生涯通道全景图

三、任职资格标准设计

在确定了员工职业生涯通道后，要针对各职业生涯通道的每个关键里程碑，即任职资格等级确定分层分类的任职资格标准。如前文所述，任职资格标准是衡量员工能力状态的标尺，核心成果主要由知识标准、技能标准、素质标准及硬件标准构成，它既反映了各职种员工的任职能力成长的内在规律，又反映了公司业务的发展方向与不同发展阶段的核心竞争力。

（一）任职资格标准设计的原则

1. 系统设计原则

任职资格管理系统是人力资源管理的核心，因此，要厘清其与人力资源管理其他功能模块之间的关系，为其他模块预留接口，为任职资格系统的顺利落地奠定基础。

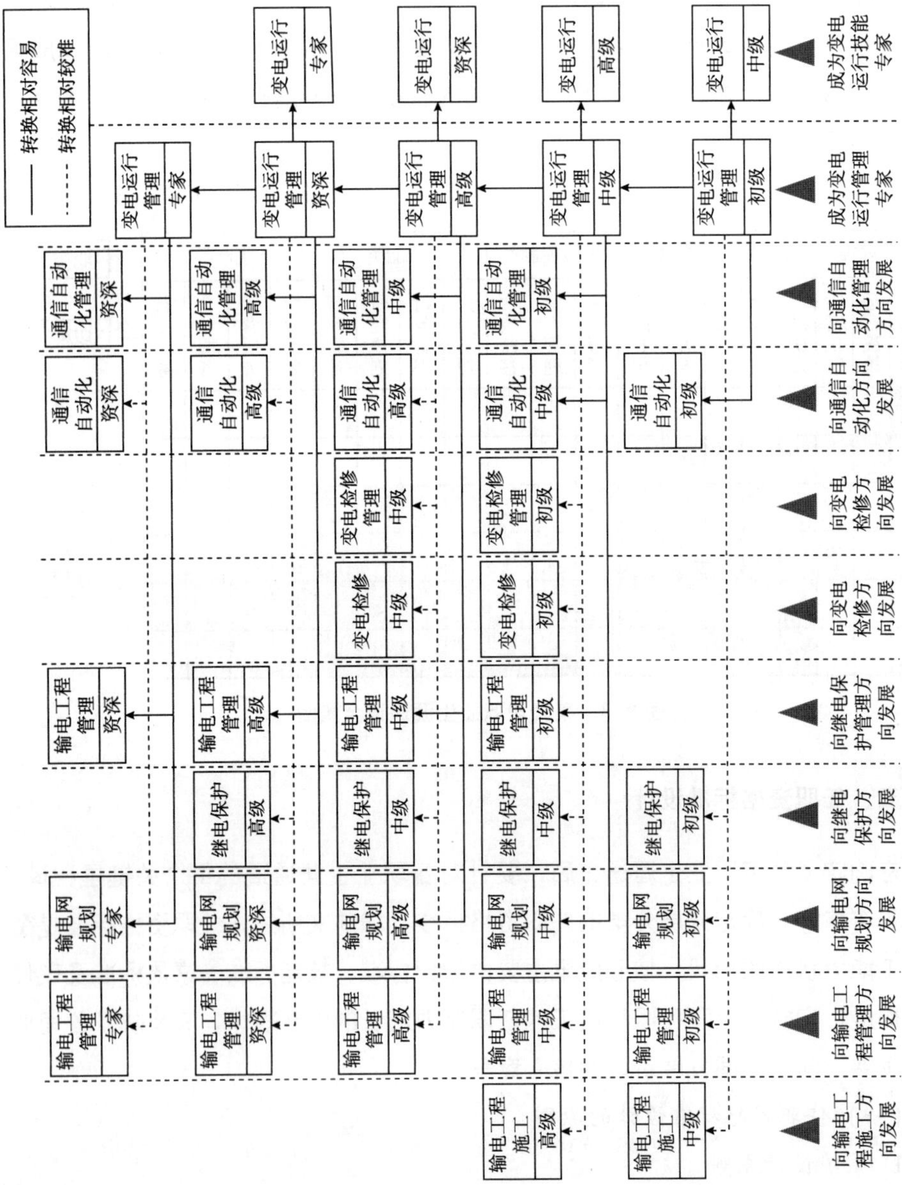

图 9-4 某公司变电运行职种的职业生涯通道转换图

2. 贴合现实原则

任职资格管理系统的设计要系统权衡，标准既要源于业务需求，又要贴合公司实际，对照业界有关标准与做法，要有所取舍。

3. 量化可操作原则

任职资格等级间的区分要清晰、体现质的差异；同时，要量化评价体系，用数据、证据说话，做实基础管理，将评价标准逐步量化。

4. 适时改进原则

任职资格管理系统要保证适度的刚性，更要与时俱进，随着公司的发展、业务需求及管理环境的变化而不断调整优化。

（二）任职资格标准设计的方法

任职资格标准的设计要系统思考、统筹兼顾，从多个角度全面采集信息，并系统整合、循环验证，这样才能确保任职资格标准是客观、全面且极具公信力的。任职资格标准设计的方法通常包括战略与文化演绎、访谈调研、问卷调查、工作分析及行业对标等。

1. 公司战略及文化演绎

公司战略及文化演绎是一种自上而下的信息采集方法，需要把握行业竞争形势、公司战略目标对不同职种的能力成长要求，同时将公司文化、价值观所传递的主张融入对软性素质的要求中。

2. 访谈调研

访谈调研的方法最为常用，具体操作时需要选择不同层级的员工代表，包括高层、中层、基层，对不同对象确定访谈重点、设计访谈调研大纲并组织开展访谈活动。其中，对于高层的访谈主要从宏观层面把握其对于员工的能力期望；对于中层的访谈主要是了解不同等级员工的能力成长规律、整体能力状态，了解对不同等级员工在“应知”“应会”“应善”“应备”方面的要求，把握当前部门工作的短板及员工能力成长瓶颈；对于基层员工的访谈主要聚焦于工作职责、工作内容的梳理与把握。

3. 问卷调查

由于访谈调研尚不能覆盖公司的全体员工，因此，为了充分采集调研信息，可以开展更为广泛的问卷调查工作作为信息的重要补充方式和既有假设的验证方式。问卷调查具体有两种操作方式：一种是发放与访谈大纲内容相一致的调研问卷请员工勾选、作答；另一种是经过访谈调研后形成任职资格初稿，请全员做阶段性结果的验证，采集并反馈员工的意见和建议。

4. 工作分析

工作分析是任职资格标准设计中最核心、最重要的工作。任职资格是员工为有效履行工作职责、完成工作任务应该具备的能力，因此首先应该梳理岗位工作内容、工作职责，形成工作模块、工作要项及不同员工在每一个工作要项中承担的角色，只有在理顺事情的基础上才能恰如其分地演绎员工应具备的知识、技能、素质及硬件条件。

5. 行业对标

通过对行业标杆企业的任职资格标准的合理借鉴，可以在一定程度上优化并完善任职标准。

6. 基于工作分析的任职资格标准演绎过程

基于工作分析的任职资格标准演绎的核心逻辑是以各职级的角色定位为基准、以结果为导向，厘清各职级员工“该做什么事情、承担什么职责、为组织作出什么贡献”，进而演绎分析为高效履行该职责所应采取的工作行为，以及任职者应该满足怎样的“知识、技能、素质及硬件资质要求”，并转变成可量化和可衡量的标准或明确的定义，形成各职级的任职资格标准文件。具体演绎逻辑如图 9-5 所示。

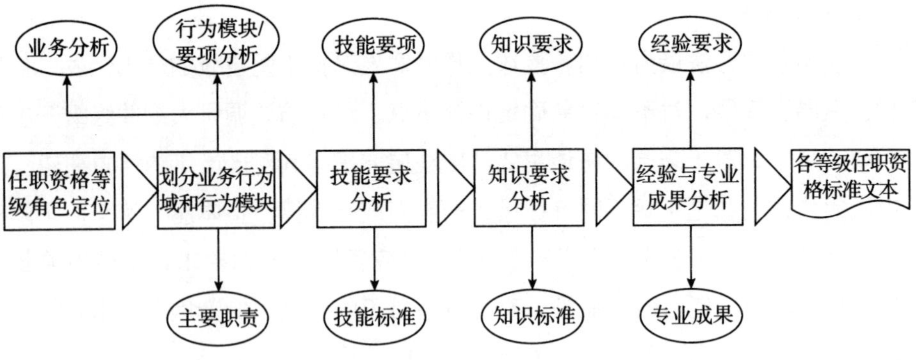

图 9-5　基于工作分析的任职资格标准演绎逻辑

（1）不同任职资格等级的角色定位。角色定位是对不同等级员工的能力素描，通过一些关键维度来界定不同等级的能力状态和要求，作为制定细化的知识、技能、素质标准的方向性依据。其中，界定维度的选择是关键，应涵盖能够有效区分员工能力差异的核心要点，常用的界定维度如图 9-6 所示。

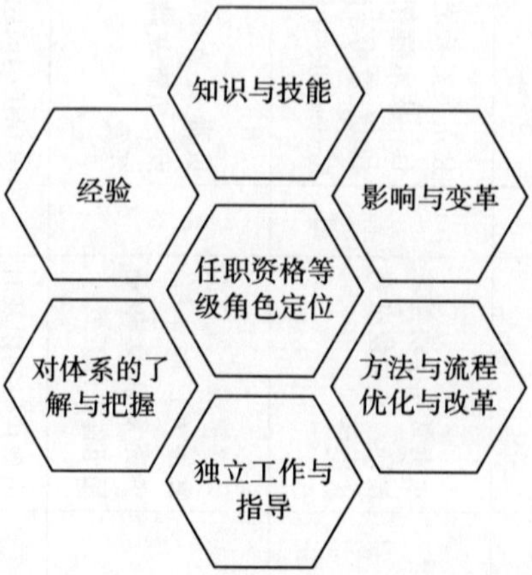

各维度界定

1. 知识与技能：掌握本业务领域内最关键的知识和技能的程度；
2. 经验：对本业务领域内的关键经验的具备程度；
3. 独立工作与指导：在解决本专业领域内的各种问题时，能独立解决问题的难度，以及在解决问题中指导他人甚至整个专业领域的工作的程度；
4. 体系与流程：对本业务领域体系的了解、把握程度，以及对本领域业务流程的再造所产生的影响；
5. 影响与变革：在履行技术职责的过程中所产生的影响，比如对本业务领域的了解和掌握而促成本业务领域内的变革的影响程度

图 9-6　不同等级任职资格的角色定位

（2）职种工作行为域和行为模块的梳理。在此环节，可运用鱼骨图或思维导图的方式梳理并穷尽职种的全部工作内容，形成行为域及行为模块。需要注意的是，工作行为梳理并非按照现有的工作职责要求，应涵盖如下几个方面：①由职责导出履行职责的责任行为。②由战略导出实现战略的落地行为。③由流程导出执行流程的流程行为。④由经验和专家标杆导出职业化行为和日常行为。

上述四者之间可能有一些重叠，需要统一整合。一级维度作为行为域，二级维度即细分的行为步骤作为行为模块及行为要项，并在此基础上判断不同任职等级的员工应履行的责任类别，如参与、负责、指导、审核等。表 9-6 为某公司开发工程师行为梳理示例。

（3）技能标准的确定。技能是一贯的行为方式，是对关键行为要项的概括化描述。因此，对于不同等级员工的技能要求与行为要求是一脉相承的。行为标准的确定是对每一项技能做概括化、行为化的描述定义，并依据行为要求确定对不同等级员工的等级要求。通常，技能等级要求包括如下几种：

0——不作要求；

1——实践过，在他人的帮助、指导下，具有一定的运作能力；

2——无须协助，可以运用该能力完成大多数任务；

表 9-6 某公司开发工程师行为梳理及不同等级角色定位的示例

<table>
<tr><th rowspan="3">行为域</th><th rowspan="3">行为模块</th><th rowspan="3">行为要项</th><th rowspan="3">工作输出</th><th rowspan="3">认证材料及评价标准</th><th colspan="6">不同角色定位的责任（参与/辅助/负责/指导/审核等）</th></tr>
<tr><th colspan="2">初级</th><th colspan="2">中级</th><th colspan="2">高级</th></tr>
<tr><th>参与度</th><th>是否认证</th><th>参与度</th><th>是否认证</th><th>参与度</th><th>是否认证</th></tr>
<tr><td rowspan="2">开发项目准备</td><td>产品需求设计</td><td>参与产品需求方案评审，提出需求建议，协助产品经理完善需求方案，促进需求得到满足</td><td>产品需求评审方案</td><td rowspan="5">技术设计及实现典型行为案例：背景、目标、需求演绎逻辑、项目整体计划、设计方案、技术路径介绍、技术亮点、首次交付物质量、提交代码片段等</td><td>参与需求评审</td><td></td><td>参与需求评审</td><td></td><td>参与需求评审</td><td></td></tr>
<tr><td>产品项目立项</td><td>参与确定项目实施时间，根据需求评估开发计划，确定关键里程碑及阶段性成果</td><td>项目执行计划</td><td>参与制定项目完成计划</td><td></td><td>参与制定项目完成计划</td><td></td><td>参与制定项目完成计划</td><td></td></tr>
<tr><td rowspan="3">开发类项目</td><td>技术设计方案</td><td>依据产品需求，制定技术设计方案（简单/常规/复杂）</td><td>技术设计方案</td><td>依据产品需求文档，负责简单需求设计</td><td>是</td><td>负责常规模块需求设计：参与复杂需求设计</td><td>是</td><td>独立负责系统级项目、技术框架、基础功能重构等设计，Review 初、中级</td><td>是</td></tr>
<tr><td>技术实现（代码编写与调试）</td><td>依据技术设计方案，遵循代码规范，进行代码编写与调试</td><td>代码</td><td>负责简单的代码编写：经中级人员指导后，参与模块代码编写</td><td>是</td><td>负责常规开发：经高级人员指导后，负责复杂模块/通用组件控件开发</td><td>是</td><td>负责复杂模块开发，负责基础功能开发</td><td>是</td></tr>
<tr><td>代码修改</td><td>依据测试检验出来的 Bug 进行代码修改与完善</td><td>代码优化</td><td>出现代码问题及时配合测试修改</td><td>是</td><td>出现代码问题及时配合测试修改</td><td>是</td><td>出现代码问题及时配合测试修改</td><td>是</td></tr>
</table>

3——具备独立的运作能力，可以运用该能力带领和指导他人有效运作；

4——可以给出专家级的意见，能领导其他人成功运作，被其他人当作磋商者和权威。具有正确的判断能力，能够总结出有用的改进意见。

表 9-7 为某公司开发工程师的职位基于前述行为标准梳理而形成的专业技能条目，以及对于不同任职资格等级的工程师的具体技能要求示例。

表 9-7　某公司开发工程师技能标准成果示例

技能条目	初级开发工程师	中级开发工程师	高级开发工程师
设计方案撰写能力	技能定义：依据产品技术需求进行逻辑抽象与演绎、框架设计、模块拆分、实现路径规划、风险点预判等活动，最终形成技术设计方案的能力 判断依据：所完成的工程的设计复杂度，功能可扩展性，系统容量与扩容能力，开发周期评估的准确性		
	等级 1	等级 2	等级 3
	任务复杂度：产品功能简单，多为一般改进型需求与简单数据提交处理类需求 完成质量：满足业务需求，设计逻辑简洁	任务复杂度：能够独立完成满足常规产品功能需求的设计，能够将复杂的产品逻辑转化为程序逻辑。对数据存储结构、功能逻辑、程序结构都有清晰的描述 完成质量：满足业务需求，设计逻辑简洁、合理，功能耦合度低	任务复杂度：能够独立完成大型项目的技术方案设计（选型、技术拆解、实现路径）、通用组件控件设计、基础功能重构设计。对数据存储结构、功能逻辑、程序结构都有清晰的描述，可以配合必要的图示清晰描述程序逻辑、数据结构与系统结构 完成质量：满足业务需求，设计逻辑合理，可扩展性强，功能耦合度低，运行高效
代码开发与调测能力	技能定义：基于技术设计方案，为实现技术功能经过编码、调试、测试等步骤，按时，保质保量地完成可交付系统（代码、文档、可执行程序或模块）的能力 判断依据：产品需求完成度，代码规范执行质量，逻辑简洁、清晰，注释完整，提测版本千行代码 Bug 量，Debug 成功率		
	等级 1	等级 2	等级 3
代码开发与调测能力	任务复杂度：能依据产品开发文档满足简单的需求；在有明确指导的条件下能协助他人满足一些复杂的需求 完成质量：按照既定时间完成，逻辑通顺，提测结果能够满足产品需求	任务复杂度：能够按时、保质地完成常规的中型产品代码实现，具备对常见问题、边缘条件的测试能力 完成质量：按照既定时间完成，测试结果质量高，整体性能优化、稳定，逻辑通顺，Debug 成功率达到 85%	任务复杂度：能够完成大型项目的开发、调试工作。最终的实现结果具备良好的性能、扩展性与较高的安全性。在开发过程中具备一定的大局观，具备完成较底层代码、功能的修改与开发能力。在完成功能的前提下，可以保障整个系统的平稳运行。在系统服务开发方面需要继续提升 完成质量：按照既定时间完成，提测结果产品需求还原度高，性能稳定、优化，逻辑通顺，代码简练，结构合理，Debug 成功率达到 90%

（4）知识标准的确定。知识标准的确定是依据各职种的任职资格等级应履行的行为要项，分析为成功履行职业化行为所需要具备的知识条目及等级要求，并用行为的方式进行定义。通常来说，知识维度包括行业知识、公司知识、专业知识等方面，知识等级要求包括如下几种：

0——不作要求；

1——了解：对具体的概念、作用、意义等有一定的认识和记忆；

2——熟悉：认知并能运用，强调的是完成过程；

3——掌握：熟知并多次成功地运用，强调结果；

4——精通：透彻理解，深入细节，取舍自如。

表 9-8 为某公司开发工程师基于前述行为梳理而形成的知识条目及对于不同任职资格等级工程师的具体知识要求片段示例。

表 9-8 某公司开发工程师知识标准成果示例

<table>
<tr><th>专业技能条目</th><th>初级开发工程师</th><th>中级开发工程师</th><th>高级开发工程师</th></tr>
<tr><td rowspan="2">计算机语言</td><td>等级 1</td><td>等级 2</td><td>等级 3</td></tr>
<tr><td>掌握 PHP、HTML、Javascript 的语法与常用功能，能够完成日常开发工作</td><td>熟练掌握 PHP、HTML、Javascript，可较高效率完成一般产品的开发工作与日常维护工作</td><td>精通 PHP、HTML、Javascript，可以完成大型项目的开发工作，掌握 Shell、Java 等语言</td></tr>
<tr><td rowspan="2">数据结构与算法</td><td colspan="2">等级 1</td><td>等级 3</td></tr>
<tr><td colspan="2">了解常用数据结构与算法并可以灵活应用于产品开发</td><td>熟练掌握常用数据结构与算法，能够灵活应用于计算密集型产品逻辑、系统服务的开发。在保障效率与低存储量的前提下，所编写的算法需要同时具备正确性、可读性与健壮性。具备对算法时间复杂度、空间复杂度的判断能力</td></tr>
<tr><td rowspan="2">操作系统</td><td>等级 0</td><td>等级 1</td><td>等级 2</td></tr>
<tr><td>—</td><td>了解基本的操作系统知识</td><td>了解操作系统知识，能够完成多进程、多线段的程序开发</td></tr>
</table>

续表

专业技能条目	初级开发工程师	中级开发工程师	高级开发工程师
	等级 1	等级 2	等级 3
测试	具备测试意识，能够完成无逻辑 Bug 的产品开发工作	能够编写单元测试代码，针对开发的产品开展较全面的测试工作。能够协助测试工程师完成测试工作，给予测试建议	能够通过单元测试、集成测试、确认测试来验证开发结果是否有效、是否满足产品要求。同时具备压力测试意识，保障产品上线后的平稳运行。具备突发情况（紧急 Bug、系统宕机）处理能力
	等级 0		等级 2
项目管理	—		熟悉项目管理的方法，对于关键里程碑的把握到位，可完整把控开发项目进程，对项目时间点给予仔细评估

（5）素质标准的确定。素质标准通常包括两个部分：一是基于公司企业文化、价值观的演绎形成的通用素质，是对公司全员的要求，主要体现在工作态度层面；二是基于不同职种工作内容对于不同员工的思维方式、行为方式、人际方式的要求，主要体现在思维方式、人际方式、行为方式等方面。素质标准的确定一般采用行为事件访谈的方式，具体分为以下三个步骤：

第一，确定职种的典型标杆人物，对其进行专业化的行为事件访谈，获取其取得高绩效的内在驱动要素。

第二，提炼素质模型要项，对其特定行为事件中的高绩效行为进行全面分析，找出关键的内驱要素，从而确定素质模型要项。

第三，整理、分析、描述素质模型要项，通过专业人员讨论、标杆学习等方式，对素质模型进行验证，正式确定对员工的素质标准要求。

表 9-9 为某公司开发工程师基于前述行为梳理及行为访谈而形成的素质条目，以及对于不同任职资格级工程师的具体素质要求示例。

（6）硬件标准的确定。硬件标准作为员工申请任职资格等级的门槛条件，通常可由学历、工作经验、项目经历、专业贡献、培训积分、绩效考核要求等部分构成，在确定标准时可依据公司基础管理的现状，从中选择一部分作为硬件标准。表 9-10 为某公司开发工程师的硬件标准示例。

表 9–9　某公司开发工程师素质标准成果示例

<table>
<tr><th>素质条目</th><th>初级开发工程师</th><th>中级开发工程师</th><th>高级开发工程师</th></tr>
<tr><td rowspan="3">责任与担当</td><td colspan="3">定义：具备强烈的使命感和责任心，认同岗位价值，主动承担责任，遇到问题积极解决，不抱怨、不推诿，愿意为公司发展多做贡献</td></tr>
<tr><td>等级 1</td><td>等级 2</td><td>等级 3</td></tr>
<tr><td>能按照工作规范认真完成本职工作，对自己的工作失误能够承担责任、不推诿</td><td>兢兢业业、力求完美，不惧怕承担责任，出现失误主动承担，很少找借口，积极承担额外的工作任务</td><td>爱岗敬业、敢于担当，能主动承担职责外的其他任务，能够主动协同上下游，提升整体效率，当个人利益与集体利益发生矛盾时，能够以大局为重</td></tr>
<tr><td rowspan="3">压力管理</td><td colspan="3">定义：在任务难度大、有时间限制，以及承受压力或者面对逆境、挫折、指责和排斥的情况下，能够积极对待，进行有效的自我调节，保持情绪稳定，积极稳健地开展工作</td></tr>
<tr><td>等级 1</td><td>等级 2</td><td>等级 3</td></tr>
<tr><td>压力承受力一般，有一定的情绪波动性，但能够进行自我调节，努力恢复常态，专注于工作</td><td>有较好的压力承受能力和自我调节策略，虽然有时会有较强的情绪感受，但能较快摆脱情绪影响，保持冷静，积极开展工作</td><td>心理素质好，具备多元化的压力管理策略，能采取适当的缓解个人心理压力的方式，面对压力沉着冷静，能够化压力为动力，建设性地开展工作</td></tr>
<tr><td rowspan="3">系统思维</td><td colspan="3">定义：在分析和处理问题的时候，具备统筹、全局的分析视角，能够在系统分析各部分的逻辑关系及可能的风险点后，进行整体权衡并制定全面的解决方案</td></tr>
<tr><td>等级 1</td><td>等级 2</td><td>等级 3</td></tr>
<tr><td>了解自己的工作职责，关心公司的情况，了解自身工作对于整体流程的价值，但容易拘泥于任务本身，考虑问题不够全面</td><td>了解公司的整体情况，以及服务部门和公司目标的实现，考虑问题相对全面，努力协同上下游工作，遇到问题能够提出解决方案，但模式不够灵活、多元</td><td>能够领会公司自上而下的工作要求，比较全面、系统地思考工作中的问题，能够快速切入关键点，从综合分析的角度提出有效的解决方案</td></tr>
<tr><td rowspan="3">分析判断</td><td colspan="3">定义：对已知的工作信息进行分析推理，善于把握问题的实质和关键点并提出解决问题的思路</td></tr>
<tr><td>等级 1</td><td>等级 2</td><td>等级 3</td></tr>
<tr><td>能够在有限范围内分析日常作问题，厘清问题基本关系，但考虑事情不够深入，略显片面，尚不能快速把握问题的关键与本质</td><td>具备一定的综合分析能力，能够全面考虑问题，认清和把握问题本质并提出解决方案，但对问题的发展趋势及规律还缺少深入研究</td><td>思维敏捷缜密，善于深入分析，能够透过表象把握问题本质和关键，并形成多元化的解决方案，对于各种方法的利弊认识清晰</td></tr>
</table>

续表

素质条目	初级开发工程师	中级开发工程师	高级开发工程师
计划性	定义：工作中能够区分轻重缓急，制订、调整并完善行动计划，确保工作推进有节奏、有步骤，支撑既定目标的达成		
	等级 1	等级 2	等级 3
	能对具体的工作任务作出时间安排，以保证能够按时完成工作任务	针对多项工作任务合理分配时间，能区分轻重缓急，平衡工作重点，有条不紊地开展工作	能够制订复杂的、大规模的行动计划，时间排布有计划、有节奏，关键节点清晰到位，对于可能发生的风险有预判
协作配合	定义：合作意识强，乐于协助他人共同完成工作任务；以公司整体利益最大化为原则，主动承担责任、积极补缺，促进团队间工作协同，实现共赢		
	等级 1	等级 2	等级 3
	具备基础的团队合作意识，能够根据他人需要作出基本的调整和配合，遇到困难时能够主动向他人寻求帮助，但协同能力需要加强	协作配合意识较好，与人配合时能够真诚互动，为他人提供力所能及的支持，遇到疑难问题时具备一定的协同能力，能够获得所需的信息与帮助	具有较强的合作性，能够主动考虑他人需要，以欣赏、信任的姿态为他人提供支持，甚至不惜花费额外时间与精力

表 9-10 某公司开发工程师的硬件标准示例

任职角色	硬件标准				
初级工程师	资格要求	学历	专业	相关专业经验	项目经历
		大专以上	不限	一年以上 PHP 开发工作经验	
	专业贡献	专业培训	经验交流	人才培养	基础管理专项工作
		—	分享项目案例（2 次/年）	—	参与基础性管理制度的制定
	业绩要求	年度业绩考核分数		年度业绩考核等级	
		70 及以上		B 级及以上	
	培训要求	年度培训累计课时		培训考核结果	
		20 课时		良好及以上	
中级工程师	资格要求	学历	专业	相关专业经验	项目经历
		大专以上	不限	两年以上 PHP 开发工作经验	具备独立完成中小型项目的工作经历/独立负责过多个常规模块级技术方案的设计及实现

续表

<table>
<tr><td>任职角色</td><td colspan="5">硬件标准</td></tr>
<tr><td rowspan="8">中级
工程师</td><td rowspan="2">专业贡献</td><td>专业培训</td><td>经验交流</td><td>人才培养</td><td>基础管理专项工作</td></tr>
<tr><td>—</td><td>分享项目案例（4 次/年）</td><td>—</td><td>参与基础性管理制度的制定</td></tr>
<tr><td rowspan="2">业绩要求</td><td colspan="2">年度业绩考核分数</td><td colspan="2">年度业绩考核等级</td></tr>
<tr><td colspan="2">70 及以上</td><td colspan="2">B 级及以上</td></tr>
<tr><td rowspan="2">培训要求</td><td colspan="2">年度培训累计课时</td><td colspan="2">培训考核结果</td></tr>
<tr><td colspan="2">30 课时</td><td colspan="2">良好及以上</td></tr>
<tr><td rowspan="10">高级
工程师</td><td rowspan="2">资格要求</td><td>学历</td><td>专业</td><td>相关专业经验</td><td>项目经历</td></tr>
<tr><td>大专以上</td><td>不限</td><td>三年以上 PHP 开发工作经验</td><td>具备丰富的开发项目经验（至少独立主导过一个完整的大型开发项目）</td></tr>
<tr><td rowspan="2">专业贡献</td><td>专业培训</td><td>经验交流</td><td>人才培养</td><td>基础管理专项工作</td></tr>
<tr><td>2 次/年</td><td>分享项目案例（4 次/年）</td><td>带新人</td><td>负责基础性管理制度的制定（1 个/年）</td></tr>
<tr><td rowspan="2">业绩要求</td><td colspan="2">年度业绩考核分数</td><td colspan="2">年度业绩考核等级</td></tr>
<tr><td colspan="2">70 及以上</td><td colspan="2">B 级及以上</td></tr>
<tr><td rowspan="2">培训要求</td><td colspan="2">年度培训累计课时</td><td colspan="2">培训考核结果</td></tr>
<tr><td colspan="2">20 课时</td><td colspan="2">良好及以上</td></tr>
</table>

四、任职资格认证设计

任职资格认证是依据任职资格标准的要求，采用高效、便捷的认证手段对员工的能力状态进行全面考察，确定员工的任职资格等级，帮助员工进行能力定位的过程。任职资格认证一方面能够帮助员工了解个人的能力优劣势，确定阶段性的成长目标；另一方面可以帮助企业挖掘具有高潜力的优秀人才，厘清企业的人力资源存量，为阶段性的人力资源规划、人员合理配置提供决策依据。

（一）任职资格的认证原则

1. 公平公正、严谨客观

认证标准要一视同仁、严格遵循任职资格标准，对员工具备的知识、技术、素质、硬件条件进行全面评估；对于认证证据的选择要与员工实际工作相结合，以工作事实和现实表现为证据，确保取证真实有效，切忌为认证而伪造证据。

2. 有序高效、透明公开

认证步骤要清晰，在保证认证效果的前提下选择简洁高效的认证工具，最大限度地规避认证活动对正常工作的影响；同时，规则要透明、公开，人力资源部全程监督认证工作、汇总认证结果，员工申请等级及认证结果集体公示，允许员工提出合理化建议。

3. 自上而下、认证与辅导相结合

认证顺序要自上而下，按照级别由高到低逐级评审。在认证过程中，既要认证又要指导，结合认证结果帮助员工制订能力提升计划。

4. 动态管理

任职资格认证要保持动态调整、能上能下，要对员工能力进行适时评估以反映员工真实的能力水平，保持人力资源的持续活力。

（二）任职资格的管理模式

为了确保任职资格认证高效、有序地开展，需要建设分层分类的任职资格管理机构作为任职资格管理的组织保障。通常来说，需要成立任职资格管理委员会作为任职资格管理的最高决策机构，各职种需要成立任职资格小组作为任职资格评审执行机构，并在人力资源部的全方位职能支持下开展任职资格管理。任职资格管理中各角色的职责定位如表 9-11 所示。

表 9-11　任职资格管理中各角色的职责定位

角色	职责
任职资格管理委员会职责	确定公司任职资格管理的指导思想和原则，审批任职资格管理的政策和制度； 任命任职资格评审小组成员； 审批各职种的任职资格标准、评价方法及评审结果； 对各个任职资格评价小组成员实施任职资格评审； 对任职资格管理过程中的重大问题进行决策
任职资格评审小组	根据本职种的工作特点、业务发展趋势及人员能力现状，提出开发或修订本职种任职资格标准的提案，并在人力资源部的组织下实施开发与修订工作； 依据任职资格标准，设计评审方法，并对符合认证条件的员工进行任职资格评审；输出评审结果，整理相关评价材料，提交任职资格管理委员会决策； 对本职种员工的评审结果给予反馈并提出建设性的个人提升意见
人力资源部	组织制定并推进落实任职资格管理的政策与细则，推进任职资格管理系统的不断完善； 组织和指导评审小组开展员工的任职资格管理工作，为评审小组提供专业技术、工具支持及相关培训； 负责员工资格条件复审及评审结果审核，对评审小组的认证过程进行全程监督，确保客观、公正； 负责评审材料及评审结果的存档、备案，并对整体认证结果进行统计分析，为人才梯队建设工作提供专业支持； 受理各职种任职资格评价结果的申诉，无法解决时提交评审委员会讨论决定

续表

角色	职责
用人部门负责人	将任职资格标准在本部门落地，逐步与部门管理相融合，切实成为部门选人育人的依据； 在任职资格评价过程中，负责员工资格条件初审及推荐； 协同人力资源部认真宣贯任职资格标准认证的标准及精神，做好员工的申请把关与方向引导，鼓励员工在参加认证前能够充分准备； 依据员工的任职资格评审结果，给予员工有针对性的职业成长指导，制订能力提升计划
员工	理解任职资格管理的目的及意义，学习并领会其所属职种任职资格标准的内容； 对照任职资格标准进行角色调适与自检，并整理相关的行为评审材料； 理性地接受评审小组的评价； 与本部门管理人员沟通制订能力改进计划，并在工作中加以落实

（三）任职资格认证的内容及权重

任职资格认证的内容应涵盖任职资格标准的各个方面，包括硬件标准认证、知识认证、技能认证及素质认证。

对于员工的专业认证来说，每次任职资格认证的细化考察内容需要密切结合阶段性工作任务确定，即应该从任职资格标准中选择优先级高、对当期工作影响大的内容作为考察对象，并依据重要程度差异设置不同的权重比值。通常来说，硬件标准作为员工进行任职资格申请的门槛条件，不计权重；技能是影响输出工作结果的最直接因素，占比通常最高，为50%~60%；素质是驱动员工能否将技能转换为工作绩效的关键因素，占比次高，为30%~40%，同时也可发挥素质项目一票否决的作用，如果素质项目未达标，可自动降级来强化公司对于一些核心素质的期望，如协作配合、责任担当等；知识认证的占比通常最低，大约为20%。

对于管理人员的认证来说，认证内容既要兼顾其专业水平又要考察其管理潜质。通常，管理素质的认证内容占比通常为40%~80%，越高级别的管理人员对其管理素质的关注力度越大。

1. 任职资格认证的流程

任职资格认证的流程应步骤清晰、节奏高效。在认证前，人力资源部要协同业务部门做好准备，具体包括以下几个方面：

（1）确定评审小组成员。人力资源部组织推进认证各职种任职资格的评审小组的成立、确定评审小组人员，并对小组成员进行相关培训。

（2）制定认证评审细则。各职种评审小组成员依据所属职种的任职资格标准、任职资格评审框架，并结合本职种岗位性质及阶段性工作重点，制定本职种的任职资格评审细则并提交人力资源部审核。

（3）发布公告并组织宣讲。人力资源部通过公司内网以邮件的形式发布任职资格评审通知，颁布任职资格标准及评审细则，明确任职资格认证的组织安排、基本流程、基本条件等内容，邀请符合条件的员工参与认证活动，并进行方案宣贯、组织员工答疑。图 9-7 为某公司任职资格认证的流程步骤。

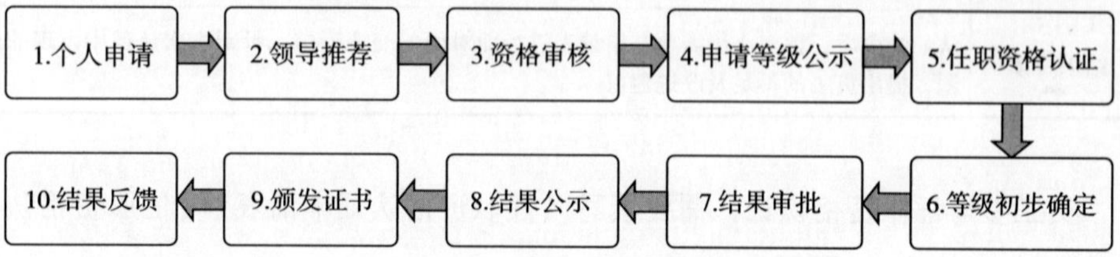

图 9-7　某公司任职资格认证流程

认证流程包括个人申请、领导推荐、资格审核、申请等级公示、任职资格认证、等级初步确定、结果审批、结果公示、颁发证书和结果反馈，任职资格认证流程说明如表 9-12 所示。

表 9-12　某公司任职资格认证流程说明

步骤	职责
个人申请	为了确保任职资格标准认证的有序开展，避免员工盲目申请与自身能力状态差距过大的级别，认证实行申请推荐制。员工需要比对任职资格标准，进行客观的自我审视，判断个人认证目标，填写《任职资格认证申请表》（见表 18-13）并提交至领导审核
领导推荐	申请人的领导对其提交的申请表进行初审，考察申请人是否符合所申请级别的硬件条件要求、是否具备相关工作经验、项目案例是否真实，审核通过后提交 HR 进行复审
资格审核	人力资源部依据员工申报等级的硬件标准要求进行资格审核，考察其相关工作年限、项目经历等方面是否达标
申请等级公示	审核通过后将员工申报级别进行公示，公示期为两天，一旦发现问题立即取消其一年内的任何资格申请。没有异议的申请人方可进入认证环节，按照人力资源部的相关通知在规定期限内准备认证材料，由人力资源部汇总提交认证评审小组
任职资格认证	评审小组按照评审细则规定的操作流程及评价规则进行本职种的资格评审，比对员工申报级别的任职资格标准对申请人进行评价打分，将结果填写在《任职资格认证评价表》中，并提交人力资源部

续表

步骤	职责
等级初步确定	人力资源部的工作人员在评审现场汇总员工的任职资格得分并组织评审小组针对评审结果进行综合评议，依据分数线及级等控制原则确定员工的任职资格认证结果
结果审批	人力资源部对各职种的任职资格结果进行审核，报 CEO 审批；如果评价程序或评价结果不符合要求，人力资源部可以要求任职资格评价小组重新调整相关专业序列
结果公示	人力资源部将 CEO 审批通过后的评审结果公示一周。公示过程中，员工就个人评审结果在公示期内可以提出异议，并向人力资源部提出书面申诉
颁发证书	公示期内若员工对认证结果无异议，人力资源部向员工颁发任职资格认证证书
结果反馈	认证结束后，评审小组需要与申请人进行面对面的交流反馈，针对本次认证中发现的问题，提出员工的不足及改进建议

员工参与任职资格认证，需要填写《任职资格认证申请表》《任职资格认证申请表》，如表 9-13 所示。

表 9-13 任职资格认证申请表

<table>
<tr><td colspan="8">一、基本信息</td></tr>
<tr><td>姓名</td><td></td><td>部门</td><td></td><td>职位</td><td></td><td>入司时间</td><td></td></tr>
<tr><td>从事现岗时间</td><td></td><td>最高学历</td><td></td><td>专业</td><td></td><td>毕业时间</td><td></td></tr>
<tr><td colspan="8">二、申请情况</td></tr>
<tr><td rowspan="2">申请类别</td><td>□管理通道</td><td colspan="6">管理职位__________</td></tr>
<tr><td>□专业通道</td><td colspan="6">□产品 □UI □前端 □开发 □测试 □算法 □数据分析 □运维 □架构 □IT</td></tr>
<tr><td>专业申请级别</td><td colspan="7">□初级 □中级 □高级 □资深级</td></tr>
<tr><td>申请类别</td><td colspan="7">□初始化 □保级 □晋等 □晋级</td></tr>
<tr><td colspan="8">三、相关工作经历（与当前工作紧密相关的经历，倒序写起）</td></tr>
<tr><td colspan="2">起止时间
（××××年×月—××××年×月）</td><td colspan="2">单位/部门</td><td colspan="2">职务</td><td colspan="2">主要工作职责</td></tr>
<tr><td colspan="2"></td><td colspan="2"></td><td colspan="2"></td><td colspan="2"></td></tr>
<tr><td colspan="2"></td><td colspan="2"></td><td colspan="2"></td><td colspan="2"></td></tr>
<tr><td colspan="2"></td><td colspan="2"></td><td colspan="2"></td><td colspan="2"></td></tr>
<tr><td colspan="2"></td><td colspan="2"></td><td colspan="2"></td><td colspan="2"></td></tr>
<tr><td colspan="2"></td><td colspan="2"></td><td colspan="2"></td><td colspan="2"></td></tr>
</table>

续表

<table>
<tr><td colspan="5">四、主要项目经历（体现您所申请的任职资格等级的项目经历要求，倒序写起）</td></tr>
<tr><td>项目时间</td><td>项目名称</td><td>项目角色</td><td>工作任务</td><td>工作成果及贡献</td></tr>
<tr><td></td><td></td><td></td><td></td><td></td></tr>
<tr><td></td><td></td><td></td><td></td><td></td></tr>
<tr><td></td><td></td><td></td><td></td><td></td></tr>
<tr><td></td><td></td><td></td><td></td><td></td></tr>
<tr><td></td><td></td><td></td><td></td><td></td></tr>
<tr><td colspan="5">五、入司后专业贡献（包括但不限于技术难题攻关、大型技术方案设计、专业内部传帮带等）</td></tr>
<tr><td>时间</td><td>角色</td><td colspan="2">贡献描述</td><td>效果评估</td></tr>
<tr><td></td><td></td><td colspan="2"></td><td></td></tr>
<tr><td></td><td></td><td colspan="2"></td><td></td></tr>
<tr><td></td><td></td><td colspan="2"></td><td></td></tr>
<tr><td></td><td></td><td colspan="2"></td><td></td></tr>
<tr><td colspan="5">六、申请人自评（个人优劣势）</td></tr>
<tr><td colspan="5"></td></tr>
<tr><td colspan="5">七、申请人领导审核意见</td></tr>
<tr><td colspan="5">（1）学历是否符合所申请的任职资格要求：□符合 □不符合
（2）工作经验是否符合所申请的任职资格要求：□符合 □不符合
（3）项目经历是否符合所申请的任职资格要求：□符合 □不符合
（4）专业贡献是否符合所申请的任职资格要求：□符合 □不符合
（5）绩效考核是否符合所申请的任职资格要求：□符合 □不符合
（6）培训积分是否符合所申请的任职资格要求：□符合 □不符合
依据工作中对该员工能力的判断，是否推荐其申请此等级：□是 □否，推荐其申请________等级
部门负责人签名：________日期：________</td></tr>
<tr><td colspan="5">八、人力资源部资格复审意见</td></tr>
<tr><td colspan="5">（1）学历是否符合所申请的任职资格要求：□符合 □不符合
（2）工作经验是否符合所申请的任职资格要求：□符合 □不符合
（3）项目经历是否符合所申请的任职资格要求：□符合 □不符合
人力资源部相关人员签名：________日期：________</td></tr>
</table>

2. 任职资格认证的方式

任职资格标准认证方式的设计要便捷、高效，在确保认证效果的前提下，要选择与认证内容及工作实际相贴合、操作性强的方法。通常来说，针对不同认证内容的方法主要有以下几个：

（1）硬件标准认证。硬件资格认证是审核员工的硬件条件，这些条件包括相关工作经验、项目经历、绩效考核、培训积分等是否符合所申请等级的要求，通过资格审查、履历调查、领导推荐等方式确定。

（2）知识标准认证方式。知识标准认证主要考察员工是否达到申请等级的知识要求，可通过知识考试、培训考核、专家评审会现场质询三种方式确定。

1）知识考试。知识考试是通过设计一系列书面考试题目来考察被评审人员对于知识的掌握程度的方式，是最客观、公正的一种知识评估方式，有条件的公司应优先选择该种方式。这种方法的优点是：相对成熟、适应面广、成本较低，易于在短时间内完成大规模人员的知识考察；同时，客观化、结构化程度高，结果量化，容易被大家接受。这种方法的局限性表现为：适用范围仅限于对显性知识的考察，可能存在高分低能的现象，效度不是非常理想。知识考试包含四个环节：命题范围确定、评审专家命题、考试组织实施、评分及结果汇总。

①命题范围确定。确定主要的考察范围，主要是基于任职资格标准及阶段性的工作重点，由评审小组共同确定知识考察的具体内容及权重。明确范围之后，可以设计考试大纲，作为被评审人员的参考资料。

②评审专家命题。命题工作由人力资源部统一组织，由评审小组成员出具题目及评分标准。命题的难度水平要适中，针对不同等级确保在难度上呈现一定的梯度；题目要体现全面覆盖性，包括全部的知识认证范围；题型可包括选择、填空、简答等形式，主客观相结合。在命题过程中，为了保证公平，试题准备及组织考试期间一定要做好保密措施。为了规避漏题风险，使知识考试能够获得广泛的认同，在有条件的情况下，企业可以利用 3~5 年建设各职种的大型试题库，通过设定职种、题型、随机组卷，形成试题题目。

③考试组织实施。这一阶段的前期准备工作是发布考试通知，告知被评审人员的考试时间、地点，提前布置考场，打印笔试试卷。在考试的过程中，一定要确保组织有序、防止舞弊，做到试卷的完全回收。

④评分及结果汇总。组织评审人员按照事先确定的评分标准进行试卷评分并核对分数，针对不同任职等级设置一定的分数线，依据考试得分确定其知识认证通过情况。在该阶段最重要的是，对于不同任职等级的分数线需要在遵循任职资格标准要求的前提下，依据实际考试情况灵活设定。

2）培训考核。在公司培训体系健全的情况下，可采用培训学时及积分的形式作为知识认证依据。员工通过了晋升任职资格等级所应接受的所有培训课程及相关考试，并获得相关积分即可视为通过任职资格的知识考核。同样，也需要针对不同的任职资格等级预先设定培训考核和培训积分的要求。

3）专家评审会现场质询。在专家评审会中，结合典型项目案例，可通过评审人员提问、被评审人员回答及深入互动的方式来认证员工的知识掌握水平。在评审会开始之前，评审人员需要拟定问题题目，HR 制作题目便签，申请人进行现场抽签、作答。采用此种方式时，一定要确保知识标准的考核全面而深入，现场给予员工相对充裕的时间来展示其对知识的掌握程度。

3. 技能标准认证方式

技能标准认证用于考察员工是否达到申请等级的技能要求，最常用的开展方式为行为举证法，该种方法要求员工进行过往典型事件的举证，是以专业评审会的形式开展的。此方式是一种全面的考核方法，除了能够有效考察技能外，还能够兼顾对员工知识与素质的考察。

行为举证法的优点在于：考察内容源于工作、贴合实际，评审双方熟悉项目的背景、来龙去脉，便于双方深入地互动交流，易于员工舒展地展示自我；同时，通过对过往行为的客观列举、实物举证来验证其是否具备某种能力，如果证据真实有效，结果的效度是相对较高的。这种方法的缺点在于：对证据的依赖性较高，因此对证据的真伪核实要加大力度，要有效辨别那些并非本人独立原创、依赖集体或他人智慧输出的工作成果。行为举证法的主要步骤可以概括为以下几个：

（1）项目案例准备。在技能认证前，员工需要向任职资格评价小组提交能够证明自身专业知识、技能水平的典型工作案例及工作产品（员工实际工作文档资料等，如工作计划、设计图、相关报告、典型输出片段等）。员工进行个人技能举证的证据必须真实（是员工过去工作的真实产出）、有效（足以证明员工具备任职资格标准中的各项技能及水平）、规范（符合评价小组确定的统一格式与要求）。

（2）项目案例核实。被评审人员的直属领导首先要对员工举证案例的真实性进行审核，审核通过后提交至人力资源部及评审小组。评审小组在收到员工提交的认证材料后，需要进行证据抽检，确定证据真实、有效、充分。如果发现证据不清或者不符合要求，需要与员工及其直接领导及时沟通、讨论，要求其重新提交；如果发现有弄虚作假的行为，应及时进行处理。

(3) 案例述职及答辩。在评审会现场，员工进行项目述职，评审人员负责追问，双方深入互动，评审小组根据员工提交的各种证据、现场陈述、问答情况及对员工的综合能力的了解，依据技能评价标准对其专业技能进行评价、打分。在此过程中的关键点为：过程把控要高效，一定要以员工提出的案例证据为基础，以标准为准绳，坚持民主评议，并进行整体比较与权衡，确定员工的评审分数及等级。

4. 素质标准认证方式

素质标准认证是考察员工是否达到申请等级的软性素质要求，主要有360度评价、半结构化行为事件面谈和情景模拟三种方式。

(1) 360度评价。HR依据各职种各等级应具备的软性素质及水平要求，设计素质评价问卷，由被评价者的上级、部门同事、相关部门同事（至少6~8名）对其表现进行评价打分，按照不同权重进行评分加权汇总，确定被评价者的软性素质评价得分及水平。使用此种方法的关键点在于：素质评价问卷题目的表述要清晰、易懂，数量充足，能有效反映素质定义及要求；评价人员的数量要充足、多元，确保评价意见的全面性；不同人员的权重设计要合理，通常领导权重占比50%~60%，同级权重占比25%~40%，下级权重占比25%~40%。

360度评价的优点在于问卷设计相对简洁，信息来源范围广，搜集信息相对充分；缺点是如若不能实现问卷IT化，那么数据统计相对复杂，同时结果受人情关系影响较大、容易失真。表9-14为某公司360度民主测评问卷。

表9-14 某公司360度民主测评问卷

您好！首先感谢您参与本次民主测评调查！本次调查分数会作为测评者最终分数的组成部分，因此，您的意见对于我们的工作具有非常重要的价值，请您客观、真实、完整地填写
问卷填写说明：
1. 评分标准：按1~10分给每个题目评分，1~3分表示在该方面存在明显不足，很少有此表现；4~5分表示略有不足，偶尔有此表现；6~7分表示表现较好，但不够持续有效；8~10分表示表现优秀，持续稳定且效果良好。请您根据自身的真实感受，从中选择您认为最符合实际情况的一种，并在对应的位置填写数字。若确实不了解该行为条目方面的情况，请在不了解情况一栏填写数字“0”
2. 评分步骤：针对每一名被评价者，首先请您将被评价者的实际工作表现与问卷题目描述的行为表现进行比对，并按照如下表格第一部分的评分标准确定被评价者的行为等级；其次在某行为等级的分数区间内确定被评价者在该题目上的具体分数，分数请取整数
3. 补充说明：若所有题目选项均填写同一数字，则视为无效问卷

续表

素质内容	题号	具体行为指标	评分标准				
			不了解情况	很明显不足，很少有此表现	略有欠缺，偶尔有此表现	表现较好，但不够持续有效	表现优秀，持续稳定且效果良好
			0	1~3	4~5	6~7	8~10
工作动力	1	不断为自己和团队设立更高的目标和工作标准，并努力达成					
	2	面对困难、压力和挫折，始终保持积极、坚韧、乐观的心态					
	3	为人正直、严谨自律、信守承诺，处事公平、公正					
	4	工作思路清晰，能够准确领会上级领导意图、把握工作重点					
学习创新	5	勤于思考，善于自我反思、总结，遇到问题能够把握关键点，并积极寻求解决办法					
	6	乐于学习新的理论知识、业务技能，并能够学以致用、指导实践					
	7	善用智慧，灵活应变，敢于打破陈规、尝试新方法，创造性地解决问题					
	8	做事有计划、有步骤，能够依据任务的轻重缓急有序开展工作					
执行落实	9	能够对关键节点及时进行跟进、把控，确保工作完成的质量和进度					
	10	能够积极争取并调动一切可以利用的资源，实现工作目标					
	11	能够持续优化工作流程、改进工作方法，提升工作效率					
	12	善于换位思考，并依据他人特点，使用有针对性的方式和技巧，营造良好的沟通氛围					

续表

素质内容	题号	具体行为指标	评分标准				
			不了解情况	很明显不足，很少有此表现	略有欠缺，偶尔有此表现	表现较好，但不够持续有效	表现优秀，持续稳定且效果良好
			0	1~3	4~5	6~7	8~10
团队协作	13	易于相处，能够与他人建立、维系良好的人际关系，并借此解决工作中的协调问题					
	14	协作中遇到矛盾时，能够主动反省自身可改进的方面，坦诚沟通、澄清和解决问题					
	15	乐于协助他人更好地完成工作，经常和他人分享信息、经验及工作资源					
专业能力	16	具有丰富的本专业知识和技能，并能够灵活应用					
	17	熟悉公司各方面的流程、规范和政策					
	18	经验丰富，能够熟练、准确地解决复杂的专业问题					
	19	专业领悟力强，能够触类旁通、举一反三					
	20	熟悉公司的业务和产品，了解产品的功能、应用领域和局限					

（2）半结构化行为事件面谈。半结构化面谈是一种评审双方直接交谈或者将被评审人员置于特定环境中进行观察的方法，在此过程中围绕被评价者经历的关键工作事件或模拟的典型工作情景，采用深度面谈及智能性提问，对被评审人员的素质进行考察。在这种方式中，评审人员的提问既基于面试题目又不完全拘泥于此，重点在于双方的深度追问与互动。评审人员在面试过程中要遵循 STAR 模型，对事件的背景、要求、目标、行为、工作结果等方面做深入的挖掘。

半结构化行为事件面谈的优点在于：规范化程度较高，程序公平感强，评价结果容易被大家接受；通过双方的深入互动能够相对全面地采集信息；由于提问题目是事先准备好的，能够让评审人员更多地把注意力集中在被评审人员的回答上。缺点在于：对双方互动的要求较高，因此对考官的专业度有很高要求，需要深度追问；另外，一些具备丰富面试经验的员工，可能会提前形成一套应对面试的技巧，对真实情况有所美化，从而影响判断效果的客观性。半结构化面试的主要步骤可以概括为以下几个：

1）组建评审评价小组及工作小组。评价小组由评审考官组成，工作小组通常由人力资源部人员构成，其内部分工必须明确，比如主持人、记录人等应分工协作。在必要时，应确定不同评审考官对评价结果的影响程度（即打分权重）。

2）准备半结构化评审资料。面试小组和人力资源部相关人员依据评估的能力项，准备半结构化评审资料，主要包括半结构化评审题库、评审评价表单、评审分数汇总表单等。在题目的设计上，最好每个能力项都涉及3～5个有发挥余地的问题，并且要设计好评分的准则，表9-15为某公司半结构化评审的样题及评审标准。

表9-15　某公司半结构化评审样题及评审标准

团队管理维度半结构化面试样题		
问题：你认为管理好一个团队最重要的是什么？有哪些关键点？请结合你的个人经验，举例说明		
考察关键点：能否识别员工个人优劣势，并按照其特点合理分工？能否按照公司的要求组织团队活动和任务、提升团队凝聚力？是否采用多元的激励措施激发下属的工作热情？能否依据员工热点进行合理授权		
评价标准	1级 4.5～5.5分	能够处理常规的团队管理工作（多为点状行为，如有意识地了解员工的思想动态，针对员工特点安排工作，运用常规手段激励员工，解决员工的工作困难），具备一些基本的管理意识，但尚未完全建立，管理方法偏简单
	2级 6～7分	具有团队建设和团队管理的意识（如合理分工、为团队争取资源、树立榜样、个性化沟通、引导下属等），但方法尚不能融会贯通，尚不能娴熟、灵活、系统地解决团队问题
	3级 7.5～8.5分	能娴熟使用各种管理手段，恩威并施、游刃有余地解决复杂的管理问题，努力通过机制塑造、行为引领、交流分享、有效激励等方式营造积极向上的团队氛围，形成团队合力
	4级 9～10分	具备个人魅力和领导气质，管理有艺术、有策略，能够高效配置人力资源、合理搭建人才梯队，善于将组织愿景内化为下属的事业追求目标，能够稳健处理内外部矛盾、驾驭复杂的管理局面

3）评审人员培训。人力资源部要对评审成员进行评审流程、规则、技巧及

注意事项等方面的培训，如果条件允许的话，可以进行模拟演练，确保评审现场秩序严谨、节奏高效。

4）评审实施。按照评审计划进行评审，评审前员工进行抽签，按照抽签顺序进场。在评审过程中，应该严格按照事先约定的分工，依据半结构化试题进行评审，不得随意更改，并对评审过程做好记录。评审人员应该帮助被评审人员消除评审前的紧张情绪，同时还需要注意如下几点：

第一，评审主持人态度应友善，帮助员工舒缓压力。

第二，在评审过程中，要让员工多表达、多发言。

第三，要与被评审人保持目光接触，观察评审人员的反应。

第四，在评审过程中考官应该做好现场记录，对关键信息给予记录，确保评审信息的准确采集。

第五，在评审现场，由主持人进行过程控制，确保现场严肃、有序、高效。

5）评审评估结论。小组依据被评审人员的评审现场表现，以及事先约定的评分标准，按照分别打分并集体评议的方式给出评价结果。在评分过程中，评审小组应该严格遵循任职资格标准，严格按照事先约定的评分规则进行客观评分，考察员工能否做到、能否持续做到、是否形成习惯，切忌受主观因素、既有印象的干扰。

（3）情景模拟。这种方式通过模拟现实的工作情景或者管理情景，由评审双方或者被评审人员密切交流、充分研讨，通过一系列的互动行为来考察被评审人员的素质水平。具体的考察形式包括无领导小组讨论、角色扮演、公文筐等。这种方式的关键点在于需要抓取现实工作中的典型问题并适度调整作为案例背景，因此题目设计的针对性和有效性非常关键。

情景模拟的优点在于：仿真度高，接近现实的工作情景，有利于激发被评审人员的积极性和创造性；互动性很强，员工很难掩饰自己，容易呈现真实的素质及特点。该种方式的缺点在于：对出题人员的专业要求很高，题目选择非常关键，其设计效果直接影响现场互动、员工展示的效果，设计周期较长、成本较高；该方法要求员工对该种方式的适应性较强，如果不够舒展，很难全面展示自己，容易导致判断结论失真；该方法对评审人员的观察能力、管理能力的要求很高。

5. 任职资格认证的计分规则

任职资格各部分认证内容的计分统计规则通常有两种：一种为“体操类”

计分方式，各项评价内容按权重加权汇总，以加权得分决定最终结果；另一种为“田赛类”的计分方式，前面某些环节起到筛选、劣汰作用，最后一个环节进行所有认证的得分汇总、排名，依据整体加权表现确定结果。这两种方式通常对测评工具的选择有特定的要求，比如采取“田赛类”计分，通常在笔试环节就需要采取考试的形式，依据分数线确定是否过关，而不能使用问答形式。

这两种方法各具优缺点：“体操类”计分的优势在于通过权重设计体现不同方面的意见、不同方法在决策中的作用，能够体现民主性，可以矫正单一方法筛选可能造成的偏颇。但通常来说，不同评价方法评价的内容不同，得出的量化评分的数据性质不同、依据不同、全距不同，严格来说是不能直接做加法的，即方法和考察维度之间不构成简单的对应叠加关系。因此，权重设定比例需要谨慎权衡，以体现公司的价值导向，一般是技能认证权重>素质认证权重>知识认证权重。“田赛类”计分方式的优点为决策依据相对明确，规则设定相对简单。但容易因某个环节内容的淘汰比例过高而有失偏颇，从而影响后续选择。因此，在使用该方法时需要合理选择方法组合、设定筛选比例。

6. 任职资格等级及内部不同级等的确定规则

通常来说，不同任职资格等级的比例控制主要取决于公司人力资源规划以及公司业务对于不同级别的人员的要求，与企业的人才梯队建设联系紧密，应该由公司人力资源部组织各职种评审小组讨论确定不同任职资格等级的人数比例。

企业在人才库建设初期，员工任职资格水平的分布通常呈三角形，如图 9-8（a）所示，并期望通过有效的梯队建设达到钻石形状态，如图 9-8（b）所示。

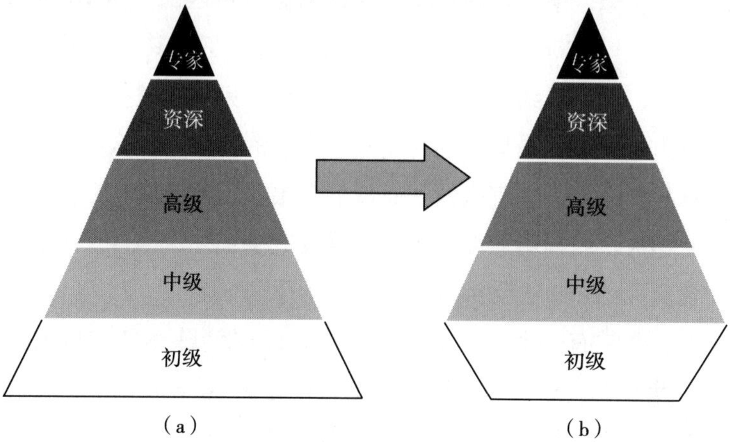

图 9-8　任职资格等级的分布

如前文所述，通常将每个任职资格等级从低到高分为预备等、基础等和职业等三个能力级等，在具体划分级等时，最好采用分数控制加比例控制的模式进行控制，即在划分级等的时候，以分数作为划分某个级等的必要条件，以比例控制作为某级等人数控制的上限，如果超过级别的比例上限则按照分数排名整体平衡。

五、任职资格管理系统的应用

任职资格管理系统是基于能力的人力资源体系的核心，任职资格管理系统的引入势必会涉及公司人力资源体系的系统优化与改良，因此，任职资格管理系统在设计时必须要系统思考，为其与人力资源各个模块的有效对接留足接口。只有当任职资格结果切实应用到各个人力资源模块时，它的落地才成为现实。

（一）与招聘模块的对接

任职资格标准强调不同等级员工应该具备的知识、技能、素质、硬件标准等，是驱动员工取得优秀业绩的关键因素，因此，任职资格标准应该作为公司的招聘要求，逐步融入招聘体系的考察内容与评价工具当中。基于任职资格的招聘选拔易于对面试人员进行定位，能够为招聘提供科学的依据，从而提升招聘效率。

在面试中，对于候选人的知识考察可以采用从题库抽题进行笔试及问答的方式。对于候选人技能和素质的考察主要依赖于前文介绍的半结构化面谈方法，通过对其过往工作事件进行评价或者将其置身于某种模拟情景中，依据候选人的现场反应判断其技能与素质状况。

在半结构化面谈中，核心方法同样为行为事件面试法，通过 STAR 原则来深度挖掘其所思、所想、所为，判断其与目标职位是否匹配。STAR 的核心四要素为 Situation、Task、Action、Result，即通过深度追问把握其在开展某一关键事件中的情境、任务、行为及结果，要求候选人详尽、完整地进行行为事件描述。

在进行行为面试时，最核心的问题是：当时的背景是什么？为什么做？任务是什么？目标是什么？具体怎么做？面试的结果如何？有哪些自我反思？当候选人描述得不完整时，就需要深度追问，引导其完整描述；当候选人表述含糊、过于感性时，要深究细节、去伪存真，让事实浮于表面。

在面试时，通常有一个效度很高的问题，即“请陈述您在目前这份工作中最成功的一个案例”，这个问题看似简单，但是内涵非常丰富，实质就是采用 STAR 面试方法，把握案例的来龙去脉，包含背景、目标、候选人的任务与职责、面对任务他思考些什么、如何采取行动、遇到困难如何解决、结果是什么、有什么量化数据可以证明等。这种“挖地三尺”的面试方式，避免了可能的案例虚假捏造，更重要的是在案例陈述的过程中，面试人有一个基于任职资格标准勾勒的期望图景，即期望面试者给予怎样的回答，并通过将面试者的表现与其期望进行比对，对面试候选人进行较为准确的判断。

当候选人确定被录用时，应依据认证结果进行初始化定级、定薪，确定其在公司任职资格管理系统中的职业起点。

（二）与培训模块的对接

在现实的人力资源管理工作当中，培训是一个容易引起争议的模块。一方面，培训管理并非像薪酬管理、绩效管理这般与员工利益呈显性挂钩，其重要性容易被人们忽视，人们很难认识到培训对工作的贡献、对个人能力提升的价值，甚至认为培训是耽误正常工作的一种负担；另一方面，很多培训工作者们致力于通过培训课程调查、培训课程评估调查等传统的方式积极寻找将培训效果与现实工作紧密结合的接口，无视员工的抱怨，做得“热火朝天”。其实，双方的核心诉求都是如何将培训效果落地，如何将培训收获转化为员工的职业化行为，帮助员工提升绩效。那么，究竟什么才是能够帮助员工改善业绩的培训课题？培训内容的有效输入源是什么？任职资格的引入，能够很好地解决这个问题。

以任职资格标准为中心，建设与任职资格发展通道和任职资格标准相辅相成的人才培养通道和培训提升体系，才是培训体系建设的有效基点。我们必须改变传统培训“散打”的局面，即完全依据员工填写的培训需求来开展培训，员工想上什么课程就设计什么课程的状况。而要以任职资格标准为源头，依据标准要求来设计员工学习地图，即勾勒出为了有效帮助员工成长应该为其提供的进阶课程“轨迹”，并依据阶段性员工任职资格认证结果来排定优先级，逐步搭建分层分类的培训体系。基于任职资格的培训体系建设逻辑如图 9-9 所示。

具体来说，就是当员工进入某职种的任职资格通道时，通过任职资格定位帮助其理解个人的阶段性成长目标，那么他们在参加下一级认证前，就可以获得高一级的培训课程，培训课程的内容均提炼于任职资格标准，任职资格标准中的素质、知识和技能都可以转化为相应的学习地图，以此确定课程的培训大纲。培训的目的是帮助他们加速成长、获得取得下一级别的专业知识储备，通过培训后的专业考试、获得相应积分时就可以视其通过了下一等级的专业知识认证。从任职资格标准体系中导出的培训课程体系，以学习地图的形式帮助员工学习专业知识与技能并加速其成长。

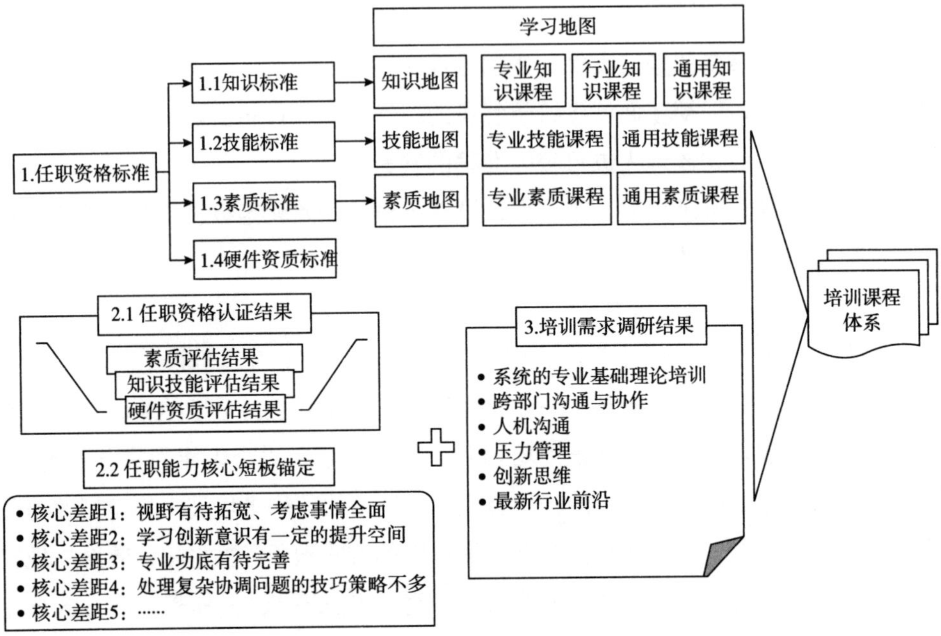

图 9-9　基于任职资格的培训体系建设逻辑

（三）与绩效模块的对接

绩效考核体系和任职资格管理是互为补充的体系，绩效考核更关注短期行为，同时也是任职资格级别认证的门槛条件之一，比如考核结果为良好及以上才有资格申请任职资格认证晋级，任职资格能力的有效提升是员工绩效改善的前提。两者的管理对象、过程及管理结果是存在较大差异的，如表 9-16 所示。

表 9-16　任职资格管理与绩效考核管理的区别

区别	任职资格管理	绩效考核
关注点	关注长期，侧重于行为、能力的改善，兼顾结果	关注短期，侧重于短期工作成果
主要对象	员工的能力	员工的工作输出，是否将能力转换为现实贡献
管理过程	标准建设—资格认证—指导反馈—培训对接	绩效计划—绩效监控—绩效考核—绩效辅导、改进
结果	任职资格等级/能力等级（职业等/基础等/预备等）	绩效考核等级（卓越/优秀/良好/欠佳/不合格）

由表 9-16 可知，绩效管理更关注结果，而任职资格侧重于员工行为与能力，两者互为补充、相互融合，实现了过程与结果的平衡，形成了实现组织与员工共同成长的“两条腿”。任职资格是驱动员工取得优秀业绩的关键因素，对于

员工绩效的持续改进起着决定性的作用；绩效考核是任职资格申请的基础“入围”条件，阶段性的绩效考核结果是任职资格认证面试的参考依据。

需要进一步强调的是，在绩效考核开展 PDCA（Plan、Do、Check、Action）的过程中，最核心、最重要的是绩效辅导与改进，即第 4 个阶段，也是管理者最容易忽视的阶段。而任职资格管理恰恰解决了这个阶段的问题，公司将对员工的行为要求融入日常的绩效过程辅导中，将任职资格标准作为选人、育人的依据，并依据员工的阶段性任职资格认证结果及日常工作情况制订能力改进提升计划，这种方式也是绩效改进的形式之一，非常有助于绩效考核目标的达成。

（四）与薪酬模块的对接

任职资格认证结果需要与薪酬体系进行有效对接，充分发挥激励机制的强大推动作用，牵引员工终生学习、不断改进，持续提升任职能力，从而为公司做出更大的贡献。在进行基于任职资格的薪酬体系设计时，需要为每一职种的不同任职资格等级、能力级等设置公平合理的“薪酬跑道”，同时确保各跑道的薪酬范围的内部公平性与外部竞争性。

企业应依据任职资格等级认证结果将员工薪酬与其能力进行紧密的绑定，随着员工任职资格水平的晋等、晋升提升其薪酬水平，确保员工的能力投入与薪酬获得成正比。同时，当员工的任职资格评价结果为“降级”时，其薪酬标准也应自动下降；当员工的任职资格评价结果为“保级”时，其薪酬标准则不变。基于任职资格的薪酬体系设计逻辑如图 9-10 所示。

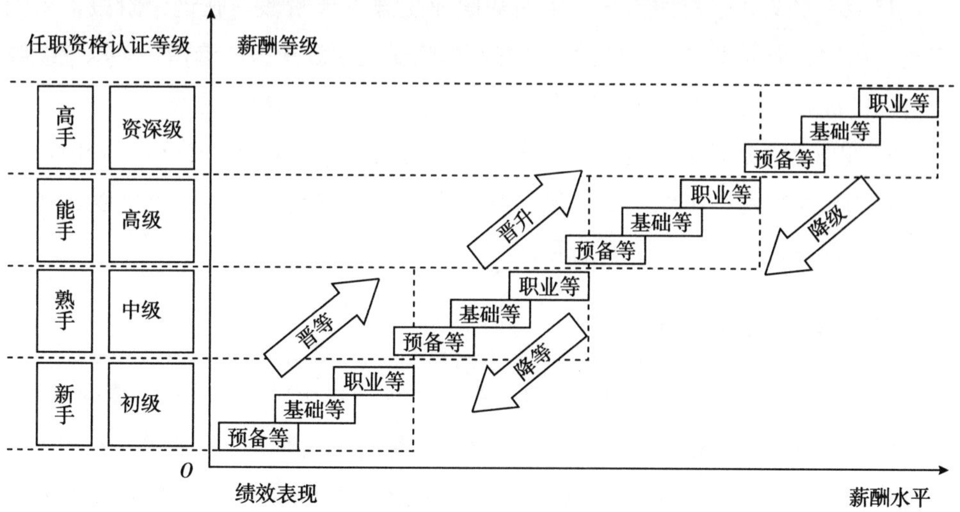

图 9-10 基于任职资格的薪酬体系设计逻辑

任职资格管理系统是岗位分析和评价的综合运用，也是企业建立人力资源管理体系的基础。

第二节　职业发展

组织的职业发展管理，是要将员工的职业发展与个人能力提升，通过岗位、绩效、胜任模型评估、人才晋升发展、人才激励等模块，与公司的组织能力提升、绩效达成结合起来，从而促成员工与公司的双赢。

一、职业生涯发展阶段

所谓职业生涯，指的是一个人一生工作经历所包括的一系列行为活动。一个人的职业生涯可以分成以下四个发展阶段：

30 岁以前是寻觅期，属于初期职业生涯阶段。在这个阶段，人们逐渐了解和接触到各类职业，并逐渐开始找到适合自己的职业或组织。

30~45 岁是立业期，属于人生中期的职业生涯发展阶段。在这个阶段，人们在组织中开始逐渐确立了自己的位置，逐渐明确了自己的发展方向，并沿着它发展。

45~65 岁是守业期，属于人生后期职业生涯发展阶段。在这个阶段，人们开始对中期的职业发展进行检讨，并开始面临职业生涯未来的选择，可以继续维持自己的成就，可以继续成长发展自己的事业，也可以选择职业衰退。

65 岁以上是衰退期，属于人生末期职业生涯的引退阶段。在这个阶段，人们可以选择继续留在组织中做贡献，维护在组织中的自我价值；也可以选择退休，离开职场，开始自己新的生活。

二、职业兴趣测评方法

职业兴趣测试是心理测试的一种，是通过测评技术定位出一个人最感兴趣、最能够得到满足感的职业类型。因为能够实现量化，同时又有一定的理论支撑和数据支持，因此职业兴趣测试在员工职业发展和生涯规划中起着至关重要的作用。

在职业兴趣测评领域，最常用的是“霍兰德人格与职业兴趣测试”。它最早是由美国约翰·霍普金斯大学的心理学教授、美国著名的职业指导专家约翰·霍兰德编制的。霍兰德理论的核心假设是人根据其人格可以分为六个类别，分别是现实型（Realistic）、研究型（Investigative）、艺术型（Artistic）、社会型（Social）、企业型（Enterprising）、传统型（Conventional）。霍兰德人格分类如图 9-11 所示。

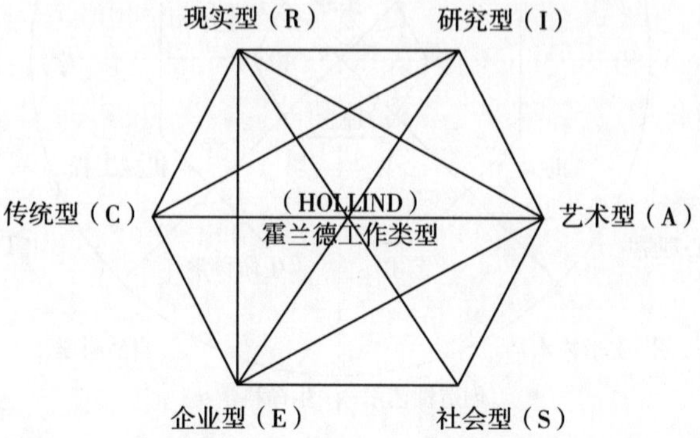

图 9-11　霍兰德人格分类

在员工招聘时，通过对应聘者职业兴趣的测试，可以帮助他判定自己属于哪种类型，由此和应聘者就录用职位更好地达成一致。在职业发展中，如果出现员工和职位不匹配的情况，可通过此测试，测出员工的职业兴趣，再安排与其职业兴趣相匹配的岗位。

根据霍兰德性格测试的结果，可以判断出候选人适合的职业方向。人格越靠近社会型（S），适合的职业类型和“人”越相关；人格越靠近现实型（R），适合的职业类型与“物”越相关；人格越靠近企业型（E）和传统型（C），适合的职业越贴近“实务”；人格越靠近研究型（I）和艺术型（A），适合的职业越贴近“理念”。霍兰德人格分类适合的职业方向如图 9-12 所示。

三、职业转换选择方法

职业生涯发展过程离不开岗位的转换。当人们从事某一岗位达到某个节点时，必然会面临岗位转换，或得到晋升，或被迫降职，或调整到其他岗位有一个全新的开始。一般在企业中，长期从事某一岗位没有任何转换，则代表个人职业发展的停滞不前。

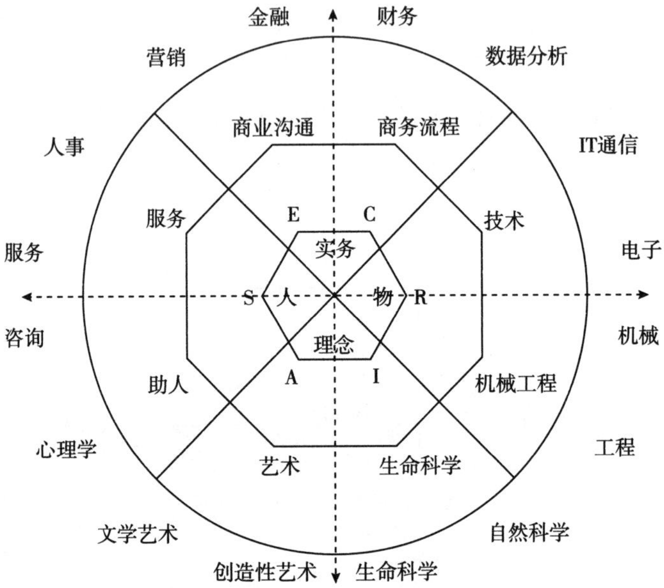

图 9–12　霍兰德人格分类适合的职业方向

然而，人们在选择岗位时往往眼界不够开阔，其实，岗位转换可以选择的方向非常广泛。可以向上晋升到更高的职位，可以向内达到更专业的水平，可以转换到其他的职能，也可以向外寻找兼职或者获得职业生涯的平衡。

【案例】

从事会计岗位的小刘已经工作 5 年了，平时工作很努力，获得了领导和同事的一致好评。但是，从事这个岗位时间久了，让她感到有些苦闷，她隐约感觉到自己不想再做会计工作，希望自己未来有更长远的职业发展。

可是，对于未来都有哪些方向可以走她自己并不清楚，问了家人、朋友和周围的同事也都不能帮她理清头绪。为此，她很苦恼，于是找到了公司的人力资源管理人员小王，小王利用职业生涯多角度的工具，帮她梳理了职业发展可选的方向，并让她对照着不同的方向，根据自身的情况做出选择。

（1）向上看，可以选择的路径为财务经理、财务总监、副总经理、总经理等在职位上逐渐提高的管理岗位。

（2）向内看，可以选择的方向有高级审计师、高级会计师、投资理财顾问、财务顾问等专业性较强的技能型岗位。

（3）左右看，可以选择变换岗位，专业相关的比如出纳、理财专员、财务培训专员、财务产品销售等岗位；如果不想再从事与财务相关的岗位，可以考虑其他岗位从零开始。

（4）向外看，可以选择的方式有更重视家庭时间的投入、通过业余时间旅游散心、培养一些业余爱好、利用业余时间炒股理财等。

四、价值观与岗位匹配

个人兴趣对职业发展的选择很重要，价值观同样重要。价值观是个体关于什么是有价值的、值得的一系列信念。它指导个体对行为进行选择与评估，是我们内心中的一把尺子，是我们人生对不同人、事、物重要程度的排列。职业价值观，是人们希望通过工作来实现的人生价值，是人们选择职业的重要因素。它是指不同人生发展阶段所表现出的阶段性的人生价值追求。

早在 1970 年，心理学家舒伯（Donald E. Super）就研究开发了职业价值观量表（Work Values Inventory，WVI），将职业价值观分成了 13 项，分别是：利他主义、美感、智力刺激、成就感、独立性、声望地位、管理、经济报酬、社会交往、舒适（环境）、安全感、人际关系（上司、同事）、追求新意。利用舒伯的 13 项职业价值观，可以做出岗位选择的决策工具量表，如表 9-17 所示。

表 9-17　职业价值观决策量表

价值标准（8 项）	重要度（1~10）	岗位 1	岗位 2	岗位 3
1				
2				
3				
4				
5				
6				
7				
8				
总分				

在面临岗位选择时，可以用职业价值观决策量表做岗位的探索和验证，具体

方法如下：

（1）罗列 8 项自己觉得重要的价值观，填入表格。注意：可以参照但不限于舒伯的 13 项价值观模型。

（2）给价值观的重要度打分，分值为 1~10 分。

（3）罗列自己的岗位选项，一般选择 2~3 个最想发展的填入表格。

（4）为不同岗位选择的满意度打分，分值为 1~5 分。

（5）计算各选项的加权总分。

（6）与自己或他人讨论并适当调整分数，得到结论。

【案例】

小李在一家上市公司工作多年，兢兢业业，认真踏实，工作得到了领导和同事的一致认可，目前已经在分公司部门负责人岗位上做了 5 年。集团公司的领导有意提拔他，目前有两个职位空缺，一个是小李所在的分公司副总经理的岗位，另一个是集团公司某部门的负责人。集团领导找小李谈话后，想征求小李本人的意见，小李回到部门后，考虑了很久也不知该如何抉择，便找到了负责人力资源工作的小王。

小王利用职业价值观决策量表帮助小李做了决策。小李最重要的 8 项价值观分别是：成就、智慧、人际关系、美感、金钱、追求新意、自主、声望地位，不同价值观对应的重要度、不同岗位对应的满意度如表 9-18 所示。

表 9-18　小李职业价值观量表应用

价值观	重要度	分公司副总经理	集团公司部门负责人
成就	8	5	4
智慧	9	5	4
人际关系	6	5	3
美感	7	4	4
金钱	8	5	4
追求新意	7	4	4
自主	6	4	5
声望地位	5	4	4
总分		255	224

根据量表的测算结果，小李对分公司副总经理岗位的总体价值观满意度是255分，对集团公司部门负责人的价值观满意度是224分。分公司副总经理岗位对小李的综合价值认可度高于集团公司部门负责人岗位。小李在反复检查各项分值与自身价值观的匹配度后，最终做出了选择分公司副总经理岗位的决定。

五、职业生涯开发方法

组织生涯能够长效发展是组织的职业生涯管理与个人的职业生涯计划相结合产生的结果。通过组织内生涯发展系统以达到组织人力资源要求与个人生涯需求之间的平衡，创造一个高效率的工作环境。个人也在这个过程中明确并重视自己的职业计划，获得良好的职业生涯发展。个人职业生涯与组织生涯发展的关系如图9-13所示。

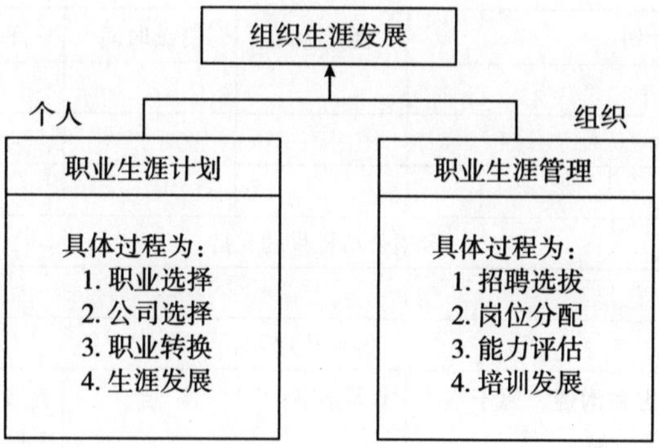

图9-13　个人职业生涯与组织生涯发展的关系

组织对员工职业生涯开发的关键步骤包含以下几步：

（1）准备多重职业生涯发展选择的可能性，并明确各个岗位可能的流动方向、晋升路线，使员工能依此确定个人的发展机会和途径。

（2）加强员工与企业的沟通，鼓励员工妥善制定个人发展计划，使其个人生涯目标与组织发展目标保持一致，并持续关注其个人发展行动计划的完成情况。通过个人发展计划，可以明确员工的职业目标，查找其能力缺陷，让组织能够帮助其更好地成长与发展。个人发展计划如表9-19所示。

表 9-19　个人发展计划样表

<table>
<tr><td>姓名</td><td></td><td>所在公司</td><td></td><td>部门</td><td></td></tr>
<tr><td>岗位</td><td></td><td>职务</td><td></td><td>直属上级</td><td></td></tr>
<tr><td colspan="6">计划有效期：　年　月　日—　年　月　日</td></tr>
<tr><td colspan="6">职业发展目标
（优势、劣势、挑战分别至少列出为实现目标最关键的三项）</td></tr>
<tr><td>职业发现目标</td><td colspan="5"></td></tr>
<tr><td>优势</td><td colspan="5"></td></tr>
<tr><td>劣势</td><td colspan="5"></td></tr>
<tr><td>挑战</td><td colspan="5"></td></tr>
<tr><td colspan="6">个人现状总结</td></tr>
<tr><td colspan="6"></td></tr>
<tr><td colspan="6">期望发展的技能
（至少列出三项）</td></tr>
<tr><td colspan="6"></td></tr>
<tr><td colspan="6">具体行动计划</td></tr>
<tr><td colspan="2">行动计划</td><td>衡量标题</td><td>持续时间</td><td>评估方式</td><td>评估人</td></tr>
<tr><td colspan="2"></td><td></td><td></td><td></td><td></td></tr>
<tr><td colspan="2"></td><td></td><td></td><td></td><td></td></tr>
<tr><td colspan="2"></td><td></td><td></td><td></td><td></td></tr>
<tr><td colspan="6">希望公司提供的支持</td></tr>
<tr><td colspan="6"></td></tr>
<tr><td colspan="6">签署计划</td></tr>
<tr><td colspan="2">□以上内容经过充分考虑和沟通，属于本人真实意愿，我同意此发展计划</td><td colspan="2">本人签字：
时间：</td><td colspan="2">直属上级签字：
时间：</td></tr>
</table>

（3）建立并完善本组织的人力资源管理档案，根据员工的不同年龄、职位、技能水平、价值观等，设计出不同的教育方式和培养方案。

（4）由于组织中帮助员工制定符合企业发展和个人需要的生涯计划的关键角色是员工的直属上级，所以人力资源部必须对他们进行培训、教育、辅导，以便能够及时地给出建议、提供信息。

六、职业发展组织机构

职业发展管理需要的机构组成及关键职责内容如下：

1. 职业发展管理委员会

职业发展管理委员会的人员组成包括总经理、副总经理、人力资源部以及关键部门的负责人等，主要职责如下：

第一，审批职业发展管理体系的管理办法、流程等制度性文件。

第二，支持和推动职业发展管理体系的建设和持续优化工作。

第三，下设职业发展执行委员会，进行能力认证工作。

2. 人力资源部

人力资源部在员工职业发展方面的主要职责如下：

第一，拟定职业发展管理体系的管理办法、流程等制度性文件。

第二，为各事业部推行职业发展管理体系进行培训、指导、监督、政策解释等支持。

第三，及时向员工传达岗位空缺信息。

第四，汇总、整理有关问题，对职业发展管理体系进行分析、研究，制定改进措施，不断优化职业发展管理体系。

第五，建立职业发展管理体系档案。

3. 直属上级

员工的直属上级在员工职业发展方面的主要职责如下：

向员工准确传递不同职业发展通道的相互关系，帮助员工确定合理的职业发展路径。

充当员工职业发展辅导顾问，为其职业发展目标的设定和个人发展计划的制定提供指导和建议，帮助其制定现实可行的规划目标。

对员工的绩效和能力进行评价，并反馈给员工本人，帮助其制定进一步的个人发展计划。

4. 员工本人

员工本人在自身职业发展方面的主要职责如下：

第一，进行自我评估。

第二，设定个人职业发展目标。

第三，制定相应的个人发展计划，并在实践中不断修正。

第四，具体执行个人发展计划。

七、职业发展晋升流程

晋升流程中的工作描述、重要的输入与输出如表 9-20 所示。通用职业发展晋升流程如表 9–21 所示。

表 9–20　晋升流程描述及输入/输出

流程步骤	工作内容的简要描述	重要输入	重要输出
1	部门经理根据人员规划、岗位设置、现有人员技能水平分析现有人员的合理配置	人员规划 岗位设置 现有人员技能清单	排出现有人员晋升优先次序
2	根据业务发展需求和人员能力水平及职业发展目标提出晋升申请	个人发展计划 个人绩效承诺 专业能力认证	晋升申请
3	人力资源部根据晋升要求审查晋升提名人员的资格	个人绩效承诺 专业能力认证业务需求 人员规划 其他晋升要求 岗位空缺状况	合格的晋升候选人名单
4	根据晋升人员的级别按权限划分由总监/副总经理/总裁进行审批	合格晋升候选人名单 其他考虑要素	审批结果
5	人力资源部协助直线经理就审批结果与员工进行面谈沟通，解答员工困惑并进行晋升前的首次就职辅导		
6	人力资源部下达任免通知书	晋升审批结果	任免通知书
7	员工按需进行履任新职的工作交接		
8	人力资源部办理相关晋职手续，更新员工档案及相应的管理权限	任免决定	档案 权限更新

八、如何帮助员工适应职业发展要求

作为公司的人力资源管理员，我们常常会听到一些员工对自己职业的抱怨，有的抱怨自己的工作就像是个“打杂的”，看不到希望；有的频繁变换工作岗位后，还是达不到自己的期待；有的绩效总是不达标，充满埋怨的情绪。面对这些问题，人力资源管理员需要分析员工和职业的互动情况，明确问题核心，有针对性地进行调整，查找职业问题核心的思路，具体如图 9–14 所示。

表 9-21　通用职业发展晋升流程

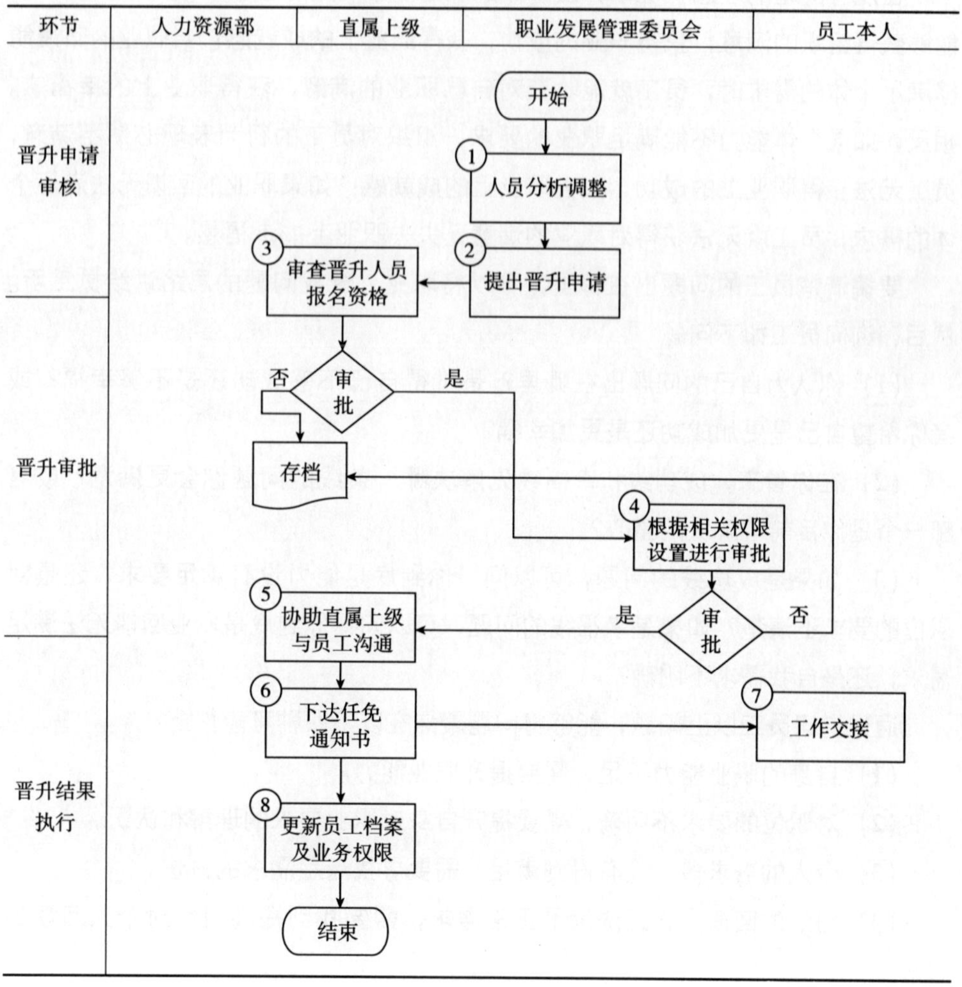

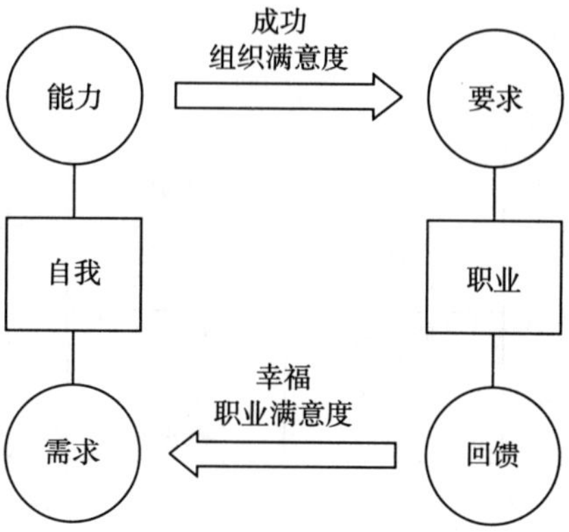

图 9-14　职业问题查找的核心思路

在没有问题的理想状况下，当个体的能力能够满足职业要求的时候，员工就能够获得组织的满意，获得职业的成功，获得职业上的成就感；当职业的回馈能够满足个体的需求时，员工就能收获对自己职业的满意，获得职业上的幸福感。相反，如果个体能力不能满足职业的要求，组织对员工的行为表现必然不满意，员工无法获得职业上的成功，失去职业上的成就感；如果职业的回馈无法满足个体的需求，员工就无法获得对职业的满意，失去职业上的幸福感。

要搞清楚员工的问题出在哪里，可以将职业上查找问题的思路讲给员工听。然后，询问员工如下问题：

（1）你认为自己的问题出在哪里？是觉得自己不够成功还是不够幸福？或者你希望自己是更加成功还是更加幸福？

（2）在你看来，成功线和幸福线先解决哪一条线的问题你会更满意？或者哪一个是你目前待解决的重心？

（3）如果是成功线的问题，可以问：你到底是能力没有满足要求，还是对职位的要求不清楚？如果是幸福线的问题，可以问：你到底是职业回馈无法满足需求，还是自我需求不明确？

通过询问员工以上问题，能够将问题聚焦在以下四种可能性上：

（1）自身的职业能力不足，需要提升职业能力。

（2）对职位的要求不明确，需要提升自身对职业要求的理解和认识。

（3）个人的需求多，没有得到满足，需要寻找满足需求的方法。

（4）组织的回馈少，无法满足正常需求，需要找到提高组织对个人回馈的方法。

这四类问题对应的解决方案如图 9-15 所示。

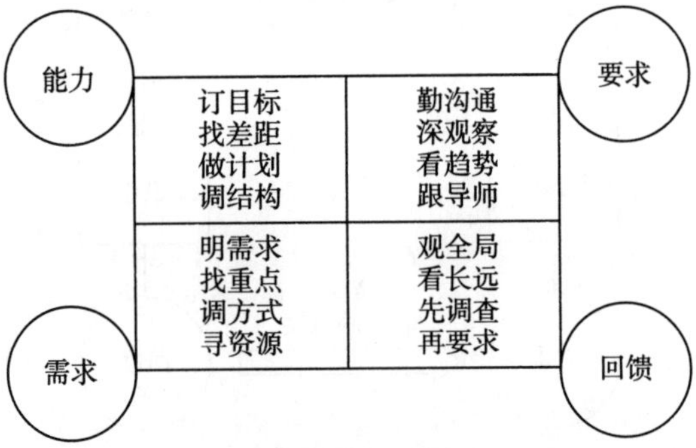

图 9-15　四类职业问题解决方案

1. 提升职业能力

员工要提升自身的职业能力，可以选择以下方案：

第一，定目标，设定一个本阶段自己可达成的恰当目标。

第二，找差距，通过清晰的岗位要求，列出自己和岗位要求的能力差距。

第三，做计划，制订清晰的、阶段性的能力提升计划。

第四，调结构，主动学习，持续练习，提升缺项能力，调整自己的能力结构。

2. 提升职业要求

员工要提升自身的职业要求，可以选择以下方案：

第一，勤沟通，通过与上级和同事的沟通，明确岗位的具体要求。

第二，深观察，通过企业要求矩阵图，关注以前没有关注的隐性要求。

第三，看趋势，时刻关注企业和职业的变化趋势，提前做准备。

第四，跟导师，尽量寻找优秀者做职业导师，以便少走弯路。

3. 满足个人需求

员工要满足个人的需求，可以选择以下方案：

第一，明需求，系统探索自己的职业价值观，系统了解自己对职业的需求。

第二，找重点，明确本阶段自己最核心、最需要满足的2~3个核心需求。

第三，调方式，主动调整工作状态，找到当下满足需求的方式。

第四，寻资源，调动自我和企业资源，搜索更好自我满足的可能。

4. 提高个人回馈

员工要提高个人的回馈，可以选择以下方案：

第一，观全局，以职业回馈的全局来计算收益而不是只有金钱（比如，发展空间、情感）。

第二，看长远，看到本岗位未来可能会有的职业回馈。

第三，先调查，通过职业调查，做出恰当的自我评估。

第四，再要求，向企业合理地提出新的待遇要求。

九、实战案例：某大型互联网公司职业发展体系

国内某大型互联网公司的职业发展体系分为干部领导力体系和员工职业发展体系。职业发展通道的设置建立在职位类别的基础上。该公司职位规划分为技术族、专业族、管理族、市场族、产品/项目族等类别，如表9-22所示。

表 9-22　公司职位分类

技术族	专业族	管理族	市场族	产品/项目族
软件研发类 质量管理类 技术类 技术支持类 游戏美术类 等	企管类 财务类 人力资源类 行政类 采购类 法务类 公共关系类 等	领导者 高级管理者 管理者 监督者 等	战略类 产品类 销售类 客服类 销售支持类 内容类 等	游戏策划类 产品类 项目类 等

技术族、专业族、管理族、市场族、产品/项目族等各类族群划分中的各个职业发展通道均由低到高划分为 6 个等级，即初做者、有经验者、骨干、专家、资深专家和权威。这 6 个等级的分类定义如表 9-23 所示。

表 9-23　等级分类定义

级别	名称	定义
6 级	权威 （Fellow）	作为公司内外公认的权威，推动公司决策
5 级	资深专家 （Master）	作为公司内外公认的某方面的专家，参与战略制定，负责大型项目/领域并获得成功
4 级	专家 （Expert）	作为公司某一领域的专家，能够解决较复杂的问题或领导中型项目/领域，能推动和实施本专业领域内的重大变革
3 级	骨干 （Specialist）	能够独立承担部门内某一方面工作/项目的策划和推动执行，能够发现本专业业务流程中存在的重大问题，并提出合理有效的解决方案
2 级	有经验者 （Intermediate）	作为一个有经验的专业成员，能够应用专业知识独立解决常见问题
1 级	初做者 （Entry）	能做好被安排的一般性工作

因为个人能力的发展是一个逐步积累和提升的过程，同一级别中的个体又有着不同的绩效表现，所以每个级别又分成三个子等，由低到高分别是基础等、普通等和职业等。基础等指的是刚达到本级别能力的基本要求，还需要进一步巩固；普通等指的是完全达到了本级别各项能力的要求；职业等指的是在本级别的各项能力和表现已经成为部门内部或整个公司的标杆。

员工根据从事的岗位，只能选择对应的某一类职位作为自身职业发展的方向。为保证管理人员在从事管理工作的同时能够不断提升自身专业水平，要求除了总经理办公室的领导以及执行副总裁职位外，所有管理人员必须同时选择技术族、专业族、市场族中的某一职位类别作为自己专业的发展通道，进行双通道职业发展，如图 9-16 所示。

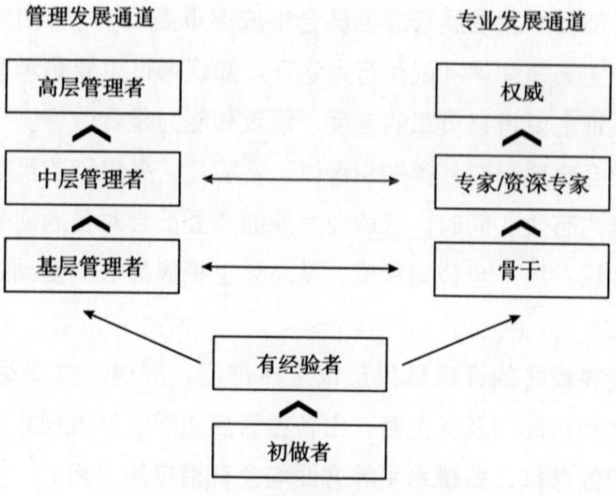

图 9-16 双通道职业发展体系

员工职业发展与专业技术任职资格等级的评定流程如图 9-17 所示。

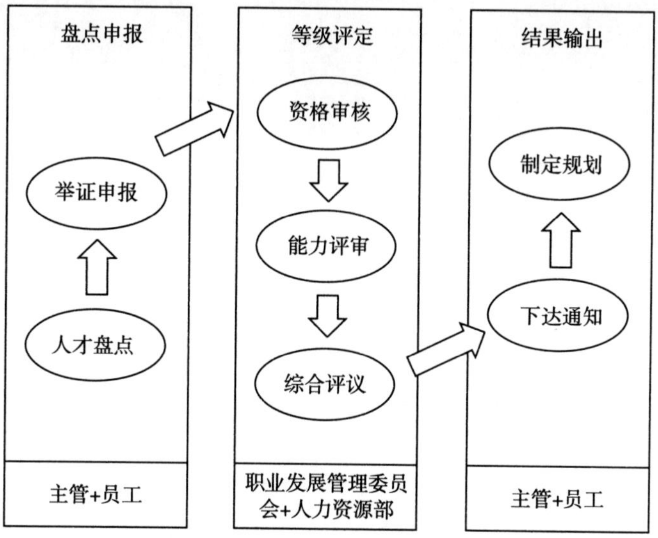

图 9-17 员工职业发展与等级评定流程

1. 盘点申报

每年的1月和7月，由人力资源部启动员工的能力评估工作，各级主管在人力资源部规定的时间内盘点本部门人力，汇总晋级、降级和换通道的下属名单。

2. 等级评定

由人力资源部及职业发展管理委员会组成评审委员会对员工进行能力评审。能力评审的方式主要是知识考试和行为认证。知识考试主要是考察培训课程的掌握情况，行为认证主要考察员工的态度、绩效和能力是否达标。

人力资源部会定期组织各类知识考试，各职位、各级别的员工均可参加，通过后成绩在两年内有效。同时，各职业发展通道委员会对各通道分会能力的评审结果进行综合评议，统一全公司尺度，从总体上把握等级的变动结果。

3. 结果输出

通道委员会将最终的评审结果反馈至各部门，同时正式下达就位级别的通知，通知将下达到各部门及各主管，由各主管启动职业发展规划的流程。级别确定后，员工的绩效考核、薪酬水平等方面均会有相应的应用。

第十章　劳动关系管理

有人说，《劳动合同法》只保护员工，因增大企业用工成本而对企业不利。但是，《劳动合同法》也在保护着企业，对守法企业来说是一种福音。现在《劳动合同法》中对经济补偿金的使用范围、补偿金计算标准上有了明确的规定，企业更容易操作。《劳动合同法》主要是加大了违法企业的用工成本。比如，规定用人单位超过一个月不满一年未与劳动者订立书面劳动合同，或者不依法与劳动者订立无固定期限劳动合同，要向劳动者每月支付两倍的工资；不按法律规定支付劳动报酬、加班工资或经济补偿金，要按50%以上100%以下加付赔偿金；用人单位违法解除或终止劳动合同的，要按经济补偿标准的两倍向劳动者支付赔偿金。

第一节　劳动关系基本分析

一、劳动关系的含义与特征

（一）劳动关系的含义

劳动关系是劳动者与用人单位之间在劳动过程中形成的社会经济关系的统称。我国《劳动法》中将劳动关系描述为劳动者在运用劳动能力、实现劳动过程中与用人单位直接产生的经济社会关系。

（二）劳动关系的特征

劳动关系是由雇佣行为而产生的关系，其本质是管理方与劳动者个人及团体之间产生的、由双方利益引起的，表现为合作、冲突、力量和权力关系，其核心在于双方各自的权利义务结构。劳动力作为一种特殊的商品，在参与社会劳动的同时，具有以劳动换取报酬，从工作中获得人类所拥有的体面、尊严和满足的权利。这意味着，劳动者和用人单位之间形成的劳动关系既是一种经济关系，也是一种社会关系。

劳动关系包括个别劳动关系和集体劳动关系，但无论哪种劳动关系类型，最终都以劳动合同的形式得以确立。

二、常见的劳资合作模式

在劳资双方以合作取代对抗的大趋势下，劳资合作的模式也有很多形式。劳资合作是一种策略的选择，其最主要的目标在于提高企业组织整体营运绩效，使劳资双方的需求得到进一步满足，从而使劳资双方都能专心致力于把本企业的“蛋糕”做大。下面介绍几种主要的劳资合作模式。

（一）员工分红入股计划

这种劳资合作模式包括分红、入股和分红入股三种方式。分红是在年终结算有盈余时，给予员工奖金或分配红利。入股是股份有限公司给予员工优惠的部分股权，使其成为股东。分红入股是把分红和入股制度相连，将一部分红利改为股票给予员工，使员工既得到红利又得到股权。

（二）利润分享方案

在利润分享方案中比较普及的是美国的斯堪龙计划，其具体方法是当总劳动成本除以产品销售或市价的比值有改善时，即给予红利。这个计划可以给组织带来很多效益，如团队的沟通协调、成本的降低、对市场竞争适应能力的增强、劳资关系管理更有弹性、工会的作用更显著，总之，它对生产效率的提升有显著的促进作用。

（三）提高工作生活质量

“工作生活质量”是指员工在工作中得到的个人需要的满足。它包括工会的目标、管理阶层的目标和共同的目标。提高工作生活质量有很多优点，包括工作吸引力的提升、人员配置有弹性、通过激励使品质有所改善、产出率增加、员工技能提升以及决策能力提高等。

（四）劳资协商会议

这是一种劳资双方在平等的地位上共同协商和探讨企业发展的协商性组织，

其优点在于，使双方拥有良好的沟通渠道，增加劳资双方的相互信任、理解和合作。通过劳资的协商，进行组织的合理决策，确定双方认同的工作目标，帮助员工改进工作，为员工改善劳动环境和创造更好的工作氛围。

此外，还包括劳动安全卫生组织、全面质量管理（TQM）以及员工福利组织等形式，这些都有利于促进劳资双方的良性合作。

三、员工的参与

员工参与是指发挥员工的能力，鼓励员工对组织的成功做出更多努力的一种管理方式，它使员工有机会参与组织的决策和日常管理，有可能规划自己的职业生涯，大大提高员工的忠诚度和工作积极性。

常见的员工参与的形式有四种，即参与式管理、代表参与、质量圈和员工持股计划。

（一）参与式管理

参与式管理是指员工在很大程度上分享其上级的决策权。员工参与管理，包括对公司计划的参与、解决问题的参与、组织变革的参与、工作任务的参与，以及财务的参与。当然，这种管理形式需要合理的组织形式，需要充足的时间参与，而且要由比较有素质的员工来从事。从对方的角度看，管理者对下级（尤其是一般员工）的授权也具有同样功效。

（二）代表参与

代表参与是指由一小部分工人代表参与组织的决策，在组织内重新分配权利，使员工能与管理层及股东之间有平等的地位和共享的利益。其主要的两种形式是组成员工-经理工作委员会和员工代表参加董事会。对全体员工而言，几个代表参与的力量显然是比较弱小的。

（三）质量圈

质量圈是指由若干个员工和监管者组成一个共同承担责任的工作群体。他们承担着解决质量问题的责任，对工作进行反馈并对反馈进行评价。为此，他们讨论质量问题及其原因，并提出解决问题的方法。

（四）员工持股计划

一些组织还实行员工持股计划。员工持股可以提高员工的工作满意度，大大提高组织中员工的主人翁意识，从而带来更高的绩效和工作创新的动力。

第二节　劳动合同管理

为完善劳动合同制度，明确劳动合同双方当事人的权利和义务，保护劳动者的合法权益，构建和发展和谐稳定的劳动关系，我国在 2008 年 1 月 1 日颁发施行了《劳动合同法》。下面就《劳动合同法》中的劳动合同订立、解除与无固定期限合同等主要内容进行简要介绍。

一、劳动合同的订立

企业与劳动者建立劳动关系，就应当订立书面劳动合同。法律规定的订立时间为“用工之日起”，即与建立劳动关系同时。但是，对已经建立了劳动关系未同时订立书面劳动合同的，法律规定应当自用工之日起一个月内订立书面劳动合同。用人单位与劳动者在用工前订立劳动合同的，劳动关系自用工之日起建立。用人单位与劳动者协商一致，可以订立固定期限劳动合同、无固定期限劳动合同和以完成一定工作任务为期限的劳动合同。

订立劳动合同应当遵循合法、公平、平等自愿、协商一致、诚实信用的原则。

二、劳动合同的内容

法律规定，劳动合同应当具备以下条款：

（1）当事人双方的基本信息。包括用人单位的名称、住所和法定代表人或者主要负责人；劳动者的姓名、住址和居民身份证或者其他有效身份证件号码。

（2）劳动合同的具体内容。包括劳动合同期限、工作内容和工作地点、工作时间和休息休假、劳动报酬、社会保险、劳动保护、劳动条件和职业危害防护、法律法规规定应当纳入劳动合同的其他事项。

除此之外，用人单位可以与劳动者约定试用期、培训、保守秘密、补充保险和福利待遇等其他事项。同时，在法律责任中规定：用人单位自用工之日起超过一个月但不满一年未与劳动者订立书面劳动合同的，应当向劳动者每月支付两倍的工资。

三、无固定期限劳动合同

用人单位与劳动者协商一致，可以订立无固定期限劳动合同。劳动者提出或者同意续订、订立劳动合同的，企业应当订立无固定期限劳动合同的情况，包括：

（1）劳动者在该用人单位连续工作满十年的。

（2）用人单位初次实行劳动合同制度或者国有企业改制重新订立劳动合同时，劳动者在该用人单位连续工作满十年且距法定退休年龄不足十年的。

（3）连续订立两次固定期限劳动合同，且劳动者无《劳动合同法》第三十九条和第四十条第一项、第二项规定的情形，续订劳动合同的。

用人单位自用工之日起满一年不与劳动者订立书面劳动合同的，视为用人单位与劳动者已订立无固定期限劳动合同。同时，在法律责任中规定：用人单位违反本法规定不与劳动者订立无固定期限劳动合同的，自应当订立无固定期限劳动合同之日起向劳动者每月支付两倍的工资。

四、劳动合同的履行

用人单位与劳动者应当按照劳动合同的约定，全面履行各自的义务。用人单位应当按照劳动合同约定和国家规定，向劳动者及时足额支付劳动报酬。用人单位拖欠或者未足额支付劳动报酬的，劳动者可以依法向当地人民法院申请支付令；人民法院应当依法发出支付令。

用人单位应当严格执行劳动定额标准，不得强迫或者变相强迫劳动者加班。用人单位安排加班的，应当按照国家有关规定向劳动者支付加班费。劳动者拒绝用人单位管理人员违章指挥、强令冒险作业的，不视为违反劳动合同。

劳动者对危害生命安全和身体健康的劳动条件，有权对用人单位提出批评、检举和控告。国家采取措施，建立健全劳动者社会保险关系跨地区转移接续制度。

五、劳动合同的解除

劳动合同的解除包括双方协商解除、劳动者单方面解除和用人单位单方面解除三种情况，分别对应不同的法律规定。

（一）双方协商解除

用人单位与劳动者协商一致，可以解除劳动合同，但是解除劳动合同需要劳动者履行预通知义务。即劳动者应当提前三十日以书面形式通知用人单位。在试用期间的劳动者提前三日通知用人单位也可以解除劳动合同。

（二）劳动者单方面解除

用人单位有下列情形之一的，劳动者可以解除劳动合同：

（1）未按照劳动合同约定提供劳动保护或者劳动条件的。

（2）未及时足额支付劳动报酬的。

（3）未依法为劳动者缴纳社会保险费的。

（4）用人单位的规章制度违反法律、法规的规定，损害劳动者合法权益的。

（5）因用人单位过错致使劳动合同无效的。

（6）法律、行政法规规定劳动者可以解除劳动合同的其他情形。

用人单位以暴力、威胁或者非法限制人身自由的手段强迫劳动者劳动的，或者用人单位违章指挥、强令冒险作业危及劳动者人身安全的，劳动者可以立即解除劳动合同，无须事先告知用人单位。

（三）用人单位单方面解除

劳动者有下列情形之一的，用人单位可以单方面解除劳动合同：

（1）在试用期间被证明不符合录用条件的。

（2）严重违反用人单位的规章制度的。

（3）严重失职，营私舞弊，给用人单位造成重大损害的。

（4）劳动者同时与其他用人单位建立劳动关系，对完成本单位的工作任务造成严重影响，或者经用人单位提出，拒不改正的。

（5）因劳动者过错致使劳动合同无效的。

（6）被依法追究刑事责任的。

有下列情形之一的，用人单位提前三十日以书面形式通知劳动者本人或者额外支付劳动者一个月工资后，可以解除劳动合同：

（1）劳动者患病或者非因工负伤，在规定的医疗期满后不能从事原工作，也不能从事由用人单位另行安排的工作的。

（2）劳动者不能胜任工作，经过培训或者调整工作岗位，仍不能胜任工作的。

（3）劳动合同订立时所依据的客观情况发生重大变化，致使劳动合同无法履行，经用人单位与劳动者协商，未能就变更劳动合同内容达成协议的。

第三节　劳动争议处理

一、劳动争议基本分析

（一）劳动争议的概念

劳动争议，是基于劳动关系的一种矛盾，又称为劳动纠纷或劳资纠纷。劳动关系产生的过程即生产资料与劳动者结合的过程，也就是雇佣的实现。用人单位和劳动者双方是劳动关系中的两个不同主体，其利益是互斥的，其目标与行为是不一致的，甚至可能是对立的。这就决定了劳动争议的不可避免性。

（二）劳动争议处理的范围

根据2008年5月1日开始施行的《中华人民共和国劳动争议调解仲裁法》（以下简称《劳动争议调解仲裁法》），适用于该法规定的劳动争议包括以下几种类型：①因确认劳动关系发生的争议。②因订立、履行、变更、解除和终止劳动合同发生的争议。③因除名、辞退和辞职、离职发生的争议。④因工作时间、休息休假、社会保险、福利、培训以及劳动保护发生的争议。⑤因劳动报酬、工伤医疗费、经济补偿或者赔偿金等发生的争议。⑥法律、法规规定的其他劳动争议。

二、劳动争议处理的原则

我国《劳动争议调解仲裁法》第三条规定：解决劳动争议，应当根据事实，遵循合法、公正、及时、着重调解的原则，依法保护当事人的合法权益。

（一）合法原则

劳动争议处理的合法原则，即在处理劳动争议的过程中，承担处理职责的机构，必须坚持以事实为依据，以法律为准绳，对争议案件进行审查和处理。对当事人双方在适用法律上一律平等、一视同仁，对任何一方都不偏袒、不歧视，对被侵权或受害的任何一方都同样予以保护。

（二）公正原则

在劳动争议中要坚持公正原则，即要求劳动争议处理机构在处理劳动争议时秉公执法，一切依据客观实际做出判断和裁决。为实现公正原则，劳动争议处理实行回避制度。

（三）及时原则

劳动争议发生后，当事人双方应及时进行协商，协商不成的应当及时向劳动争议处理机构申请处理。劳动争议处理机构应当依据法律、法规所规定的时限及时受理，抓紧审查和做出处理决定，按时结案；当事人不执行决定的，要及时进行解决，以保证案件的顺利处理和处理结果的最终落实。

（四）着重调解原则

为了减少当事人解决纠纷的成本，《劳动争议调解仲裁法》把调解作为劳动争议处理的一个原则进行了规定。发生劳动争议时，当事人可以选择企业劳动争议调解委员会，依法设立的基层人民调解组织，或在乡镇、街道设立的具有劳动争议调解职能的组织申请调解。相对于《企业劳动争议处理条例》，在坚持企业调解的基础上，增设了两项新规定，一是赋予基层人民调解组织调解劳动争议的职能，二是明确区域性劳动争议调解组织的地位及职责。同时，《劳动争议调解仲裁法》还对调解协议书的效力作了规定，明确劳动争议调解协议书对双方当事人具有约束力，当事人应当履行。对于有给付内容的调解协议书的履行，特别规定了劳动者申请支付令的程序，规定“因支付拖欠劳动报酬、工伤医疗费、经济补偿或者赔偿金事项达成调解协议，用人单位在协议约定期限内不履行的，劳动者可以持调解协议书依法向人民法院申请支付令”。

三、劳动争议处理的方式

按照我国法律的规定，劳动争议的处理方式有四种：协商解决、内部调解、劳动部门仲裁和法院判决。

1. 协商解决

协商解决是劳动争议处理最基本的方式，是争议双方采取“自治”的方式来解决纠纷。这种自治主要是根据双方的合意或团体协议，相互协商，和平解决纠纷，并不求助于政府或私人的第三者进行协助解决。如果双方不愿意自行协商或者协商失败，无法达成一致意见时，就需要借助第三者或中间人（如工会或企业调解委员会）来互递信息，传达意思，促成其和解。这就是企业调解委员会的职责。调解委员会在收到劳动争议当事人的调解申请后，应当在查明事实、分清是非、明确责任的基础上，依照我国劳动法律法规以及企业制定的规章制度和劳动合同，通过民主协商的方式，推动双方互谅互让，达成协议，消除纷争。当事人协商解决和企业调解的目的都是将劳动争议解决在企业内部，运用自主协商调解机制，对争议双方进行正确引导，以便及时化解纠纷，阻止双方矛盾激化，创建和谐的劳动关系。

2. 内部调解

内部调解不是劳动争议处理的必经程序，却是处理劳动争议的“第一道防线”，对预防、解决劳动争议起着至关重要的作用，尤其是对那些仍希望留在原单位工作的员工而言，通过企业内部协商调解当属首选的解决纠纷的方式。

3. 劳动部门仲裁

我国劳动法律规定，当事人也可以直接向劳动争议仲裁委员会申请仲裁。仲裁是借助第三方的外界力量解决劳动纠纷的机制。我国《劳动法》第八十一条以及《企业劳动争议处理条例》第十二条都明确规定，县、市、市辖区应当设立劳动争议仲裁委员会。仲裁委员会是国家授权依法独立处理劳动争议的专门机构，聘任专兼职的仲裁员来负责处理管辖区内的劳动争议案件。

4. 法院判决

当事人对仲裁结果不服的，可以向法院提起诉讼。

相对于企业内部的调解解决，仲裁和法院判决是政府使用强制手段介入劳动纠纷中，以防止劳动争议对国家经济发展与社会稳定造成不良影响，如员工罢工或企业关闭。

第十一章　员工满意度

员工满意度、客户满意度、管理成熟度被称为衡量企业经营水平的“三度”。关注员工、关注客户、关注管理的企业更具发展潜力。《哈佛商业周刊》调查数据表明：员工满意度提高3%可以使企业员工流失率降低5%，运作成本降低10%，劳动生产率提高25%~65%，由此可见员工满意度管理的重要性。

第一节　员工满意度及员工满意度模型

员工满意是指一个员工通过对企业可感知的效果与他的期望值相比较后，所形成的感觉状态。员工满意受个人的价值观影响，不同的人员对同一种事物存在不同的价值判断，所以员工满意带有一定的主观性。

一、员工满意度

员工满意度（Employee Satisfaction，ES）是指员工接受企业的实际感受与其期望值比较的程度（员工满意度=实际感受/期望值），也就是说，员工感觉到工作本身可以满足或者有助于满足自己的工作价值观需要而产生的一种愉悦的感觉程度。员工满意度通常用分数表示，可采用百分制，也可采用五分制。

员工满意度管理是指通过科学的测量工具对员工满意度进行调查分析，并用一个量化的指标把员工对企业管理各个方面的认同情况反映出来，用于指导企业进行保持或改善，从而达到提高团队凝聚力和保证企业经营效益的目的。

员工满意度管理的目的就是激发员工的工作热情、增强对组织的归属感，为员工创造有利的成长环境。其出发点是以员工需求为准则的，所以员工激励理论是员工满意度模型的科学依据。

二、员工满意度模型

员工满意度是员工实际感受与其期望值比较的程度，企业要想提升员工满意度必须从提升员工实际感受开始，从这个意义上讲，企业在设计员工满意度模型时必须认真研究对可能会导致员工不满意的因素加以改善，同时对可能引起员工满意的因素进行强化。

员工满意度模型也称为员工满意度基准，是企业按照一定层次组成员工满意系统中基本要素的总和，它一般是根据企业自身特性和管理需要来策划和设计的。

影响员工满意度的因素有很多，如物质回报、精神回报、成长与发展、工作环境内部和谐度等。根据多年的实践经验，我们把影响员工满意度的因素归结为5级维度、18个二级维度、100个三级维度，当然企业可以根据自己的规模和调查对象，对以上评价维度进行删减。如表11-1所示的ES员工满意度模型。

表11-1 ES员工满意度模型

一级维度（5个）	二级维度（18个）	三级维度（100个）
对工作回报的满意度	物质回报	工资收入、加班工资、奖金、福利、社会保险、薪资系统、假期
	精神回报	工作乐趣、成就感、尊重与关怀、友谊与朋友、个人能力及特长的发挥、职位与权力、威信与影响力、表扬与鼓励
	成长与发展	培训与学习、机遇、晋升、知识的进步、社会地位、能力提升
	奖惩管理	物质或金钱奖励、评比优秀、罚款、记过或降级与降职处罚
对工作背景的满意度	后勤保障	劳动合同、食堂、住宿、职业病防护及保健、休息场所、医疗保障、工伤保障及支持、劳保
	工作作息制度	上下班时间、休息、加班制度、请假制度
	工作配备	资源充裕性、资源适宜性、设备的维护及保养、资源配备的效率、固定资产管理、新设备的配置、新技术的运用
	工作环境	舒适感、现场5 $管理、污染与环保、安全感、美观、便利
对工作群体的满意度	内部和谐度	行为、礼节与礼仪、沟通与交流、人际关系、工作配合、信息与经验、员工士气及心态、舆论控制、团队精神
	工作方法和作风	工作质量、工作效率、工作成本、工作计划、责任感及能动性、灵活性与技巧、会议
	人员素质	品格、修养、观念，学识水平及经验，体质与健康，能力表现

续表

一级维度（5个）	二级维度（18个）	三级维度（100个）
对企业管理的满意度	管理机制	管理创新和改进、管理的连续性和稳定性、组织机构、用人机制、监察机制
	管理风格	管理才能、管理艺术、情感管理、管理的有效性
	制度情况	内部投诉、制度建设、认可程度、实施效果
	企业文化	对企业的认同感及归属感、企业形象、文体和娱乐活动、生日及节假日慰问、管理、报纸和图书杂志、内部刊物、合理化建议
对企业经营的满意度	产品质量	ISO9000质量保障体系、客户投诉、客户信心与满意度、质量目标
	社会形象	与供应商的关系、对地方经济的贡献、与当地政府的关系、就业解决及社会公益事业
	发展愿景	企业愿景与规划、企业经济指标

第二节 员工满意度调查

员工满意度调查是企业获取员工满意度信息的重要手段和渠道，企业通过员工满意度调查可以直观地获得导致员工满意和不满意的核心因素，以弥补“短板”使员工更满意。

一、员工满意度问卷设计

一份优秀的员工满意度问卷在很大程度上可以决定员工满意度调查的信度和效度，我们将员工满意度问卷设计归结为7个步骤（见图11-1）。

1. 确定调查的内容

员工满意度调查问卷可分为综合项调查问卷和单项调查问卷两种，综合项调查问卷涉及面较广，而单项调查问卷可以设计为：对薪酬的满意度调查问卷、对绩效管理的满意度调查问卷、对工作满意度的调查问卷、对工作环境的满意度调查问卷、对企业综合管理的满意度调查问卷等。企业在经营管理中对所关注问题进行单项调查问卷设计情况较多，所以，企业在进行员工满意度调查时首先要确

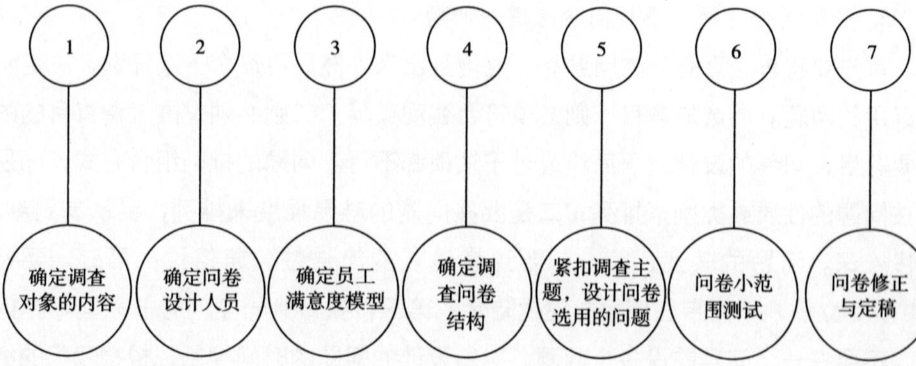

图 11-1　员工满意度问卷设计"七步法"

定所关注的调查主体和相应的对象。另外，进行内容的设计时，也需要着重考虑员工关心的问题。如果让员工作答他们不关心的问题，他们往往会随机选择答案而敷衍了事，这会使企业很难判断，管理过程中所存在的问题，进而影响调查的有效性。一般来说，员工所关心的问题是与企业所处的阶段、企业文化特征或者员工的行为特征，企业目前的管理现状息息相关的。

2. 确定问卷设计人员

参与调查问卷设计的人员必须对企业经营管理情况较为了解，一般都是由行政管理人员或人力资源管理人员参与，但也应包括中高层人员或职工代表，因为他们反映了不同层级人员的利益或思想。

3. 确定员工满意度模型

员工满意度模型是设计调查问卷的主要依据或来源。在设计员工满意度模型时，一定要慎重、仔细，并结合公司经营管理实际，确定影响员工满意度的各方面因素。例如，在考虑员工成长与发展满意度时，要从员工的培训、招聘、晋升、机遇、知识与能力的提升等维度进行设计。

4. 确定调查问卷结构

问卷一般包括前言、主体和结束语三部分。前言置于问卷的开头，用来说明调查的目的、意义以及有关填写问卷的要求等内容。问卷主体部分包括调查的问题和回答的格式，以及如何回答问题的指导和说明等内容，它是问卷的主要组成部分。结束语置于问卷的最后，一般是简短地对被调查者的合作表示真诚的感谢。也可以征询一下被调查者对问卷设计和问卷调查本身有何看法和感受。

5. 紧扣调查主题，设计问卷选用的问题

首先要将与调查有关的问题尽可能地列出来，然后再逐个推敲筛选，决定问卷选用的问题。所选的题目一则必须符合客观实际；二则必须是围绕调查目的的必要题目，问卷的设计过于简略或过于烦琐都不行。问题的排列组合方式，一是要按问题的性质或类别来排列；二是要按问题的难易程度来排列，要从易到难，由浅入深。问题的表述，第一，要注意语言的简洁性、通俗性；第二，要持“中立”立场，不能带任何倾向性或暗示；第三，要做到一个问号前只问一个问题，不要在一个问号前设多个问题。对所设计的问题的时间控制，根据我们的经验，答题时间一般在50分钟为宜，同时调查的内容也不要过于详细。反之，如果问卷的题量过大，势必会占用员工大量的时间，给员工带来不便，即使调查前的沟通工作做得很完善，也难以避免员工的应付心理，答题的质量自然会受到影响。另外，调研活动只是帮助企业找到存在问题的方向，仅依靠调研发现企业的具体问题是不大现实的，具体问题的发掘和产生原因还需要后续大量的分析、考察和考证工作。

6. 问卷小范围测试

调查同卷设计小组按照预先所选定的调查对象进行抽样调查，并与其进行预先沟通、明确本次调查活动的目的与意义，对所设计的调查问卷在小范围内进行有效性测试。依据测试结果与预先设计问卷调查的目的进行对照，对设计问卷的可行性进行分析。

7. 问卷修正与定稿

依据在小范围内的有效性测试情况，会发现调查问卷本身存在的一些不合理或不适宜的方面（如目的性不强、超出了所控制的时间范围、问题难以作答或描述等），针对这些情况进行总结分析，在原有基础上对其进行修正，从而得出一份完整的调查问卷。一套科学的调查问卷在设计过程中需要不断地修正与改进，才能使其达到预期的效果。在员工满意度调查中，调查问卷的设计应纳入正常的工作流程，使员工满意度管理趋于完善和规范。

二、员工满意度调查

员工满意度是员工对所在工作环境（包括心理期望、企业管理、工作群体等）的一种主观反映，其调查方法主要有访谈调查法和问卷调查法两大类，但都有自身的优缺点。

（1）访谈调查法：通过口头的访谈记录和观察收集有关员工满意度信息的一种方法。

优点：直接性、灵活性、适应性和应变性、回答率高、信度高。

缺点：费用高、规模小、耗时多、标准化程度比较低、需要事先准备。

类型：有结构化访谈（需事先设计精心策划的调查表）和非结构化访谈（无问题提纲，可自由发问）两种。

场所：适用于部门较分散的公司。

方式：集体性和个别性访谈。

（2）问卷调查法：在进行实地调查研究时，由于问卷法是最易于衡量的量化工具，所以，员工满意度的调查大多数是采用问卷调查方式进行的。

问卷调查法又包括工作描述指数测量法、工作说明量表测量法、明尼苏达工作满意测量法、SRZ 员工调查表（SRA Employee Inventory）、工作诊断调查表、工作满足量表等诸多方法。

三、员工满意度数据分析

员工调意度调查结果有多种分析方法，常用的方法有员工满意度群体类别分析、员工满意度不同维度分析、员工满意度弱项改进渠道分析等。

1. 员工满意度群体类别分析

员工有不同职位族、不同部门、不同管理层级、不同司龄、不同学历之分，满意度群体分析就是区别不同类别的员工，发现他们各自满意度的弱项与短板。

2. 员工满意度不同维度分析

通过员工满意度分析可以了解员工的看法、心态及需求，同时员工在工作中的行为和各种心态也可以在满意度分析中反映出来或者可以查出原因。

企业可以根据员工满意度模型中的一级维度、二级维度分别对员工满意度状况进行分析，例如，员工对薪酬的满意度包括外在报酬和内在报酬两大要素，其内容包括：

外在报酬，指员工通过为企业创造价值而得到的实际回报，包括薪资、奖金。

内在报酬，包括工作环境、学习机会、个人发展空间、尊重、职位晋升、归属感和成就感等津贴、住房公积金及保险福利等。

根据员工得到的外在报酬和内在报酬的高低，我们可以将员工分为五大类：

第一，敏感状态群1：属于高外在报酬、低内在报酬，他们往往注重短期内得到金钱或物质上的回报，而对于学习成长、晋升和发展漠不关心，由于他们看不到或感受不到内在报酬的存在，而将大部分精力放在外在报酬上，所以这部分员工对外部环境的高薪诱惑较为敏感，极容易跳槽。

第二，敏感状态群2：属于低外在报酬、高内在报酬，情况与第一类敏感状态恰好相反，对这类人群如果提高薪酬待遇，他们会更为企业效力。

第三，稳定状态群：属于高外在报酬、高内在报酬，无论在薪酬待遇还是成就感、个人发展方向都处于最佳状态。这类人群不会有跳槽的愿望，是企业发展的骨干力量。

第四，危险状态群：属于低外在报酬、低内在报酬，产生的原因可能是自身知识能力欠缺或自身比较优秀，但后者出于某种原因被列入这个群体中。所以，对前者需加强培训或辞退，对后者要重新安排岗位，使其适才适所。

第五，过渡状态群：属于中内在报酬、中外在报酬，这类群体含有前四类群体的个别特征，所以只要薪酬组合中一个因素发生变化，就会导致该群体向其他四个群体转化，有较强的过渡性。

3. 员工满意度弱项改进渠道分析

在进行员工满意度调查，掌握有关信息后，结合企业的实际情况，将影响员工满意度中的关键弱项列入改进计划，常见的方法如下：

(1) 完善员工培训管理体系，结合员工职业生涯规划，组织相应的培训工作，提升员工能力素质。

(2) 加强管理沟通，保持企业经营管理信息的顺利传递，增进员工对企业的了解。

(3) 对核心骨干员工进行职业规划，使员工个人发展目标与企业的发展目标进行有机结合。

(4) 将员工满意度调查结果进行360度反馈，将有关调查的信息以及公司所处理的意见向所有被调查对象予以反馈。

(5) 完善人力资源管理系统，健全“选、育、用、留”的管理环节，形成适才适所、人尽其才的用人机制。

(6) 完善企业文化体系建设，体现出文化的凝聚功能、导向功能、约束功能，从而增强员工的归属感。

(7) 为员工配备工作所需的资源（办公设备、学习工具、通信设备等），优化员工工作环境。

(8) 对组织问题进行分析，并进行相应的组织变革。

(9) 完善企业的宣传系统，对企业的重大变革、管理理念进行宣贯，将其移植于员工思想意识中。

(10) 在员工绩效管理系统的基础上，针对不同类别的人员改进激励系统，保留和吸引企业核心骨干员工。

四、员工满意度管理

通常而言，企业员工满意度管理体系主要包括两个方面：一是员工满意度管理组织体系，二是员工满意度管理制度保障体系。

(一) 员工满意度管理组织体系

在员工满意度管理方面，通常有三个组织：员工满意管理委员会、ES100 小组和人力资源部（见图 11-2）。

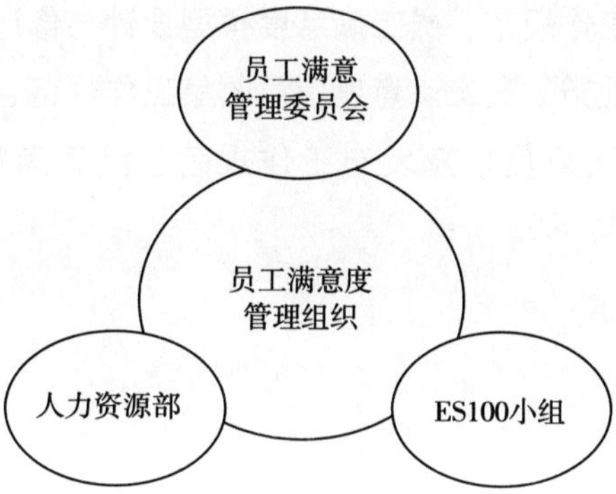

图 11-2　员工满意度管理组织体系

1. 员工满意管理委员会

组成：董事会成员、公司总经理、人力资源部经理、外部专家。

职责：①组织制定公司员工满意度管理体系的总体规划。②监督公司 ES 小组及人力资源部、企业文化部、经营管理部等相关部门员工满意度工作开展情况。③定期评价公司员工满意度测评和管理体系，对员工满意度管理体系的运行质量负责。④负责协调员工满意度管理过程中重大决策的审核。⑤负责监督公司年度员工满意度工程的实施状况。

2. ES100 小组

组成：总经理、副总经理、人力资源部经理、经营管理部经理、企业文化部经理、工会主席、员工代表。

职责：①协助人力资源部建立健全公司员工满意度管理体系。②参与员工满意度管理模型和调查问卷的设计、评价和修订工作。③参与员工满意度调查、分析和调查报告的撰写。④与人力资源部共同制定每年公司员工满意度工程项目及内容规划，并保证工程项目的执行。⑤负责员工满意度工程实施效果的评价工作。

3. 人力资源部

职责：①全面负责员工满意度体系的建立、运行和效果评价。②负责员工薪资满意度、员工绩效满意度、员工个人能力开发与提升满意度等的管理。

（二）员工满意度管理制度保障体系

企业除了具有健全的员工满意度管理组织体系外，完善的员工满意度管理制度体系也是必不可少的，员工满意度管理制度体系一般包括员工满意度管理办法、员工满意度调查工作规范、员工满意度模型设计与修订工作规范、员工满意度调查问卷设计工作规范、员工满意度信息收集工作规范、员工满意度分析报告编制工作规范、员工满意度信息发布工作规范、员工满意度弱项改进工作规范等。

第十二章　企业文化体系

第一节　企业文化建设

凡事预则立，不预则废。在全面展开企业文化建设工作前，要做好文化建设规划，明确企业文化“是什么”、本公司企业文化“怎么样”以及企业文化建设该“怎么做”的问题，确保有方向、有方法、有策略地推进企业文化建设。

一、企业文化的内涵与作用

企业文化是企业的灵魂，是推动企业发展的不竭动力。大约在 1984 年，企业文化理论从西方传入我国。党的十四大明确提出，在精神文明建设方面要“搞好企业文化建设”。进入 21 世纪后，企业文化建设逐渐成为企业提高管理水平、提升核心竞争力的自觉行为。

从“企业文化”概念的引入至今，企业文化建设在国内已然走过了三十几个年头。如今，几乎每一个优秀企业都有自己独特的企业文化，如华为的“奋斗文化”、阿里巴巴的“快乐文化”、老干妈的“亲情文化”、海底捞的“极致客户服务文化”等。尽管有这么多企业文化建设的成功范例，但还是有很多人对企业文化存在诸多认知误区。

误区一：企业文化就是领导者文化。

不可否认，企业领导者特别是企业创始人对企业文化有决定性的作用。需要注意的是，这种决定作用应体现在文化建设的过程中，而非文化本身。

在企业初创阶段，领导者的价值取向会直接转化为企业的价值取向。在这一阶段，企业文化在一定程度上等同于领导者文化。随着企业的发展壮大，企业的价值判断需要通过管理团队和员工的行为选择来体现。如果企业这时还完全遵循“企业文化就是领导者文化”，那么领导者的个性缺陷很可能成为企业的致命伤，美国安然公司的倒闭就是如此。

2002 年 1 月 2 日，全球最大的能源交易商安然公司向美国破产法院申请破产保护，资产总额为 498 亿美元，成为美国有史以来最大的破产申请案。被讥讽为“大象变老鼠”的美国安然公司，在短短几年里从一个不起眼的地方性企业起步，快速成长为世界级的大集团，而后又轰然倒塌，可谓“成也文化，败也文化”。1990 年，安然公司从麦肯锡咨询公司挖到了杰夫·斯基林。杰夫·斯基林性格激进、傲慢，盲目追逐利润。他进入安然公司后，把安然公司做实业时的经营理念及“专注战略”完全转移，抱着“试看天下谁能敌”的心态，狂妄而草率地将安然公司的业务扩张到金融投资领域。同时，对内部员工采取残酷的优胜劣汰制度，实施“高压锅”式管理。杰夫·斯基林完全改变了安然公司的价值观。在这种“只许成功，不许失败”的“高压锅”文化下，员工竭力掩盖过失，管理者沉浸在“自以为是”的情绪中虚报收入、隐瞒债务，企业最终负债累累，成为一座“用纸牌搭成的屋子”。

安然公司的破产与其领导者杰夫·斯基林息息相关，斯基林忽视了企业文化管理的合理性，其狂妄的企业决策和企业管理模式是让安然公司在发展过程中不可能“安然”的因素。企业文化不是一场管理秀，领导者的“一言堂”不利于企业的持续健康发展；企业需要结合自身发展的实际情况，实施让企业、员工和消费者三者之间达成共识的文化管理，让企业文化黏合出强大的企业竞争力。

误区二：企业文化就是标语和口号。

现如今，企业管理者几乎都认识到了企业文化建设的重要性和紧迫性。许多企业管理者绞尽脑汁、引经据典地寻求那些响亮的标语和口号，甚至不惜重金聘请专家或咨询公司来帮助挖掘、设计。诸如“拼搏创新”“实事求是”“以人为本”“厚德载物”“效率第一”“顾客就是上帝”等标语和口号，可谓形形色色、应有尽有。

企业通过一些有力的标语和口号来提醒和激励员工，这固然是好事，但不能简单地把企业文化等同于标语和口号。企业文化只有落实到具体的管理与执行工作中，才能真正发挥作用。

20 世纪 90 年代，正与摩托罗拉公司决战手机市场的诺基亚公司在其广告语中加入了“科技以人为本”的品牌理念。随后，“以人为本”的理念迅速传遍中国大江南北，很多企业纷纷将“以人为本”四个字写进自己的企业文化手册中。但是在实践中，像诺基亚公司这样真正践行的公司甚少，绝大部分企业甚至并未明确“以人为本”的含义。

诺基亚公司成立于 1865 年，总部位于芬兰，是一家从事移动通信设备生产和相关服务的跨国公司。作为一家“百年企业”，诺基亚公司历经了“工业时代—电信时代—手机时代—微软收购—企业复兴”多时代的磨砺而未倒。在一个多世纪里，诺基亚公司始终在践行“以人为本”的理念。第一是“人”，“人”不仅指员工，也指用户。在员工管理上，诺基亚的一切企业活动都以个人潜能为基础，给予了员工广阔的发展平台，让员工从事最能产生效果的活动。第二是“本”，指的是“使用户享受人性化科技带来的乐趣和便利”等一切以用户为中心的企业行为。

通过安然公司、诺基亚公司的案例，我们具体了解了企业文化认知中的“企业文化就是领导者文化”和“企业文化就是标语和口号”两个误区。事实上，在企业文化的认知中还存在诸如“企业文化是一套潜规则”“企业文化一旦建立，就能一劳永逸”“企业文化就是洗脑”等误区。为了让企业文化在企业管理中发挥出实效，我们必须摆脱对企业文化的诸多认知误区，系统了解企业文化的内涵和结构，掌握科学合理的企业文化建设方法。

（一）企业文化内涵与四层次结构

企业文化是什么？国内、国外学界的说法众多。

特伦斯·迪尔和艾伦·肯尼迪在《企业文化——企业生活中的礼仪与仪式》一书中指出，企业文化是企业员工上下一致共同遵循的价值体系，一种员工都清楚的行为准则，由企业环境、价值观、英雄、习俗与仪式、文化传播网络五个要素组成。

享有“企业文化之父”之称的美国麻省理工学院埃德加·沙因教授认为，企业文化是一个群体在解决其外部适应和内部整合问题过程中习得的一系列共享深层次假设的集合，它们在群体中运行良好、有效，因此被群体传授给他们的新成员，并作为其解决类似问题时感知、思考和情感体验的正确方式。

此外，何建湘结合企业文化案例研究给企业文化做了定义。他认为，企业文化是企业发展过程中逐步形成的具有个性特色，且为全体员工认同并遵守的价值理念体系（包括使命、愿景、企业精神、核心价值观以及具体的经营理念和管理理念），以及这些理念在企业规章制度、员工行为方式、企业整体形象以及生产经营管理中的体现的总和。

虽然不同学者对企业文化有着不同的定义，但是从这些不同定义中我们可以发现：企业文化建设绝不是几句简单的标语和口号就能概括的，它是一个系统、繁复、动态化的大工程。

为了更加清晰地认知企业文化，我们需要系统了解企业文化的内容构成。有关企业文化的内容构成的说法也很多，比较著名的是埃德加·沙因的文化三层次理论以及应用广泛的企业文化四层次结构理论。埃德加·沙因认为，企业文化可以分为三个层次：表层的物质文化、第二层的制度文化、最底层的隐性假设，即核心价值观。

企业文化四层次结构理论认为，企业文化内容由精神层、制度层、行为层、物质层构成，具体如图 12-1 所示。

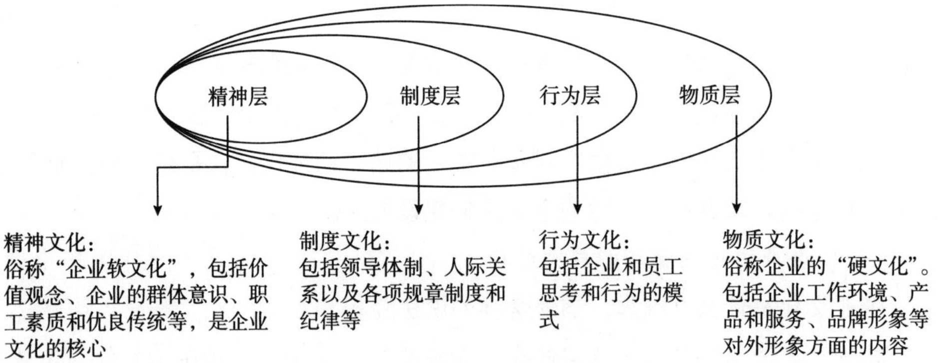

图 12-1　企业文化四层次结构理论

了解一个企业的文化，如同了解一个人，可以分为四个层次进行：首先看他的外貌形象（企业文化物质层），其次观察其言行举止（企业文化行为层），再次深入了解他的为人处世（企业文化制度层），最后再探究其精神世界（企业文化精神层）。

企业文化渗透于企业的各个领域和全部时空，是一个企业区别于其他企业的 DNA。众所周知，“以客户为中心、以奋斗者为本”的文化为华为公司的发展注入了强大的能量。其实，华为文化也是通过层层解构、持续加强建设才得以扎根的。华为核心文化的结构构成如图 12-2 所示。

华为的核心文化

理念层

HUAWEI

以客户为中心
以奋斗者为本

制度层

员工类型	界定标准	升迁机会	工资制度	奖金制度	股票机制
卓有成效的奋斗者	高绩效 有使命感	及时任用 承担责任	明显高于平均水平	高于平均拉开差距	更高的饱和度
一般奋斗者	普通绩效 踏实工作 贡献大于成本	考察锻炼 等待机会	稍好	平均水平	正常的饱和度
普通劳动者	12级以下 未申请或放弃奋斗者资格	无	平均水平或稍好	无	无

行为层

奋斗者行为规范与“军规”

实体层

奋斗文化的传播：书籍《以奋斗者为本》
“双十一”艰苦奋斗奖

图 12-2　华为核心文化的结构构成

在理念层上，华为公司确定了“以客户为中心、以奋斗者为本”的核心价值观，并明确了奋斗文化的内涵。

在制度层上，以人力资源管理政策为例，华为公司对奋斗者进行了很好的界定。华为公司将员工区分为普通劳动者和奋斗者，两者的区分标准在于员工是否愿意与公司签订包含“我自愿申请成为公司的奋斗者、自愿放弃带薪年休假、自愿放弃非指令性加班费”“自愿接受公司调遣、派驻海外”等内容的奋斗者协议。普通劳动者在华为公司获得的回报较少，而且很可能会被边缘化；而对于签署了奋斗者协议的员工，华为公司在奋斗的机会、薪酬待遇及升迁机会上都会给予倾斜。此外，华为公司还将奋斗者分为一般奋斗者和卓有成效的奋斗者，两者在升迁机会、工资、奖金、股票等激励措施上也会显示出差异。

在行为层上，华为公司制定了奋斗者的行为规范和“军规”，划定了奋斗者的行为红线，对奋斗者的行为进行约束。

在物质层上，华为公司通过编写书籍《以奋斗者为本》、借助合适的机会发放艰苦奋斗奖等举措，广泛传播华为文化，提升华为文化的影响力。除此之外，华为公司还在内部设置了许多奖项，如蓝血十杰奖、华为奋斗奖、持续奋斗奖、人均效益改善突出团队奖、优秀产品拓展团队奖、优秀交付拓展团队奖等近百个奖项，激发更多员工成为奋斗者。

通过对华为核心文化结构的解析，相信我们已经对企业文化的层次结构有了较为直观的认知，也基本理解了企业文化的内涵。

系统认识了企业文化后，我们接下来还要思考：企业文化到底对企业的发展有何作用？进行企业文化建设的意义何在？

（二）企业文化与企业的持续发展

企业文化对企业的发展有何作用？我们可以先从《华为基本法》中对企业文化的描述来了解。

资源是会枯竭的，唯有文化才会生生不息。一切工业产品都是人类智慧创造的。华为没有可以依存的自然资源，唯有在人的头脑中挖掘出“大油田”“大森林”“大煤矿”等精神是可以转化为物质的，物质文明有利于巩固精神文明。我们坚持以精神文明促进物质文明的方针。

这里的文化，不仅仅包含知识、技术、管理、情操等，也包含了一切促进生产力发展的无形因素。

“唯有文化才会生生不息”，这短短几个字已经道破企业文化的作用。美国教授特伦斯·迪尔和麦肯锡顾问艾伦·肯尼迪做了一次非正式的调查。他们在6个多月的时间里，通过从掌握企业第一手资料的麦肯锡顾问手中了解了近80家企业和组织的情况。他们发现：在其调查的所有公司里，18家有着抽象的价值理念，例如“IBM意味着服务”。无一例外，这18家有着抽象价值理念的公司都是成功者，而其他62家公司的经营情况则时好时坏。

总体而言，企业文化有导向、凝聚、约束、激励、纽带、辐射等功能。优秀的企业文化一旦形成，便会形成一股聚合力，对企业员工起到“黏合剂”的作用，激励员工为了实现同一目标而不懈奋斗，使企业在激烈的市场竞争中越战越勇，持续健康发展。

一个公司有着优秀的企业文化，便能凝聚员工，会聚人才，易化管理，提高团队作战能力，提升经营业绩。可以说，企业文化与企业的持续健康发展是息息相关的。哈佛商学院教授约翰·P. 科特和詹姆斯·L. 赫斯克特在《企业文化与经营业绩》一书中，通过对比分析重视与不重视企业文化的公司的经营业绩（见表12-1）得出结论，企业文化与企业长期的经营业绩有着巨大的正相关关系。

表 12-1 1977~1988 年重视与不重视企业文化的公司的经营业绩对比 单位：%

经营业绩表现	重视企业文化的公司	不重视企业文化的公司
总收入平均增长率	682	166
员工增长率	282	36
公司股价	901	74
公司净收入增长率	756	1

科特和赫斯克特同时指出，企业长期经营绩效的好坏与企业文化的强弱无关，而与企业文化是否适应外部环境的变化有关。这一观点与“企业文化之父”埃德加·沙因的观点相同。埃德加·沙因曾指出，一家企业的文化优秀或正确与否，取决于依据企业基本经营理念所制定的发展战略，能够在多大程度上帮助该企业应对其所处发展环境的变化。

这也给了我们一些启示：企业文化不是固定不变的，而必须与企业的发展实际相适应。因此，企业要组织和实施好企业文化建设工作。

（三）企业文化的调研与诊断

“事之难易，不在大小，务在知时”，企业文化建设需因势而谋、应势而动、顺势而为。为了弄清本企业的文化发展水平和发展状态，应当定期对企业文化进行调研和诊断，审视企业的文化环境，检验企业价值观导向是否与企业发展环境、组织结构、管理制度、员工关系等情况相匹配。

1. 不同发展阶段的企业文化形态

松下幸之助在谈到对松下电器公司的管理时曾说：“当公司员工在 100 人时，我必须站在员工的最前面，身先士卒，发号施令；当员工增至 1000 人时，我必须站在员工的中间，恳求员工鼎力相助；当员工达到 1 万人时，我只需站在员工的后面，心存感激即可；如果员工增至 5 万~10 万人时，除了心存感激，还必须双手合十，以虔诚之心来领导他们。”从中我们可以看出，随着企业发展阶段的不同，企业文化应呈现不同的形态。

任何一家企业都要经历从无到有、从小到大的发展历程，都要经历创业、成长、成熟三大阶段。企业文化便是在企业发展过程中逐步孕育和发展起来的，并相应地表现出不同的层次。

（1）企业创业期的文化形态与组织发展。当企业处于创业期时，企业发展的主题是生存。创业者和他的团队往往只会考虑让大家保持激情去实现梦想，以良好的心态进行合作，产品能不能卖出去，能不能获利；而很少会主动虑及文化建设，更难以进行系统的文化建设。

在这一阶段里，企业的管理主要依赖创始人的个人魅力和企业成员间的信任和默契，此时的文化往往跟着创始人的思想走，企业文化即创始人文化，企业文化建设仰仗创始人发挥模范带头作用。而创业期形成的文化形态又会对企业后续的发展有很大的影响，甚至是企业生存的关键要素之一。

（2）企业成长期的文化形态与组织发展。当企业发展进入成长期，特别是进入高速发展阶段后，企业规模会不断扩大，员工数量会越来越多。如果管理者仍然用亲情来凝聚人心，用感情来管理团队，用信任和默契来监管企业的运营，那么他必然会感到力不从心。因而，在这个阶段，管理者必须依靠制度和文化来管理企业。

处于高速发展阶段的企业，虽然有了相对稳定的客户和市场，但在企业的内部管理上也面临重重矛盾。比如，企业规模扩大了，规范化的管理却尚有不足；有了明确的战略目标，却缺乏执行动力。领导者开始意识到建设企业文化的重要性和迫切性，开始花费时间、金钱和精力着手文化建设工作，甚至高薪聘请专家或咨询公司帮助梳理和提炼企业文化。

值得注意的是，在这一阶段，企业文化建设很容易陷入“重宣传、轻执行”的误区。此时，企业的文化理念、愿景、价值观已基本提炼出来，网站、标语、口号、CI手册、制度流程齐备，大量文化宣传工作开始展开。但部分企业的文化往往停留在墙上、书本中、员工的口号中，并未对员工的思想和行为产生太大影响。因此，在这一阶段，掌握企业文化建设的科学方法是极为重要的。

（3）企业成熟期的文化形态与组织发展。随着企业的进一步发展，企业开始进入成熟期。这一时期，企业规模较大，员工众多，人员结构相对复杂。企业文化要获得广大员工的认同，这就需要管理者在既有文化的基础上做出调整。具体而言，要尽可能地弱化创始人或企业家个人的价值判断和行为理念，更多地突出与企业发展新方向、新目标相匹配的文化元素，以及容易为员工认可和接受的价值理念。

这个时候，企业可能占领了广阔的国内市场，打算进一步向海外扩张。而它们的企业文化自然也要尽可能适应更大范围的商业环境，获得国际化商业市场环境的认可。

随着企业发展阶段的不同，企业文化还需在恰当的时机进行变革。特伦斯·迪尔和艾伦·肯尼迪在《企业文化——企业生活的礼节和仪式》一书中指出，至少在下列五种情况下，企业高层管理者应该考虑重塑企业文化，如图 12-3 所示。

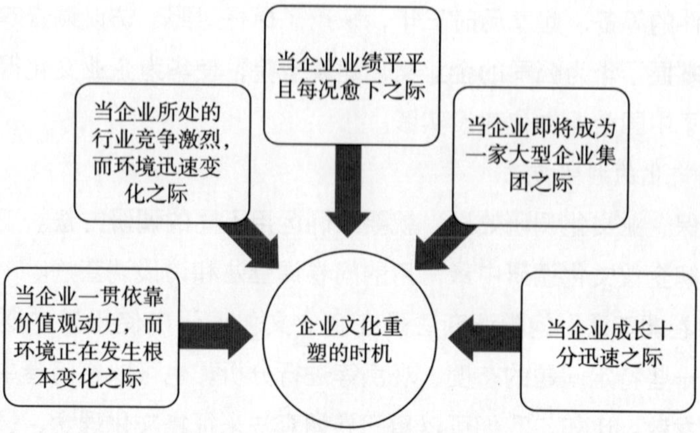

图 12-3 企业文化重塑的时机

（4）运用多种方法交叉调研企业文化。企业文化的诊断和建设效果评估，应贯穿于企业文化建设的始终。而不论是企业文化诊断还是企业文化建设效果评估，企业文化调研都是必不可少的环节。企业文化调研的常用方法包括资料收集法、现场观察法、专题座谈法、标杆对照法、问卷调查法、访谈调查法等。在明确华为核心价值观的《华为基本法》的出台过程中，就应用了多种文化调研方法。

专家组仔细研究了 IBM、惠普、英特尔等世界知名企业的宗旨和行为准则，围绕着企业的使命与核心价值观，给出了基本法的概念框架，包括企业宗旨、管理哲学、基本经营政策、基本组织政策、基本人事政策、基本控制政策、工作道德和纪律。

随后，专家组开始对华为高层进行访谈。他们把重点集中于华为最成功的重大事件上，从中找出指引华为成功的基本理念和原则。另外，他们还特别关注华为公司内部当时存在的主要问题。1996 年 5 月底，专家组与华为人一起确定了名为“华为基本法”的公司内部文件，对众多具体问题进行调研与讨论，并起草写作了这一文件的初稿。

这一文件的第一稿中吸收了华为高层领导提出的许多重要观点。这一文件的第一稿发布之后，任正非在各种场合中，动员华为的干部员工参与讨论。为了充分吸收广大干部员工的意见和建议，这一文件数易其稿，方才得以最终确定下来。

这一文件的筹备、起草历时三年，采用了标杆对照、访谈调查等多种调研方法，全方位掌握了华为公司的企业文化建设全貌，使华为企业文化得以传承；同时，也引领了中国企业文化建设实践。

2. 企业文化的调研方法

为了确保企业文化调研效果，就要正确运用不同的调研方法。下面让我们一起来重点了解企业文化调研中最常用的问卷调查法和访谈调查法。

（1）问卷调查法。问卷调查法是在企业文化调研中使用最广泛的方法。它适用于对某一些特定问题的态度、观点等进行分析，也可以在问卷中进行少量的问题反馈和发散。比如，我们可以用问卷调查法来征集文化理念、员工对文化建设现状的评价和对企业文化建设的建议等。

问卷调查中的多数题目都采用标准化的问题及答案设计，这样的设计便于对调研结果进行统计分析。而且，采用这种方法可以同时对多人展开调查，在短时间内收集大量的信息和资料，具有效率高、成本低的优点。

若采用问卷调查法，问卷设计是非常重要的。那么，一份完整的调研问卷应该包含哪些内容呢？一般来说，调查问卷由卷首语、问卷题目和结束语构成，如表 12-2 所示。

表 12-2　调研问卷的内容结构

构成维度	具体内容	
卷首语	要说明调查者的身份和调查目的，简明扼要地阐明调查结果的应用范围或者承诺对问卷结果保密	
问卷题目	开放式问题	主要是指简答题，不提供答案选项，要求被调查者直接根据题目作答
	封闭式问题	有单选题、多选题、判断题、排序题等，封闭式问题的选项范围都是固定的，被调查者要在调查者提供的所有选项中选择自己认可的选项。通常来讲，一份标准的调查问卷中的多数题目都是封闭式问题
	混合式问题	指的是半封闭式问题。半封闭式问题会提供选项，但如果选项中没有被调查者认为的最合适的内容或者未包含被调查者认可的所有内容，则可以由被调查者补充

续表

构成维度	具体内容
结束语	问卷的最后要收集被调查者的信息，以便对问卷调查数据开展多维分析。与此同时，要对被调查者表示感谢，感谢他们对调查工作的支持与配合

了解了调查问卷的内容结构后，我们还需要掌握问卷题目设计的思路。问卷题目设计的好坏直接关系到调研结果的效用。为了确保问卷题目设计的质量，我们可以遵循“四步法”来设计，依次是明确调研目的、设计调研模块结构、分解为要素、设置问卷题目，如图 12-4 所示。

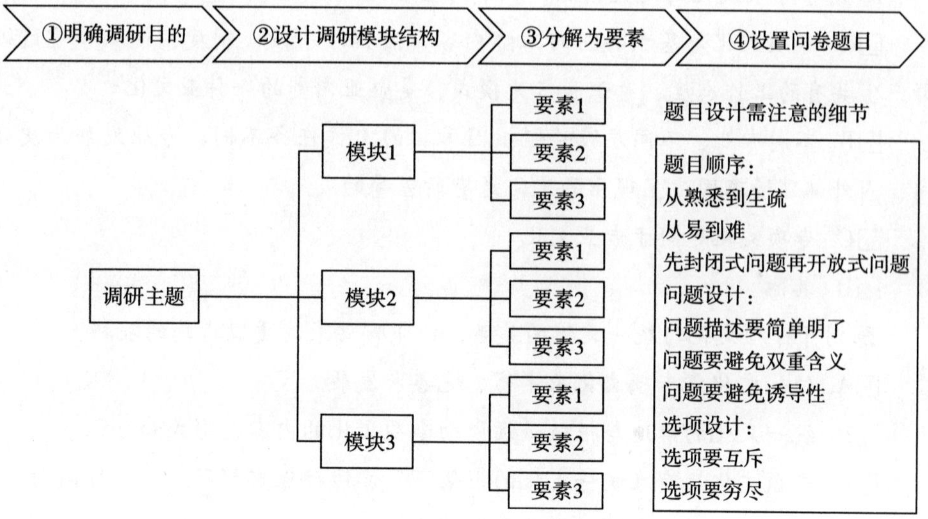

图 12-4　问卷题目设计的思路

根据图 12-4 我们可以清晰了解问卷题目设计的思路。第一步，要明确调研目的，以终为始地确定调研的主题；第二步，从主题出发设计调研模块结构；第三步，将模块分解为多个要素；第四步，针对要素设置问卷题目。问卷的设计过程就是将调研主题逐步具体化的过程。下面让我们以一个公司的专项文化建设调查问卷为例，进一步了解问卷题目设计的思路。

公司专项文化建设调查问卷

尊敬的各位同事：

你们好！为了探索统一的企业文化在各业务领域、各专业条线根植的落地路径和实践载体，形成专项文化建设体系，特在公司管理层进行一次问卷式调查。您的意见对专项文化的建设非常重要，因此请您客观、真实地填写这份问卷。问卷结果仅用于企业文化建设，不会对您的工作造成不良影响，请您放心填写。

一、多选题

1. 对于专项文化的定义内涵，以下哪些表述更贴近您的理解？

□A. 专项文化是基于共同的工作内容、流程、手段、制度，使从事它的人群产生共有的工作态度、意识和行为模式，是企业内部的一种亚文化

□B. 不同专业、不同层级的组织因承担的工作任务不同、专业发展历史不同、内外部环境不同，呈现出的文化是有所差异的

□C. 专项文化等同于专业文化

□D. 其他

2. 对于专项文化与统一文化的关系，以下哪些表述更贴近您的理解？

□A. 统一文化靠专项文化来丰富、完善和发展

□B. 统一文化的落地与根植必须借助专项文化的内容、形式和过程

□C. 专项文化只有在统一文化的框架下，才能确保思想同心，目标同向

□D. 没必要区分企业统一文化和专项文化

3. 对于专项文化的主要功能，以下哪些表述更贴近您的理解？

□A. 专项文化建设有利于形成共同的工作理念、思维方式和行为习惯，提高工作效率

□B. 专项文化建设有助于使统一文化价值理念融入专业工作之中

□C. 专项文化建设对于提高专业工作效率和落实统一文化的帮助不大

□D. 专项文化建设会强化专业部门的独立性，不利于保证统一文化的整体性

4. 对于专项文化的分类，如考虑其可实践性，您认为以下哪种方式最合适？

□A. 以专业部门为分类标准，覆盖所有专业部门，分类建设专项文化

□B. 以专业部门为分类标准，有针对性地选择部分专业部门，分类建设专

项文化

□C. 以专业工作为分类标准，围绕公司统一价值观来建设专业文化，可以是跨部门的，比如绩效文化

□D. 采取专业部门和专业工作相结合的分类标准，构建公司专项文化体系

5. 对于专项文化的建设的主要载体，您认为以下哪些选项比较有效？

□A. 专项文化理念

□B. 专项文化习俗、仪式、仪典

□C. 专项文化行为信条、行为规范

□D. 管理制度、业务工作、各类指标

6. 对于专项文化的建设原则，您认为以下哪些选项比较合适？

□A. 统一性框架与多样化实践方式相结合

□B. 专业化管理与层级化推进相结合

□C. 全业务流程覆盖与示范先行相结合

□D. 同一标准、同步推进

7. 对于专项文化的建设实践，您认为专项文化建设的主要困难有哪些？

□A. 覆盖对象存在差异性，基础条件比较差

□B. 组织保障机制欠缺，影响推进

□C. 员工对专项文化建设有抵触情绪

□D. 管理者对专项文化建设工作不重视

8. 对于专项文化的建设的整体部署，您最倾向于用以下哪种方式推进？

□A. 总部统一设计原则和目标，统一专项文化建设路径，统一进行结果验收

□B. 总部统一设计原则和目标，由各单位自主建设专项文化，统一进行结果验收

□C. 各单位自主建设专项文化，总部搭建平台，以成果展示和交流、工作考核等方式推动，文化建设进程

二、单选题

1. 本单位已经形成覆盖各专业、各流程的特色鲜明的专项文化。

□A. 同意

□B. 非常同意

□C. 说不清

□D. 不同意

□E. 非常不同意

2. 本单位各专项文化建设方式很丰富，很有成效。

□A. 同意

□B. 非常同意

□C. 说不清

□D. 不同意

□E. 非常不同意

3. 本单位专项文化建设的空间很大。

□A. 同意

□B. 非常同意

□C. 说不清

□D. 不同意

□E. 非常不同意

结束语：略

根据案例中给出的问卷题目，我们可以通过“四步法”进行问卷分析，如表 12-3 所示。

表 12-3 “四步法”分析专项文化建设问卷

明确调研目的	设计调研模块结构	分解为要素	设置问卷题目
了解××公司专项文化建设现状，收集专项文化建设意见	对专项文化的理解	专项文化内涵	多选第 1 题
		专项文化与统一文化的关系	多选第 2 题
		专项文化的功能	多选第 3 题
		专项文化的类别	多选第 4 题
	对专项文化建设的建议	建设的载体	多选第 5 题
		建设原则	多选第 6 题
		推进的主要困难	多选第 7 题
		推进方式	多选第 8 题
	对专项文化现状的评价	现状评价	单选第 1 题
		当前建设成效	单选第 2 题
		建设的空间	单选第 3 题

由表 12-3 可见，只需通过“明确调研目的、设计调研模块结构、分解为要素、设置问卷题目”四个步骤，便可以将看似复杂的问卷问题设计分解为一道道具有明确主题的题目设计。因此，在采用问卷调查方法进行调研时，我们可以遵循“四步法”的逻辑，科学合理地设计问卷题目。

了解了问卷题目设计的逻辑后，我们还要掌握问卷分析的方法。对于问卷的分析，我们要综合运用定量分析与定性分析的方法，从数据中发现问题并洞悉本质。定性分析是指对调研数据进行思维加工，将其揭示的本质和内在规律用文字语言归纳总结出来。定量分析则要区别对待封闭式问题和开放式问题。对封闭式问题的定量分析，简单来讲，就是对各选项进行数量统计，并通过平均数、百分比、频数等方式将调查结论展现出来；对开放式问题的定量分析，则是从开放式问题的答案中抽取关键词，进行分类处理，并展现出各类别的数量。

（2）访谈调查法。访谈调查法分为当面访谈法和电话访谈法，是根据调查项目的需要和企业实际情况来拟订访谈提纲，与特定对象（尤其是公司的主要领导人员、历史人物、上下游合作伙伴）进行深度交流。访谈调查法常常用于与特定对象就某些问题进行深度交流与沟通的时候。在使用访谈调查法时，调查者要根据调查目的来设计访谈提纲，问题不必罗列太多，但需要把关键问题一一罗列出来。

访谈调查法与问卷调查法都是采取问答的形式。二者的不同点在于：问卷调查法是给被调查者一份拟好的问卷，再对回收的问卷进行整理与分析；访谈调查法是根据调查目的来设计访谈提纲，列出关键问题，然后在访谈中灵活展开。

访谈问题的设计思路与问卷问题的设计思路相似，题目设计前都要先明确调研目的、设计调研模块结构、分解为要素。二者之间也存在不同点，比如，问卷调查法是直接根据分解的要素来设置问卷题目，访谈调查法是要根据要素所对应的活动场景来设置问题。如果访谈的是常规工作，需要通过访谈追问其规范管理程度；如果访谈的是痛点问题，则需要追问原因和处理措施。

在访谈中，我们可以运用行为事件访谈技术 STARR 法，来对特定事件进行深度访谈，如表 12-4 所示。

如果针对一个事件按照 STARR 法完整地问下来，并及时追问访谈过程中的疑点，我们就能挖掘出该事件 80%的关键信息。而要使访谈达到更好的效果，我们还要注意一些事项：一是访谈前要做足准备，准备好访谈提纲。如果访谈者的访谈经验较少，可以在访谈前先对访谈过程进行模拟。二是访谈时，要认真倾听，及时记录。访谈的目的是了解现状，不宜进行评价。访谈过程中，要适当追问，深挖痛点，要问出隐藏在现象背后的原因，而不能仅限于现象的获取。三是访谈后，要向被访谈者表达感谢，最好能记录下对方的联系方式，以便后期整理访谈记录时与对方确认需要补充的信息或了解疑问。此外，要及时整理访谈纪要，以确保访谈信息的完整性和真实性。

表 12-4 行为事件访谈技术 STARR 法

背景（Situation）	任务（Task）	行为（Action）	结果（Result）
“那是一个怎样的情境？什么样的因素导致这样的情境？在这个情境中有谁参与？” “相关的影响因素还有哪些？” “团队、部门以及公司的情况是怎样的？”	“您面临的主要任务是什么？目标是什么？” “您在当时情况下的实际想法、感受是怎样的？您当时希望怎么做？” “出于什么样的因素考虑？”	“您对当时的情况有何反应？” “您实际上做了或说了什么？” “您采取了哪些具体的行动步骤？”	“过程中发生了什么？” “结果如何？产生了什么样的影响？” “您得到了什么样的反馈？”
反思（Reflection）	通过这个案例，得到了哪些启示？得到了哪些经验和教训？ 再遇到该类事件时，如何做得更好？内外部有哪些优秀实践案例可供参考？ 面对该类事件，公司的普适性要求有哪些？		

事实上，不管是问卷调查法、访谈调查法，还是资料收集法、现场观察法、专题座谈法、标杆对照法，等等，每种调研方法都有其独特的价值。在实际调研工作中，我们常常需要灵活运用各种方法，收集完整、丰富、准确的素材和信息，为我们了解问题、发现问题、分析问题、解决问题、总结经验、做出决策提供系统而全面的参考依据。

（3）从不同维度分析和诊断企业文化。企业在不同的发展阶段，存在着不同的文化形态。因此，我们在企业文化提炼、导入、变革的各个阶段里，都需要进行企业文化诊断，了解本企业的企业文化建设情况，包括：企业文化与企业实际环境的匹配程度、企业文化落实情况、企业文化是否有助于企业竞争力的提升，等等。

国外已经有相对成熟的企业文化诊断工具，其中，瑞士洛桑国际管理学院著名教授丹尼尔·丹尼森创建的丹尼森组织文化模型是一种比较简单可行的企业文化诊断方法。丹尼森在对 1500 多家样本公司进行研究后，总结出了文化的四个特征：参与性、一致性、适应性和使命。他将每一种文化特征又细分出了三个考察维度，如表 12-5 所示。

表 12-5　丹尼森组织文化模型

文化特征	文化维度	具体体现
参与性： 用于测量员工的工作能力、主人翁精神和责任感的培养。一家公司的文化在参与性上的得分高低，可以反映出该公司对员工培养、内部上下沟通、员工参与管理的认识和重视程度	授权	员工是否真正被授权并承担责任；员工是否具有主人翁意识和工作积极性
	团队导向	公司是否重视并鼓励员工相互合作，以实现共同目标；员工在工作中是否依靠团队力量
	能力发展	公司是否不断投入资源来培训员工；公司对员工学习和成长愿望的满足程度
一致性： 用于衡量公司的内部凝聚力和向心力的情况	核心价值观	公司是否有大家共同信奉的价值观，从而使公司员工产生强烈的认同感，并对未来抱有明确的期望
	配合	领导者是否具备足够的能力，以使大家达成高度的共识，特别是在关键的问题上达成共识
	协调与整合	公司中各职能部门和业务单位是否能够密切合作；部门或团队的界限会不会变成合作的障碍
适应性： 用以反映公司对外部环境的适应能力，包括对市场和客户的各种直接或间接信号的捕捉能力和反应速度	创造变革	公司是否惧怕承担因变革带来的风险；公司是否会仔细观察外部环境，预先规划相关流程及变革步骤，并及时实施变革
	客户至上	公司是否了解自己的客户，使他们感到满意，并能预测客户的未来需求
	组织学习	公司能否将外界信号视为鼓励创新和吸收新知识的良机
使命： 用以判断公司是否具备远大且明确的目标和志向	愿景	员工对公司未来的理想状况是否形成共识；这种愿景是否得到公司全体员工的理解和认同
	战略导向和意图	公司是否希望在本行业中脱颖而出；明确的战略意图是否展示了公司的决心，并使所有人都知道应该如何为公司的战略做出自己的贡献
	目标	公司是否周详地制定了一系列与使命、愿景和战略密切相关的目标，并可以让每个员工在工作时参考

企业可以借助丹尼森组织文化模型，通过问卷调查的形式，让员工对企业文化的 12 个维度进行评分，并根据各个维度的得分情况，了解企业文化建设全貌。在丹尼森组织文化模型中，“适应性”和“使命”强调的是企业对于外部环境的适应能力，“参与性”和“一致性”强调的是企业内部的和谐能力，两者共同反映了企业文化建设中所要平衡和解决的主要冲突。丹尼森组织文化模型是企业文化诊断的一种实用方法。

此外，也有理论认为，组织氛围决定了企业70%的绩效。全球性管理咨询公司Hay集团通过调研跨国石油公司的数据也得出类似结论，组织气氛提升10%，将促使净营业收入提高7.9%。因而，实施组织氛围评价也是明确企业文化水平和特征的重要形式。组织氛围是人们在某个环境中工作时的感受，是一个影响个人及团队行为方式、价值观、期望、政策和过程的混合体。组织氛围是创造“明星绩效”的关键，是员工产生非凡动力的源泉。组织氛围评价涉及六个维度，每一个维度都要有明确的、具有可操作性的评价内容，如表12-6所示。

表12-6　组织氛围评价维度

评价维度	具体含义
灵活性	员工不受条条框框约束的程度；员工受到鼓励去锐意创新的程度
责任性	员工感觉到他们在工作中无须事事请示上级，可以对工作结果完全负责的程度；员工受到鼓励可以冒合理风险的程度
工作标准	员工所感受到的管理层强调改善绩效的程度；员工感受到的管理层设定高标准和挑战性目标的程度
激励	员工所感受到的激励制度和分配制度以绩效为导向的公平性程度；员工在多大程度上感受到被认可和表扬，而不是被恐吓和批评
明确性	员工对公司的愿景目标以及实理愿景目标的行动计划的清晰程度；员工对组织架构、岗位要求以及组织动作的清晰程度
团队承诺	员工的团队自豪感、团队奉献精神以及团队协作精神

H公司依据上述组织氛围评价维度进行了企业文化诊断，发现文化建设要重点关注“员工学习与成长”“员工归属感”“员工基本需求”“员工工作认可”这四个方面，并制定了相关的激励措施（见表12-7），使企业文化建设有方向、有目标。

表12-7　H公司针对调研结果制定的激励措施

激励维度	激励措施
员工学习与成长	为员工提供更多的工作机会和成长空间； 设计岗位技能培训路标和员工任职培训路标； 建立导师制，做好人才梯队建设； 建立全员不断进取的成长气氛

续表

激励维度	激励措施
员工归属感	组织部门使命、愿景、年度规划的宣讲，明确员工的组织定位； 通过文化讲座、文化竞赛等形式，宣讲公司文化、核心价值观； 做好员工关怀，帮助员工解决工作与生活中遇到的困难
员工基本需求	创造良好的工作环境和工作条件； 提供有一定竞争力的薪酬
员工工作认可	实施定岗定级、人岗匹配、任职资格认证； 组织绩效辅导与沟通反馈，加强考核结果的应用； 组织标杆评选及优秀事迹宣传

实践中，除了丹尼森组织文化模型和组织氛围评价，还有其他关于企业文化诊断的方法，例如基于企业文化四层次结构的企业文化诊断、基于企业文化类型的企业文化诊断、基于价值观取向的企业文化诊断，等等。借助这些企业文化诊断方法，企业可以在企业文化提炼、导入或者变革阶段审查自身的企业文化情况，描述企业文化“是什么”，帮助企业明确现有的企业文化特征是什么、未来期望成为什么样。在企业文化确定和落实阶段之后，也可以借助这些方法对企业文化的建设和落地效果进行检查和评估。有关企业文化建设和落地效果的评估，将在后面章节中详细介绍。

二、企业文化建设目标规划

在了解了企业文化调研和诊断的工具、方法之后，着手展开企业文化建设和落地工作之前，企业还需要做好企业文化建设和落地工作的目标规划，明确企业文化建设的阶段安排和具体行动计划。

1. 以战略为导向梳理企业文化

企业战略为企业发展提供清晰的定位和方向，是企业竞争优势的来源。企业的战略落地依赖于很多因素，其中，企业文化为企业的战略落地提供了不竭动力。管理学家亨利·明茨伯格在《战略历程》一书中指出，企业文化会从决策风格、阻止战略改变、克服战略改变的障碍、主导价值观、文化冲突几个方面对企业战略产生影响。

此外，麦肯锡 7S 模型指出，影响企业发展的因素包括战略、结构、制度、风格、人员、技能、共同的价值观共 7 个方面，如图 12-5 所示。

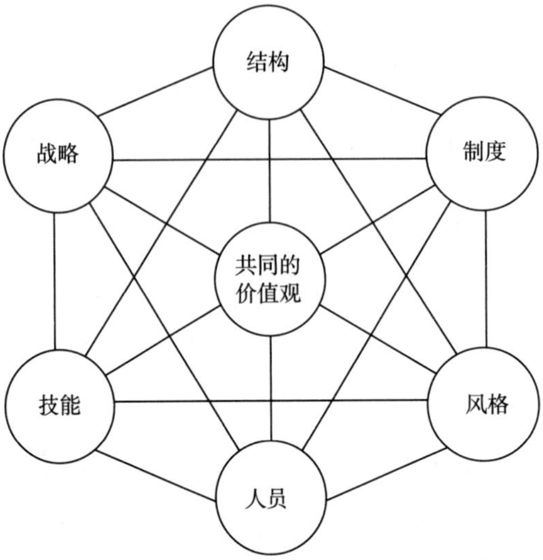

图 12-5　麦肯锡 7S 模型

正如麦肯锡 7S 模型所体现的那样，企业战略与企业文化是相互制约、相互影响的。对于企业来说，重点在于培养与企业战略相适应的企业文化，从而让企业文化成为企业发展的黏合剂，凝聚战略、结构、制度、技能、人员与风格，为企业做大做强提供强大的动力。从本质上来说，企业文化建设是为了实现企业战略目标而提供服务的。因此，企业需要以企业战略为导向进行企业文化梳理，以促进企业战略目标的实现，如图 12-6 所示。

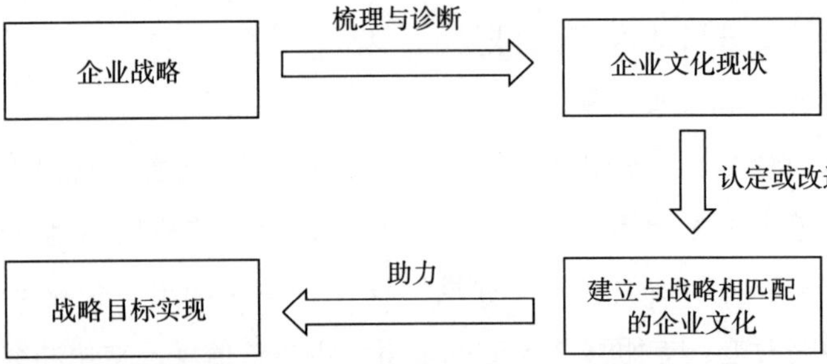

图 12-6　以战略为导向的企业文化梳理

1975 年成立的微软公司，一度凭借 Microsoft Windows 操作系统和 Microsoft Office 系列软件成为行业巨无霸。但是，在市场环境的不断变化中，微软却固守传统、对移动互联网反应迟缓，这使之逐渐落后于竞争对手，甚至一度被定义为“专门给电脑打补丁”的夕阳企业。为了摆脱发展窘境，微软痛定思痛，采取了一系列战略转型措施，同时以战略为导向进行企业文化的梳理。在深入探索“老文化”基因的基础上，微软不断改进，提出了与阶段战略目标相匹配的“新文化”，以企业文化助力战略目标的实现。

从2019年4月开始，微软公司的市值超过了1万亿美元，重新成为全世界最有价值的公司之一。微软公司的再次崛起，离不开现任CEO萨蒂亚·纳德拉大刀阔斧的改革。

一是业务层面的战略转型。2014年，萨蒂亚·纳德拉上任后，他做了一个重要决定，即不再过分依赖Windows盈利，开始在云计算、人工智能上发力。如今，微软公司的云计算业务也正在以每年68%的速度增长。

二是对准战略，推动文化变革。在比尔·盖茨时代，微软公司的使命是“让每个家庭、每张桌子上都有一台电脑”。但在20世纪90年代末，微软公司在发达国家就已经完成了这个目标。在这种文化理念的影响下，微软公司很长一段时间里故步自封地坚守PC阵地，把合作伙伴当作竞争对手，导致其错过了移动互联网发展的浪潮，并逐渐落后于谷歌、苹果、亚马逊等公司。在进入纳德拉时代后，微软公司开始重新思考其文化内核，对准战略，挖掘出“赋能地球上的每个人和每家组织，帮助他们取得更多成就”的新愿景，以更加包容、开放的姿态去面向市场。现在，微软公司在Azure云计算上使用的操作系统更多是基于曾经被视为“癌症”的Linux，而不是Windows，这也是微软公司的文化由“封闭”转向“开放”的表现。

如今，微软公司这家老牌科技巨头顺应时代变革，以新的业务战略和文化形态实现了重生。正如杰克·韦尔奇所言：“企业的根本是战略，而战略的本质就是企业文化。”和则齐美，离则两伤。让企业文化与企业战略深度契合，这是企业实现战略目标的有力保障。

2. 企业文化建设的阶段统筹与规划

企业文化建设是一项时间跨度大、牵涉面广、内容复杂的艰巨工程。企业应事先做好战略规划和部署，有组织、有策略地开展企业文化建设。对于那些比较长期、繁杂或者浩大的目标任务，我们通常会将其分解为阶段性的小目标去逐一实现，企业的文化建设工作也可以遵循这种方法。

根据传统的阶段划分方法，我们可以将企业文化建设过程依次划分为三大阶段。分别是：组织准备，全面宣导与落地，巩固、改善与提升。

（1）企业文化的组织准备阶段。这一阶段的主要任务是进行企业文化建设的组织准备工作，具体内容包括：组建企业文化管理队伍，明确相关部门和人员的责任，形成分级管理、各负其责、齐抓共管、高效协同的长效机制；完善企业文化建设管理机制，通过完善的制度体系、监督体系、激励体系、保障体系，来确保企业文化建设工作的高效开展；确定企业文化建设推进策略；提炼企业文化理念体系，设计企业文化大纲，制定员工手册；在中高层管理者中普及企业文化常识，使其认识到当下建设统一企业文化的可能性、必要性和紧迫性；等等。

（2）企业文化的全面宣导与落地阶段。这一阶段的主要任务是全面推进企业文化的宣贯和落地，具体要做好以下几方面的工作：

第一，通过教育培训，做好企业核心理念的宣传推广工作。通过打造企业文化教育培训内容体系、组织多样化的企业文化教育培训活动、培养强有力的企业文化教育师资队伍、做好企业文化教育培训效果管理等方式，使企业文化得以全面推广。

第二，根据企业文化的相关理念，选定需修订的目标制度，制订相应的制度修订计划，建立起与企业文化相配套的、推动企业文化落地的管理制度，使优秀的企业文化理念得以固化。

第三，根据员工在企业文化理念宣贯过程中的反应，制定出一套易于让员工接受和遵守的员工行为规范。

第四，通过领导者以身作则、树立优秀典范、借助标杆案例等示范传承方式，引领员工做出与企业文化导向一致的行为。

第五，通过企业文化示范班组建设、专项文化建设、企业文化项目化管理等方式，促进企业文化融入经营管理之中。

总之，在这一阶段，企业要让全体员工理解企业愿景、使命、精神、价值观等企业文化的核心内容，将员工个人价值观与企业价值观统一起来，并体现在日常行为中。

（3）企业文化的巩固、改善与提升阶段。这一阶段的主要任务是通过考评激励和多元传播，对初具规模的企业文化进行巩固、改善和提升，形成持续改进的良性闭环系统。在这一阶段里，企业要在内部成员中建立起普遍的企业文化信仰，提升员工的跟随度和忠诚度，强化企业的凝聚力和战斗力。此外，企业还要在社会上树立起统一化、个性化的企业形象，持续提升企业的知名度和美誉度。

3. 企业文化建设的行动计划与实施细则

在明确企业文化建设各阶段的重点任务后，企业要围绕企业的总体规划进行任务分解，量化、细化工作任务，将执行过程变成具体的行动步骤，注明详细的时间节点和责任人，做到目标清晰、任务细分、进度明确、责任到位。在量化并细化工作任务后，企业还要定期跟进、如期反馈，做到“年有目标、季有分析、月有反馈、周有记录”，实现过程管控精细化。

为了做好对企业文化建设工作的精细化管控，企业可以借助相应的管理工具，将行动步骤填写到标准工作计划表中，如表 12-8 所示。

表 12-8　标准工作计划表

<table>
<tr><td colspan="8">工作目标：</td></tr>
<tr><td>序号</td><td>关键任务模块</td><td>行动细化</td><td>交付结果</td><td>完成时间</td><td>负责人</td><td>完成情况</td><td>备注</td></tr>
<tr><td>1</td><td rowspan="4">任务 1
××××</td><td>行动 1</td><td></td><td></td><td></td><td></td><td></td></tr>
<tr><td>2</td><td>行动 2</td><td></td><td></td><td></td><td></td><td></td></tr>
<tr><td>3</td><td>行动 3</td><td></td><td></td><td></td><td></td><td></td></tr>
<tr><td>4</td><td>……</td><td></td><td></td><td></td><td></td><td></td></tr>
<tr><td>5</td><td rowspan="4">任务 2
××××</td><td>行动 1</td><td></td><td></td><td></td><td></td><td></td></tr>
<tr><td>6</td><td>行动 2</td><td></td><td></td><td></td><td></td><td></td></tr>
<tr><td>7</td><td>行动 3</td><td></td><td></td><td></td><td></td><td></td></tr>
<tr><td>8</td><td>……</td><td></td><td></td><td></td><td></td><td></td></tr>
<tr><td>9</td><td>……</td><td></td><td></td><td></td><td></td><td></td><td></td></tr>
</table>

在表 12-8 中，将具体工作分解成了一个个关键任务模块。而后，将各个任务模块“怎么做”分解成一个个具体行动，每个行动对应具体的交付结果、完成时间、责任人、完成情况。其中，“交付结果”一栏中，明确具体交付要求；“完成情况”一栏中，以交付要求为准进行行动检验，其作用是管控行动质量；“备注”栏中，可以填写责任人的行动复盘，例如行动中的亮点、日后改善点等。

值得注意的是，具体的行动和交付结果一定要描述清晰，不要将目标要求混淆为具体行动。下面，让我们通过一个案例来深入了解标准工作计划表的制订过程与方法。

为了解企业文化现状并顺利推进企业文化建设，W 公司在全公司范围内组织了一次企业文化调研活动。调研活动完成后，公司人力资源部制定了“调研报告输出”的任务以及相应的行动计划，如表 12-9 所示。

表 12-9 “调研报告输出”计划表

任务	具体行动	责任人	完成时间
调研报告输出	了解企业文化现状，明确企业文化建设方向	×××	×××

在表 12-9 中我们发现，“具体行动”其实是一个“目标要求”，其内容模糊不明，行动要求也不甚清晰。经过重新梳理，得出具体行动要求如下：

要想输出系统、科学、有价值的调研报告，就需要整理分析问卷、访谈调研结果，梳理企业内部有关文化建设的管理文件，并对标优秀企业案例。计划在 11 月 1 日前完成对问卷和访谈结果的整理行动，在 11 月 18 日完成对企业内部有关文化建设的管理文件的梳理行动，在 11 月 20 日完成优秀企业案例的对标行动，到 11 月 28 日输出调研报告。

借助“标准工作计划表”对上述任务的执行过程进行管控，可以得出如表 12-10 所示的细化行动计划。

表 12-10 W 公司“调研报告输出”标准工作计划表

工作目标：了解企业文化现状，明确企业文化建设方向							
序号	关键任务模块	行动细化	交付结果	完成时间	责任人	完成情况	备注
1	调研报告输出	问卷、访谈结果整理	Word 版整理结果	11 月 1 日	×××		
2		内部管理文件梳理	Word 版整理结果	11 月 18 日	×××		
3		优秀企业案例对标	Word 版对标结果	11 月 20 日	×××		
4		调研报告输出	调研报告	11 月 28 日	×××		

经过行动细化后，W 公司人力资源部的“调研报告输出”任务基本符合“目标明确、行动细分、进度明确、责任到位”的要求。

从 W 公司人力资源部的“调研报告输出”任务的分解逻辑中，我们可以得到几点启示：一是要准确区分工作目标和具体行动，尽量将任务分解成一个个可操作的细化行动。二是行动分解是可以一层层往下展开的，例如对于第四步“调研报告输出”，可以对其继续往下分解，形成诸如方案讨论、方案撰写、方案审核等更为具体的行动。通过层层分解，整个任务推进过程就会逐渐清晰明朗起来，执行效率也会大幅提升。

在企业文化建设工作中，我们要在做好阶段统筹和规划的基础上，遵循任务分解的基本逻辑，借助“标准工作计划表”对各阶段的任务进行精细化管控，确保企业文化建设动作“不变形”，最终取得预期成效。

第二节 企业文化落地

一、企业文化建设落地策略

理解企业文化的内涵和功能、掌握企业文化调研和诊断的方法、明确企业文化的目标规划，其最终目的都是推动企业文化的有效落地。

（一）企业文化建设的困境与问题

没有落地的文化就是“空中楼阁”，那么什么样的文化是落了地的文化呢?

（1）目标定位上的问题。一个企业的文化必须是在经营管理过程中积淀出来的。很多企业在建设企业文化时存在“文化理想”现象，将企业文化建设目标定位在企业可承受的范围之外，脱离企业实际。例如，提出很多“大而空”的口号，把社会口号、政治口号照搬成企业口号，导致企业文化建设空泛化、门面化。

（2）主客体关系认知上的问题。有人认为，企业文化建设就是按照领导者的意图，自上而下地推行。这其实就陷入了“主客体关系”的认知误区。企业文化建设必须是所有员工共同参与建设的过程，从群众中来、到群众中去。只有让企业领导者的战略思考、主导作用与广大员工的参与、主体作用有机结合，才能让企业文化发挥其应有的生命力。

（3）内容上的问题。企业文化内容上常常出现的问题有：文学化、娱乐化、表象化、歪曲化。例如，一家机械代加工的企业为了提高企业文化氛围，将“格物致知、厚德载物”提炼成企业核心价值观，并张贴于企业里的各个角落。事实上，很多员工都无法理解“格物致知、厚德载物”的内涵。可想而知，该企业的企业文化建设效果必然收效甚微。

（4）方法上的问题。很多人认为，企业文化建设就是在企业内部开展政治思想工作，在企业内喊喊文化口号、大搞文化活动、树立典型、高唱赞歌。这便陷入了“假文化”陷阱。实际上，企业文化建设应结合霍夫斯坦德的企业文化四层次结构理论，将企业精神文化、制度文化、行为文化和物质文化加以融合。

要克服这些问题，我们就要掌握正确的企业文化落地方法。

日本近代一位著名的教育家曾说：“首先变革人心，然后改变政令，最后达到有形的物质。倘若次序颠倒，看似容易，实则不通。”企业文化落地其实是一项“人心工程”。企业文化的“内化于心、外化于行、固化于制、物化于境”是其落地的目标，而如何将挂在“墙上”的企业文化“落到”地上，则是每个企业都需要系统思考的问题。

（二）让企业文化融入业务，推进业务建设

在企业文化落地过程中，除了要把企业文化融入员工行为之中，还要解决文化与业务融合的问题，以业务活动为切入点，推进企业文化建设与业务经营活动的互相促进。华为的“铁三角”组织模式是在解决企业文化建设与业务建设的融合问题。

“以客户为中心”是华为的核心价值观。为了更好地满足客户需求，实现客户价值，华为在一线实施精兵作战，建立了“铁三角”组织模式。“铁三角”组织模式就是以客户经理、解决方案专家、交付专家组成工作小组，形成紧贴客户的“铁三角”作战单元。华为创始人任正非来自军队，他非常了解军队文化，并从美军最新作战方式中得到启发：在信息高度发达的今天，并不需要同时有很多人上战场；通过先锋上战场摸清情况，再让后端资源快速跟上，反而更利于作战的胜利。服务客户也是同样的道理，企业需要有一支很强的精兵队伍，快速响应、快速解决问题。于是，华为融合军队文化，建立了贴近客户、感知客户、了解客户网络和业务需求的组织模式。

二、企业文化建设职责分工

要确保企业文化建设的成功，仅仅掌握企业文化落地方法还远远不够，关键还要看执行。企业文化建设工作由谁领导和统筹管理、由谁负责具体推动，这是执行过程中要解决的关键问题。

（一）企业文化建设的领导和统筹管理

企业文化建设的领导和统筹管理在企业文化建设中是至关重要的。企业必须建立“高层统一领导、各部门相互协调与配合，横到边、纵到底”的企业文化建设推进网络。国家电网公司作为关系到国民经济命脉的国有重点骨干企业，在

企业文化建设工作中，建立了一张“由党委统一领导，以各专业部门、各层级单位为建设和管理主体，纵向贯穿、横向覆盖”的组织管理网络。

为了深入推进企业文化建设，国家电网公司制定了《国家电网公司企业文化建设管理办法》，其中部分内容如下：

第五条　公司总部是公司企业文化建设的决策中心；省公司、直属单位是公司企业文化建设的责任主体；地（市）公司级单位、县公司级单位是公司企业文化建设的执行主体和实践单元。

第六条　公司及公司各级单位企业文化建设领导小组、办公室负责组织开展企业文化建设工作。规模较小的地（市）公司级单位、县公司级单位可不设立企业文化建设领导小组。

第七条　公司总部各部门、各分部、公司各级单位的主要负责人是本部门、本单位企业文化建设的第一责任人。

第八条　公司企业文化建设领导小组制定公司企业文化建设方针政策，负责审定公司企业文化管理制度，决策公司企业文化建设重要事项，领导省公司、直属单位建设统一的企业文化。

第九条　公司各级单位企业文化建设领导小组贯彻执行公司企业文化建设管理制度，负责决策本单位企业文化建设重要事项，领导所属单位（部门）创新实践载体，建设统一的企业文化。

第十条　公司及公司各级单位企业文化建设领导小组办公室设在思想政治工作部门，归口管理企业文化建设工作。负责贯彻执行公司企业文化建设管理制度，组织开展统一的企业文化建设。牵头负责对所属单位企业文化建设工作进行指导、监督和考核。未设立企业文化建设领导小组的单位，负责思想政治工作的部门，是本单位企业文化建设管理工作的归口部门。

从上述内容可以看出，国家电网公司在企业文化建设工作中，着力抓好组织与人员保障，自上而下地确立了企业文化领导小组、责任人、责任部门，以此确保了企业文化建设“有人领导、有机构管事、有人做事、有力量办事”。

（二）明确文化建设中相关人员的责任

如果把企业文化建设工作比作一艘航行中的“船只”，那么企业文化建设的领导和统筹管理者就相当于船上的船长，负责掌舵指挥、明确方向和科学决策。除了需要有掌舵之人，船上还需要有分工明确、团结一致的水手团队，这样才能共同保障船只的平稳前行。因此，在企业文化建设工作中，要明确相关人员的责任，使不同层级的人员主动承担好自己在企业文化建设中的角色和使命。

在现实中，很多企业将文化建设的重任全都推给了文化部门或者人力资源管理部门，结果将这些部门搞得焦头烂额：领导的“置身事外”使他们无力主导文化建设工作，加之员工的“不买账”，更使文化推进工作很难取得良好的效果。于是，最初轰轰烈烈掀起的文化建设风潮，在遭遇重重障碍后很快便如潮水般退去。

如果说企业文化建设是一个系统工程，那么，这绝非是某个部门或团队的责任。可以说，在一个企业中，上至最高领导者，下至每一位员工，包括中间的所有层级人员，都应是企业文化建设和推行工作中的组织者和参与者，都应该承担起相应的责任。谁负责牵头？谁负责执行？哪些人应该参与？每一个组织应该发挥哪些作用？这些都需要加以明确。

在企业文化建设实践过程中，不同层级的人员所担任的角色和担负的使命是不同的。

（1）企业家：身体力行地倡导和推行公司价值理念。哈佛商学院教授约翰·P. 科特和詹姆斯·L. 赫斯克特在《企业文化与经营业绩》一书中提出：“通常，公司中只有那么一两个人在推动企业文化变革中成为极为关键的基础。”毫无疑问，起到关键作用的“一两个人”就是企业的最高管理者，也就是我们所常说的企业家。

除了指明企业文化发展的方向之外，身体力行地推行自己所倡导的文化理念，同样是企业家的职责所在。

虽然当下很多企业家或多或少、或主动或被动地认识到了企业文化的作用，但往往只是顺应时局，甩出几条高大上的理念，用来对外标榜、装点门面而已。在管理工作中，他们对自己提出的理念和制度漫不经心，更别说亲自示范了。这种行为给企业文化建设工作带来了极大的障碍。因而，要建立强有力的文化，企业家必须先行端正自己的态度，履行好自己的职责，身体力行地倡导和推行自己提出的价值理念。

（2）企业文化建设领导小组：统筹规划、监督检查文化建设工作。当企业家主导并指明文化建设的方向之后，可以以项目化的形式推动企业文化建设工作。成立企业文化建设领导小组，将企业家的想法贯彻落实到员工群体中去。企业文化建设领导小组应该由各部门的主要负责人组成，这可以有效减少企业文化建设过程中来自部门负责人的阻力。成立好领导小组后，要设置企业文化建设项目管理办，负责领导小组的日常工作，并落实领导小组决议、决定事项。项目管理办设在公司行使文化管理职能的部门下，若公司内部没有专门行使文化管理职能的部门，则可以设在总裁办公室下。

企业文化建设领导小组主要负责企业文化建设氛围的营造；审核公司企业文化建设规划、计划、实施意见、管理办法和工作流程；指导、监督、检查企业文化建设工作；等等。

（3）各部门人员：协同推进企业文化建设。在企业文化建设领导小组的统一领导下，各部门要根据企业文化建设的行动计划，将企业文化建设重点任务细化到本部门，并确保每个事项有人管、有人落实。表 12-11 列举了企业文化建设工作中部分部门的责任分工。

表 12-11　企业文化建设部门的责任分工

部门	企业文化建设责任
人力资源部	做好企业文化宣贯工作； 将企业文化建设指标列入绩效考核指标体系； 加强对人力资源关键业务环节的管理监督，协同推进企业文化建设； 组织企业文化培训工作
安全管理部	做好企业文化宣贯工作； 建立健全安全生产监管制度，修订、完善相关工作制度和管理办法，统一管理标准；协同推进企业安全文化建设； 深化安全警示教育，加大安全生产宣传力度，提高全员安全意识
营销部	做好企业文化宣贯工作，开展职业道德教育和业务技能培训； 贯彻落实公司营销作业指导书，规范服务行为； 协同推进企业文化建设
监察部	做好廉洁文化宣贯工作； 加强反腐倡廉宣传教育，深化廉洁文化建设，协同推进企业文化建设
工会	做好企业文化宣贯工作； 规范工会相关工作业务流程，推进企业文化建设与发展； 开展竞赛活动，培育职工的学习热情； 抓好帮困扶贫工作，促进和谐企业建设； 通过多元化的职工文体活动，丰富职工精神文化生活

表 12-11 中只是对部分部门在企业文化建设过程中的部分责任做了列举。在实践中，企业应根据企业文化建设的阶段统筹与规划行动计划和实施细则，将企业文化建设责任具体分解到各部门。如果是开展项目化运作，则应将责任分解到组成项目组的对应各部门。

通过责任分解，会调动全体人员参与到企业文化建设中，形成层层抓落实、全员协同的良好局面。

为了提升企业文化建设工作中相关人员的履责效能，要做好两项工作。第一，梳理企业文化建设各阶段的工作任务，形成任务清单。第二，根据任务清单，明确相关部门和人员的岗位责任和工作责任，形成责任清单，逐项明确任务书、责任人和履责形式。

国网长春供电公司为了深入贯彻上级党组织关于落实企业文化建设工作责任的各项部署，建立了“两书一单”工作管理模式。

“两书一单”分别是指《企业文化建设工作目标责任书》《企业文化建设工作检查督导诊断书》《月度企业文化建设重点工作任务清单》。其中，《企业文化建设工作目标责任书》内容涵盖了责任机制、思想建设、组织建设、作风建设、工作创新等方面的目标任务，突出全面从严治党和企业文化建设的主体责任、“第一责任人”责任，进一步明确了企业文化建设工作的目标、职责、任务，使企业文化建设工作有方向、有措施、有考核、有成效。《企业文化建设工作检查督导诊断书》主要罗列问题明细，深挖问题症结，在日常工作中及时纠正常见错误，秉承“早防、早治、早好”的原则，确保企业文化建设健康有序推进。《月度企业文化建设重点工作任务清单》的作用体现在三个方面：一是制定指标，列出清单——明确“干什么”；二是动态管理，过程管控——明确“干得怎么样”；三是循环改进，促进提升——明确“怎么干好”。

通过“两书一单”的工作管理模式，国网长春供电公司实现了“工作目标、管理指导、日常监督、季度考核、年度评价”的闭环管理，使相关部门和人员在企业文化建设工作中的责任被压紧压实。

在企业文化建设实践中，其他企业也可以借鉴“两书一单”的工作管理模式，坚持文化建设责任清单化、精准化，建立部门、岗位责任清单，分层细化任务、责任，以确保企业文化建设责任的落细、落实。

当企业文化建设的职责分工明确后，就可以根据企业文化建设的阶段安排，着手从理念层、制度层、行为层、物质层有序推进企业文化建设和落地了。

三、集团公司企业文化管控

在集团管控中，集团公司对外公布一套“鲜明、统一、适合、实用”的企业文化体系，来培养、塑造、整合全集团文化。企业文化由精神文化、制度文化、行为文化和物质文化四个部分组成，所以，企业文化管控也应该从这四部分展开，并输出管控成果。

1. 精神文化管控

通过一整套《企业使命、愿景、价值观、企业文化手册》，从文字上统一、固化企业的精神文化，统一成员企业的核心价值观和工作方式，二级事业部和子公司的企业文化必须与集团的核心价值观保持高度一致。期间，会有企业根据行业、产业、地域、国家的不同而进行微调，但是必须是在大的集团价值观下的微调和创新，而不是推倒重来，更不能有任何相悖之处。

2. 制度文化+行为文化管控

思想决定行为，在核心价值观的统一下，集团公司要统一二级事业部和子公司的行为规范，包括“企业集体行为规范和员工个体行为”。企业集体行为规范用制度的形式固定下来，最终形成“企业宪法”，比如著名的《华为基本法》《华侨城宪章》等。企业对员工个体的行为规范也用制度固定下来，就形成了《员工行为规范手册》。

3. 物质文化管控

企业物质文化：以外在物质形态为主要表现形式的表层企业文化，是企业核心价值观的外在体现。企业文化是通过CI形象手册、公司标志（企业色、LOGO、司旗、司歌）、经营意识（重视产品的开发、服务的质量、产品的信誉、产品质量态度）、办公环境（办公大楼、企业整体装修风格、办公风格）、生产环境（机器设备、生产车间布局、生产线布置）、生活环境（厂区面貌、生活区面貌等）、文化设施、员工共同爱好（万科的长跑）等物质现象来体现的。

案例分析：集团公司企业文化建设实施步骤，如表12-12所示。

表12-12　集团公司企业文化建设实施步骤

建设顺序	工作内容	关键事件	备注
1	成立集团公司企业文化建设实施委员会	成立建设实施委员会；企业最高领导人（董事长或总裁或党委书记）担任建设实施委员会主任	1. 要召开正式的成立仪式，大张旗鼓的宣传； 2. 营造良好的企业文化变革氛围； 3. 领导人身体力行是启动文化的关键

续表

建设顺序	工作内容	关键事件	备注
2	理念层（核心层）的梳理、讨论、定稿输出	挖掘企业使命、愿景、核心价值观、企业精神，形成企业文化大纲，供讨论	1. 挖掘参考创始人、领导人、变革者的经营哲学与人生观； 2. “自上而下+自下而上”双向讨论； 3. 讨论的过程就是“统一思想，培训宣讲”的过程
		大纲定稿并打印输出	
		继续细化形成公司整体的企业文化框架，包括使命、愿景和价值观的诠释	
		形成《企业文化手册》定稿，并打印输出	
3	召开文化建设实施动员大会	正式启动企业文化推行工作，动员全员参与	正式进入第二阶段。委员会划分为若干关键小组
4	制度层建设	员工手册内容的形成、定稿及印刷	员工手册包括企业行为规范、企业人际关系的规范、企业公关策划及规范服务行为规范等内容；制度保障是文化成功的关键
		CIS 手册定稿、打印输出	
		公司文化墙、展板等企业识别系统的设计制作及内容的更换	
5	物质层建设+行为层建设	企业文化手册、员工手册的发放	企业文化试点推行、整改；良好的沟通网络是文化传播的重要渠道；文化转化为行为是成败判断的标准
		企业文化手册、员工手册的讲解、培训、活动、宣传	
		CIS 手册的实施	
		企业文化核心价值观为核心的行为规范考核	
6	阶段总结	总结企业文化试点推行经验、教训，及时纠偏	属于典型的 PDCA 循环；一定要遵循“先试点，再推行”的原则
		考核员工理解、认同、接收的情况	
		总结价值观考核的效果	
7	全面推行实施	流程固化、全面实施、定期总结、升级改善	

第十三章 集团管控体系

第一节 关于集团管控的认知和理解

一、集团管控的定义

按照通俗的理解，企业集团化或者集团公司之后，企业规模越来越大，越来越跨地域甚至国际化发展，产业也更加多元化。企业家族越来越大，分出了母集团、子集团（事业部）和子公司（分公司），甚至孙公司、重孙公司，企业管控层级越来越多。企业越来越大，管理起来也就越来越有难度。面对庞然大物的自己，企业集团要想把“大脑的思维信号通过神经，迅速传到脚掌部位；然后，脚神经做出反应，牵动脚部肌肉”，唯一的解决办法就是对症下药，建设高度统一的集团管控体系。

集团管控是为了完成集团战略规划，上下同欲，使集团上下之间、单元内部和单元之间能够发挥相互协同，“劲儿往一块使”，发挥集团军作用，最后产生“1+1>2”的协同效应。按照管理学定义，集团管控是集团公司总部对二级子集团（或者三级子公司）实施的管理控制及资源的协调分配。集团管控围绕集团战略，通过选择管控模式、设计治理机制、设置组织架构、明确管控框架和边界、细化管控流程和制度、打造统一集团文化等组织行为，来管控下属子集团的战略、经营目标、营销、品牌、供应链、生产、财务、研发、人力资源、风险等经营运作各方面的内容。

二、中国传统“大一统”文化对中国企业集团管控的影响

在中国传统思想里，“集权文化、大一统文化”绝对占据社会主流。它的核心是“国家政治上整齐划一，经济制度和思想文化上高度集中”。“大一统文化”认为，中国必然是一个统一的体系，统一是必然走势。

“集权文化”“大一统文化”在中国历史上发挥了极其重要的作用。在五千多年的历史长河中，中国也成为世界四大文明古国中唯一历史延绵不断的国家，而欧洲却一直四分五裂。

这种“大一统”的思想自然也在企业集团里面有相当大的影响力。当单一企业发展成为企业集团时，二级事业部（子公司）出现，并且随着企业规模扩张，二级事业部和三级子公司（分公司）不断增多。此时，骨子里的传统“集权文化”“大一统文化”思维让企业经营者们开始对分化产生了忧虑。当忧虑越来越大时，集团也就越来越需要管控。

三、集团管控的片面认知

管控是一套完整的系统，与企业表象的庞然大物相比，集团管控也是隐形的一套庞大体系。就像人体八大系统一样，包括运动系统、神经系统、内分泌系统、血液循环系统、呼吸系统、消化系统、泌尿系统、生殖系统，其中神经系统包括中枢神经系统（脑+脊髓）和周围神经系统（脑神经+脊神经）两大部分。看待如此庞大的系统，如果不能抓住本质和重点，我们难免“盲人摸象”“只知其一，不知其二”。

按照管控专家秦杨勇先生的说法，在对管控本质的认识上，主要存在以下片面观点：治理论、组织模式论、预算中心论、集分权论和风险内控论等理论。

其实，上面这些论点就像盲人摸象，有人摸到了大腿，有人摸到了尾巴，有人摸到了鼻子，然后就以为自己已经掌握了世界的全部真相，其实是“以点代面，以偏概全”。

对集团管控，绝对不能只凭片面的了解或局部的经验，就乱加揣测，做出自以为全面的判断。事实上，这个判断一定是片面的。另外，与“盲人摸象”对应的就是“管中窥豹”。上面的每一个对集团管控的认知虽然片面，但每一个理解也都是对的。因为即使只观察局部，即使不全面，也能看到一定的信息量。那么，集团管控的本质是什么呢？

四、集团管控的本质

集团管控的本质是什么呢？管控的目的，绝对不仅仅是“划分母子公司之间的权力”，也不仅仅是“使母子公司的组织架构设计清晰”，更不仅仅是“明确管控框架和边界，细化管控流程和制度”。因为这些都是集团管控的手段和方法，属于集团管控的“术”，而不是集团管控的真正目的。

那么，集团管控的本质是什么呢？集团管控的“道”到底又是什么？

集团管控的目的是集团利益最大化。具体体现在母公司做制度安排，从集团和母公司层面进行大方向、大格局的战略体系安排，将各个子公司的战略和运作纳入集团整体框架；子公司基于制度约束，在集团安排的既定轨迹中创新，以集团整体为重，为集团整体价值最大化服务。集团管控模式是个相对概念，其实质是明确集团公司与事业部、分（子）公司间的集分权关系。

集团管控绝对不是把子公司管死，否则“皮之不存，毛将焉附”？更不是把子公司管得越有序越好，因为企业存在的目的不是培养听话的“儿子”，而是为了让“儿子”为集团创造更大的价值，就是集团价值最大化。

说到集团利益最大化，我们自然就要想“什么是集团利益”这个问题。集团利益就是“集团想要什么？集团到哪里去？集团未来是个什么样子？”

“集团到哪里去”就是集团的战略规划，“集团未来是什么样子”就是集团的愿景。所以，集团管控的第一个本质就有了答案，就是为了实现集团愿景和战略规划。有了统一的集团管控，在制定集团整体战略、集团总部战略、子公司和下属业务单元战略时，集团就能够上下平衡、协调、统一。集团管控也就能够紧紧围绕集团公司的战略导向。

明白了“集团到哪里去”和集团未来的样子之后，需要解决的问题就是“未来美好，但是集团如何才能到那里?”集团管控的第二个本质就是战略的执行。集团在明晰了战略目标后，就必须专注于如何将战略目标和战略实施规划落到实际行动。具体来讲，战略实施规划从四个环节进行：战略分解、战略目标转换、战略实施、战略评估和优化。

第一环节：战略分解，即按照层级维度和模块维度进行战略分解。

层级维度：将集团整体战略纵向分解为集团整体战略、集团总部战略、子公司及下属业务单元战略。

模块维度：将集团整体战略横向分解为发展战略（产业战略）、竞争战略、组织战略、营销战略、品牌战略、研发战略、供应链战略、生产战略、财务战略和人力资源战略等各个模块。

第二环节：战略目标转换。

将各层级和各模块的战略目标分解相应层级和模块的年度经营目标，细化到季度经营目标和月度经营目标。这一步骤是战略实施承上启下的关键步骤。如果战略没有转换成可以衡量的经营目标，那么战略实施就没了方向，实施效果就没了衡量标准。

第三环节：战略实施。

战略实施需要集团公司政策支持、资源配置、业务优化整合、组织结构调整等配套内容。如果前两步解决的是战略分解和目标转换，那么，战略实施就是战略执行好坏与否最重要的步骤。

第四环节：战略评估和优化。

包括总结和评估战略实施的效果和质量，与战略目标对比做偏差分析。战略实施偏差分析包括分析战略实施环境变化、评估战略实施效果，并根据偏差分析，做出战略优化调整。

要想使战略更好地落地，战略分解、战略目标转换、战略实施和战略评估优化“一个都不能少”。

通过分析战略执行的各个环节，我们可以看出，高度统一的集团管控能够提升集团总部、二级事业部和子（分）公司战略的执行能力。没有集团管控，集团管控各层级之间、各个功能模块之间，在转换战略目标和制定政策、配置资源、调整组织架构等方面，一定是“各扫门前雪，各自为了自己的利益而战”，做不到“力出一孔”，最终结果自然不可能“利出一孔”，更不可能实现集团利益最大化。所以说，集团管控是集团战略执行的必要保证，是集团价值最大化的必要保证。

上面的分析很抽象，但是逻辑很清晰。集团管控的终极目的是“实现集团价值最大化”。要想实现集团价值最大化，就要清楚地明白“集团价值是什么？集团想要什么？集团未来想去哪里？如何才能到达那里？”其中“集团想要什么”就是集团战略，“如何才能到达那里”就是战略实施和执行。所以我们可以概括一句话：集团管控的本质就是通过“明确集团战略，实施集团战略，提升集团战略的执行力”，最终目的是“实现集团价值最大化”。

第二节 集团治理与管控

合法、有效的集团治理体系和适度、有序的集团管控模式是任何一家集团化运作企业都需要思考与解决的问题。无论是一级集团企业，还是多级集团企业，也无论是相关多元化集团企业，还是无关多元化集团企业，在集团治理结构与管控模式设计方面思考的内容是相似的，方法也是相近的，本书就以一级集团企业治理结构及管控模式为主加以阐述。

一、集团治理结构设计

根据《公司法》相关规定：公司可以设立分公司。设立分公司，应当向公司登记机关申请登记，领取营业执照。分公司不具有法人资格，其民事责任由公司承担。公司可以设立子公司，子公司具有法人资格，依法独立承担民事责任。可见，由于业务及发展需要，企业设立的分公司、子公司越多，企业内部的管理就越复杂。

由于集团公司往往是多级股权结构，除了按照《公司法》要求设立的股东大会、董事会、监事会等法定组织之外，为了确保股东利益不受侵害和企业稳健、可持续经营，同时保证经营过程中方向准确、用人得当、激励有效、风险可控、投资稳健、可持续发展，确保企业所有权、决策权、执行权、监督权“四权分立”，做到纵向授权、层级负责，为提高经营透明度和决策质量提供依据，企业还需建立必要的治理结构，常见的集团治理结构有战略委员会、薪酬与绩效委员会、提名委员会、审计委员会、投资委员会等，不同委员会人员构成不尽相同，履行职能各有侧重，工作模式也存在差异（见图13-1）。

1. 战略委员会

战略委员会通常由公司董事会成员、独立董事、外聘专家组成。战略委员会通常履行以下职责（但不限）：

（1）提出集团及分子公司的发展战略指导思想。

（2）组织制定集团的总体发展战略，提出集团的职能战略指导思想。

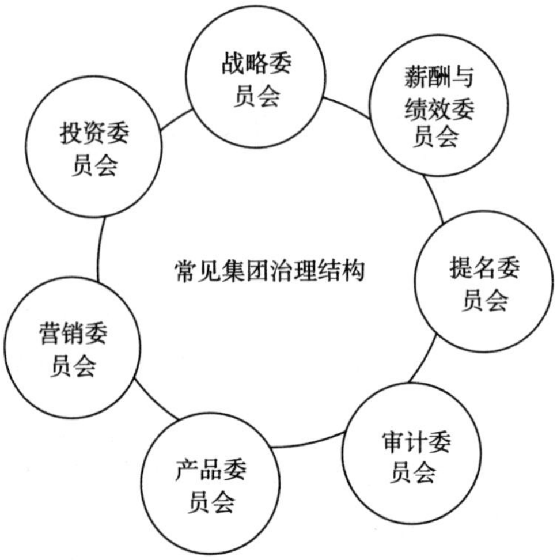

图 13-1 常见集团治理结构

（3）组织制定集团的经营目标和阶段性经营计划，并对集团战略实施过程进行监控和定期评估。

（4）指导分子公司制定发展战略，审批分子公司发展战略规划并监督执行情况。

（5）根据公司战略需要，负责集团组织结构的设计与重要调整。

（6）其他战略领域相关重要事项的管理。

2. 薪酬与绩效委员会

薪酬与绩效委员会通常由集团董事会成员、独立董事、监事会成员、外聘专家组成。薪酬与绩效委员会通常履行以下职责（但不限）：

（1）根据集团发展战略，提出激励与分配的主要指导思想。

（2）对集团激励机制、分配机制的运行情况进行监控和定期评估。

（3）对集团绩效管理、薪酬分配过程中出现的重大争议问题做最后裁决。

（4）对集团总经理提交的年度薪酬福利预算报告进行审核批准。

（5）对集团，总经理提交的年度绩效指标词典进行审核批准。

（6）审核批准集团及分子公司高级管理人员的新翻福利水平。

（7）对高级管理人员的业绩进行综合评价。

（8）负责管理员工持股、股票期权计划。

（9）其他薪酬与绩效领域相关重要事项的管理。

3. 提名委员会

提名委员会成员至少三名，由公司内部董事、外部独立董事组成。提名委员会通常履行以下职责（但不限）：

（1）负责对担任董事的资格条件进行说明。

（2）负责对董事会下属各专业委员会的成员组成进行提议。

（3）负责对空缺的董事职位提出候选名单。

（4）负责评价董事会业绩、董事业绩。

（5）负责对内部董事、外部董事人选提出方案。

（6）负责处理股东提出的董事人选提案。

4. 审计委员会

审计委员会至少三名，外部独立董事占多数，一名独立董事至少是会计专业人士。审计委员会通常履行以下职责（但不限）：

（1）经股东大会批准，负责提名公司的会计师、审计人员。

（2）负责选择或推荐独立的外部会计师。

（3）负责在公司外部审计人员提供审计服务之前，对其服务范围进行界定。

（4）负责监督公司内部审计制度及其实施。

（5）负责评价管理人员对由外部和内部审计人员提出的重要控制建议的反应。

（6）负责在年度财务年报和其他会计报表发表之前，对其进行审查。

（7）负责帮助公司董事会其他成员更好地理解公司的核算体系、内部控制、财务报表、财务政策。

（8）负责在公司董事、独立的注册会计师、内部审计人员、公司的财务总监之间建立畅通的交流渠道。

（9）负责董事会授权的重大审计项目（重大投资项目、高管离任、经济责任等）。

5. 投资委员会

投资委员会通常由董事会成员、监事会成员、法律专家、财务专家组成。投资委员会通常履行以下职责（但不限）：

（1）审核和论证集团年度投资方案。

（2）负责重大投资项目可行性评估及风险控制。

（3）对年度投资活动进行评价，向董事会提交相应的评估报告。

（4）对下属企业的股份转让、兼并、整顿、清算等重要问题提出建议。

（5）负责对投资项目进行评审和决策。

企业究竟该设立哪些治理结构其实并无定论，只是根据企业实际需要确定即可，但良好的治理结构应具有以下几个特征：

（1）董事会能够及时、有效地发现企业运营过程中存在的问题，并上报股东会进行决策。

（2）能够在授权范围内协助董事会做出相应决策，并确保决策有效、准确。

（3）对董事会及公司经营层进行有效的监督。

（4）股东通过公司董事会、治理结构对公司经营层有足够的监控能力。

（5）符合国家法律法规要求，做到合法经营。

（6）能够对所制定的各项政策、法规进行有效监督。

（7）能够及时、准确地进行重要信息报告。

二、集团管控模式设计

根据集团业务复杂程度及总部对分子公司业务运营过程参与程度以及分子公司业务协同度，集团管控模式可以分为四类（见图 13-2）。

运营干预度	运营日常				
	战略规划				
	战略指导				
	财务维度				

图 13-2　集团管控模式（未完）

如图 13-2 所示，从财务管控型、战略管控型到运营管控型，集团总部的集权程度越来越高，而分子公司的自由度则越来越小，不同集团管控模式对比如表 13-1 所示。

表 13-1 不同集团管控模式对比

管控模式	财务管控型	战略设计型	战略管控型	运营管控型
总部对分子公司业务干涉程度	干涉程度低，分子公司业务灵活性大，局限于资本配置及财务评价	比较有限，通常是季度和半年度干涉，关注战略、财务考核及指导方向	干涉频率较高；关注经营指标	干涉频率很高：关注日常运营指标
分子公司业务独立性	在运营及战略上具有独立性；就财务表现向总部负责	在战略及运营方面具有自己的独立性；就发展方向及盈利向总部负责	有一定的独立性；需要对经营指标总体表现向总部负责	独立性比较低：需要对整体运营指标水平向总部负责
集权程度	高度分权	相对分权	相对集权	高度集权
总部关注的价值	股东价值	企业价值	遵循业务操作标准	遵循管理标准
总部人员配置	负责财务、法务及投资者关系的人员配置在总部	负责战略、法律、财务的人员配置在总部	负责战略、法律、财务、核心运营人员设置在总部	除日常运营人员之外，其他人员均在总部
总部人员角色	制定重要政策；进行财务资源整合	负责重要决策；决定战略方向；协调业务单元	制定具体的政策及流程	承担具体经营职责
总部人员规模	小	较小或中等	较大	大
总部价值创造	投资管理；资本运作	整体战略管理；投资管理；业务单元协同	整体战略管理；投资管理；业务单元战略管理；总部增值服务	战略管理；投资管理；业务单元、战略管理；总部职能服务

当然，在有些理论体系中，经常把集团管控模式分为三类，即财务管控型、战略管控型、操作管控型（又称运营管控型）。

企业在实际运作过程中，也可能既不选择财务管控，也不选择战略管控，而可能是两种管控模式的结合。

三、集团管控内容规划

通常而言，集团管控核心内容由四部分构成：集团治理与管控模式、管控流程与组织结构、绩效与企业文化、集团风险预警及控制。其中：

（1）集团治理就是根据集团经营需要设置必要的治理结构，协助董事会进行有效决策：管控模式从集团内部不同业务之间的协同度以及集团总部对分子公司业务的干预度两个方面进行规划即可。

（2）管控流程是要解决集团总部与分子公司之间的工作关系，包括战略管理、财务管理、人力资源管理、绩效管理、风险管理等。组织结构就是根据管控模式及总部、分子公司职能定位规划集团总部、分子公司内部组织结构。

(3) 绩效是指集团总部为了达成总体经营目标、实现集团发展战略，定期对分子公司进行绩效评价。企业文化是为了确保集团总体文化的宣导与传承，确保企业文化上下统一。

(4) 集团风险预警及控制是根据国家相关法律法规及企业实际经营需要，对内外部经营风险进行识别与预防，确保企业经营风险可控。

【案例】中粮集团的战略选择和集团管控

中粮集团有限公司（COFCO）是立足中国的国际大粮商，是全球布局、全产业链、拥有最大市场和发展潜力的农业及粮油食品企业，集贸易、加工、销售、研发于一体的投资控股公司。

中粮集团资产总额5444亿元，年营业收入4709亿元，年经营总量近1.6亿吨，全球仓储能力3100万吨，年加工能力9000万吨，年港口中转能力6500万吨。

在中国，中粮集团综合加工能力超过6000万吨，是中国最大的农产品加工企业，涵盖了中国百姓日常消费的主要农产品品类，包括稻谷、小麦、玉米、油脂油料、糖、棉花、肉制品、乳制品、酒、茶叶等；形成了包括种植养殖、仓储、物流、贸易、加工、分销等环节的上下游一体化网络，搭建起“北粮南运”的大动脉。

作为投资控股企业，中粮集团旗下拥有13家上市公司，其中包括中国食品(00506. HK)、中粮控股（00606. HK）、蒙牛乳业（02319. HK）、中粮包装(00906. HK)、大悦城地产（00207. HK）、中粮肉食（01610. HK）、福田实业(00420. HK)、雅士利国际（01230. HK）、现代牧业（01117. HK）九家香港上市公司以及中粮糖业（600737. SH）、酒鬼酒（000799. SZ）、中粮地产(000031. SZ)、中粮生化（000930. SZ）四家内地公司。

(1) 关于集团公司领导体制集团公司经营机构即集团公司经理层，是集团公司经营管理决策中心。集团公司总经理是集团公司法定代表人。集团按《中国共产党章程》以及中央有关政策，规定建立党组织，充分发挥党组织的作用。集团公司党委是集团的政治核心，集团公司经理层和集团公司党委成员可双向进入，互相兼任。

(2) 关于集团公司职能。集团公司根据资本经营和实业经营相结合的经营性质定位，具有财务投资和产业统筹的双重角色，主要行使投资决策、资本经营、子公司监管、资金资产管理和战略管理等职能。

（3）关于集团公司和子公司管理关系。集团公司以产权关系为依据确定与各类子公司及委托管理的企业之间的管理深度和分权方式。对子公司的管理，集团公司依据以下原则：

第一，集团公司对于具有法人资格的子公司的独立经营地位和独特经营个性，给予充分的尊重；通过相应的管理制度，保障子公司对其法人资产拥有占有权、支配权、处置权。

第二，集团公司与子公司之间的管理关系主要在集团公司与子公司董事会之间发生。集团公司职能部门与子公司职能部门之间的管理关系主要是业务系统内指导与被指导的关系。

第三，集团公司和子公司之间的授权关系严格按《公司法》规范确定。对于有弹性的部分，如投资项目审批权限等，将按子公司的资产存量、经营规模、经济效益、发展阶段等不同情况，在集团公司、董事会、经营班子之间做适当的划分。基本原则是：在监管约束有效的前提下充分授权。

（4）关于子公司法人治理结构。集团公司保障和推进子公司董事会和监事会的规范化有效运作。集团公司向子公司选派合格的董事和监事。集团公司的决策意志通过子公司董事会中的董事来体现；集团公司的监管目标通过子公司监事会中的监事来实现。集团公司未来的一项重要战略任务是：培养、发掘、引进能胜任董事和监事之职的高级人才。同时，建立健全董事、监事的评价考核、激励约束制度。集团公司所派董事、监事需维护集团权益，忠实执行集团公司的决策，尽职尽守并不断提高决策及监管水平。集团公司将在子公司董事会中逐步导入外部董事制度。

（5）关于集团公司对子公司的监控。集团公司对子公司的监控以不影响子公司活力及正常的经营活动，保证所有者权益为原则控制方式包括以下几种：

1）股权控制。集团公司作为出资人，以资本为纽带，行使《公司法》中规定的股东权力，包括管理监督权、利益分配权、股份处分权等。

2）财务控制。集团公司按“大财务”理念对子公司的投资规模和方向、资产结构、资产安全、成本利润等实施监督、指导和调节。

3）人事控制。集团公司向子公司派出董事或监事作为产权代表。同时通过子公司董事会掌握子公司重要管理职位的任免权。集团公司将不断完善产权代表管理制度。

4）制度控制。按照国际惯例对子公司实施定期报告制度、实体考核制度、监审计制度等。

5）信息控制。集团公司凭借信息网络动态掌握情况，及时发现问题并做出反应。

第三节　集团定位及分工

集团治理结构及管控模式确定后，还需要对集团总部及分子公司定位进一步明确，并在此基础上规划集团总部与分子公司核心职能、分权体系、集团管控流程及集团风险控制。

一、集团总部与分子公司定位

虽然不同集团管控模式背后集团总部对分子公司的授权力度是不同的，但无论高度集权还是高度分权，抑或是适度授权，企业总部都应该扮演好自己的角色，同时分子公司也应该做好自己分内的事情，如图 13-3 所示。

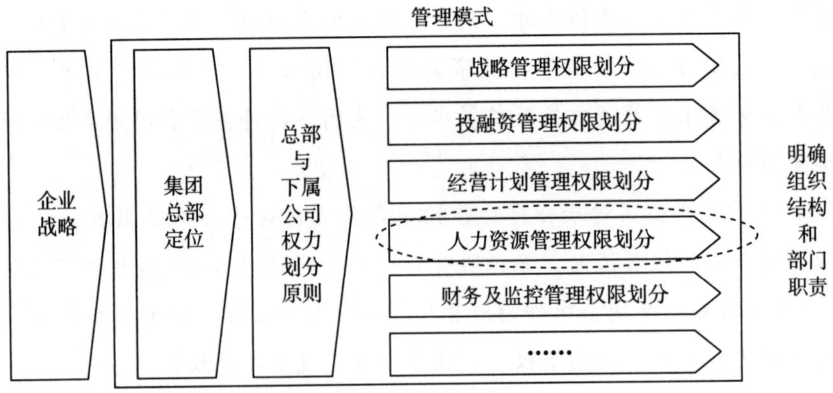

图 13-3　集团与子公司定位

（一）集团总部定位

我们把集团总部的定位归结为把控方向、资源整合、赋能、风险控制。

（1）把控方向。无论是投资方向、资本运营方向还是发展战略选择、年度经营策略、都会涉及集团整体发展方向的问题，不同的集团管控模式对方向把控的范围是不同的，比如财务管控模式集团总部只需要把控投资方向、资本运营方向即可，但战略管控模式则还需要对业务选择、产品研发、市场开拓等方向进行把控。

（2）资源整合。集团总部的另一个核心定位就是资源整合，无论是人力资源、资金资源、资产资源还是信息资源、客户资源、知识资源，集团总部都应该行使好资源整合的职能，在全集团范围内让资源组合最优化、资源回报最大化。

（3）赋能。集团总部还有一个功能就是及时为分子公司业务开展赋能，这种赋能包括政策支持、资源调配、能力提升、方向把控等。

（4）风险控制。绿色、可持续发展已经成为任何一家企业经营的共识，单个企业经营尚且如此，集团化运作企业更需要这样，因此集团总部必须时时刻刻把控经营风险，确保集团发展可持续。

（二）分子公司定位

与集团总部不同，分子公司只需要在授权范围内做好自己的业务，为集团公司健康、可持续发展提供动能即可。

（1）业务运营。无论是运营管控型之下的生产业务，还是战略管控型之下的产、供、销一体化，抑或是财务管控型之下的产、供、销、人全线运作，分子公司的核心职能就是业务运营中心。

（2）利润中心。但凡是集团化运营的分子公司都要扮演好自己利润中心的角色，分子公司要明白集团一定要追求资产回报率、资产增值的，因此，除了扮演好自己业务运营中心的角色，更重要的是扮演好利润中心的角色。

二、集团总部与分子公司职能分工

前文提到，企业发展战略决定了业务蓝图，业务蓝图中的每一项业务都需要企业相应的部门去承接和运作，单个企业运营的时候只需要将业务蓝图中的每项业务分解到不同的部门即可，但集团化运营时首当其冲的是要将业务蓝图中涉及的所有业务从集团总部、分子公司两个层面进行分解，归集团总部的业务最终会形成集团总部职能部门或者治理结构，而归分子公司的业务又将会形成各个分子公司的职能或业务部门（见表 13-2）。

表 13-2 不同集团管控模式集团总部、分子公司职能分工

管控模式	财务管控型	战略设计型	战略管控型	运营管控型
总部职能	总部战略、投资管理、收购及兼并、资产管理、财务管理	总部战略、投资管理、收购及兼并、资产管理、财务管理、分子公司发展战略审批	总部战略、投资管理、收购及兼并、资产管理、财务管理、分子公司发展战略、高管任命、法律、审计	总部战略、投资管理、收购及兼并、资产管理、财务管理、分子公司发展战略、公共关系、人才培养、高管任命、法律、审计、人力资源、总部研发、总部营销
分子公司职能	分子公司发展战略、高管任命、法律、审计、公共关系、人才培养、研发、营销、采购、生产、物流、人力资源	分子公司发展战略、高管任命、法律、审计、公共关系、人才培养、研发、营销、采购、生产、物流、人力资源	公共关系、人才培养、研发、营销、采购、生产、物流、人力资源	采购、生产、物流

三、集团分权体系设计

前文提到，不同集团管控模式背后除了集团总部与分子公司职能分工的不同外，更重要的其实是集权与分权的差异，从财务管控型、战略设计型、战略管控型到运营管控型，集团总部的集权程度越来越高。集团总部与分子公司之间的职能分工明确后，为了确保上下高度协同，权责清晰，企业还需要明确分权体系（见图 13-4 至图 13-6）。

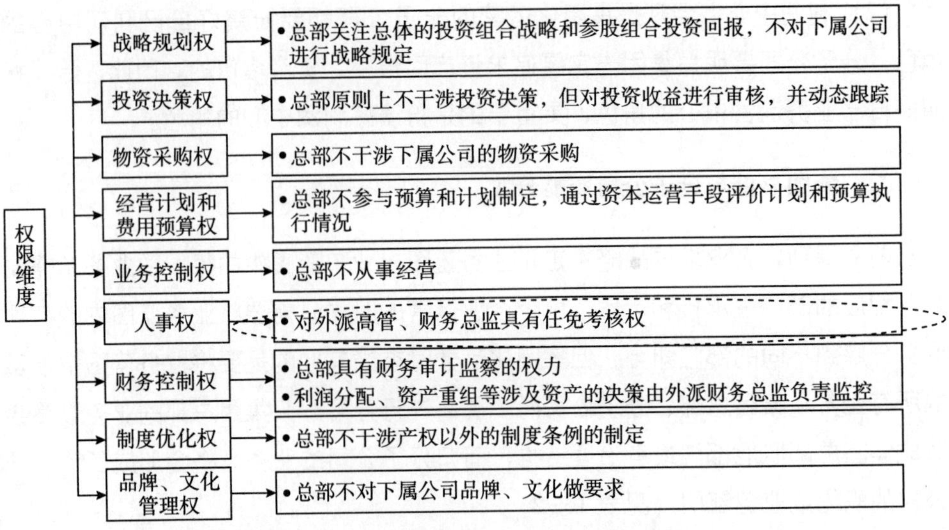

图 13-4 财务管控型母子公司各项权限划分

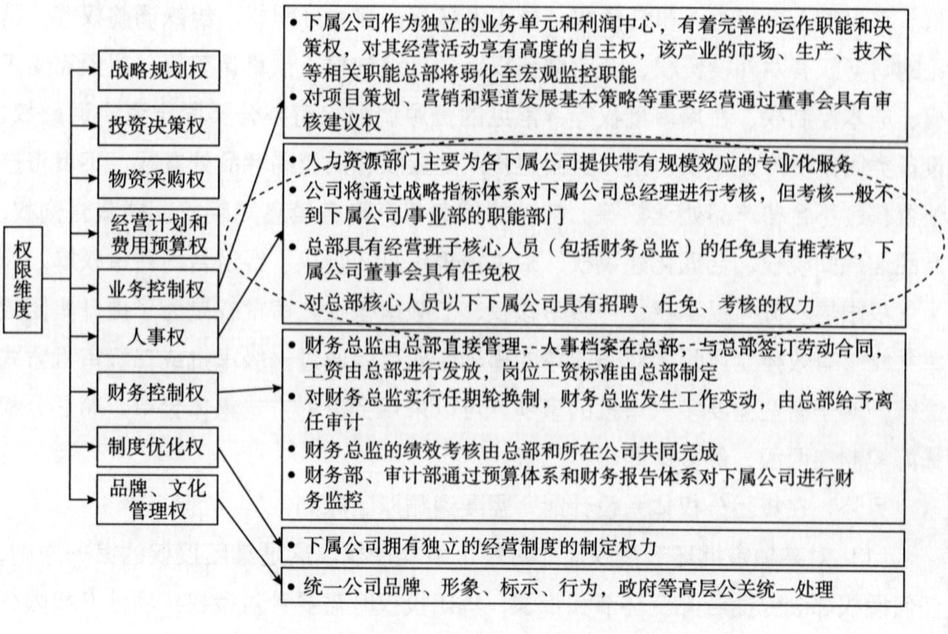

图 13-5　战略管控型母子公司权限划分

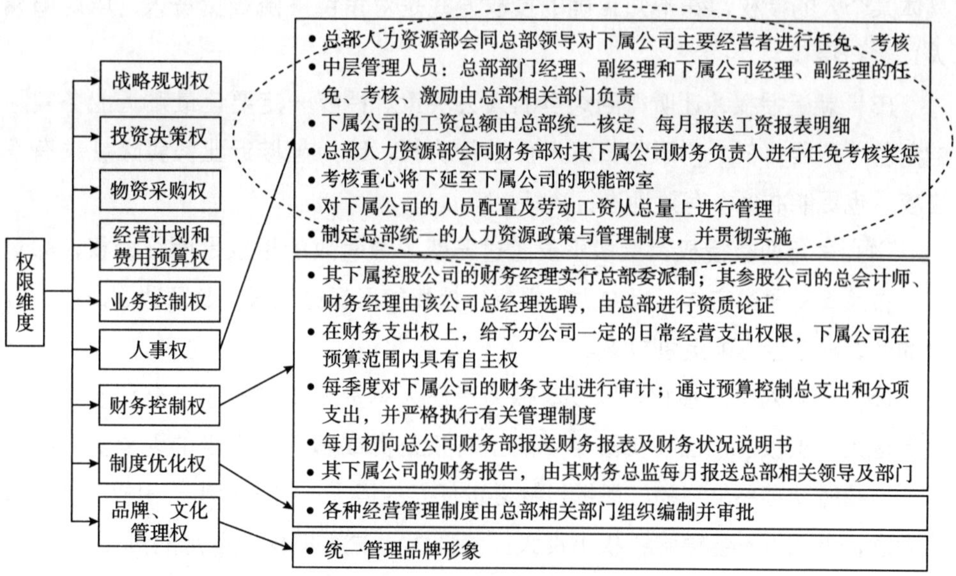

图 13-6　运营管控型母子公司权限划分

通常而言，权限类型分为四种，分别为人事权、财务权、资源调配权及信息权。常见的人事权有人事任免权、员工考核权、奖金分配权、组织调整权等；常见的财务权有对外投资权、企业融资权、预算编制权、预算调整权、超预算修正权、成本控制权、费用审批权等；常见的资源调配权有办公类固定资产调配权、设备类固定资产处置权、生产类固定资产处置权、低值易耗品处置权、不良资产处置权、不合格产品处理权等；常见的信息权有财务信息知晓权、档案查询权、产品信息知晓权、合理化建议权、相关报表信息知晓权、经济合同评审权等。

权限层次分为提案权、一级审核权、二级审核权，审批权是为了提升集团效率并能够有效控制风险，对于简单的事项企业可以通过一级审批或二级审批方式进行，对于有些需要多人审批的事项，可以采用会审的方式集体会审，总之分权最好控制在两级，最多不要超过三级。

另外，在集团分权体系设计时，需要遵循以下原则：

（1）对某项审批环节授权而非对整个事项授权。这是集团授权的第一原则，任何授权都会包括若干个环节和步骤，集团授权时需要针对授权事项涉及权限分配的具体环节和步骤进行授权。

（2）对角色授权而非对人授权。很多企业在进行授权时，往往误认为是对具体某个人的授权，殊不知正确的授权方式是对角色（流程责任人、职能归属人）进行授权。

（3）就近授权，让听得到炮声的人去决策。授权一定要让最贴近业务实际的角色（流程责任人、职能归属人）进行决策，因为越接近业务实际就越有发言权，也更能准确、有效地进行决策。

（4）采用两级授权，最多不要超过三级。最有效的授权是两级授权，即对某项决策事项通过审核、批准进行授权，授权如果超过三级，甚至达到四级、五级的话，一定会影响运营效率。

（5）责权对等。授权可以改变相关责任人有责无权的状态，有利于调动相关责任人的积极性，但在实践中要防止有权无责或者权责失当的现象。有权无责，用权时就容易出现随心所欲、缺乏责任心的情况；权大责小，用权时就会疏忽大意，责任也不会很强；权小责大，责任人无法承担权力运用的责任，因此，授予多大的权，就要有多大的责任，要求多大的责任就应该授予多大的权力，权力和责任要对等。

（6）授权不等于撒手不管，离开监督的授权必然滋生腐败。授权的同时要加强管控，企业可以通过授权审计、绩效分析、专项追责等手段检讨滥用权限、越权、不作为等行为，发现问题，及时优化。

四、集团管控流程

集团公司需要协调和解决好五种关系，分别是集团与分子公司的关系、集团总部部门之间的关系、分子公司内部部门之间的关系、集团总部职能中心与分子公司职能部门之间的关系、分子公司之间的关系。

通常我们对集团与分子公司的关系用流程去解决和表达，这些流程就是我们通常所说的集团管控流程，常见的集团管控流程有集团战略管理流程、集团经营计划管理流程、集团投资管理流程、集团融资管理流程、集团预算管理流程、集团资金管理流程、集团审计流程、高管任用流程、高管绩效评价流程、公章及用印管理流程、合同管理流程等。

第四节　集团管控的其他要素

一、集团风险控制体系

企业在实际运行的过程中随时都会面临人员异动、经营环境变化、政策调整、业务腐败、客户诉求发生变化、流程执行不力、合同履行变更、商业机密泄露、安全事故、环境污染等风险，集团企业更是如此，因此，在设计集团管控体系时企业必须预先识别相关风险点，并建立风险识别与防范措施，只有这样才能保证集团各项业务有效运行。

根据中华人民共和国财政部、证监会、审计署、银监会、保监会联合颁布的《企业内部控制基本规范》，企业在以下 18 个方面建立内控体系：

（1）组织架构。包括组织架构的设计、组织架构的运营。

（2）发展战略。包括发展战略的制定、发展战略的实施。

（3）人力资源。包括人力资源的引进与开发、人力资源的使用与退出。

（4）社会责任。包括安全生产、产品质量、环境保护与资源节约、促进就业与员工权益保护。

（5）企业文化。包括企业文化的培育、企业文化的评估。

（6）资金活动。包括筹资、投资、营运。

（7）采购业务。包括购买付款。

（8）资产管理。包括存货管理、固定资产管理、无形资产管理。

（9）销售业务。包括销售、收款。

（10）研究与开发。包括立项与研究、开发与保护。

（11）工程项目。包括工程立项、工程招标、工程造价、工程建设、工程验收。

（12）担保业务。包括调查评估与审批、执行与监控。

（13）业务外包。包括承包方选择、外包业务实施。

（14）财务报告。包括财务报告的编制、财务报告的数据提供、财务报告的分析与利用。

（15）全面预算。包括预算编制、预算执行、预算考核。

（16）合同管理。包括合同的订立、合同的履行。

（17）内部信息传递。包括内部报告的形成、内部报告的使用。

（18）信息系统。包括信息系统的开发、信息系统的运行与维护。

以上内控内容也是企业集团风险控制体系的核心内容，企业需要结合自身实际对以上内控涉及内容进行风险点识别、监控、预防和及时发现与处理。

二、集团管控下的人力资源管理

为实现人力资源管理全部日常事务性和部分行政事务性工作的集成化、标准化、流程化管理，统一资源投入、统一政策标准，降低运营成本，集团企业应推行人力资源共享服务体系建设。建立涵盖人员招聘、培训、职称评审、交流轮换、薪酬福利、人事信息及档案管理等方面的共享服务。同时利用商务运作平台，实现人员派遣、人员培训等人事业务的共享管理。通过后勤服务与保障体系建设实现对医疗体检、心理疏导、退休人员管理等业务的集中统一管理。

在集团企业并购重组后，新的集团企业目标明朗化还需要时间，统一的管理系统在过渡期不甚清晰，各种不稳定因素会导致员工，特别是被并购方员工的恐慌、焦虑和压力。并购给员工带来了巨大的心理冲击，员工心绪不宁、角色模糊以及由此产生的对未来的不确定感在整个企业中弥漫和扩散。在这种心理状态下，员工对企业的信任度降低，自我保护意识增强，有可能导致一系列的负面行为，由此引发了核心人员问题、员工心理、工作稳定性、信任度等一系列的人力资源整合问题。

【案例】某金融集团组织结构调整下的现代人力资源模式

某金融集团作为一个成功的企业，其业绩与成就是无可争议的。但是，由于历史的种种原因，它目前存在的现实问题同样不容忽视，公司面临的问题与挑战十分严峻。

归纳起来，问题分为以下五个方面：

(1) 战略层面明显弱于策略层面。该金融集团脱胎于区属开发企业，基于完成政府任务与实现公司目标的潜在矛盾，在公司发展战略规划方面，尚没有形成统一、清晰的认识与定位。由此造成运营缺乏远期规划，经营愿景模糊，忙于实现近期经营利益的现状，从而无法（或不得已）站在长远发展的角度，有效配置公司内部资源，也就不能为公司的远期发展在目前提供充分的资源准备，这必将影响到公司核心竞争力及可持续发展能力的确立。同时，由于公司缺乏在发展战略方面的规划，也影响到公司内部管理，造成内部经营政策难以协调一致，极易出现阶段性变化，或是较大的摇摆性，难以为公司的快速成长提供持久强大的助推力。

(2) 组织结构、职责权限划分不清晰或不尽合理。该金融集团组织结构的最大问题在于部门职责不清，业务流程不够明晰、顺畅，造成整个组织结构条块分割，无法形成一个具备组织协调性的系统，缺乏可运行的“管理生产线”。它的组织结构既不支持企业的经济目标，似乎也不支持企业的权力目标，更像是许多独立组织的功能组合。由于缺乏工程管理方面的成功模式，公司工程部门的工作难以从整体上进行协调，无法形成合力，造成项目运行节奏混乱，部门间以及部门内部的协同效应不明显，出现大量重复劳动、无效劳动。职责划分不明确，权限安排不尽合理，造成项目运行在某一环节失控，影响到整体运行，最终可能影响到公司合同履约，伤及公司信誉。

(3) 业务流程设计不尽合理，运行控制不力。公司主要的业务关系没有理顺，缺乏总体控制模式，项目运作现状堪忧。由于项目在计划制定下达后，基本处于自主执行的状态，通过会议形式临时协调，难度较大。各单位之间的业务流程模糊，实现公司目标的产业链缺少必要的环节，或者说这些环节公司并没有掌握而是被一些个人所拥有。经调查发现，不仅是公司职能部门之间，公司与下属项目单元之间都没有清楚的业务流程关系。各单位之间缺乏合理明晰的业务流程图，也不能明确自己的求助网络和日常服务对象。

(4) 公司人力资源模式的构建不完善、人才开发机制不健全。从形成核心竞争力的观点看，公司人才开发机制不健全。无论是提升经营能力还是寻求新的经济增长点，人力资源开发都是关键环节。但是，和一般企业的情况相类似，该金融集团内部人力资源开发工作的职能发挥尚不到位。所以，其人力资源开发系统职能存在局部缺失的现象。

(5) 管理与控制技术无法满足改革与发展的要求。从管理层面上看，该金融集团目前没能确立起一种良性的创新授权机制，部门授权范围不清，协调功能尚待改善，出了问题往往要由董事长出面协调解决。大量的例外事项过多地牵扯了高管的精力，使之无法专注于公司战略层面的思考、规划与督导。

从组织功能上看，公司的管理流程没有打通，职能部门和业务部门之间的关系没有理顺。业务部门的设置、职能定位、权责体系的界定没有围绕公司业务流程和价值链展开，没有建立起对业务流程顺畅运行的保障机制和风险防范机制，这不仅会增加组织运营成本，也会阻碍甚至扭曲经营管理信息的传递，破坏组织运行效率。

从激励机制上看，该金融集团的岗位工资的确定缺乏科学的依据，没有有效反映不同职位的职责和任职资格的不同；公司未能科学地根据工作性质差异划分职务；奖金的分配以部门考核结果为依据，缺乏量化考核基础，容易造成“大锅饭”现象；员工看不到未来职业生涯发展方向；员工的升迁异动缺乏具体明确的标准和程序，存在依靠资历和群体属性获得提拔的现象；公司中培训和发展的机会不足，培训机会的激励作用不明显。

从绩效考核上看，公司对经营单位的考核评价体系缺乏系统思考和理念牵引，只有对结果的衡量指标，没有对过程进行控制和对行为进行导向的指标；考核陷入了“一刀切”的错误方式；考核指标、考核侧重点和考核方式没有反映部门本身的特点和现实，没有支持其未来的发展；职能部门管理人员的考核缺乏量化指标，往往流于形式；职能部门的考核没有有效地区分其服务职能和管理职能；对中层干部的考核周期太长；有考核无反馈，考核不能和教育培训、薪酬奖励、升迁异动挂钩的现象突出。

从人力资源规划上看，公司在管理中缺乏系统的人力资源规划，对员工的使用尚不能适应企业发展的需要。现代企业的发展更多的是依靠人力资源的开发，管理水平的高低将直接影响公司的未来发展。调查发现：公司目前人员配备不尽合理，员工工作积极性不高，主动性不强，未能充分发掘员工潜力，人员的结构性障碍造成项目运作平台较低，开发与管理质量和效益受到威胁。

通过上述归纳的五个问题不难发现：该金融集团所面临的是系统性的问题，公司面临的问题是有内在逻辑关系的。如果公司在战略和管理优化层面不能找到突破口，而且不能根据市场化和业务发展的要求适时调整其组织与人事机制的话，其发展优势必将在几年内快速递减并逐步丧失。因此，基于集团组织结构调整，建立一个现代人力资源管理模式迫在眉睫。

三、集团管控下的信息化

集团管控一直是大型集团企业的管理难题。集团企业的层级多、规模大，在运行过程中很容易出现“大企业病”，内部沟通效率和资源利用效率不高，不能突破规模墙的限制，获得持续高速成长。

随着信息技术的成熟，在企业中技术已经不再是难题，对于集团企业来讲，管理的融合最为重要，而技术只是帮助集团管理的一个重要工具。例如，一些比较有名的集团企业，每年的 IT 投入很大，信息化项目也比较多，它们认为企业在应用了某些功能齐全的集团企业信息化产品后，就能够整合资源，达到集团管控的目的了，然而从实际的角度来看并非如此。

近年来，在各集团企业内部，构建了多个业务管理系统，应用范围涵盖人力资源、采购、财务、生产等业务，可以说业务部门与管理职能部门对信息化的依赖程度正在不断增强。但在强调集团管控、共同应对市场竞争的发展环境下，业务单元级信息化发展难以满足要求。因此，建立一套可遵循、科学的集团管控体系及支撑管控的信息系统尤为重要。

（一）集团管控信息化建设步骤

集团管控下的信息化建设，离不开“四部曲”。

第一步，从集团发展战略到信息化战略的映射、落地，以加强信息化战略管理。

第二步，建立集团管控体系，提升集团信息化执行力。在集团层面，由上到下将 IT 团队、IT 思路形成一个体系，提升信息化的执行能力，确保整体的集团业务落到实处。

第三步，一个成熟的集团企业，必须有自己的信息化标准体系，也为集团信息集成共享打好基础。

第四步，抓好集团层面的项目建设，应用集成的创新，形成整体的融合、集成和创新。

集团管控下的信息化体系按照这四个步骤一步步建立起来，信息化一定会成为集团管控的有力工具，照亮企业发展之路。

（二）三种集团管控模式下的信息化建设特点

从目前来看，中国大多数集团企业都处在一个转型时期，例如从以要素扩张为主的发展类型向更加高效的方向转型，从产业链的低端向高端升级等。这个时候的集团企业基本上早已经开展了信息化建设，绝大部分集团企业当前信息化的主题应该是纵向的深化应用和横向一体化整合。

纵向的深化应用是把企业的业务链条联通起来，比如前段业务和后台管理的衔接；横向一体化整合是指集团各成员企业之间如何实现集中管控和资源共享。

信息化建设必须要能够适应集团企业复杂的管理需求，要与集团的管理方式相契合，这首先就要理清企业的管理定位和方式，针对具体的管控要求来采用合理的信息化建设模式。在这个前提下，不能简单地套用某种信息化模式，而是要灵活地根据具体情况进行合理的选择。

集团总部对下属企业的管控，按照总部的集分权程度不同可分成运营管控型、战略管控型、财务管控型三种不同的模式。在三种集团管控模式下，集团总部和所属企业的各自职责不同，集团管控的战略意图差异较大，信息化建设模式因此具有较大区别。下面分别针对这三种集团管控模式，分析信息化建设的特点。

1. 运营管控型集团

运营管控型集团企业的集团总部作为生产运营指挥中心，需要通过统一建设的应用系统分配工作任务，了解各企业生产运营状况。集团高层和业务归口管理部门不仅关注来自所属企业的财务、运营状况等信息，也要从生产、营销等日常管理等业务中获取决策数据。这些要求如果没有统一建设和管理的应用系统，由各所属企业自行建设的话，势必会造成信息上传下达不畅，导致管理脱节。这类集团企业的信息化可以采用集中式管理模式。集团总部牵头统一建设各类管理系统和业务应用系统，通过管理集中、应用集中和数据集中，实现信息资源的整合和优化，增强集团企业的资源利用效率和业务协同能力。各所属企业只用建设和管理自身业务特色的系统，核心业务系统不需要单独建设，只需要按照集团总部的要求进行部署和应用。例如，几大著名电力公司和电信公司，基本上都统一建设了 ERP、CRM 系统和企业管理平台。

2. 战略管控型集团

战略管控型集团企业的集团总部作为战略决策和投资决策中心，关注所属企业的财务和经营状况，不关注日常生产和经营的业务细节。集团管理层更侧重于从宏观上了解所属企业的状况，这就要求集团总部有获取所属企业管理数据的信息化系统，及时获取决策数据。战略管控型集团企业的各下属公司往往业务相关，但业务领域又不完全相同，集团总部没有能力也没有必要统一建设业务系统。依据集团整体规划，各下属公司可独立安排各自业务系统和管理系统的建设，构建各产业链纵向一体化的业务体系，下属企业之间通过集团统一建设的内部资源共享平台进行资源共享和交流。这种集团企业的信息化模式可称作统分结合管理模式。

3. 财务管控型集团

财务管控型集团企业的下属企业往往业务关联不大，集团总部仅作为投资决策中心，并不关心企业的具体生产运营情况。这种集团企业的信息化建设主体是各下属公司，不做详细分析。

以上对各种管控模式下的信息化建设方式进行了分析。对于不同管控模式的集团企业来说，选择合适的信息化模式，保证信息化方向正确，是信息化成功的基础和前提。

第十四章　人才盘点

第一节　人才盘点基本问题

20 世纪八九十年代的北京街头，常常可以看到商店门口挂着“今日盘点”字样的牌子。小型商店隔一段时间就会歇业一天盘点货品。如今，对于大部分商店来讲，已经没有一个“歇业盘点”的概念或管理流程存在了。零售业已经不再需要专门歇业才能做好盘点，甚至借助科技手段这一切早已实现了数据实时获取、流程全自动，企业随时随地都可以掌握最精准的数据，更别说还可以对尚未发生的业务情况进行预测了。

相比于零售业琳琅满目的货品，员工数量可谓少之又少。2017 年亚马逊第三季度披露的财报中称，公司全球的员工数量已经达到 54 万，相比过去一年增加了将近 20 万。看到这条新闻的观众一定会好奇：为什么突然要增加这么多员工？他们都在什么部门工作？如何能在一年内快速招到这些人？这些员工都集中在哪些国家？他们是什么工种或什么类型的人才？他们的到来会对原有员工造成冲击吗……我也很想知道亚马逊是不是能很快回答出这些问题。通过何种手段，让组织内的员工信息实时更新、分类管理清晰、组织内的人才流动明确可见、员工发展路径可查。大环境的变迁对企业管理变化的挑战，人才被视为最重要的资产，“盘点清楚人才”的需求听起来很简单，操作却不简单。这就是现代人才管理给组织提出的新的课题，也是人才盘点要为组织完成的使命。

一、人才盘点的本质

人才盘点（Talent Review）的概念最早由美国通用电气（GE）提出和实施，并逐步成为风靡全球的人力资源项目。十几年以来，中国企业也开始关注人才盘点并积极展开实践。

（一）避免人才失控

每家企业都是由形形色色的人组成，形成一个流动的小社会。有的人从面试那一刻开始就被寄予厚望，有的人始终默默无闻。从组织的角度来讲，每家企业都面临相似的人才困境，哪怕是那些行业巨头或最佳雇主。这些人才困境包括缺少人才、缺乏合适的人才、人才活力不足、人才能力不足。在新的区域拓展业务或者在业务快速扩张期，企业遇到的问题以缺少人才为主；顶级猎头公司津津乐道的高管寻访案例，属于缺乏合适的人才范畴；企业实施变革有不少是为了解决人才活力不足的问题；跨领域发展的企业可能会因为人才能力不足导致战略目标无法实现。

无论是哪一类的人才困境，都需要经过审慎地诊断问题，对症下药制定合适的人才举措来解决。其中，对于人才现状的把握是非常必要的。在与企业接触的过程中，我惊讶地发现，超过万人规模的企业，HR 只掌握 200~300 人的人才信息，多一些的也不超过 500 人。这里的人才信息是指对人才进行的评估、对人才未来发展可能性进行的判断。试想一下，如果公司需要提拔一位高级管理人员，大概只能通过提名或者从熟悉的员工里面推选，主要的依据也是看过往的业绩。那么，人才管理理想中的破格录取、跨界人才、给年轻人更多机会等画面就不会发生。

我们可以把一家企业无法掌握人才信息的状况称为“人才失控”，而避免人才失控的最直接的解决方案就是让人才盘点成为固定的业务流程。

（二）为什么需要人才盘点

无论是不是被称为“人才盘点”，对组织中人才的关注度和项目都并不少。比如在快速扩张型的组织，人才的招募常常被视为第一优先级的任务；在业务重组的过程中，人才的安置、匹配优化则是人力资源的重点。相比这些特点与目标更加“鲜明”的人力资源活动，人才盘点项目并不会让组织的人才多一个或少一个，那么人才盘点主要做什么？为什么需要人才盘点？

1. 有效进行人才的识别与分类，满足战略发展需要

人才盘点最基本的目标是对人才进行分类。通常当组织规模超过 500 人时，人才结构开始变得更加复杂，分工更加细致，管理职能更加凸显。当企业人数较多时，如果用“直觉”或“穷举”来进行人才的判断，显然不够用了。一家企业的规模越来越大，管理层对下属部门的人才难以面面俱到，如果人才不被识别和定位，那就谈不上知人善用了。人才盘点提供了类似“九宫格”的分类方法（见图 14–1），可以对数十万的员工进行简单的分类，对于更优质、更有潜力的人才委以重任或专项培养，让人才在组织内得到关注。

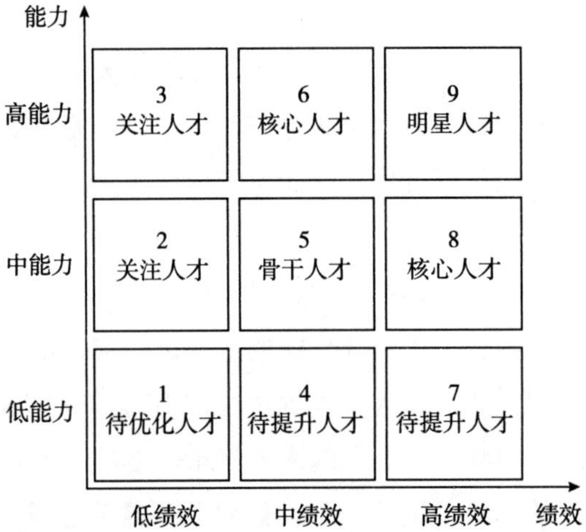

图 14–1　人才盘点中使用的经典九宫格（绩效—能力九宫格）

2. 动态匹配组织与人才的双向需求，识别隐藏人才，激发人才活力

员工在公司内的发展不是一成不变的。有才能的员工不仅能在当前的岗位上有出色的表现，有新的机会时也会创造惊喜。在帮助企业进行人才盘点的过程中，我们常常会发现一些高潜员工比普通群体拥有更强的发展意愿。例如，曾经有一位做研发出身的工程师通过轮岗历练最终成为一个事业部总经理，也有过人力资源出身的经理操盘十几亿的生意帮助分公司扭亏为盈。人才盘点激发组织活力的价值就体现出来了：找到那些能够发挥更大价值的人才，让他们跨职能、跨体系甚至跨公司获得更大的发展机会，让他们的能力和能量可以惠及更大范围，确保每个人才都不被埋没。

3. 检核人才管理举措的效果

如果公司的员工很稳定，每年流动率不到5%，人才盘点似乎没有什么用，每年的结果也会很相似。所以，纵向看待人才盘点的价值是对变化的描述。公司实施的新的人才举措是否带来了效果，高潜员工是否得到了有效的任用或晋升，新的招聘策略是否存在改进空间，人才的整体质量对标情况如何，人才盘点是提供依据的好方法。

（三）人才盘点的定义和步骤

人才盘点是企业管理人才的重要流程。在这个流程中，管理者盘点企业内人才的优势、待发展的领域、可能的职业发展路径、职位空缺的风险，以及现在和未来继任者的管理流程。通俗来讲，人才盘点的核心是帮助企业建立一个人才账本，把员工能力透明化、数据化和结构化，从而小到加强员工自我认知、提升员工能力，大到撬动业务战略与决策。寻找恰当的时机开展人才盘点，是企业有的放矢进行人才管理的第一步。

人才盘点的步骤流程可以分为四个环节：准备环节、人才评估环节、校准会环节和结果输出环节（见图14-2）。

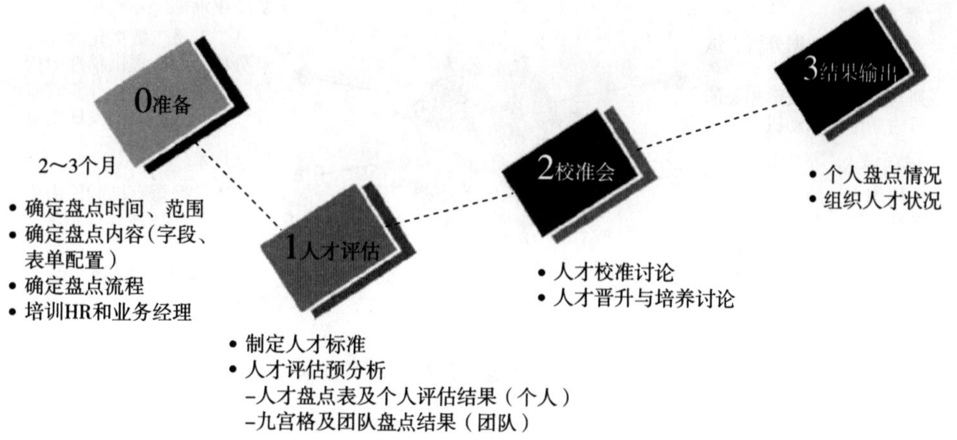

图14-2 人才盘点引擎

准备环节主要是确定人才盘点的范围、目标、流程、产出物形式，以及与参与项目的业务负责人和高管进行沟通。如果涉及IT工具的使用，或者聘请第三方机构协助，也会在准备阶段敲定。人才评估阶段是不确定性较强的环节，也比较需要 HR 的专业能力，尤其是在企业第一次做人才盘点的时候。其中存在不确定性的地方主要是制定人才标准并确保其可持续使用，要知道每实施一次人才盘点都推翻以往的人才标准是灾难性的事件。

人才评估环节是人才盘点启动的关键步骤，涉及的人数较多，还涉及评估手段的选择，多种评估方法相结合可以更加立体地呈现人才的情况。

校准会环节是本书会用大量篇幅展开讲述的内容。充分利用好校准会，通过高效沟通，获得合理的人才评估结果，激发管理者的人才管理意识，是每个人才盘点项目都希望达到的，这其中可提前准备和注意的事项很多。

结果输出环节主要是展现人才盘点的成果，通常会从组织和个人两个角度来呈现结果。简单易懂、可视化、可持续更新，是人才盘点结果近两年的发展趋势。

人才盘点作为一项专业工作，同时作为组织中重要的业务流程，需要采用专业的技术解决问题，确保人才盘点成功。在人才管理的三类核心技术——能力技术、评估技术和发展技术的基础上，人才盘点还在逐步引入信息技术解决效率和应用的问题（见图 14-3）。

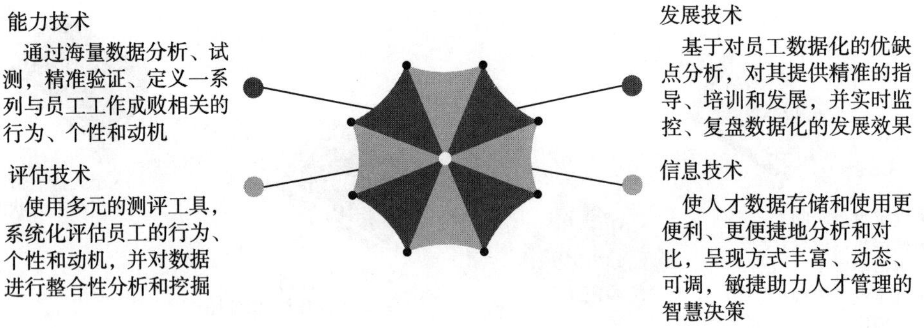

图 14-3　人才盘点采用的四类技术

能力技术的应用帮助组织用统一的语言，精准定义各类人才，让人才的能力具备可被测量的基础。

评估技术将各类评估方法引入能力评估中，根据人才的定义和特点选择合适的方式，由内而外地对能力的现状和发展性进行评估，在人与组织匹配、人与岗位匹配等方面得出结论。

发展技术的应用帮助员工发挥优势，克服短板，延长在组织中的生命周期，也帮助组织找到针对不同群体的发展手段。

信息技术是最近几年才被 HR 团队重视的方面，在提高效率、减少事务性工作方面提供了显著的帮助。随着信息技术的发展，还将通过人工智能、大数据等新技术提升人才决策成功的可能性。

（四）人才盘点与继任计划

人力资源从业者常常抱怨他们的工作很难证明其价值，似乎只有完成帮助企业找到高管的接班人这样的任务才显得有存在感。这也是为什么我们常常会看到有关人才盘点的文章喜欢用知名企业的 CEO 接班人计划的事例去讲解其价值。事实上，人才盘点是促进组织与员工发展的工具，它是多种人才管理工作的开始。如图 14-4 所示，企业实施的继任管理主要包括五大核心业务：针对关键岗位（通常是高级管理岗位）的接班人计划、针对中基层岗位的人才池计划、针对员工个人的职业发展计划、针对能力提升的人才培养计划、作为底层支柱也贯穿于各个场景中的人才盘点。这就解释了为什么说为企业在内部找到并持续培养直至真正继任高管岗位这类故事不是人才盘点的全部。

图 14-4 继任管理的五大核心业务

（五）盘点的是组织能力，而不仅仅是个人

人才盘点盘点的到底是什么？盘点的不只是有多少员工、多少能人，盘点的对象实质上是能力。人是能力的载体，组织所需要的是具备解决组织问题的能力的人，所以从能力的视角看人才盘点的价值也是合理的。

事实上，对于组织所需要具备的能力，人力资源从业者一点也不陌生。自从麦克利兰提出胜任力和胜任力模型的概念之后，可以说胜任力建模风靡全球。基于岗位的能力建模、基于层级的能力建模、领导力建模，都试图在解构组织成功所需的能力，这个出发点是正确的。然而，在实际使用的时候，HR 常常在人和能力两个视角之间跳来跳去。举例来讲两种典型的应用：

（1）人才盘点结束后，能说清楚有多大比例的高潜人才，却描述不清组织能力在哪些方面有欠缺，如创新能力不足。

（2）招聘的时候会将人与岗位能力要求做匹配，却往往忽略将组织欠缺的能力作为核心录用要素。

随着数据化人才管理的发展，越来越多的企业希望像看到财务状况一样，将人才的情况也展示在软件系统中。试想一下，软件推送给你一个消息，告知有两个高潜人才离职，这仅仅意味着高质量人才的空缺吗？这可能意味着组织所应具备的某种能力的缺失。我们很容易理解，当一个公司只有一个会说泰语的员工，一旦他离职，与泰国的合作可能就要另外聘请翻译。对这项业务来讲，不是他这个人特别重要，而是他具备的技能很重要。能力模型中的能力可能不会像语言能力的缺失这样带来“断崖式”的结果，但长期缺失，可能让组织失去某种活力，如创新能力。

二、人才盘点的时机

企业的发展可以看作两个咬合转动的齿轮，一个是组织，另一个是人才。如果组织发展很快，人才却跟不上，会使得关键岗位人才缺失，组织发展受阻；如果人才发展过快，组织发展却相对缓慢，则会造成人才过剩、职业倦怠，高潜人才由于瓶颈期过长而流向竞争对手。人才盘点在什么时机能够发挥最大的价值?

（一）从企业生命周期看盘点时机

从伊查克·爱迪思（Ichak Adizes）的企业生命周期理论来看，从青春期到官僚期的企业都可以持续开展人才盘点的工作（见图 14-5）。

处于孕育期、婴儿期、学步期的企业也可以做人才盘点，但是必要性不大。初创期的企业多在生存困境中挣扎，商业模式和组织架构都在为生存服务。这个时期，对于人才标准很难有稳定的要求，不适合做人才盘点，小公司很长时间就是把招聘工作作为最重要的工作。

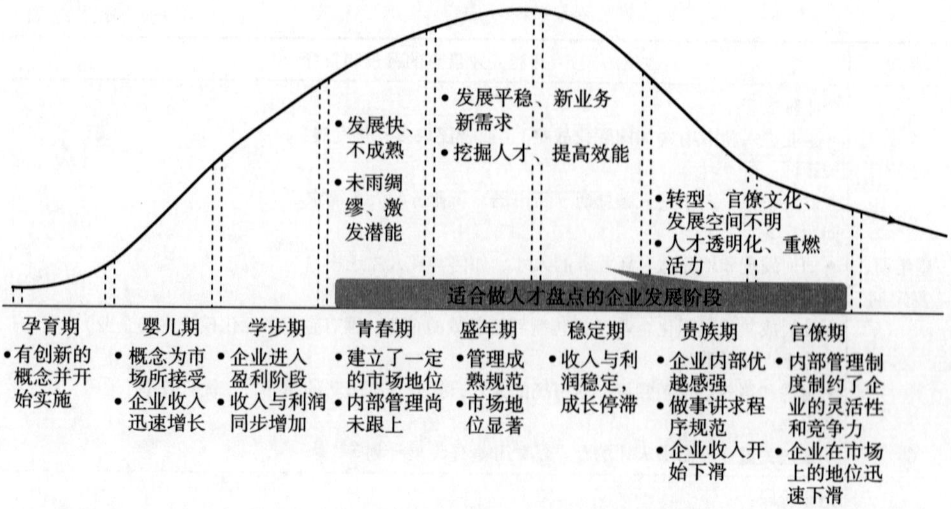

图 14-5　从企业生命周期管理看人才盘点时机

即使不在初创期的企业也要关注企业文化的影响。有的管理者在管理上的开放性没有那么高，管理者可能会逐渐地做些转变，文化不够开放，对于新东西接受不够主动，失败的概率也不会高。就如我们最开始提到的那样企业，可能还需要等待一个时机，可以先搞一些闭门盘点。处于不同企业生命周期阶段企业的人才盘点要点，如表 14-1 所示。

表 14-1　处于不同企业生命周期阶段企业的人才盘点要点

周期	开展人才盘点的背景和目标
青春期	企业阶段： ●度过生存期，企业进入发展快车道 关键词： ●发展快、管理不成熟、人员要求不明确 问题： ●业务迅速发展，人才断档，如何解决人才（尤其是管理者）供给不足问题 ●快速发展期，老一辈管理者的能力跟不上公司的发展 典型企业类型： ●互联网企业、新兴的餐饮企业等 人才盘点的目的： ●未雨绸缪，快速发现和培养公司发展所需的人才，也能给老员工一些压力，激发他们的潜能 产出物： ●基于未来快速扩张，储备人才

续表

周期	开展人才盘点的背景和目标
盛年期、稳定期	企业阶段： • 企业进入新市场（如国际化战略），或者谋求多元化发展 关键词： • 发展平稳、人才进入懈怠期、新市场、新业务的人才需求 问题： • 如何发现和培养适合新业务的人才、如何实现人才迁移 典型企业类型： • 发展成熟的集团化企业（如转型到新领域的企业、国有企业多元化模块中的企业） 人才盘点的目的： • 发现和培养适合新领域、新市场的人才，提升现有团队的领导力，优化效率 产出物： • 聚焦关键业务高潜人才的盘点结果和继任发展计划等
贵族期、官僚期	企业阶段： • 企业收入、市场地位开始下滑，企业创新活力不足；管理者欠缺创业精神，官僚化；人才吸引力下滑，优秀人才流失 关键词： • 转型、人员稳定、官僚文化、发展空间不明 问题： • 如何警醒管理者，重燃事业心 • 如何发现有想法、有拼劲的高潜人才 • 如何形成人才能上能下的机制，保持管理梯队的健康度和活力 典型企业类型： • 急需转型的大型集团（如传统行业中的大型集团、向市场化转型的大型企业） 人才盘点的目的： • 明确人才现状，发现和培养适合新领域、新市场的人才；破除官僚文化，重燃活力 产出物： • 聚焦高贡献值的高潜人才的盘点结果和继任发展计划等

（二）企业快速成长，需要大批人才供给

无论规模复制，还是新兴业务增长，快速成长的企业总是缺人。我们经常看到，某连锁企业因缺少足够数量的合格店长，失去了在区域内卡位的机会；某大型集团因没有行业的领军人物，被竞争对手以小博大，弯道超车。从企业的发展阶段来看，在初创、成长、成熟、转型（新周期或衰退）四个阶段中，成长期是展开人才盘点的最佳时机。

（三）企业近期遇到重大变革

如果企业在最近一年内进行过收购/并购或者较大规模的业务重组，业务板块或经营模式发生了重大调整，就需要考虑将人才盘点纳入重点工作。通过人才盘点清晰掌握收购/并购企业的人才基础，为接管人力资源相关的工作做准备，

也对可能发生的人事变动提供更多的决策依据。需要注意的是，对于收购/并购的企业不宜开展全员的或大规模的人才盘点，也没有必要。对于关键岗位、高级管理职位的人员情况掌握得尽量清晰就可以开展工作了。这时的人才盘点往往大量采用访谈的方式，同时收集工作事例。

（四）过度依赖于从外部输入关键人才

在服务一家电商时我们发现，将近50%总监级别的管理者来自外部招聘。由此带来的风险包括管理者本人的适应性问题，还有对战略的理解和推进，以及文化传承、团队融合的问题。想要改善这种状况，只能在目标人数恒定的前提下控制外招的占比，加强内部人才供给。于是，该企业的人力资源总监责成组织发展经理和培训经理启动了三个项目加以应对：人才盘点、人才池发展、设计新的内部人才选拔流程。于是，在接下来一年的前两个季度，总监级别管理者的外招比例降低到了34%。

（五）内部竞聘的频次高但效果差

很多企业做内部人才的晋升选拔项目时会采用竞聘的方式，这时可能会遇到企业提供了机会，但是没有合适人选的问题，甚至会发现被看好的人才未参加竞聘。在这种情况下，项目就会陷入尴尬的局面：一方面，依据竞聘结果任命管理者可能会导致错误任命；另一方面，有了竞聘结果不任命，带来的问题可能更严重。人才盘点在这里的价值在于让竞聘有更充分的准备——在竞聘前就已取得共识的意向，使竞聘过程更聚焦。

（六）人才供给不均衡

企业的人才供给有时会呈现不均衡的状态，在不同部门、区域、分/子公司，人才旱涝两重天：有的业务部门可用之才寥寥无几，有的却人才济济。晋升时需解决放弃谁的难题，再加上业务部门负责人可能隐藏自己的人才，如以业务无法开展为由拒绝将自己的人才外调，就会导致人才过少和通道阻塞两种情况并存。人才盘点的作用在于让人才透明可见，并建立人才无障碍流动的机制。

（七）关键人才流失严重

关键人才流失严重是最近两年企业面临的最严峻的问题之一。为了应对这个问题，HR团队需建立起监控体系，衡量人才的主动流失比例：一是关注往年的流失比例；二是关注同行业的一般水平。当比较的结果明显偏高时，需诊断哪里出了问题。如果问题出现在关键人才上，人力资源总监要特别留意，尽快启动人才保留计划。为什么关键人才流失需要做人才盘点？首先，人力资源总监要知道谁是关键人才，才可以有针对性地进行监控；其次，人才盘点要让关键人才被发现，才能启动留才策略。在人才管理典范企业麦当劳，人才盘点中被认定为“Ready Now”（准备好了）的员工会获得额外的加薪机会。

（八）关键岗位的任职成功率低

如果某关键岗位的多数就职者不能胜任，导致频繁更换，无论外招还是内部晋升，成功率都很低。其原因在于：一是岗位定义有问题，如职责不明确或责任过分集中，就需要重新定义岗位；二是没有制定并执行好岗位胜任的标准，导致将错误的人放到此岗位上，就要用人才盘点解决。

三、人才盘点的价值

近年来关于企业管理的研究热点，除了商业模式之外，人才无疑是备受关注的领域之一。众多的研究以及企业实践表明，当企业的战略创新模式已确定的时候，能够决定企业成败的最大变量不是来自资金等物化资源，企业间的竞争力差异更多来自人才。因此，人才盘点逐步成为企业规模化发展的重要引擎，也是人才管理的第一步。

（一）人才盘点帮助组织战略实现

人才盘点的首要价值是支持组织战略目标的实现。在当今社会，由于科技的加持，商业社会也越来越少有秘密了，这对于企业掌握消费者偏好变化、竞争对手动向、本行业和其他行业的发展趋势、国内外的政治经济形势和各类重大公共事件都比以往容易很多。制订战略计划时可获得的参考信息也多了很多，企业之间因为战略制定水平产生的发展差距也在缩小。在这种情况下，战略目标的实现成为企业之间竞争力的差异。首先，人才盘点能帮助企业明晰当前的人才状况，清楚理性地看待人才的能力总和，据此判断是否存在无法支撑战略目标实现的人才缺口，并采取相应的措施；其次，人才能力的清晰有助于企业为战略任务配置合适的资源，减少因为人才问题导致的战略迟滞，人才盘点可以确保人才与战略保持一致；最后，战略目标的实现通常需要3~5年，即使在高速发展的互联网行业，也至少需要2~3年才能达到新的高度。人才盘点同时能够解决关键岗位人才继任的问题，让企业在高速发展中不被业务领导者的问题所困。

【案例】

房地产开发企业T公司20世纪90年代在中国南方成立，经过将近30年的经营，已跻身地产行业前25强。T公司不满足于在地产开发方面取得的成绩，马不停蹄地开始了横向的产业创新，逐步进入物业管理、环保事业、教育领域，同时还在孵化新型的产业集团。它为自己定了一个“千亿”目标，这意味着T公司会覆盖更多的城市，创造更多项目，如此一来，布局的分散对于公司的管控就提出了更高的要求。为了更好地支撑新目标，T公司又推出了新的三年规划，将提利润、扩规模、强品牌作为三大核心任务。围绕核心任务，组织需要迅速做出调整。HR团队以人才盘点和人才管理为基础，在组织裂变及大运营提效的双重挑战下，重新制定了人才战略：

（1）横向裂变。近两年持续开展组织变革，把原有的区域扩大了1/3，基于人才盘点和组织能力，新区域的核心管理团队在一个月内几乎全部到位。

（2）纵向拓展。将总部到区域的直线管理，通过纵向拓展，从两级管控调整为三级管控。

组织架构的调整，对人才的要求也会发生巨大的变化。房地产行业的人才管理面对的情况是：人才数量不足、人才质量不高、人才留不住。T公司也同样面临这样的挑战，HR团队每天都在面对、思考和解决这些问题。经过不断尝试，HR团队发现人才盘点是人才管理的重中之重。以前一有空缺就招聘，现在则是通过盘点先明确内部资源情况。在人才盘点的实践中，他们完成了三项重要的举措。

第一项举措：HR团队发明了一个“双灯模型”，如图14-6所示。双灯模型由主灯和次灯组成，这是由组织当前所需的能力决定的，每盏灯又分成三种满足程度：满足、未满足、有空间。主灯和次灯通过人才测评得到结果，经过不同组合就变成了第一区间（重点发展）、第二区间（稳定贡献）、第三区间（辅导提升），不同区间对应个性化的人才发展方案，所有结果也会被运用到调薪、晋升、培养发展、人员辅导和汰换当中。双灯模型的发明让人才盘点有了统一的语言基础。

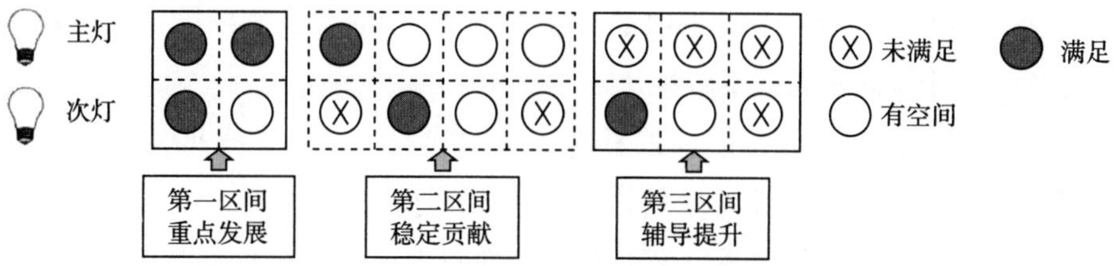

图14-6 T公司人才盘点双灯模型示意图

第二项举措：HR 团队着力打造三个人才池：高管人才池、总监人才池和校招生人才池。T 公司对人才池实施了标准化管理：①制定入池标准。②实施人才盘点。③为达到标准的人才贴上标签，为进入人才池的人员准备贴切的培养计划。④培养之后实施评估。⑤出池任用后进行相应跟进。T 公司的 HR 负责人曾经谈道："人才的'流量价值'要好好用起来，让人才动起来，而不是所谓的'人岗匹配'，这样才能发挥人才的潜能。"

第三项举措：在规范的人才盘点基础上，HR 团队又给自己提了新的要求：工具更新，定期盘点。HR 团队针对高管、校招生、其他员工三类群体快速迭代了三套测评工具，整体的适配性随着工具的优化也会更强。例如，增加了个人特质和领导力偏离风险测评，提供了不同梯队继任和储备信息以及人员地域灵活性信息等。在机制方面，T 公司也做了很多匹配动作，比如战略性职能调整、制度流程建设、高管考核对接、差异化激励、多渠道特色吸引、专业学院搭建等。

这一系列由人才盘点开始的人才管理标准动作，让 T 公司对人才更具吸引力，也让组织更能面对不断的挑战和变革。

（二）人才盘点帮助组织确定投资有价值

在人力资源业务各个模块中，与培训开发（学习）相关的模块常常被开玩笑称为"花钱大户"。例如，招聘团队因一年十几万元的招聘管理系统使用费用还在货比三家，为中层管理者开展一项三四天的培训花费十几万元却稀松平常。有些中等规模的企业，一年的培训开发费用一两千万元也不足为奇。我与做企业大学和培训的 HR 探讨过很多次培训的投资回报，很难得到明确的答案，反馈大致集中在成人学习不太容易学得进去，学习动机很重要，有的培训不做不行等方面。人才盘点的其中一个应用就是通过九宫格给人才分类，让企业对人才的投资有的放矢。落在有潜力、有能力区间的员工不再需要"大锅饭"式的上课，因材施教设计工作任务，让他们得到新的历练是投资的要点。潜力不足或能力不足的员工也有相应的更有针对性的发展策略。人才分类发展的机制可以帮助组织优化人才投资结构，以获得更大的收益。投资于对的人，创造组织需要的新能力。

（三）人才盘点实现效率的提升

人才盘点的应用不只帮助组织看清人才的状况，如果能据此做出恰当的调整，会让人才应用的价值事半功倍。没有进行人才盘点的企业，员工的状况往往只有直接上级掌握得比较清晰，相关的人事决策也只以直接上级的意志为主。这导致人才天然地被限制在一个一个的小部门中，发挥不出更大的价值。员工能力的优劣无法被放在更大的刻度上比较，高能力员工的发展在小部门可能容易遭遇天花板，人岗匹配度不高也无法找到更合适的位置。越来越多的企业开始将员工的职业发展通道扩展到全公司的范围，为人才找到合适的位置，也意味着工作效率的大幅提升。人才盘点之后，调整岗位、调整预期，甚至给予明星人才特别发展通道的企业不在少数。这不仅被看作人才盘点流程需要完成的步骤，也意味着提升组织效率的开始——人岗更加匹配，人才培养不走弯路。

（四）营造具有人才文化的企业氛围

许多成功的企业管理者在回顾自己的管理生涯时，都会提到自己所经历的人才观念的变化，其中一项不太容易跨越的人才观念障碍是“培养出优秀的人才也是管理者的成就”。初级管理者通常没有这个意识，他们热衷于督促下属完成一个又一个任务，不注重员工的可持续发展，尤其是对能力杰出的员工，更是希望他们一直留在身边就好了。一家具有健康的内部人才供应链的组织，大致需要确保70%的管理者是内部成长起来的。那么，人从哪里来？除了在外部招聘时把好关，还要让内部人才被发现、被关注、被训练，成长成组织期待的样子。这是一项比人才盘点项目本身复杂10倍的问题，没有解决的捷径——如果你与管理咨询公司合作多了就会知道，它们面对这类问题也束手无策。

唯一的解决方法就是不断营造具有人才文化的企业氛围。这里所讲的人才文化不仅仅是保持组织对于人才问题的开放度，所以仅有开放的组织是不够的，而是让每个人都拥有发现人才和培养人才的责任。一方面，管理者会因为向别的部门输送优秀人才而在公司得到尊重和奖励，员工会因为向公司推荐了优秀的朋友而得到尊重和奖励，员工提升了工作能力从而在公司为自己寻找更好的发展机会应该得到认同；另一方面，组织为人才文化创造平滑的机制，例如，让外部推荐人才更容易，对员工开放更多职业生涯发展的机会和课程，内部轮岗更容易，为管理者提供人才培养的辅导等。同样地，高管也需要身体力行。让成就自己、成就别人，从而成就组织成为企业文化的一部分。

（五）人才盘点不是孤立存在的

在过去的几年中，我们为企业提供人才盘点项目的咨询服务时，基本上都是与HR部门对接，极少数非HR体系的对接部门可能是负责信息化的首席信息官（CIO）、战略部门和运营部门。从企业视角来看，与人才相关的事情都是HR的工作，单独成立这个部门的意义就在此。实际上，人才盘点是不可能孤立存在的。为了做人才盘点而做的人才盘点，不但难以得到业务部门的支持，也很难阐述清楚项目本身的价值。虽然也有一部分企业希望第一年先“试试看”，但是它们要么为了通过人才盘点验证已经看到的问题，要么会根据人才盘点的结果调整人才举措。

人才盘点不应该被视为 HR 的工作，它应该成为企业中重要的业务流程。企业对人才盘点应该抱有合理的期待，能够理解人才盘点的价值，并为此做出调整和安排。人才盘点项目本身的顺利开展并不代表着这项业务流程的成功，只有当企业真正将人才盘点的结果应用起来并因此获得收益时，才算是成功的。人才盘点是一个枢纽，它将人力资源各个模块的业务衔接在一起。当人才盘点在组织中不断发生时，人力资源的工作重心也在不断调整。招聘体系、培训体系、干部管理体系、薪酬绩效体系都在根据人才盘点的结果调整重心，它们的实践价值也将通过人才盘点结果来展现。

四、组织盘点

高质量的人才盘点与前置的组织盘点工作密不可分。企业战略的落地不仅仅是业务目标的分解，如何确保组织架构能够高效运转，如何确保组织有战斗力，是比人才盘点更难回答的问题。

组织盘点主要有三部分的内容：对业务的支撑、组织结构合理性、组织能力差距。组织结构合理性是较多企业会关注的，通常盘点的内容包括组织的设计，如层级、管理幅度（直接下属数量）、工作复杂度（每个工作单元与其他部门交互的广度）、岗位的数量、编制满足情况等。组织能力差距的盘点，包括分析专业技能、通用能力、胜任力、领导力等能力差距。越来越被关注的内部晋升率也被纳入组织盘点，用于评估组织效能。表 14-2 是一个示例，用以评估各个职能体系目标的业务支撑情况，初步诊断组织的薄弱之处。

表 14-2 业务支撑度评价表

评分标准： 1 分：与业务发展要求差距较大 2 分：与业务发展要求存在一定差距 3 分：基本符合业务发展要求，但存在一定差距 4 分：符合业务发展要求 5 分：完全符合业务发展要求					
职能	人才数量	人才结构	专业能力	人员效能	总体评估
市场					

续表

职能	人才数量	人才结构	专业能力	人员效能	总体评估
财务					
法务					
IT					
研发/产品					
销售					
服务					
人力资源					

填写上面的表格看似轻松，实则不然。每个职能体系的人力资源业务合作伙伴（HRBP）都需要掌握足够多的信息，通过举证来完成填写，并参与最终的讨论。

当企业规模不太大、组织结构较为扁平或职能相对集中时，也有 HR 将组织盘点的重心浓缩成几个重要的问题：①明年的组织架构需要做怎样的调整？②哪些岗位是核心关键岗位？③关键岗位要具备和发展哪些能力？④组织氛围/员工敬业度如何？问题出在哪里？

当企业发展到一定规模、希望系统地对组织能力进行评估并且不断改进时，就需要先对组织能力进行定义，就像对人才能力进行定义时构建能力模型一样。我们曾经服务过的一家企业将自己企业的组织能力定义为八大体系，如图 14-7 所示。每年年末，HR 都会请各个业务体系对自己的模块在八大体系上的能力进行评分，并且举证证明这部分是如何促进业务完成/增长，或者成为障碍的。HR 也会开展访谈，以获得更具体的案例支持。在接下来的一年中，将针对调研结果有针对性地采取改进措施，以提升组织能力。

组织能力是比人才能力更加复杂的系统。如图 14-7 中的激励/考核体系中，仅仅开展绩效考核是远远不够的，可能还涉及不同的职能体系如何根据各自的业务特点有效地设计绩效管理方案、绩效考核方案的执行、管理者所需的能力赋能、绩效支持和反馈体系、非正式激励等。

组织盘点与人才盘点的结合通常会落地至组织为工作单元的人才结构和能力分析方面，如图 14-8 至图 14-10 所示。

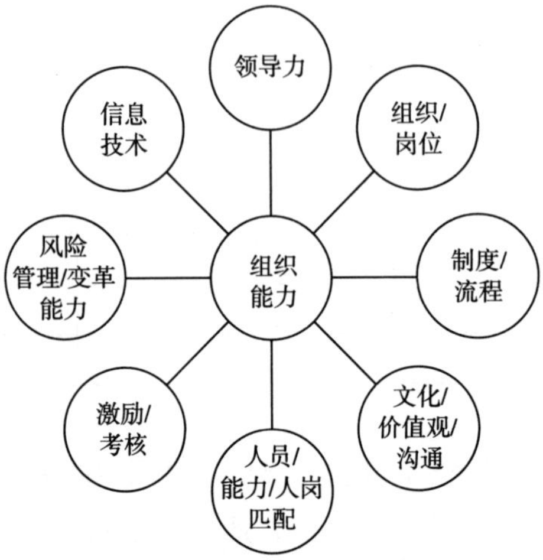

图 14-7 组织能力诊断八大体系

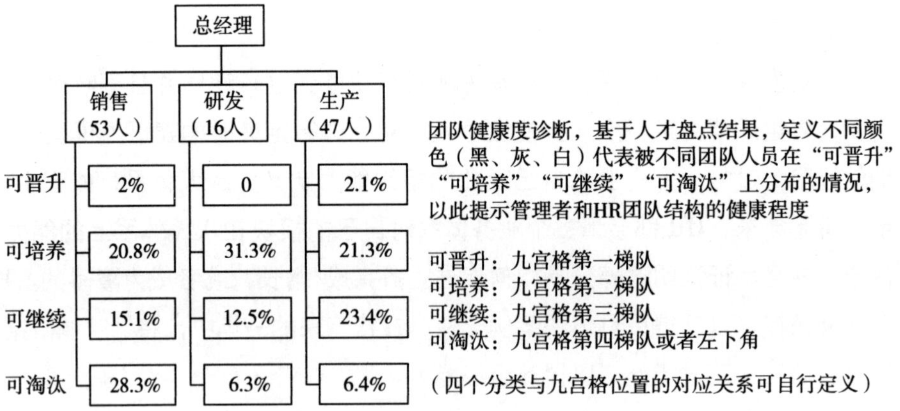

图 14-8 团队健康度诊断举例

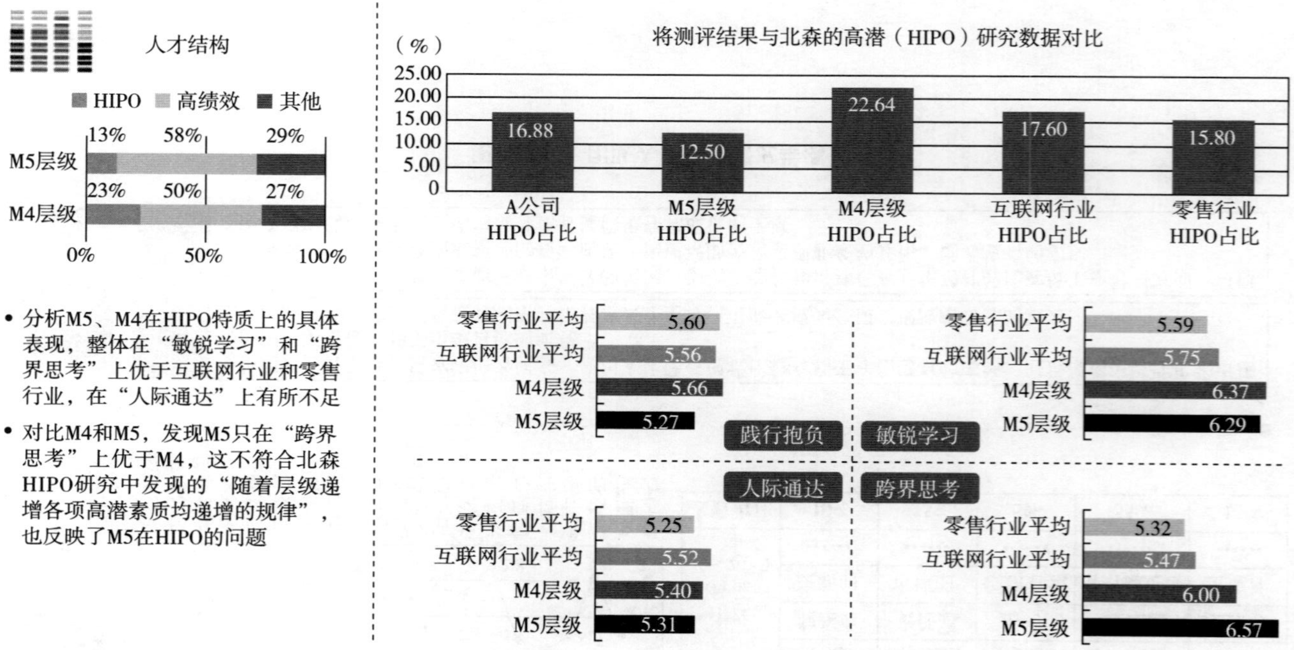

图 14-9 人才结构分析举例

分析依据

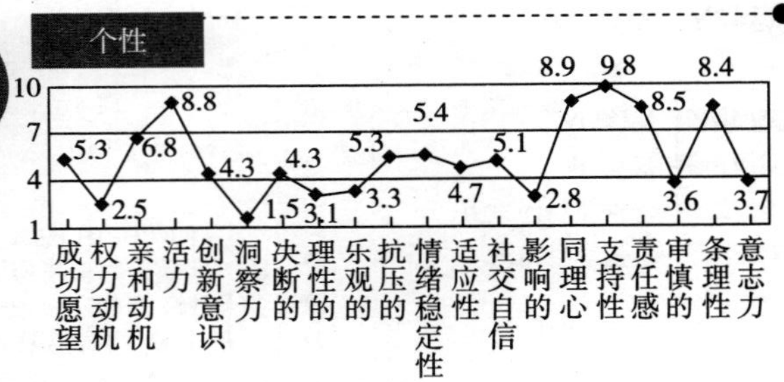

类型	智多星	推动者	开拓者	守护者	整合者
个性特征（>7分）	创新意识	成功愿望	成功愿望	权力动机	洞察力
	洞察力	责任感	活力	理性的	理性的
	决断的	审慎的	创新意识	情绪稳定性	适应性
	……	……	……	……	……
人数占比	10%	15%	5%	55%	15%

总结及建议

总结

1.公司开拓者不足、后方守护者居多。公司人才储备现状比较有利于守住已有的市场，但是很难突破性扩张市场份额，不是很有利于组织目标的实现

2.目前的考核方式，不是很有利于开拓者型人才生存，可能会成为公司实现战略目标的阻力

建议

1.一方面，公司可以盘点总监下一个层级的员工，识别、储备和培养具有开拓精神的优秀员工；另一方面，可以从外部补充具有锐意进取精神的新鲜血液，快速帮助公司实现业务的开拓，助力战略的实现

2.改变现有的考核方式，为内部开拓者提供生存和成长的土壤

图 14–10　团队人才搭配情况举例

第二节　人才盘点的结果应用

一、基于人才盘点的招人与减人

人才合格率越来越多地被用作人才盘点后对人力资源部及所有管理者的考核指标或衡量其管理能力的标准。顾名思义，人才合格率就是指合适的员工数量占比，简单地说就是人才盘点九宫格中 1 类、2+类和 2 类员工的人数占总人数的比。这一指标让公司层面和管理者自身都更加关注人才盘点后的人才管理动作：一方面主动优化内部的人才队伍，对不合适的人加快淘汰；另一方面对合适的人、关键岗位、关键人才加大培养与激励，使其成为持续为公司创造价值的人，逐步实现人才结构的优化。

二、基于人才盘点的人才激励

（一）薪酬激励

人类追求公平是一种本能，是天生的偏好，同时也是人际交往中的指导原则。诺贝尔经济学奖得主乔治·阿克洛夫在《动物精神》一书中明确提出，支配我们行为的，绝非仅有理性与自利，还有公平，对我们每个人来说，“公平是一种幸福，不公平是一种侮辱”。根据哈特菲尔德等人对“吸引的公平原则”的研究，不论是爱情还是友谊，在一段稳定持久的亲密人际关系中，双方从感情中所得到的应该和双方所投入的成正比，关系的不平等会带来不适感，占了便宜的一方会觉得内疚，而被占便宜的一方会感到愤怒。

中国员工对公平性的关注和需求远远高于全球平均水平，而企业内的公平体现在方方面面，其中激励的公平性是尤为重要的一部分。在过往的项目实践中，我们发现很多企业在进行激励前都会对人员进行评价，但往往将业绩作为人员评价的唯一标准。高业绩只是被激励的必要不充分条件，价值观认同才是激励的前提，高素质才是未来产生高业绩的成功要素。所以，基于人才盘点中“素质能力—业绩”的综合评价能确保激励的公平性和合理性。业绩是从结果角度评估的，而素质能力更多是从行为层面评估，一个关注结果，一个关注行为，这能有效弥补仅以业绩进行绩效考核评价可能带来的不公平。

（二）股权激励

从素质、业绩和潜力等多维度对人才进行全面评价的人才盘点工具对股权激励的实施起着重要的作用。

中国企业当前的股权激励方案可谓形形色色，根据不同的出发点所制订的股权激励方案，短期看或许能解决当前问题，激励个别人才，但很多企业在制订股权激励方式时由于激励机制设计不合理，采用了“高额、低频、间断”的激励方式，造成了“激励额度大，成本高”激励一批人，下批人不知要等到“猴年马月”“准备期和实施期大家积极努力，实施后急于变现走人”等问题。

三、基于人才盘点的人才培养

从普通企业和优秀企业的人才供应链的对比来看，普通企业的人才选择都是以外部招聘为主、内部培养为辅，而优秀企业则与之相反，以内部培养为主、外部招聘为辅。第一种人才供应链方式的企业人才获取成本高，外部依赖性大，常常处于被动的发展境地；而第二种人才供应链方式则确保了企业在人才选择上的主动性、稳定性、可靠性，以及人才供应的数量和质量。

第十五章 人力资源管理制度

第一节 人力资源管理制度基本分析

一、人力资源管理制度的含义与特征

制度是社会中的组织和个人遵循的行为规范。一方面，它协调人们的行为动机，促进社会发展；另一方面，它构成了一种强制力量，使人们生活方式的选择不威胁到长期发展。制度把人类行为的价值取向和动机综合为一体，以保证人类社会发展中的同一性和连续性。不管是什么形态的社会都离不开制度，组织是社会的细胞和缩影，它也离不开制度。

人力资源管理制度作为组织内部所有人应遵循的一套行为规范，主要特性如下所述：

（一）制度是客观内容

在制度化管理中，职务是职业，不是个人身份，所有管理行为都来自规章制度的规定，管理权威集中于规章制度，在规章制度面前人人平等。管理者的权力是制度赋予的，不能个人影响制度、干扰制度。

（二）使组织有序化

制度化管理体现了人类的理性精神，它有一套环环相扣的规章体系，涉及整个管理过程，它规定了各种活动应该怎样进行，特殊情况应该怎样处理，并给每项工作确定明确的职权和责任。这使整个组织处于有序状态，将可能出现的冲突

保持在秩序所能容忍的范围之内。

（三）提供动力来源

人力资源管理制度客观评价员工的努力程度，对员工努力的成果进行确认和保护，建立激发人们努力的激励机制，为组织发展提供动力来源。

（四）规范具有可操作性

规范建立在劳动分工基础上，符合现代组织管理的需要。规范是合理的，为组织成员所认同的；规范还是透明的，可以监控其落实情况。权力只有在规则范围内才是有效的。整套规章体系保持连续性和稳定性。

（五）分层分类

人力资源管理制度既包括员工手册等适用于所有员工的一般性规范，也包括专门针对某些群体员工如管理人员、销售人员的特定行为规范与激励所形成的管理人员年薪管理办法、销售人员绩效考核制度等。人力资源管理制度的这种分层分类的思想源于现代组织分工的多元化与员工需求的差异化，分层分类的管理制度有助于同时满足公司对不同职位工作及不同员工差异化管理的需求。

二、人力资源管理制度的作用

（一）规范员工行为，促进组织有序化

人力资源管理对企业的主要作用体现在为组织的总体绩效提供人力资源保障。这种保障是建立在员工的规范性、有效性的行为之上的。企业的人力资源管理制度能让员工明确在组织中哪些事情可以做，哪些事情不可以做。当新员工被录用时，企业对新员工进行的培训中就涉及规章制度的介绍，以告知新员工什么是可以接受的行为，什么是不可以接受的行为。在一个组织中，规章制度的作用等同于社会上的法律，对员工具有约束性。与此同时，企业的规章制度也体现了管理的理性，这种管理的理性能确保整个组织处于有序状态，将可能出现的冲突与危机保持在可控制的范围之内。

（二）实现公平管理和激励员工

建立一套公平合理的绩效考核制度、薪酬分配制度等人力资源管理制度，有助于明确个人付出与回报间的关系，客观评价员工的努力程度，并对员工努力的成果进行确认和保护，建立激发人们努力的激励机制，为组织发展提供动力来源。

总之，人力资源管理制度对员工个人的权、责、利作出了明确的界定，指明了员工的努力方向，有助于降低组织运作成本，提升企业的竞争优势。

三、人力资源管理制度的内容

（一）《员工手册》

《员工手册》是员工日常工作的行为准则，也是每位新员工必读和必须进行培训的教材。其目的是让员工了解日常工作中“应该怎样做”和“为什么要这样做”。

第一，《员工手册》通常以公司总裁或者 CEO 写给员工的公开信开头，信中开诚布公地阐明公司的经营理念。

第二，公司概况，让员工了解公司性质、经营范围、主导产品与服务、市场状况及公司发展奋斗的历史、未来奋斗的目标等。

第三，介绍公司的企业文化，包括公司遵循的价值观念、经营理念、企业倡导的精神。

第四，介绍公司的组织结构，通常以图示各部门之间的相互关系和职责划分，每个部门负责处理的事项及应负的责任，有利于员工明了“有事找谁”及“我所在部门的职责是什么”。

第五，公司的规章制度部分，这一部分是《员工手册》的主体内容，涉及员工的切身利益，如员工选聘依据、考核标准、晋升条件、解聘程序、工资待遇、工龄计算、各种奖金补贴发放规则、劳动合同的签订、上下班时间、报销制度、保密规定及养老、医疗、失业、工伤等保险制度与其他福利项目。

第六，员工行为规范，着装及仪表，待人接物的行为准则等具体规定，这有利于员工经常对照，不断提高自己的道德修养和文明素质。

《员工手册》的编写要简明，不必面面俱到，细则可到有关部门查询，其内容应是员工最为关切的、日常出现频率高、需要程序规范的事宜。

（二）人力资源管理制度体系

人力资源管理制度由一系列组织规则构成，是从招聘开始的一系列选人、用人与育人的规定，目的在于用好人，增强员工的满意度及组织的凝聚力。人力资源管理的制度体系如表 15-1 所示。

表 15-1 人力资源管理的制度体系

规章名称	主要内容	主要功能
人力资源管理工作制度	人力资源管理工作规则、工作程序、人力资源管理计划制定规则，人力资源管理部门职权范围等	规范人力资源管理部门工作
员工招聘条例	招聘程序、方法、人员测试规则，内部招聘及外部招聘规则，临时雇员招聘规则等	满足组织发展需求，选择合适的员工进入合适岗位
员工培训制度	培训计划及实施规则，岗前培训、在职培训管理规则，管理培训规则，培训考证规则及费用处置规定等	开发员工潜能，培养适应组织需求的技能、品质
绩效考核制度	员工考核的规定、原则及方法，员工考核管理的规定，考勤制度管理规则等	公正评价员工工作成绩，为员工薪酬、晋升、培训、调动等提供依据
工资及福利制度	工资体系及构成规则，集体谈判规则，奖金激励体系及构成规则，员工福利管理及福利构成制度等	维护员工切身利益，体现公平交易原则，增强员工劳动积极性，使员工具有归属感
员工奖惩制度	奖励制度及奖励方式，处罚规定及方式，组织纪律规定等	规范员工行为，增强员工战斗力
人力资源调整制度	晋升、降级、轮岗、辞职、辞退、退休等规则	保持组织活力，优化组织内人力资源配置，增强组织效率
人力资源日常管理制度	员工纠纷处理条例，投诉处理规则，员工档案管理规则，社会活动的管理规则等	化解矛盾，降低冲突，维持组织运行秩序
安全与健康制度	事故处理规则，紧急事宜报告规则，职业病防范规则，员工健康保护规则，疗养规则等	尊重员工，关爱生命，培训员工的奉献精神

第二节 影响人力资源管理制度的因素

影响人力资源管理制度的形成与实施的因素众多，主要有以下几个方面。

一、管理思想

（一）管理者对人性的认识

不同的管理者对人性有不同的看法。可以说，这些不同的理念深深地影响到管理者对管理制度，特别是人力资源管理制度的设计与实施。

（二）组织的使命感及经营目标

除对人性的判断体现了管理者的价值观念外，一个组织的使命感和经营目标也能体现管理哲学，会对人力资源管理制度的设计产生重大影响。

（三）管理者的个人风格

管理风格反映管理的特色和个性，它是管理者个性的投影，反映管理者的价值理念，甚至包含其人格的成熟度，管理风格体现在各项管理活动中，人力资源管理制度自然也摆脱不了其管理风格的影响。

二、用人价值取向

在用人问题上采取不同的价值取向，就有不同的管理方式及管理制度。用人价值取向可以分为以下两类：

（一）能力导向

所谓能力导向，是指在外部劳动市场发育完善的情况下，组织以工作为中心，直接吸引和保留那些经过实践证明是优秀的员工，它强调人对工作的适应性，以及人的工作经验。人力资源管理制度上采用契约方式保证劳动者与组织之间的关系。规范、严格、细致是以直接能力为核心的人力资源管理制度的特征。若劳动力市场不完善、信息发布不及时、渠道不畅通时，采用能力导向，不易获得岗位需要的合适人选。在失业率低时，员工流动大是其弊端。

（二）发展潜力导向

所谓发展潜力导向，是指组织在选择员工时，不把现实能力放在第一位，而将员工潜在发展能力放在第一位。选择发展潜力导向的组织认为：员工能力会随着工作时间的推移，通过不断学习、培训及实践积累知识和经验而得到提高。员工在组织内工作的时间越长，其价值越大。这种导向重视组织内聚力的培育，以及员工培训制度建设。持这种导向的组织实行的是人为中心的管理，考核通常以基层团队业绩为主，奖罚都以团队为主。

三、组织生存的外部环境

对人力资源管理制度具有重大影响的因素还有组织生存的外部环境。通常情况下，个人或组织都无法改变环境，只能积极地适应环境和及时应变。

（一）经济全球化的影响

随着中国融入全球经济体系，企业生存的外部环境正在出现重大的变化，竞争比以往更加激烈，企业经营的空间也更加广阔。在这样的格局下，企业要变成国际化的企业，就面临不同宗教、不同文化、不同语言、不同法律的员工汇聚在一起的新问题，企业人力资源管理制度要及时适应这种环境变化，增加协调和融合的功能。

（二）劳动市场状况及其变化

人口与劳动力供给在一定程度上发生变化时，劳动市场人力资源管理制度也要随之变化。如劳动力供不应求时，人力资源管理在招聘、员工流动、薪酬及福利等方面增加对员工的吸引力。

（三）技术和生活方式的变化

当技术和人们的生活方式发生变化时，也会影响到组织人力资源管理制度。例如，工作场所的变化会带来人力资源管理制度的变化，必须重新设计绩效考核，组织授权等制度。

当组织所处生存环境相对稳定时，组织的灵活性相对次要些。在这种情况下，组织发展前景比较明朗，可以通过一套严密的制度来稳定组织的运行和发展。若组织所处生存环境复杂多变，组织需要不断调整自己的结构和行为方式，以适应不断变化的环境，这时，灵活性等要求就占了上风，过多的规章制度则成为一种累赘，降低组织的竞争能力。

四、组织的规模与管理层次

组织规模的大小，也是影响人力资源管理制度的主要因素之一。组织规模与组织管理层次密切相关。管理层次指从最高一级主管职务到最低一级主管职务的职务等级，组织有多少个主管职务等级，就有多少级管理层次。管理层次又与管理跨度联系紧密，管理跨度则指一名主管直接领导多少下级人员数。加大管理跨度可以减少管理层次，但管理层次太少，致使主管人员领导下属人员过多，超过有效管理跨度，必然降低组织效率。要保证主管能有效地管理下属，有效管理跨度不能随意扩张。因而组织规模大，必然管理层次多。要保证各个管理层次之间能有效协调，信息上传下达，失真度小，必然需要建立严格的管理制度，包括人力资源管理制度。

规模小，管理层次相应也少，协调事务也少，这时主管应亲自率领员工冲锋陷阵，夺取生存空间。这时组织的规章制度要简洁明了，不要太多、太复杂。若小规模的组织设立一套完整严密的规章制度，除增加管理部门和层次外，结果只能是失败，或者是将制度束之高阁。小组织生存环境竞争程度高、变化快，组织本身稳定度低，此时灵活性、创新能力是第一位的，其人力资源管理制度化程度低是必然的。显然，管理制度应当是随组织的发展而增加，随规模变化而变化的。

第三节 人力资源管理制度设计

一、人力资源管理制度设计的基本思想

（一）好的制度要体现组织的价值观

价值观是行为主体对客体的价值判断。它既影响主体的认知能力，也制约行为主体对客观事物的判断及取舍。组织的价值观体现在其经营宗旨与战略目标上，为组织经营奠定基础的人力资源管理制度一定要体现组织的经营宗旨与战略目标。

设计人力资源管理制度必须体现以人为本的管理思想，以人为本的思想表明，在制度设计思想中，不能将人视为组织利润最大化的工具，不能将员工视为实现组织目标的手段，要确立人在管理过程中的主导地位。制度要体现对人的关怀，使人获得超越生存需要的、全面的自由发展。倡导人和组织共同发展，人与制度共建，人的完善与制度的完善相互促进。

（二）管理制度兼顾行为的规范和对员工的尊重

以人为本不是一种溺爱式的迁就人，而是要全方面发展人、锻炼人、提升人的素质。制度的首要职责是把人的智慧、积极性、创造性、主动性充分发挥出来，利用好。让每个员工都有用武之地，能够全身心、全时间投入自己所从事的工作。按制度进行招聘、升、降、培训、流转，不分亲疏。

（三）管理制度要体现组织的使命感和社会责任感

追求利益最大化是个人及组织从事经济活动的动力。对员工的行为没有一定的制度约束，企业经营是无序的，集体和个人的理性追求都将是一场梦。这一原理同样适用于企业与社会理性的关系。好的人力资源管理制度一定立意高远，取信于属下，取信于社会。这样的企业性格突出，员工以自己的企业为荣，社会以有这样的企业自豪。企业负有增进社会物质文明及精神文明的责任，其人力资源管理制度也应体现这种责任。

二、人力资源管理制度设计的原则

（一）渐进原则

在组织发展的不同阶段，应有不同的制度体系。

（1）组织初期的人力资源管理内容较为简单，组织规模小，不必设立独立的人力资源管理机构。人力资源管理制度规则也相应比较简单，这样易于达成共识，有利于保持组织的灵活性。

（2）快速成长时期的人力资源管理制度较为关键。能否制定一个适应组织快速成长、有利于长期规范的人力资源管理制度，是非常重要的。这个时期的制度框架是日后改进的基础，好的规则将使员工养成良好的习惯，组织将保持良好的秩序，此时应由专业人力资源管理人员在协商调查基础上制定较为系统，结构较为完整、实用的人力资源管理制度。

（3）达到成熟期的组织，应在稳定先前制定的人力资源管理制度基础上创新、完善，突出组织的个性风格，让员工从适应制度变为自主管理。这时的用人机制十分重要，绩效考评、薪酬福利、激励等制度应适应这一阶段的要求，以免壮年夭折。若组织人力资源管理制度能上升到企业文化管理的层次，组织便可能进入长寿的行列。

（二）实事求是原则

设计制定有效的人力资源管理制度应从实际出发，根据组织所处的环境及变化趋势、组织实际状况，根据管理的实际需要来制定符合组织要求的人力资源管理制度。制度需要稳定性，因而实事求是地制定人力资源管理制度还应有前瞻性。设计的人力资源管理规章制度应具有可操作性，这是实事求是的核心。

（三）合理合法原则

（1）人力资源管理制度要具有科学性，符合管理科学规律，将员工的责、权、利对等结合。

（2）制度要符合国情、民情及人性，组织是由人组成的，人不是机器，有本能，有追求，有自己的民族文化传统，有感情，所以人力资源管理制度应当符合人性。

（3）人力资源管理制度应当建立在法律和道德的基础之上。组织应遵纪守法，在法律允许的范围内从事经营管理活动。员工则要遵守组织规章。

（四）完整配套原则

制度的“完整”，指设计的人力资源管理制度应当包含选人、育人、用人、留人及人员流动这一人力资源管理流程的各个环节，体系上要完整。制度的“配套”，指各项规则之间应当环环相扣，互相配合，不能相互矛盾、相互冲突。此外，配套的制度还指应当设计民主监督系统，以利于制度的贯彻落实。

三、人力资源管理制度的制定工作

（一）制定人力资源管理制度的程序

人力资源管理规章的制定过程，通常可分为以下三个阶段：

1. 调查研究阶段

运用各种调查研究方法，广泛收集与本组织相关的各种管理制度资料，然后分析调查所得资料，拟定制度草案。

2. 草案研究阶段

制度草案拟定好后，要在不同管理层次上对草案进行深入研讨，还要发动员工对草案进行讨论、修订，然后投入试运行。

3. 审定实施阶段

对制度试运行的结果调查分析，再进行讨论，然后审定。若审定一致通过，则可颁布执行；若未通过审定，则表明还要调查研究，重新进行分析讨论，使制度更完善，更易于员工接受，更易于执行。

（二）人力资源制度文本

1. 人力资源管理制度文本的结构

人力资源管理制度的文本结构通常有导语、条规、实施说明三个部分。具体结构则因编写者的习惯而异，通常有以下几种形式：

（1）开门见山，全篇条列。这种结构形式，从开篇到结尾都是条文。开头是制定制度的目的、依据；末尾是实施说明，写明修改和解释权限，生效时间等；中间各条为具体内容。

（2）分章命题，下列条文。这种结构形式，第一章通常为总则，阐述制定规章制度的依据、目的、适用范围等；末章通常是附则，说明这部分规章制度的权威程度，修改和解释权限，生效时间及其他有关要求；中间各章，为规章制度的具体内容，每一章可分为若干条，每一条可分为若干款。

（3）分段标题，逐条叙述。这种结构形式一般在前面有一段导语，说明制度的目的、依据、适用范围等，然后分段标题，逐条叙述，末段附实施说明。

2. 文字要求

人力资源管理制度是组织的重要规章制度部分。生效后的制度必须严格遵照执行，撰写人力资源管理制度的各项条款，务必明确、具体、准确。具体文字的撰写要求如下：

（1）层次分明，条理清楚，一目了然。

（2）逻辑严密，前后连贯，措施具体。

（3）文字洗练，行文庄重，简明扼要，不宜用文言文。

（4）避免歧义，措辞准确，通俗易懂，标点符号准确。

第十六章　人力资源管理流程

什么是流程？流程就是一系列连续的活动，这些活动以特定的方式进行，并导致特定结果的出现。

人力资源流程优化就是将人力资源各个职能模块需要相关部门共同协作完成的工作用流程的方式加以规范，常见的人力资源管理流程包括人力资源规划流程、集团管控流程、组织管理流程、绩效管理流程、薪酬管理流程、人事事务管理流程等。

第一节　人力资源规划及组织职位管理流程

一、人力资源规划流程

（一）人力资源规划流程图

人力资源规划流程如图 16-1 所示。

（二）人力资源规划流程核心步骤说明

人力资源规划流程核心步骤说明如表 16-1 所示。

（三）人力资源规划流程相关文件及制度

（1）《人力资源供给及成本分析报告》（略）。

（2）《年度人力资源规划》（草案）。

（3）《年度人力资源规划》（略）。

（4）《人力资源工作计划》（略）。

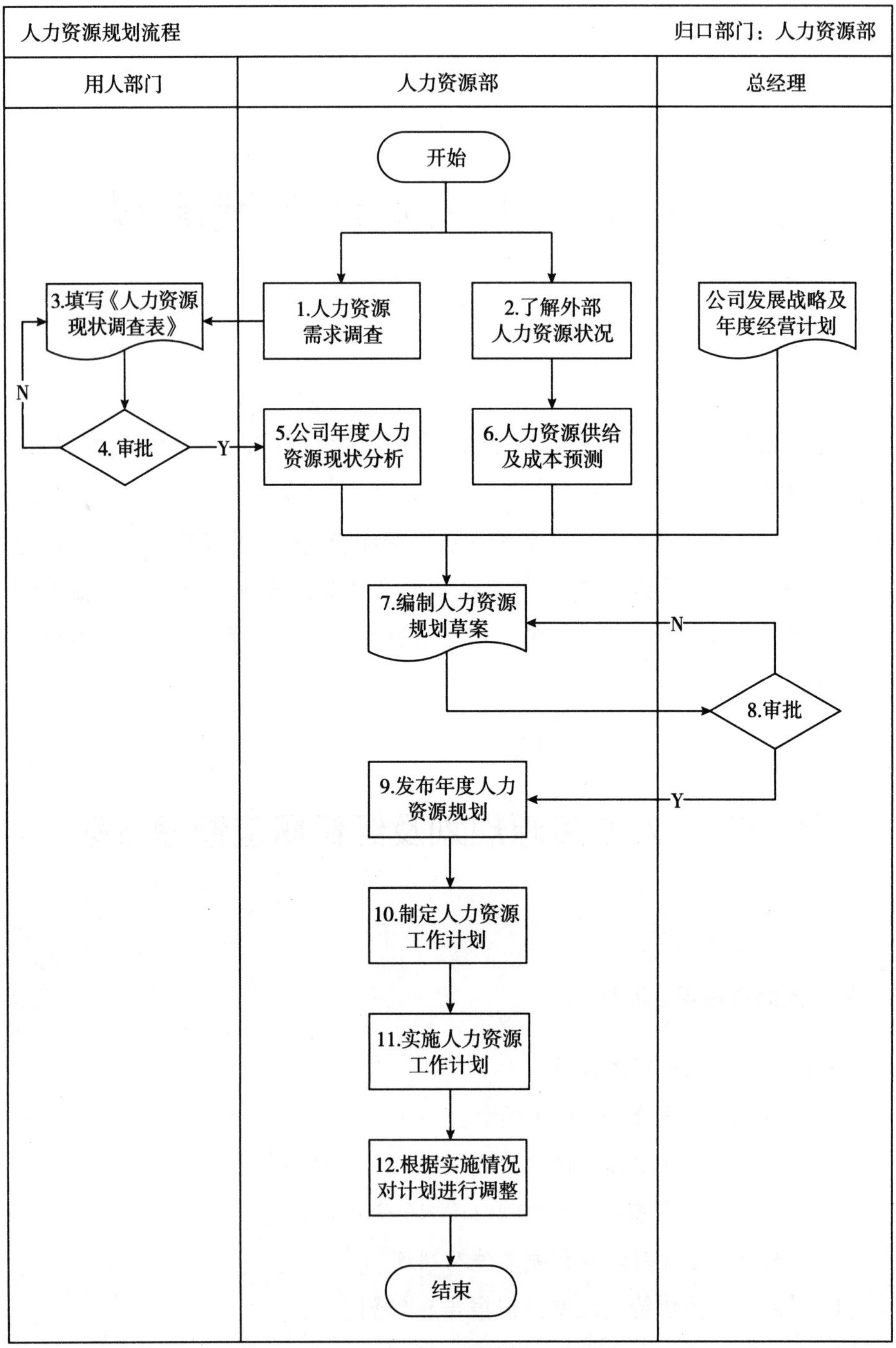

图 16-1　人力资源规划流程

表 16-1 人力资源规划流程核心步骤说明

序号	步骤名称	流程步骤说明	相关文件及制度	相关表单
1	人力资源需求调查	人力资源部经理于每年 11 月发起人力资源需求调查，并制定《人力资源需求调查表》，包括人力资源数量、质量、成本、结构		人力资源需求调查表
2	了解外部人力资源状况	人力资源部经理每年负责对外部人力资源状况（人员供给状况、行业薪酬水平）进行调查		
3	填写《人力资源现状调查表》	各部门根据人力资源部发布的《人力资源需求调查表》进行相关信息的填写		
4	审批	各部门分管领导负责对《人力资源需求调查表》进行审批		
5	公司年度人力资源现状分析	人力资源部根据各部门提交的《人力资源需求调查表》进行公司年度人力资源现状分析		
6	人力资源供给及成本预测	人力资源部根据外部人力资源调查结果进行人力资源供给及成本分析，输出《人力资源供给及成本分析报告》	《人力资源供给及成本分析报告》	
7	编制人力资源规划草案	人力资源部根据年度经营计划、人力资源状况外部调查结果、人力资源现状分析结果输出《年度人力资源规划（草案）》	《年度人力资源规划（草案）》	
8	审批	人力资源部经理负责将《年度人力资源规划（草案）》提交总经理审批		
9	发布年度人力资源规划	人力资源部经理审批通过后发布《年度人力资源规划》	《年度人力资源规划》	
10	制定人力资源工作计划	人力资源部经理根据《年度人力资源规划》制订《人力资源工作计划》	《人力资源工作计划》	
11	实施人力资源工作计划	人力资源部负责对《人力资源工作计划》进行实施和监督		
12	根据实施情况对计划进行调整	人力资源部负责对《人力资源工作计划》实施过程进行调整		

（四）人力资源规划流程相关表单

人力资源需求调查如表 16-2 所示。

表 16-2 人力资源需求调查表

部门		中心	
人力资源数量需求调查			
岗位名称	目前编制	计划编制调整	调整原因说明

续表

人力资源结构需求调查			
员工姓名	目前岗位	拟调整岗位	调整原因说明
人力资源质量提升需求调查			
培训课程	培训形式		预计费用
	□部门内训 □公司内训 □外部培训		
	□部门内训 □公司内训 □外部培训		
人力资源成本需求调查			
成本需求类型	人力资源成本需求说明		预计费用
增编			
加薪			
其他			
部门负责人		中心负责人	

（五）人力资源规划流程相关权限

人力资源规划流程权限分配如表 16-3 所示。

表 16-3 人力资源规划流程权限分配表

步骤	流程业务授权内容	提报	审核	二级审核	审批
2	人力资源供给及成本分析	人力资源专员/招聘专员			人力资源部经理
3	人力资源现状调查	各部门			部门分管领导
8	人力资源规划草案	人力资源部经理			总经理

二、组织管理流程

（一）组织管理流程图

组织管理流程如图 16-2 所示。

（二）组织管理流程核心步骤说明

组织管理流程核心步骤说明如表 16-4 所示。

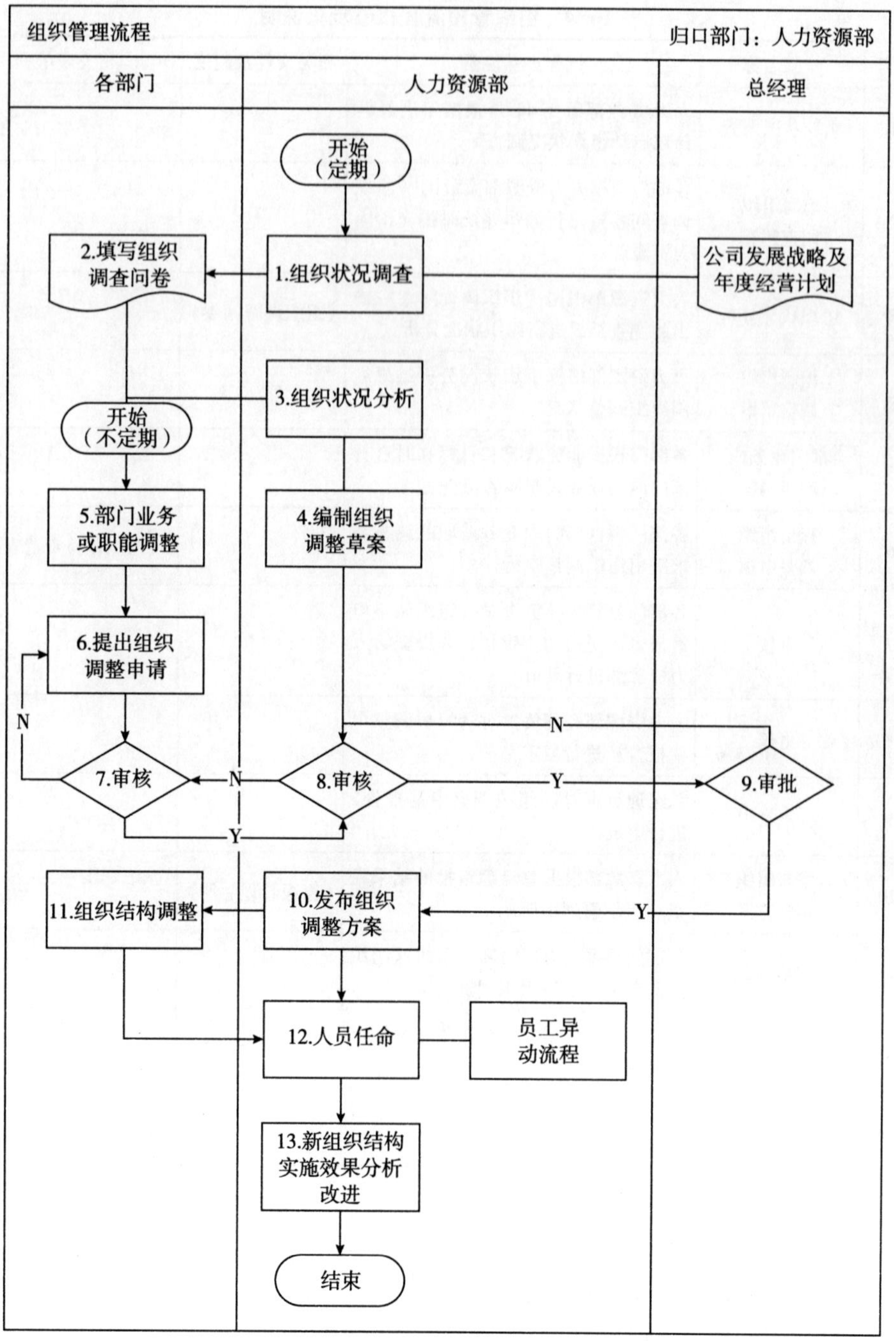
组织管理流程
归口部门：人力资源部
各部门
人力资源部
总经理
开始（定期）
2.填写组织调查问卷
1.组织状况调查
公司发展战略及年度经营计划
3.组织状况分析
开始（不定期）
5.部门业务或职能调整
4.编制组织调整草案
6.提出组织调整申请
N
7.审核
N
8.审核
Y
9.审批
Y
N
11.组织结构调整
10.发布组织调整方案
Y
12.人员任命
员工异动流程
13.新组织结构实施效果分析改进
结束

图 16-2　组织管理流程

表 16-4 组织管理流程核心步骤说明

序号	步骤名称	流程步骤说明	相关文件及制度	相关表单
1	组织状况调查	人力资源部每年 11 月根据年度经营计划启动组织状况调查		
2	填写组织调查问卷	各部门根据人力资源部发放的《组织调查问卷》进行填写并及时提交给人力资源部		
3	组织状况分析	人力资源部根据《组织调查问卷》输出的调查结果进行组织状况分析	《组织调查问卷》	
4	编制组织调整草案	人力资源部根据组织状况分析结果编制组织调整草案		
5	部门业务或职能调整	各部门根据业务状况和目标临时进行部门内的业务或职能的调整		
6	提出组织调整申请	各部门根据部门内业务或职能调整需求提出组织调整申请		《组织调整申请表》
7	审核	各部门分管领导负责对《组织调整申请报告》进行初步审核，并提交给人力资源部进行复审		
8	审核	人力资源部经理负责对《组织调整申请报告》进行复审		
9	审批	总经理负责对《组织调整申请报告》进行审批		
10	发布组织调整方案	人力资源部根据总经理审批的结果发布《组织管理手册》	《组织管理手册》	
11	组织结构调整	各部门根据人力资源部发布的《组织调整方案》进行组织调整		
12	人员任命	人力资源部根据《组织调整方案》进行相关人员任命	《人事任命通知》	
13	新组织结构实施效果分析改进	人力资源部负责对新组织的运行进行监督以及运行效果评价		

（三）组织管理流程相关文件及制度

（1）《组织调查问卷》（略）。

（2）《组织管理手册》（略）。

（3）《人事任命通知》（略）。

（四）组织管理流程相关表单

组织调整申请如表 16-5 所示。

表 16-5 组织调整申请表

申请部门		所属中心	
调整类型	□部门职能调整 □部门二级结构调整		
组织调整说明			
部门职能调整	调整前		
	调整后		
部门二级结构调整	调整前		
	调整后		
组织调整原因			
中心负责人意见			
人力资源部审核			
总经理审批			

（五）组织管理流程相关权限

组织管理流程权限分配如表 16-6 所示。

表 16-6 组织管理流程权限分配表

步骤	流程业务授权内容	提报	审核	二级审核	审批
7	组织调整申请	部门负责人	分管领导	人力资源部经理	总经理
12	人事任命通知	人力资源部经理			总经理

三、岗位说明书管理流程

（一）岗位说明书管理流程图

岗位说明书管理流程如图 16-3 所示。

（二）岗位说明书管理流程核心步骤说明

岗位说明书管理流程核心步骤说明如表 16-7 所示。

（三）岗位说明书管理流程相关文件及制度

（1）《工作分析调查问卷》（略）。

（2）《岗位说明书》（略）。

（3）《定岗定编方案》（略）。

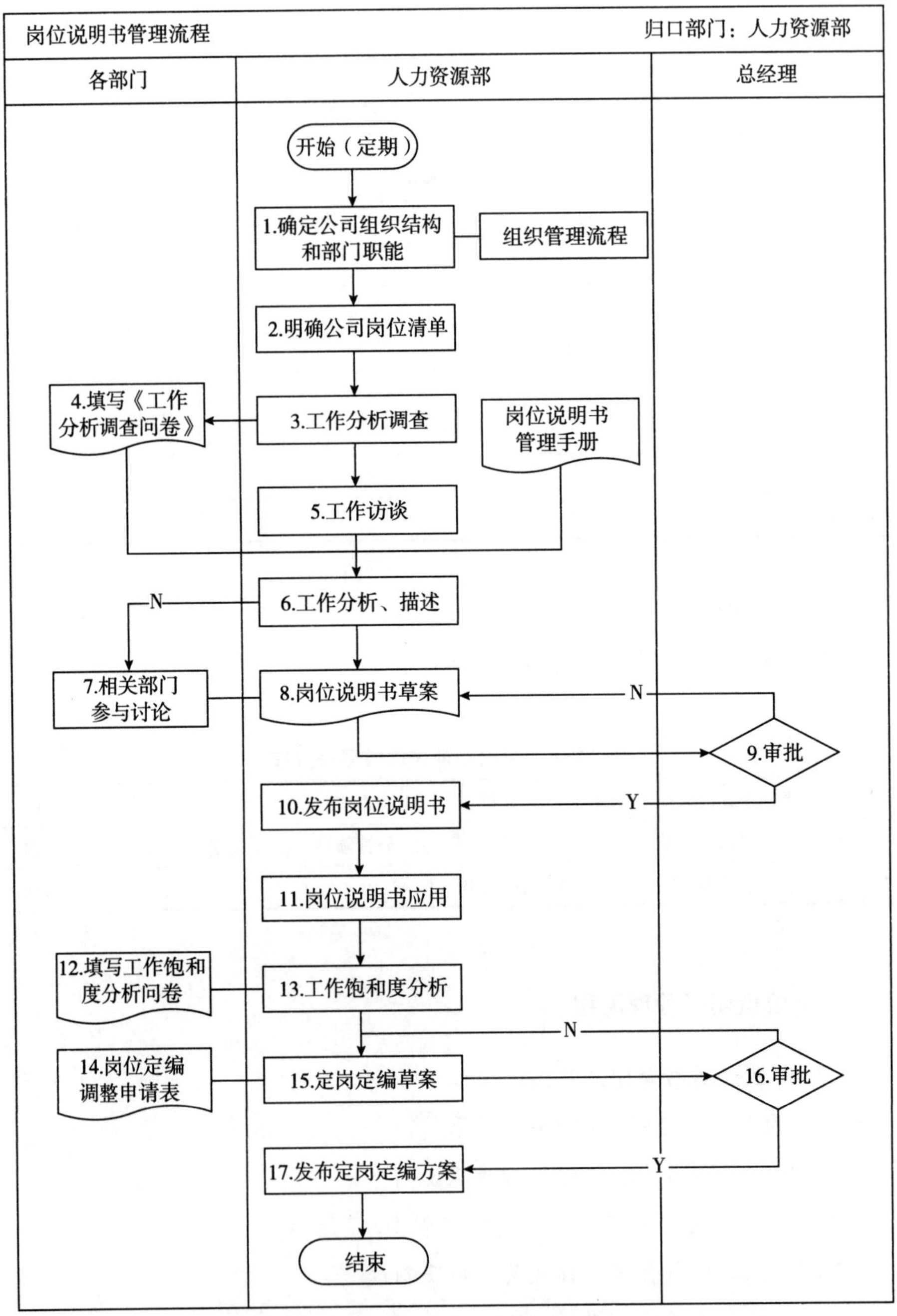

图 16-3　岗位说明书管理流程

表 16-7　岗位说明书管理流程核心步骤说明

序号	步骤名称	流程步骤说明	相关文件及制度	相关表单
1	确定公司组织结构和部门职能	人力资源部根据组织管理流程确定公司组织架构和部门职能		
2	明确公司岗位清单	人力资源部根据组织架构和部门职能确定岗位清单		
3	工作分析调查	人力资源部根据岗位清单开展工作分析调查，发放《工作分析调查问卷》	《工作分析调查问卷》	
4	填写《工作分析调查问卷》	各部门根据人力资源部发放的《工作分析调查问卷》进行填写并报送给人力资源部		
5	工作访谈	人力资源部根据工作分析调查结果进行工作访谈		
6	工作分析、描述	人力资源部根据岗位说明书手册、访谈结果及工作分析调查结果进行岗位工作分析与描述		
7	相关部门参与讨论	人力资源部组织相关部门进行岗位工作分析的讨论		
8	岗位说明书草案	人力资源部根据分析讨论结果输出岗位说明书草案		
9	审批	人力资源部经理将岗位说明书草案提交给总经理进行审批		
10	发布岗位说明书	人力资源部经理根据总经理审批的结果发布新的岗位说明书	《岗位说明书》	
11	岗位说明书应用	人力资源部负责岗位说明书的应用（岗位价值评估、能力素质测评等）		
12	填写工作饱和度分析问卷	各部门根据人力资源部发放的《工作饱和度分析问卷》进行填写，并提交人力资源部		
13	工作饱和度分析	人力资源部根据各部门提交的《工作饱和度分析问卷》进行工作饱和度分析		
14	岗位定编调整申请表	各部门根据工作饱和度分析结果填写《定岗定编申请表》		《定岗定编申请表》
15	定岗定编草案	人力资源部根据工作饱和度分析结果和《定岗定编申请表》输出定岗定编草案		
16	审批	人力资源部经理将定岗定编草案提交给总经理进行审批		
17	发布定岗定编方案	人力资源部发布新的《定岗定编方案》	《定岗定编方案》	

（四）岗位说明书管理流程相关表单

定岗定编申请如表 16-8 所示。

表 16-8 定岗定编申请表

申请部门		所属中心	
部门岗位编制说明			
岗位名称	原编制	建议岗位编制	工作饱和度说明
组织调整原因			
中心负责人意见			
人力资源部审核			
总经理审批			

（五）岗位说明书管理流程相关权限

岗位说明书管理流程权限分配如表 16-9 所示。

表 16-9 岗位说明书管理流程权限分配表

步骤	流程业务授权内容	提报	审核	二级审核	审批
9	岗位说明书草案	部门负责人			分管领导
15	定岗定编草案	人力资源部经理			总经理

第二节 员工招聘与培训流程

一、招聘管理流

（一）招聘管理流程图

招聘管理流程如图 16-4 所示。

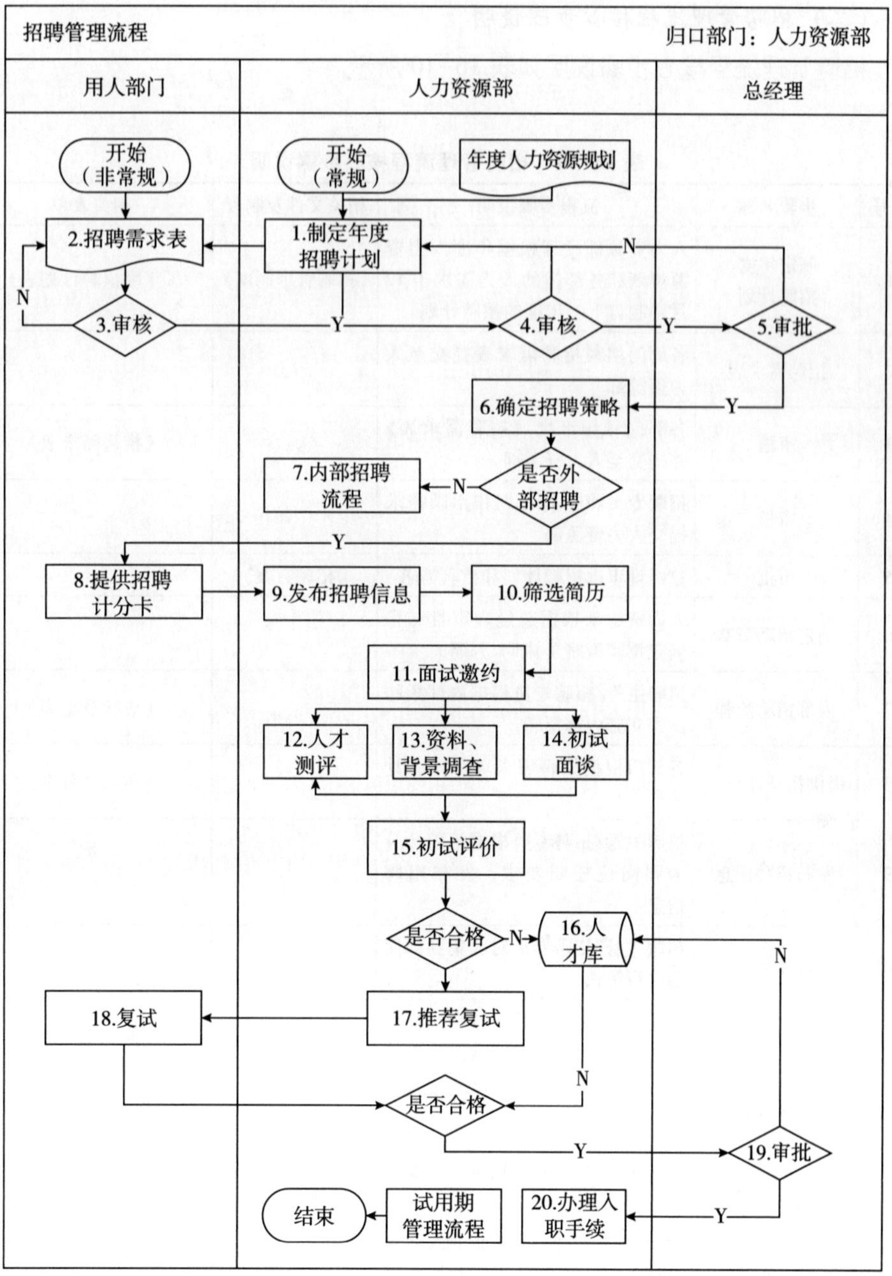

招聘管理流程
归口部门：人力资源部
用人部门
人力资源部
总经理
开始（非常规）
开始（常规）
年度人力资源规划
2.招聘需求表
1.制定年度招聘计划
N
3.审核
Y
4.审核
Y
5.审批
N
6.确定招聘策略
Y
7.内部招聘流程
N
是否外部招聘
Y
8.提供招聘计分卡
9.发布招聘信息
10.筛选简历
11.面试邀约
12.人才测评
13.资料、背景调查
14.初试面谈
15.初试评价
是否合格
N
16.人才库
N
18.复试
17.推荐复试
N
是否合格
Y
19.审批
结束
试用期管理流程
20.办理入职手续
Y

图 16-4　招聘管理流程

（二）招聘管理流程核心步骤说明

招聘管理流程核心步骤说明如表 16-10 所示。

表 16-10 招聘管理流程核心步骤说明

序号	步骤名称	流程步骤说明	相关文件及制度	相关表单
1	制定年度招聘计划	人力资源部经理根据年度人力资源规划和各部门的人力需求于 12 月初制订下一年度的招聘计划	《招聘管理制度》	《年度招聘计划表》
2	招聘需求表	各部门填写招聘需求表提交至人力资源部		
3	审核	各部门领导审批《招聘需求表》并提交至人力资源部		《招聘需求表》
4	审核	招聘专员将招聘计划和招聘需求提交人力资源部		
5	审批	总经理审批招聘计划和招聘需求	《招聘方案》	
6	确定招聘策略	人力资源部根据总经理审批结果确定招聘策略（内聘/外聘）		
7	内部招聘流程	招聘主管/招聘专员根据内部招聘流程实施内部招聘		《应聘登记表》
8	提供招聘计分卡	各部门根据招聘需求填写招聘计分卡		《招聘计分卡》
9	发布招聘信息	招聘主管/招聘专员根据招聘计分卡和岗位任职要求，发布招聘信息		
10	筛选简历	招聘主管/招聘专员对收集到的简历进行筛选		
11	面试邀约	招聘主管/招聘专员对符合岗位要求的求职者发出面试邀约		《面试邀请函》
12	人才测评	招聘主管/招聘专员对求职者进行测评		《面试题库》
13	资料、背景调查	招聘主管/招聘专员负责对求职者进行背景调查	《人才背景调查授权书》	《人才背景调查表》
14	初试面谈	招聘主管/招聘专员负责对求职者进行学历、工作经验等相关情况的面谈		
15	初试评价	招聘主管/招聘专员根据 12、13、14 的结果进行综合评价		
16	人才库	招聘主管/招聘专员负责将求职者信息录入企业人才库		

续表

序号	步骤名称	流程步骤说明	相关文件及制度	相关表单
17	推荐复试	招聘主管/招聘专员把初试评价合格的求职者推荐到部门进行复试		
18	复试	各部门对求职者进行复试，并将复试结果提交给人力资源部		
19	审批	人力资源部经理将中层以上复试合格人员上报至总经理审批		
20	办理入职手续	招聘主管/招聘专员发布新员工拟入职通知并办理入职手续（含员工履历表、入职资料收集、劳动合同签订、保密协议签订），并进入试用期管理流程		《新员工拟入职邀请函》 《新员工拟入职通知》

（三）招聘管理流程相关文件及制度

（1）《招聘管理制度》（略）。

（2）《招聘方案》（略）。

（3）《面试邀请函》（略）。

（4）《面试题库》（略）。

（5）《人才背景调查授权书》（略）。

（6）《新员工拟入职邀请函》（略）。

（7）《新员工拟入职通知》（略）。

（四）招聘管理流程相关表单

（1）年度招聘计划表。

年度招聘计划如表 16-11 所示。

表 16-11 年度招聘计划表

中心	部门	岗位名称	招聘人数	期望到岗时间	招聘类型
合计	—	—	—	—	—

（2）招聘需求表。

招聘需求如表 16-12 所示。

表 16-12 招聘需求表

部门		中心	
岗位名称	招聘人数	招聘原因	期望到岗时间
		□离职补充 □编制调整 □人才储备 □职位调整 □其他	
		□离职补充 □编制调整 □人才储备 □职位调整 □其他	
		□离职补充 □编制调整 □人才储备 □职位调整 □其他	
		□离职补充 □编制调整 □人才储备 □职位调整 □其他	
		□离职补充 □编制调整 □人才储备 □职位调整 □其他	

（3）应聘登记表（略）。

（4）招聘计分卡。

招聘计分卡如表 16-13 所示。

表 16-13 招聘计分卡

应聘人姓名		应聘岗位		用人部门	
岗位使命	（具体见岗位说明书）				
关键工作成果及评价记录（40%）					
关键工作成果描述			评价及结论		评分
（由面试评价人填写）			（由用人部门负责人填写）		
基本能力及评价结果（10%）					
基本能力项	定义	参考问题	评价及结论		评分
见岗位说明书	见能力素质模型管理手册	见面试题库	由面试评价人填写		
基本能力平均分					
关键能力及评价结果（20%）					
关键能力项	定义	参考问题	评价及结论		评分
见岗位说明书	见能力素质模型管理手册	见面试题库	由面试评价人填写		
关键能力平均分					
基本素养及评价结果（10%）					
基本素养项	定义	参考问题	评价及结论		评分
见岗位说明书	见能力素质模型管理手册	见面试题库	由面试评价人填写		
基本素养及评价结果（20%）					
关键素养项	定义	参考问题	评价及结论		评分
见岗位说明书	见能力素质模型管理手册	见面试题库	由面试评价人填写		

续表

关键素养平均分				
关键素养项	定义	参考问题	评价及结论	评分
见岗位说明书	见能力素质模型管理手册	见面试题库	由面试评价人填写	
文化适应性评估				
评价记录				
面试评估小结				
最终得分				
面试结果				
备注	（1）最终得分＝关键工作成果平均分×40%＋基本能力平均分×10%＋关键能力平均分×209%＋基本素养平均分×10%＋关键素养平均分×20% （2）员工招聘计分卡最终得分低于 75 分视为面试不合格			

（5）人才背景调查表。

人才背景调查如表 16-14 所示。

表 16-14　人才背景调查表

被调查人姓名		拟任用岗位			
第一次背景调查记录（被调查人原公司人力资源部）					
被访问人姓名		被调查人部门及岗位		联系方式	
被调查人部门及岗位	之前的工作部门及岗位：				
被调查人工作时间	担任该岗位的工作时间是？（如为管理人员，增加管理岗位工作时间是？）				
被调查人工作期间表现	请问他/她在工作期间是否有不良记录？跟贵公司有无劳动纠纷？				
被调查人收入情况	请问他/她在贵公司的税前月收入为多少？除此之外是否还有一些额外的奖金及补助？如果有，这些额外的收入大约是多少？				
被调查人入职/离职时间	他/她的入职时间是什么时间？离职时间是什么时间？				
被调查人离职原因调查	据您了解，他/她的离职原因是什么？当初他/她离职时您挽留过他/她吗？				
被调查人离职手续办理情况	他/她是否已与贵公司解除劳动合同，并办理完成交接手续？				
第二次背景调查记录（被调查人原直接上级）					
被访问人姓名		被访问人职位		联系方式	
被调查人工作内容	请问他/她在职期间的主要工作内容包括哪些？您认为他/她的工作能力怎样？他/她的优势是什么？他/她需要在哪些方面改进和提高？他/她跟同事之间相处如何？				

（五）招聘管理流程相关权限

招聘管理流程权限分配如表 16-15 所示。

表 16-15　招聘管理流程权限分配表

步骤	流程业务授权内容	提报	审核	二级审核	审批
3	招聘需求	用人部门负责人			部门分管领导
4	年度招聘计划	人力资源部经理			总经理

续表

步骤	流程业务授权内容	提报	审核	二级审核	审批
19	招聘计分卡（B 层级及以上）	人力资源部经理	分管领导		总经理
19	招聘计分卡（B 层级及以下）	招聘主管/招聘专员	用人部门负责人		分管领导

二、内部招聘管理流程

(一) 内部招聘管理流程图

内部招聘管理流程如图 16-5 所示。

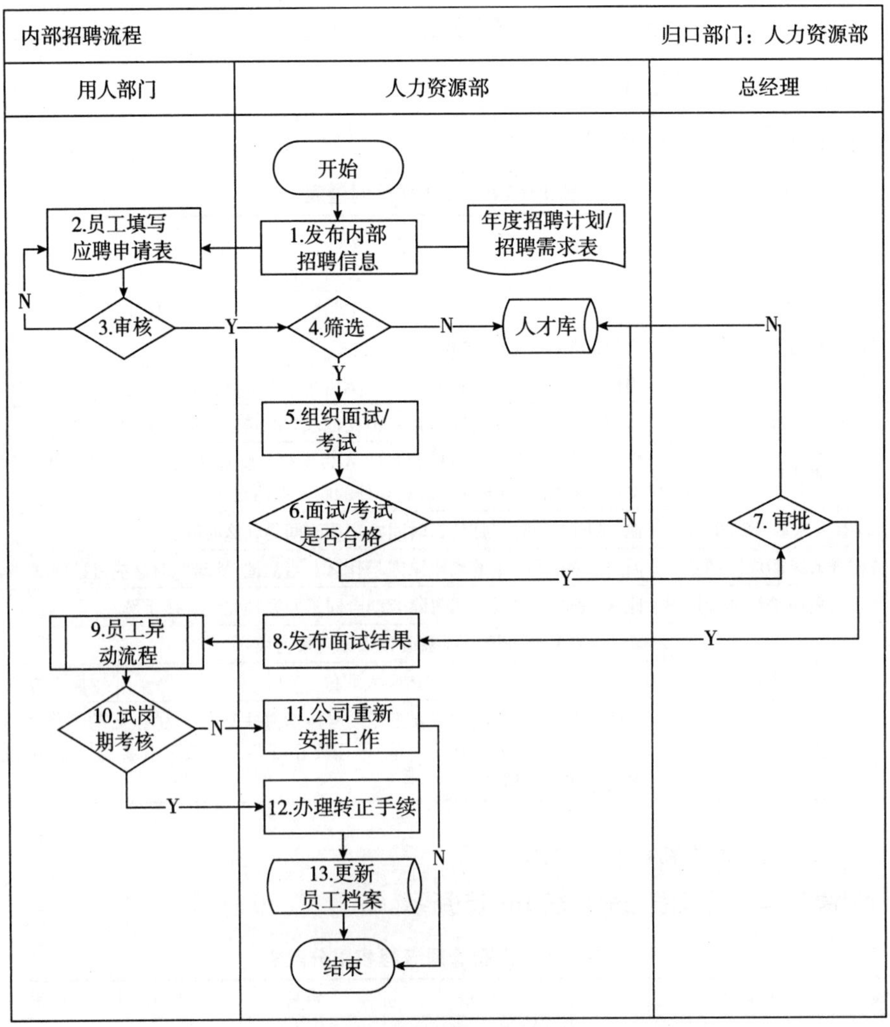

图 16-5 内部招聘管理流程

（二）内部招聘管理流程核心步骤说明

内部招聘管理流程核心步骤说明如表 16-16 所示。

表 16-16　内部招聘管理流程核心步骤说明

序号	步骤名称	流程步骤说明	相关文件及制度	相关表单
1	发布内部招聘信息	招聘主管/招聘专员根据年度招聘计划/招聘需求表，发布内部招聘信息		
2	员工填写应聘申请表	内部意向员工填写应聘申请表		《内部应聘申请表》
3	审核	员工所在部门负责人进行审核		
4	筛选	人力资源部根据（内部应聘申请表）对应聘员工进行筛选，如不符合进入公司人才库		
5	组织面试/考试	用人部门根据岗位要求填写招聘计分卡		（招聘计分卡）
6	面试/考试是否合格	人力资源部根据招聘计分卡组织应聘员工进行面试/考试，如不符合进入公司人才库		
7	审批	人力资源部提交招聘计分卡，B 层级岗位及以上至总经理审批，B 层级岗位以下至用人部门负责人审批		
8	发布面试结果	人力资源部发布面试结果		
9	员工异动流程	用人部门根据员工异动流程进行岗位调整		
10	试岗期考核	用人部门对异动人员进行试岗期考核评价，确定是否正式录用		（员工试用/试岗评价表）
11	公司重新安排工作	人力资源部对未通过考核评价人员重新安排工作		
12	办理转正手续	人力资源部对通过考核人员办理转正手续		
13	更新员工档案	人力资源专员对异动人员进行员工档案更新		

（三）内部招聘管理流程相关文件及制度（无）

（四）内部管理流程相关表单

（1）内部应聘申请表。

内部应聘申请如表 16-17 所示。

表 16-17　内部应聘申请表

员工姓名		岗位名称	
所在部门		拟应聘岗位	
本公司工作经历			
所在部门负责人意见			

（2）招聘计分卡（略）。

（3）员工试用/试岗评价表。

员工试用/试岗评价如表 16-18 所示。

表 16-18　员工试用/试岗评价表

员工姓名		岗位名称		所在部门	
试用期工作评价（40%）					
月份	试用期工作综述	员工自评		直接上级评价	
第 1 个月	由试用员工填写，并附第 1 个月试用/试岗工作总结				
第 2 个月	由试用员工填写，并附第 2 个月试用/试岗工作总结				
第 3 个月	由试用员工填写，并附第 3 个月试用/试岗工作总结				
试用期工作平均分					
试用期基本能力及评价（10%）					
基本能力项	定义	员工自评		直接上级评价	
见岗位说明书	见能力素质模型管理手册				
试用期基本能力平均分					
关键能力评价（20%）					
关键能力项	定义	员工自评		直接上级评价	
见岗位说明书	见能力素质模型管理手册				
试用期关键能力平均分					
试用期基本素养评价（10%）					
基本素养项	定义	员工自评		直接上级评价	
见岗位说明书	见能力素质模型管理手册				
试用期基本素养平均分					
试用期关键素养评价（20%）					
关键素养项	定义	员工自评		直接上级评价	
见岗位说明书	见能力素质模型管理手册	详见岗位说明书			

续表

试用期关键素养平均分	
最终得分	
试用评价小结	
试用结果	
备注	（1）最终得分=关键工作成果平均分×40%+基本能力平均分×10%+关键能力平均分×20%+基本素养平均分×10%+关键素养平均分×20% （2）员工自评分作为参考，与直接上级评价差别超过20分时需向直接上级确认 （3）员工试用期评价最终得分低于75分视为试用期不合格

（五）内部招聘管理流程相关权限

内部招聘管理流程权限分配如表16-19所示。

表16-19　内部招聘管理流程权限分配表

步骤	流程业务授权内容	提报	审核	二级审核	审批
2	内部应聘申请	意向员工	部门领导		
7	招聘计分卡（B层级及以上）	人力资源经理	分管领导		总经理
7	招聘计分卡（B层级以下）	招聘主管/专员	用人部门负责人		分管领导

三、试用期管理流程

（一）试用期管理流程图

试用期管理流程如图16-6所示。

（二）试用期管理流程核心步骤说明

试用期管理流程核心步骤说明如表16-20所示。

（三）试用期管理流程相关文件及制度

（1）《培训管理制度》（略）。

（2）《转正申请书》（略）。

（四）试用期管理流程相关表单

（1）招聘计分卡（略）。

（2）员工试用/试岗评价表（略）。

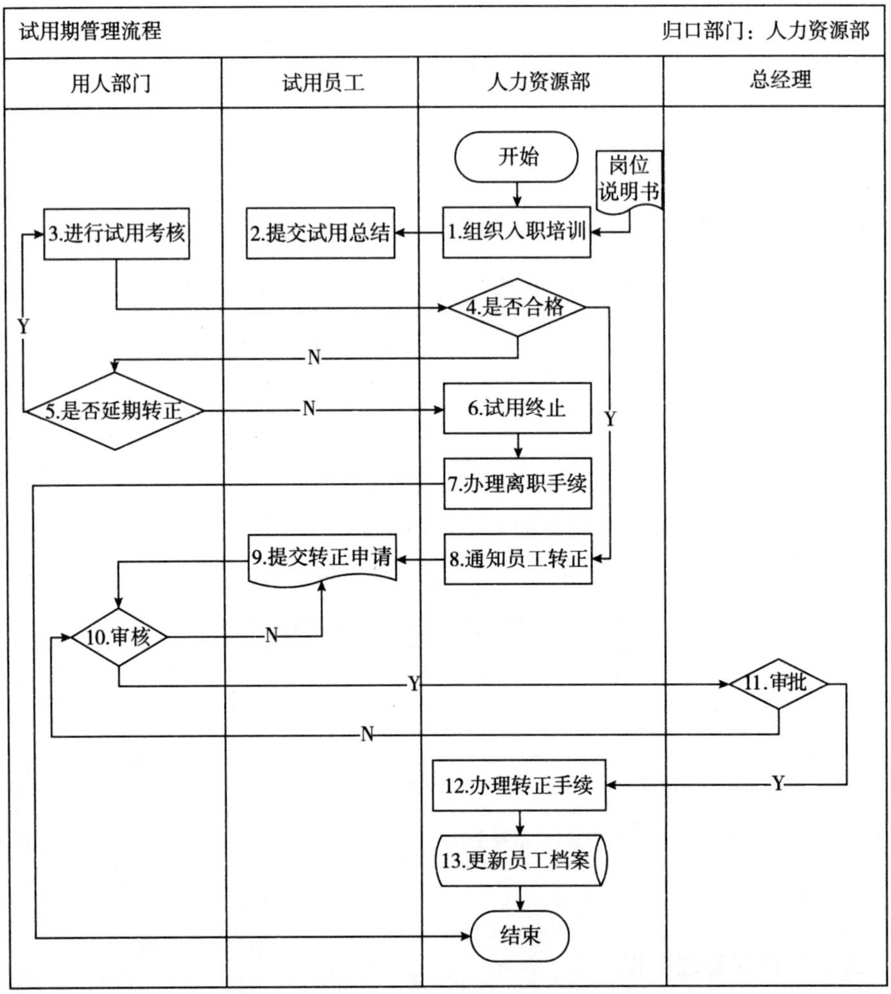

图 16-6　试用期管理流程

表 16-20　试用期管理流程核心步骤说明

序号	步骤名称	流程步骤说明	相关文件及制度	相关表单
1	组织入职培训	人力资源与用人部门组织新员工入职培训（企业文化、规章制度、业务流程和业务知识等）	《培训管理制度》	
2	提交试用总结	试用期按月提交试用总结给用人部门负责人		
3	进行试用考核	用人部门根据招聘计分卡对试用结果核算得分，并判断试用是否合格		《招聘积分卡》《员工试用/试岗评价表》

续表

序号	步骤名称	流程步骤说明	相关文件及制度	相关表单
4	是否合格	用人部门对试用期考核不合格员工确定是否延期转正		
5	是否延期转正	人力资源部对不延期转正的不合格员工通知试用终止		
6	试用终止	人力资源部负责试用终止员工办理离职手续		
7	办理离职手续	人力资源部对试用合格员工进行转正通知		
8	通知员工转正	人力资源部对试用合格员工进行转正通知		
9	提交转正申请	用人部门负责对试用员工的转正申请进行审核		
10	审核	人力资源部将B层级及以上人员转正申请提交总经理审批	《转正申请》	
11	审批	人力资源部对未通过考核评价人员重新安排工作		
12	办理转正手续	人力资源部对试用员工办理转正手续		
13	更新员工档案	人力资源部更新员工档案		

（五）试用期管理流程相关权限

试用期管理流程权限分配如表 16-21 所示。

表 16-21 试用期管理流程权限分配表

步骤	流程业务授权内容	提报	审核	二级审核	审批
10	转正申请（B层级及以上）	试用员工	分管领导	人力资源部经理	总经理
10	转正申请（B层级及以下）	试用员工	用人部门负责人	人力资源部经理	分管领导

四、培训管理流程

（一）培训管理流程图

培训管理流程如图 16-7 所示。

（二）培训管理流程核心步骤说明

培训管理流程核心步骤说明如表 16-22 所示。

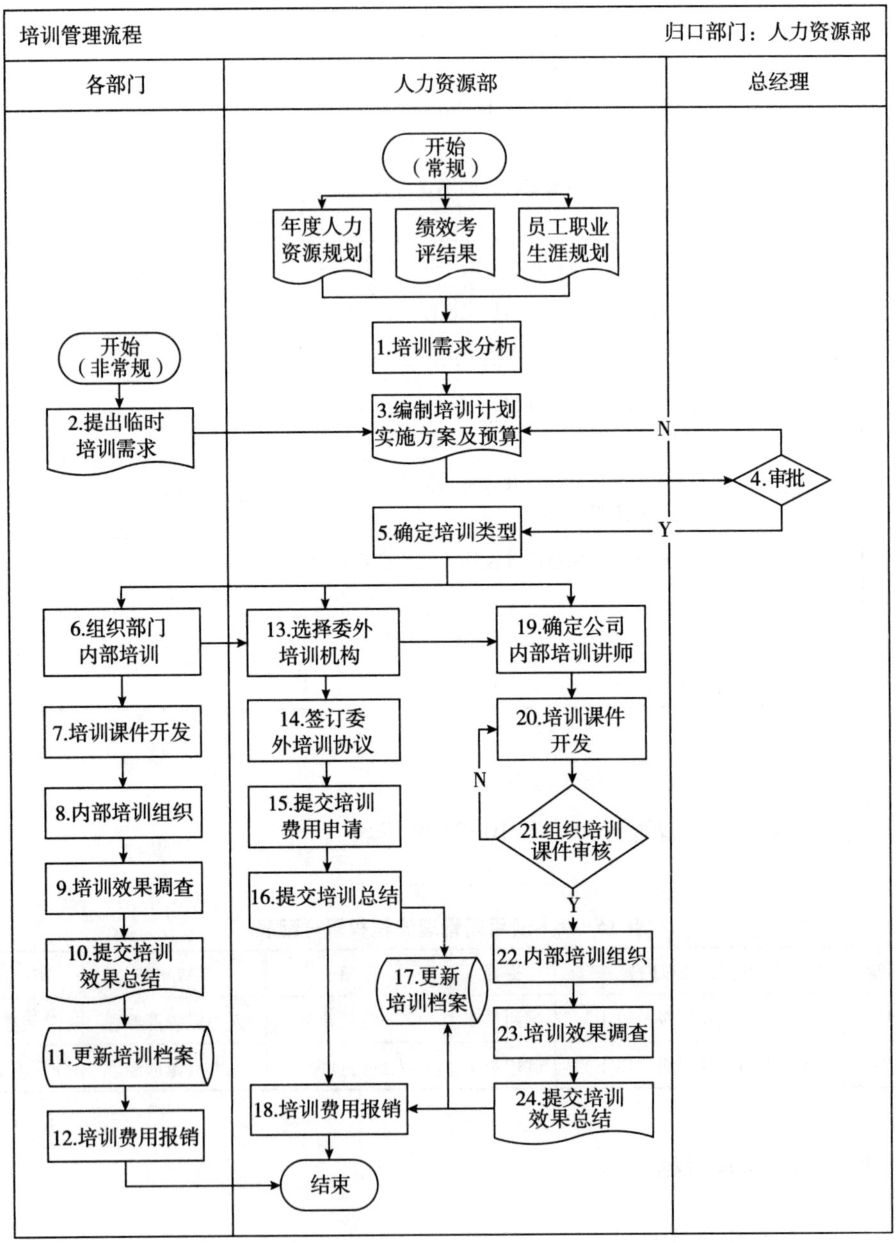
培训管理流程
归口部门：人力资源部
各部门
人力资源部
总经理
开始（常规）
年度人力资源规划
绩效考评结果
员工职业生涯规划
1.培训需求分析
开始（非常规）
2.提出临时培训需求
3.编制培训计划实施方案及预算
N
4.审批
Y
5.确定培训类型
6.组织部门内部培训
13.选择委外培训机构
19.确定公司内部培训讲师
7.培训课件开发
14.签订委外培训协议
20.培训课件开发
8.内部培训组织
15.提交培训费用申请
N
21.组织培训课件审核
9.培训效果调查
16.提交培训总结
Y
10.提交培训效果总结
17.更新培训档案
22.内部培训组织
11.更新培训档案
23.培训效果调查
12.培训费用报销
18.培训费用报销
24.提交培训效果总结
结束

图 16-7　培训管理流程

表 16-22　培训管理流程核心步骤说明

序号	步骤名称	流程步骤说明	相关文件及制度	相关表单
1	培训需求分析	人力资源部每年 11 月根据年度人力资源规划、绩效考评结果、员工职业生涯规划进行培训需求分析	《培训管理制度》	
2	提出临时培训需求	各部门根据实际业务开展需要提出临时培训需求并提交人力资源部		《培训需求申请单》
3	编制培训计划、实施方案及预算	人力资源部根据 1、2 步骤编制培训计划、实施方案及预算	《培训实施方案》 《年度培训计划》	
4	审批	人力资源部将培训计划与实施方案及预算提交总经理审批		
5	确定培训类型	人力资源部根据培训需求确定培训类型		
6	组织部门内部培训	各部门负责组织部门内部培训		
7	培训课件开发	各部门负责组织部门培训的课件开发		
8	内部培训组织	各部门负责组织部门培训与实施		
9	培训效果调查	各部门负责组织部门培训效果调查		
10	提交培训效果总结	各部门负责进行部门内部培训效果总结		《培训效果评价表》
11	更新培训档案	各部门负责进行部门内部培训档案更新		
12	培训费用报销	各部门负责部门培训费用报销		
13	选择委外培训机构	人力资源部根据委外培训需求选择合适的培训机构		
14	签订委外培训协议	人力资源部与参训人员签订委外培训协议		
15	提交培训费用申请	人力资源部负责提交培训费用申请，并借款支付		
16	提交培训总结	人力资源部负责提交培训总结，进行培训效果评估		
17	更新培训档案	人力资源部负责培训结束后更新培训档案		《培训效果评价表》
18	培训费用报销	人力资源部负责委外培训费用报销		
19	确定公司内部培训讲师	人力资源部负责对公司内部讲师进行发掘与培养，并确定公司内部讲师名单	《内部讲师管理办法》	
20	培训课件开发	人力资源部负责组织讲师进行培训课件开发		

续表

序号	步骤名称	流程步骤说明	相关文件及制度	相关表单
21	组织培训课件审核	人力资源部负责外部讲师培训课件审核		
22	内部培训组织	人力资源部制定内外部讲师培训方案并组织实施		
23	培训效果调查	人力资源部对讲师培训效果进行调查		
24	提交培训效果总结	人力资源部对讲师培训效果进行总结		《培训效果评价表》

（三）培训管理流程相关文件及制度

（1）《培训管理制度》（略）。

（2）《培训实施方案》（略）。

（3）《年度培训计划》（略）。

（4）《内部讲师管理办法》（略）。

（四）培训管理流程相关表单

（1）培训需求申请表。

培训需求申请如表 16-23 所示。

表 16-23　培训需求申请表

部门	参训人员	培训课程	培训形式	培训课时	培训时间预计	预计费用
合计	—	—		—		—

（2）培训效果评价表。

培训效果评价如表 16-24 所示。

表 16-24　培训效果评价表

填表人		所在部门	
培训课程		培训讲师	

续表

培训效果评价	
评价内容	评估结果
培训内容评价	
课程内容是否符合工作与个人发展需要	□5 分 □4 分 □3 分 □2 分 □1 分
课程内容是否切合实际、便于运用	□5 分 □4 分 □3 分 □2 分 □1 分
培训讲师评价	
讲师是否表达清晰、通俗易懂	□5 分 □4 分 □3 分 □2 分 □1 分
讲师现场鼓励学员参与、现场气氛良好	□5 分 □4 分 □3 分 □2 分 □1 分
讲师能否解决学员问题并给予指导	□5 分 □4 分 □3 分 □2 分 □1 分
培训组织评价	
您觉得本次培训方式如何	□优 □好 □尚可 □劣
您觉得本次培训时间安排是否合理	□太长 □适合 □不足
您在此次培训中的收获如何	□较大 □一般 □较少 □无
其他建议	
本次培训您有哪些收获和启发	
目前工作中您还想得到哪些方面的培训	
针对此次培训，您的建议或感想	

（五）培训管理流程相关权限

培训管理流程权限分配如表 16-25 所示。

表 16-25 培训管理流程权限分配表

步骤	流程业务授权内容	提报	审核	二级审核	审批
4	年度培训计划（含预算）	人力资源主管	人力资源部经理		总经理

第三节 绩效与薪酬管理流程

一、薪酬福利管理流程

（一）薪酬福利管理流程图

薪酬福利管理流程如图 16-8 所示。

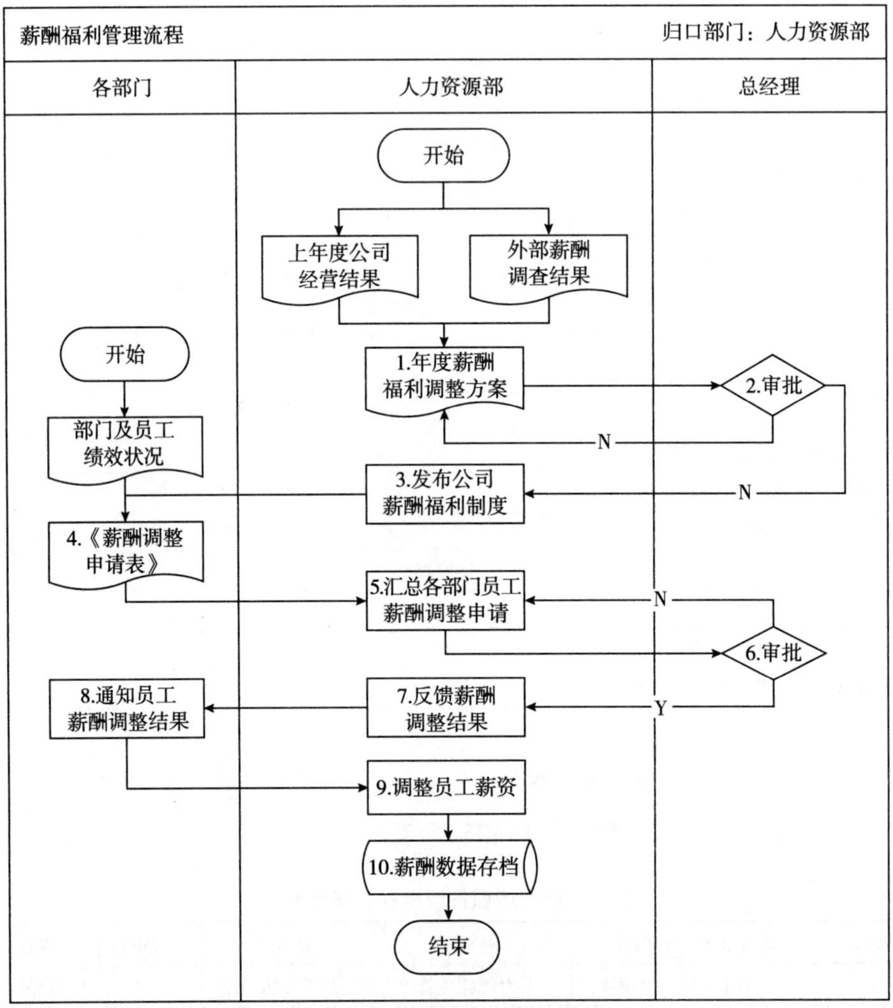

图 16-8　薪酬福利管理流程

（二）薪酬福利管理流程步骤说明

薪酬福利管理流程核心步骤说明如表 16-26 所示。

表 16-26　薪酬福利管理流程核心步骤说明

序号	步骤名称	流程步骤说明	相关文件及制度	相关表单
1	年度薪酬福利调整方案	每年底人力资源部根据上年度公司经营结果及外部市场行情，提出公司《年度薪酬福利调整方案》（含薪酬制度、绩效制度、福利办法、业务提成、项目激励、年终奖金、中长期激励等）	《年度薪酬福利调整方案》	

续表

序号	步骤名称	流程步骤说明	相关文件及制度	相关表单
2	审批	公司总经理就人力资源部提出的《年度薪酬福利调整方案》进行审批		
3	发布公司薪酬福利制度	每年1月初人力资源部公布公司年度薪酬福利政策		
4	《薪酬调整申请表》	部门负责人根据上年度员工绩效状况提报部门员工《薪酬层级异动申请表》		《薪酬调整申请表》
5	汇总各部门员工薪酬调整申请	人力资源部汇总各部门员工薪酬调整申请，并进行加薪幅度测算		
6	审批	公司总经理根据测算结果及各部门薪酬调整申请进行审批		
7	反馈薪酬调整结果	人力资源部通知各部门负责人，明确本部门员工薪酬调整审批结果		
8	通知员工薪酬调整结果	各部门负责人根据审批结果，就薪酬调整结果与员工本人进行沟通		
9	调整员工薪资	人力资源专员根据审批结果，在薪酬计算表中进行调整		
10	薪酬数据存档	人力资源部对年度薪酬福利政策实施状况进行分析存档		

（三）薪酬福利管理流程相关文件及制度

（1）《年度薪酬福利调整方案》（略）。

（2）《薪酬水平调整方案》（略）。

（3）《年度薪酬层级调整方案》（略）。

（四）薪酬福利管理流程相关表单

薪酬层级异动申请如表16-27所示。

（五）薪酬福利管理流程相关权限

薪酬福利管理流程权限分配如表16-28所示。

表 16-27 薪酬层级异动申请表

员工姓名		岗位名称	
薪酬层级调整建议	□薪酬层级升 2 级 □薪酬层级升 1 级 □薪酬层级降 1 级		
薪酬层级调整理由	薪酬层级晋升 □获得公司特别嘉奖 □岗位晋升 □其他原因 薪酬层级降低 □受到公司重大处分 □岗位降级 □其他原因		
申请人		总经理意见	

表 16-28 薪酬福利管理流程权限分配表

步骤	流程业务授权内容	提报	审核	二级审核	审批
1	年度薪酬福利调整方案（薪酬制度、绩效制度、福利方案、中长期激励方案）	人力资源部经理			总经理
1	年度薪酬福利调整方案（业务提成方案）	业务部门负责人	营销副总	人力资源部经理	总经理
1	年度薪酬福利调整方案（研发项目激励方案）	研发设计部经理	技术副总	人力资源部经理	总经理
1	年度薪酬福利调整方案（其他专项激励方案）	业务部门负责人	分管领导	人力资源部经理	总经理
5	年度薪酬水平调整方案	人力资源部经理			总经理
8	年度薪酬层级调整	部门负责人	人力资源部经理		总经理
9	临时性薪酬层级调整	部门负责人	人力资源部经理		总经理

二、绩效指标词典管理流程

（一）绩效指标词典管理流程图

绩效指标词典管理流程如图 16-9 所示。

（二）绩效指标词典管理流程核心步骤说明

绩效指标词典管理流程核心步骤说明如表 16-29 所示。

（三）绩效指标词典管理流程相关文件及制度

（1）KPI 词典（略）。

（2）KCI 词典（略）。

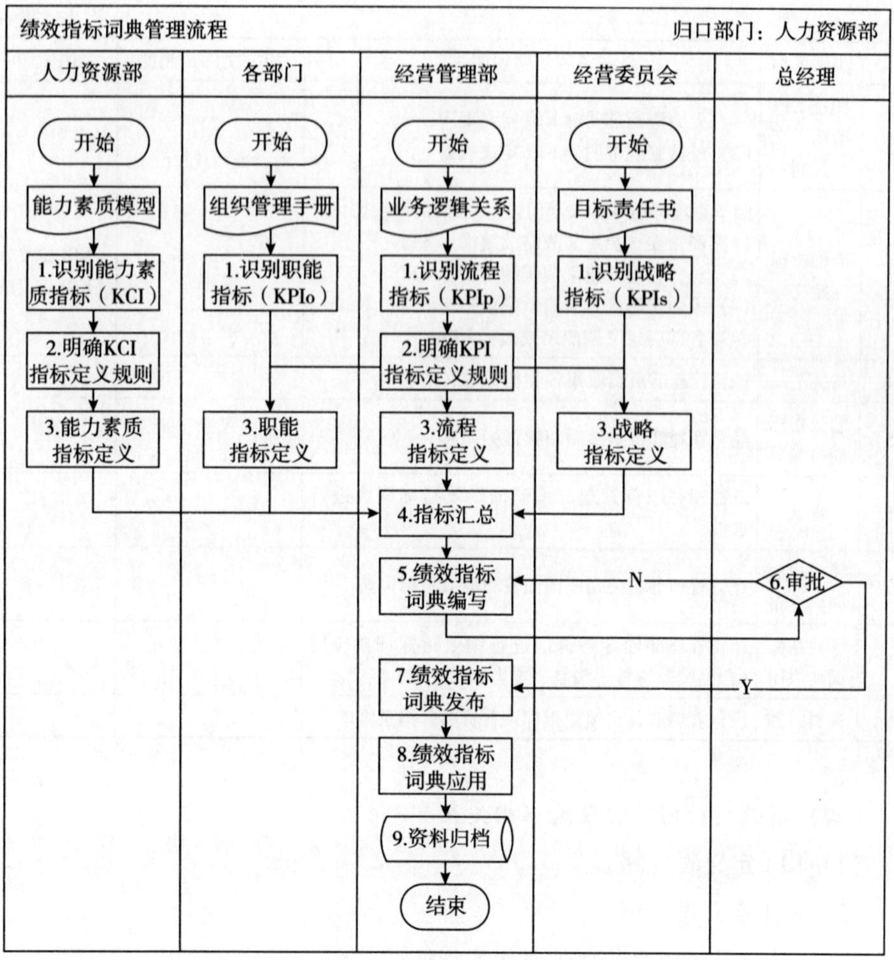

图 16-9　绩效指标词典管理流程

表 16-29　绩效指标词典管理流程核心步骤说明

序号	步骤名称	流程步骤说明	相关文件及制度	相关表单
1	识别绩效指标	经营管理部组织相关部门识别绩效指标： （1）经营委员会根据各部门年度目标责任书，识别战略绩效指标 KPIs； （2）经营管理部根据公司级流程识别流程绩效指标 KPIp； （3）人力资源部根据公司能力素质模型识别素质绩效指标 KCIa、KCIs； （4）各部门根据部门职能及岗位职责识别职能绩效指标 KPIo		

续表

序号	步骤名称	流程步骤说明	相关文件及制度	相关表单
2	明确KPI指标定义规则	（1）人力资源部明确KCI定义规则； （2）经营管理部明确KPI定义规则		
3	流程指标定义	经营管理部组织相关部门进行绩效指标定义： （1）经营委员会定义战略绩效指标KPIs； （2）经营管理部定义流程绩效指标KPIp； （3）人力资源部定义素质绩效指标KCIa、KCIs； （4）各部门定义职能绩效指标KPIo		《KPI定义表》 《KCI定义表》
4	指标汇总	经营管理部负责收集各类指标定义结果		
5	绩效指标词典编写	经营管理部负责编制绩效指标词典		
6	审批	总经理对经营管理部编制的绩效指标词典进行审批		
7	绩效指标词典发布	经营管理部在公司范围内发布绩效指标词典		
8	绩效指标词典应用	经营管理部辅导各部门进行绩效指标词典应用（包括绩效考核表编制、能力素质评估）		
9	资料归档	经营管理部负责绩效指标词典资料归档及管理		

（四）绩效指标词典管理流程相关表单

（1）KPI定义表（略）。

（2）KCI定义表（略）。

（五）绩效指标词典管理流程相关权限

绩效指标词典管理流程权限分配如表16-30所示。

表16-30 绩效指标词典管理流程权限分配表

步骤	流程业务授权内容	提报	审核	二级审核	审批
6	绩效指标词典	经营管理部	管理副总		总经理

三、公司级绩效管理流程

（一）公司级绩效管理流程图

公司级绩效管理流程如图16-10所示。

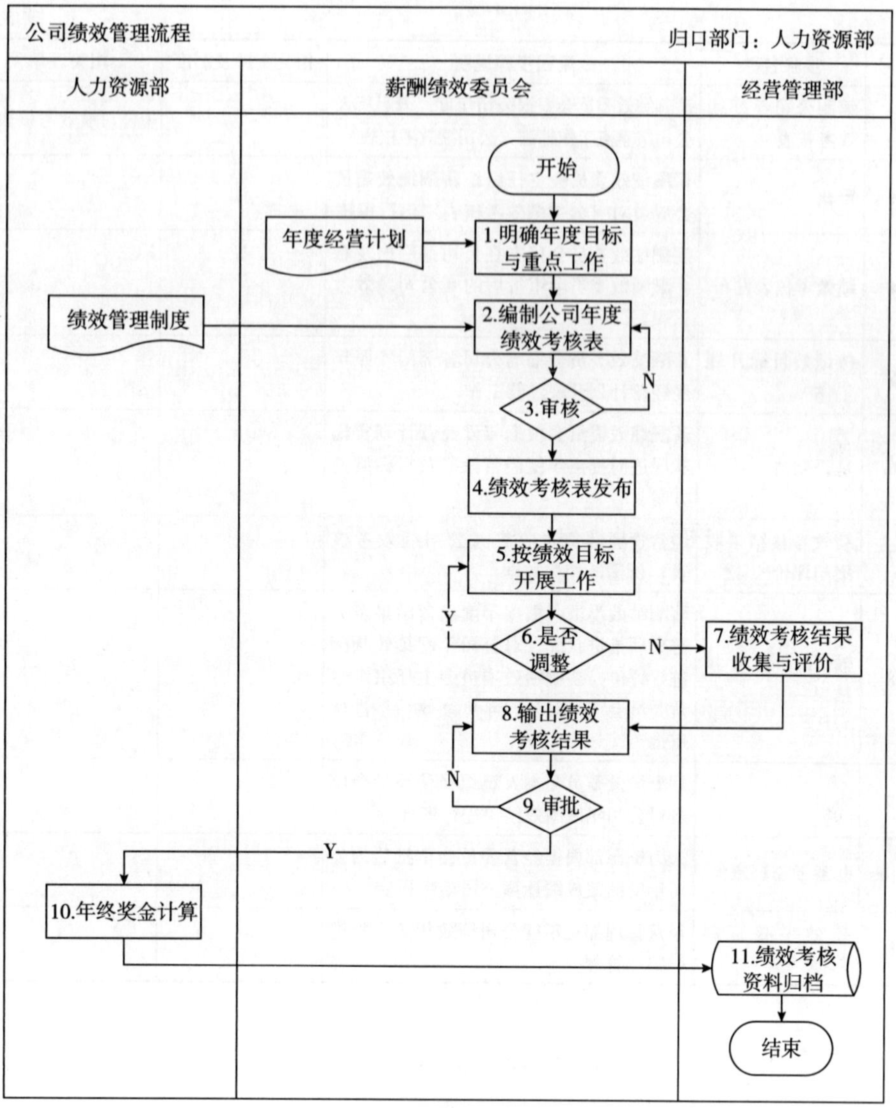

图 16-10　公司绩效管理流程

（二）公司级绩效管理流程核心步骤说明

公司级绩效管理流程核心步骤说明如表 16-31 所示。

表 16-31　公司级绩效管理流程核心步骤说明

序号	步骤名称	流程步骤说明	相关文件及制度	相关表单
1	明确年度目标与重点工作	薪酬绩效委员会根据年度经营计划明确公司年度经营目标及公司级重点工作		

续表

序号	步骤名称	流程步骤说明	相关文件及制度	相关表单
2	编制公司年度绩效考核表	薪酬绩效委员会根据公司年度经营目标及公司级重点工作编制《公司绩效考核表》		《公司绩效考核表》
3	审核	薪酬绩效委员会主任组织薪酬绩效委员会成员对《公司绩效考核表》进行审核		
4	绩效考核表发布	薪酬绩效委员会秘书在公司范围内发布薪酬绩效委员会审批后的《公司绩效考核表》		
5	按绩效目标开展工作	薪酬绩效委员会推动公司各部门按照年度经营计划开展经营工作		
6	是否调整	薪酬绩效委员会根据年度经营计划实施状况适时提出年度经营策略及目标调整方案		
7	绩效考核结果收集与评价	经营管理部负责收集《公司绩效考核表》所需的相关数据		
8	输出绩效考核结果	薪酬绩效委员会根据年度经营结果及关键事项推进状况，对公司年度绩效状况进行评价，薪酬绩效委员会主任组织经营委员会成员对公司年度绩效结果进行审批		
9	审批	薪酬绩效委员会主人组织经营委员会成员对公司年度绩效结果进行审批		
10	年终奖金计算	人力资源部根据经营委员会审批后的公司年度绩效成绩计算公司年终奖金		
11	绩效考核资料归档	经营管理部对年度公司绩效相关资料进行归档管理		

（三）公司级绩效管理流程相关文件及制度（无）

（四）公司级绩效管理流程相关表单

（1）公司绩效考核表。

公司绩效考核如表 16-32 所示。

表 16-32　公司绩效考核表

KPI	基本目标	期望目标	权重	加/减分描述	实际达成	数据来源	得分
1							
2							
3							

续表

KPI	基本目标	期望目标	权重	加/减分描述	实际达成	数据来源	得分
4							
5							
合计	—	—	100%	—	—	—	

（2）绩效数据收集表。

绩效数据收集如表 16-33 所示。

表 16-33　绩效数据收集表

指标名称	计算公式	指标归属部门	信息输出部门	输出时间	信息输入部门

（五）公司级绩效管理流程相关权限

公司级绩效管理流程权限分配如表 16-34 所示。

表 16-34　公司级绩效管理流程权限分配表

步骤	流程业务授权内容	提报	审核	二级审核	审批
3	年度公司绩效考核表	经营管理部			经营委员会
9	年度公司绩效成绩	经营管理部			经营委员会

第四节　人事事务管理流程

一、劳动合同管理流程

（一）劳动合同管理流程图

劳动合同管理流程如图 16-11 所示。

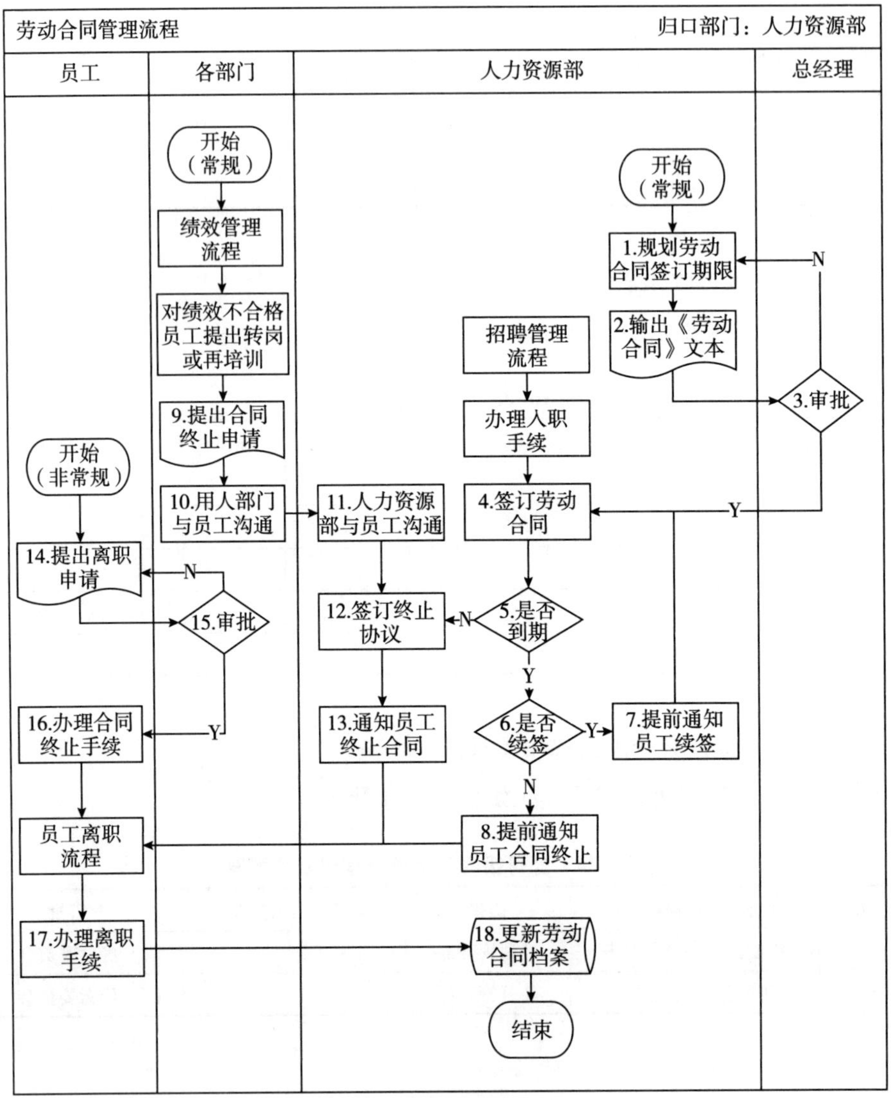

图 16-11　劳动合同管理流程

（二）劳动合同管理流程核心步骤说明

劳动合同管理流程核心步骤说明如表 16-35 所示。

表 16-35　劳动合同管理流程核心步骤说明

序号	步骤名称	流程步骤说明	相关文件及制度	相关表单
1	规划劳动合同签订期限	人力资源部经理根据人员类型、岗位性质确定劳动合同签订期限	《劳动合同签订期限规划》	

续表

序号	步骤名称	流程步骤说明	相关文件及制度	相关表单
2	输出《劳动合同》文本	人力资源部经理根据《劳动合同法》及公司用工政策起草公司劳动合同，包括《劳动合同》《劳务协议》《保密协议》《实习协议》	《劳动合同》 《劳务协议》 《保密协议》 《实习协议》	
3	审批	人力资源部经理将劳动合同签订期限规划及劳动合同文本提交总经理审批		
4	签订劳动合同	人力资源专员负责在新员工入职手续办理期间签订劳动合同		
5	是否到期	人力资源专员负责定期审查劳动合同是否到期		
6	是否续签	人力资源专员负责发送合同到期通知邮件至用人部门征询续签意见		
7	提前通知员工续签	对于用人部门确定劳动合同续签的员工，人力资源专员提前一个月通知本人		《劳动合同续签通知单》
8	提前通知员工合同终止	对于用人部门确定劳动合同不续签的员工，人力资源专员提前一个月通知本人合同终止		《劳动合同终止通知单》
9	提出合同终止申请	用人部门根据员工实际工作表现及绩效评价结果，对不合格员工进行转岗或者再培训，对仍不合格的提出合同终止申请		《劳动合同终止申请单》
10	用人部门与员工沟通	用人部门负责人与员工本人就工作表现和绩效评价结果进行合同中止初步沟通		
11	人力资源部与员工沟通	人力资源部与员工本人就合同中止进行进一步沟通		
12	签订终止协议	沟通达成一致后，人力资源部经理与员工本人签订终止协议		
13	通知员工终止合同	人力资源专员通知员工本人劳动合同终止		
14	提出离职申请	员工本人提出离职申请，填写《离职申请单》		《离职申请单》
15	审批	用人部门负责人针对离职申请进行审批		
16	办理合同终止手续	员工办理劳动合同终止手续		
17	办理离职手续	员工办理工作交接，人力资源专员办理离职手续，包括办公设备收回、钥匙门禁收回、财务借款结算、考勤统计结算等		

续表

序号	步骤名称	流程步骤说明	相关文件及制度	相关表单
18	更新劳动合同档案	人力资源专员更新劳动合同档案		

（三）劳动合同管理流程相关文件及制度

（1）《劳动合同签订期限规划》（略）。

（2）《劳动合同》（略）。

（3）《劳务协议》（略）。

（4）《保密协议》（略）。

（5）《实习协议》（略）。

（四）劳动合同管理流程相关表单

（1）劳动合同续签通知单（略）。

（2）劳动合同终止通知单（略）。

（3）劳动合同中止通知单（略）。

（4）离职申请单（略）。

（五）劳动合同管理流程相关权限

劳动合同管理流程权限分配如表 16-36 所示。

表 16-36 劳动合同管理流程权限分配表

步骤	流程业务授权内容	提报	审核	二级审核	审批
1、2	劳动合同期限规划、劳动合同文本	人力资源部经理			总经理
9	劳动合同终止申请	用人部门负责人	分管领导		总经理
6	劳动合同续签规划	用人部门负责人	分管领导	人力资源部经理	总经理

二、员工异动管理流程

（一）员工异动管理流程图

员工异动管理流程如图 16-12 所示。

（二）员工异动管理流程核心步骤说明

员工异动管理流程核心步骤说明如表 16-37 所示。

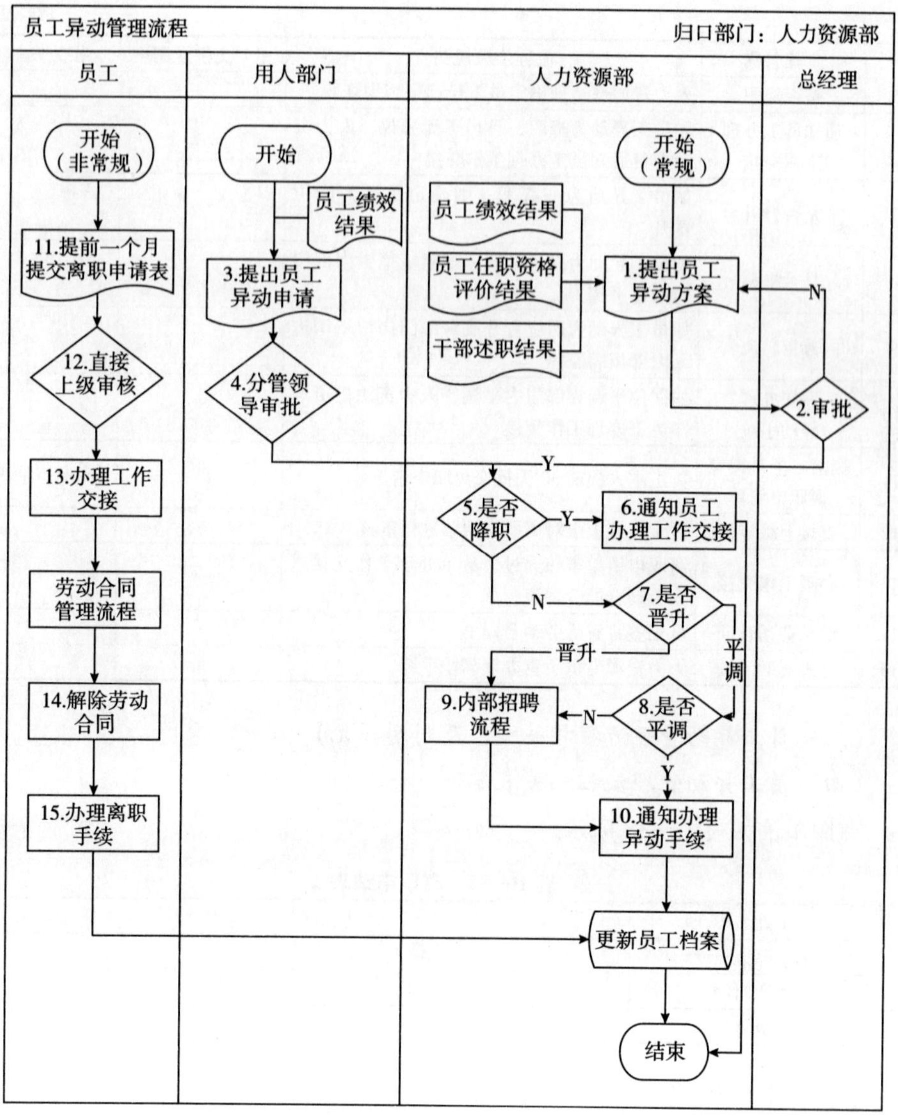

图 16-12 员工异动管理流程

表 16-37 员工异动管理流程核心步骤说明

序号	步骤名称	流程步骤说明	相关文件及制度	相关表单
1	提出员工异动方案	人力资源经理根据员工绩效评价结果和任职资格评价结果及干部述职结果提出异动方案		
2	审批	人力资源部经理提交员工异动方案至总经理审批		
3	提出员工异动申请	用人部门根据员工绩效评价结果提出员工异动申请至分管领导		
4	分管领导审批	分管领导针对员工异动申请进行审批		

续表

序号	步骤名称	流程步骤说明	相关文件及制度	相关表单
5	是否降职	人力资源部经理确定员工异动是否为降职		
6	通知员工办理工作交接	如员工异动为降职，且员工无异议，人力资源专员通知员工办理工作交接		
7	是否晋升	如员工异动为非降职，则确定是否为岗位晋升		
8	是否平调	如员工异动为岗位平调，则确定是否为部门内岗位平调		
9	内部招聘流程	如员工异动为岗位晋升或跨部门岗位平调进入内部招聘流程		
10	通知办理异动手续	如岗位平调为部门内平调，人力资源专员通知员工办理工作交接		
11	提前一个月提交离职申请单	员工本人提前30天提交离职申请单		《离职申请单》
12	直接上级审核	员工直接上级对离职申请单进行审核		
13	办理工作交接	离职申请单审核通过，员工办理工作交接进入劳动合同管理流程		
14	解除劳动合同	员工签订解除劳动合同书		
15	办理离职手续	人力资源专员负责办理离职手续		

（三）员工异动管理流程相关文件及制度（无）

（四）员工异动管理流程相关表单

离职申请如表16-38所示。

表16-38 离职申请表

员工姓名		所在部门	
离职原因			
计划离职时间			
直接上级意见			

（五）员工异动管理流程相关权限

员工异动管理流程权限分配如表16-39所示。

表16-39 员工异动管理流程权限分配表

步骤	流程业务授权内容	提报	审核	二级审核	审批
1、3	B层级及以上员工异动申请	人力资源部经理/分管领导			总经理
1、3	C层级员工异动申请	用人部门负责人	分管领导		总经理
1、3	D层级员工异动申请	用人部门负责人			分管领导
11	B层级及以上员工离职申请	人力资源部经理/分管领导			总经理
11	C层级员工离职申请	用人部门负责人	分管领导		总经理
11	D层级员工离职申请	用人部门负责人			分管领导

三、企业文化建设流程

（一）企业文化建设流程图

企业文化建设流程如图 16-13 所示。

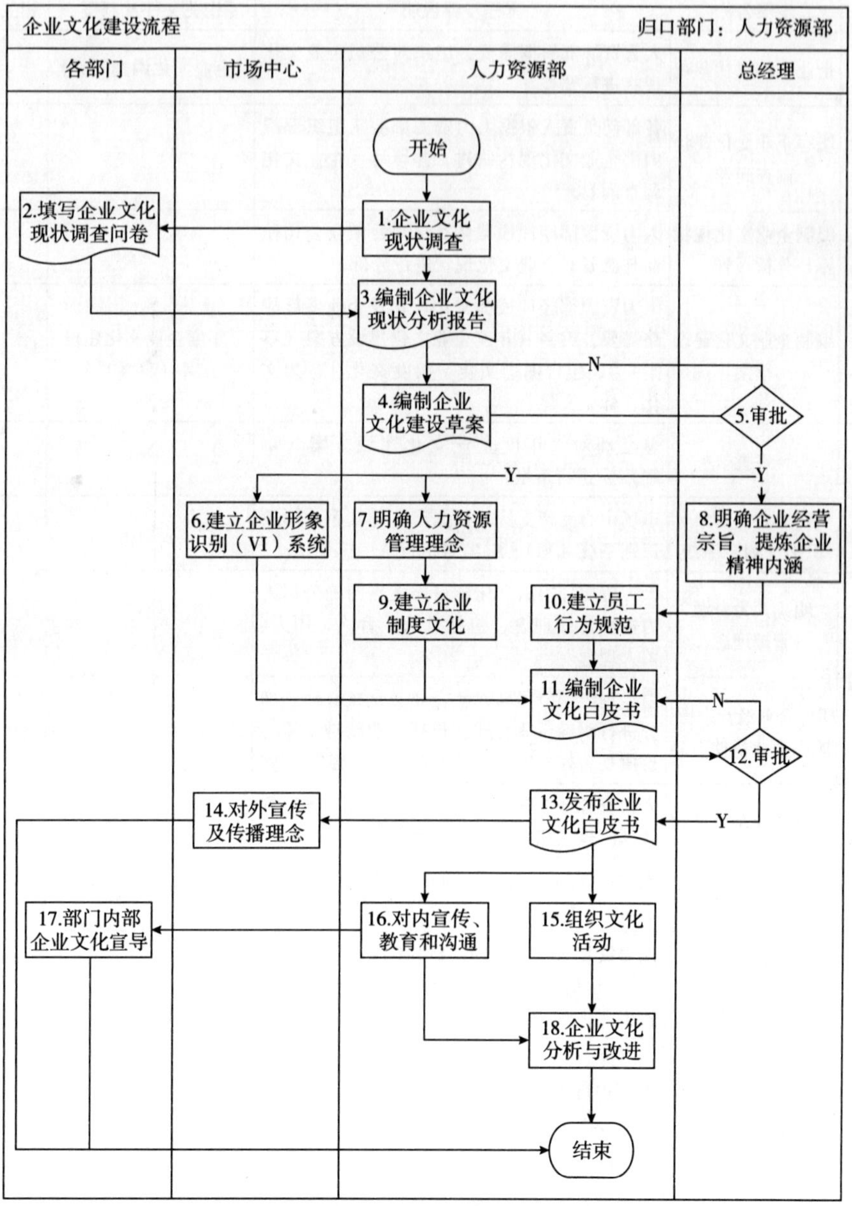

图 16-13　企业文化建设流程

（二）企业文化建设流程核心步骤说明

企业文化建设流程核心步骤说明如表16–40所示。

表16–40 企业文化建设流程核心步骤说明

序号	步骤名称	流程步骤说明	相关文件及制度	相关表单
1	企业文化现状调查	人力资源部根据需要，组织对公司企业文化现状进行调查	《企业文化调查问卷》	
2	填写企业文化现状调查问卷	各部门负责人根据人力资源部要求组织部门内部企业文化现状研讨，并填写《企业文化调查问卷》		
3	编制企业文化现状分析报告	人力资源部经理根据调查结果，结合公司使命与愿景对企业文化现状进行分析		
4	编制企业文化建设草案	人力资源部经理根据文化现状及企业发展战略需要，编制《年度企业文化建设方案（草案）》，包含理念文化、制度文化、行为文化、标识文化	《年度企业文化建设方案（草案）》	
5	审批	总经理对《年度企业文化建设方案（草案）》进行审批		
6	建立企业形象识别（VI）系统	市场中心品牌支持部根据需要建立企业形象识别系统（VI），并监督执行	《VI应用手册》	
7	明确人力资源管理理念	人力资源部根据文化建设方案，明确公司人力资源管理理念，包括选人、育人、用人、留人理念		
8	明确企业经营宗旨，提炼企业精神内涵	总经理组织公司高管就企业文化核心理念部分进行明确，核心理念包括企业精神、核心价值观、客户理念、员工理念、社会理念等		
9	建立企业制度文化	人力资源部根据公司人力资源管理理念组织各部门规范和优化公司制度文化		
10	建立员工行为规范	人力资源部根据公司核心理念定期修订员工手册	《员工手册》	
11	编制企业文化白皮书	人力资源部每年输出公司《企业文化白皮书》，包括理念文化、制度文化、行为文化、标识文化等	《企业白皮书》	
12	审批	总经理对人力资源部输出的《企业文化白皮书》进行审批		
13	发布企业文化白皮书	经总经理审批后，人力资源部发布公司年度文化白皮书		
14	对外宣传及传播理念	市场中心品牌支持部、网络推广部根据公司《企业文化白皮书》要求进行对外宣传，并监督各部门对外宣传的规范性		

续表

序号	步骤名称	流程步骤说明	相关文件及制度	相关表单
15	组织文化活动	人力资源部按计划组织企业文化活动，丰富员工业余生活，提升员工对企业文化的理解与认同度		
16	对内宣传、教育和沟通	人力资源部利用纷享销客、OA平台、员工培训、企业文化墙等平台，对公司文化进行全方位宣传、教育和沟通		
17	部门内部企业文化宣导	各部门负责人负责本部门范围内文化宣传、教育与沟通，同时在对外工作交流过程中宣传公司文化		
18	企业文化分析与改进	人力资源部每年对企业文化建设情况进行总结分析		

（三）企业文化建设流程相关文件及制度

（1）《企业文化调查问卷》（略）。

（2）《年度企业文化建设方案（草案）》（略）。

（3）《VI应用手册》（略）。

（4）《员工手册》（略）。

（5）《企业文化白皮书》（略）。

（四）企业文化建设流程相关表单（无）

（五）企业文化建设流程相关权限

企业文化建设流程权限分配如表16-41所示。

表16-41　企业文化建设流程权限分配表

步骤	流程业务授权内容	提报	审核	二级审核	审批
4	年度企业文化建设草案	人力资源部经理			总经理
6	VI应用手册	市场部经理	营销副总		总经理
11	企业文化白皮书	人力资源部经理			总经理

参考文献

［1］高丽敏，堪振华．集团管控模型与企业实践［M］．北京：中国经济出版社，2019.

［2］杨少杰．人力资源管理演变［M］．北京：中国法制出版社，2021.

［3］北森人才管理研究院．人才盘点完全应用手册［M］．北京：机械工业出版社，2019.

［4］任康磊．人力资源法律风险防控［M］．北京：人民邮电出版社，2019.

［5 杨岗松．岗位分析和评价从入门到精通［M］．北京：清华大学出版社，2015.

［6］王旭东，孙科柳．企业文化落地［M］．北京：电子工业出版社，2020.

［7］任康磊．人力资源管理实操从入门到精通［M］．北京：人民邮电出版社，2018.

［8］水藏玺．人力资源管理体系设计全程辅导［M］．北京：中国经济出版社，2008.

［9］李祖滨，汤鹏，李锐．人才盘点［M］．北京：机械工业出版社，2020.

［10］胡劲松．名企人力资源管理最佳管理案例［M］．北京：中国法制出版社，2017.

［11］张继辰．华为人力资源管理［M］．深圳：海天出版社，2018.

［12］王吉鹏．集团管控体系［M］．北京：中国人民大学出版社，2020.

［13］姚裕群，杨俊青．人力资源管理［M］．北京：中国人民大学出版社，2014.